BAYERISCHER WALD

Mit Passau, Regensburg und Ausflügen in den Böhmerwald

Sabine Herre

TRESCHER VERLAG

3., aktualisierte und erweiterte Auflage 2020

Trescher Verlag
Reinhardtstr. 9
10117 Berlin
www.trescher-verlag.de

ISBN 978-3-89794-508-1

Herausgegeben von Bernd Schwenkros und
Detlev von Oppeln

Reihenentwurf und Gesamtgestaltung:
Bernd Chill
Gestaltung, Satz, Bildbearbeitung: Ulla Nickl
Lektorat: Sabine Fach
Stadtpläne und Karten: Johann Maria Just,
Martin Kapp

Gedruckt auf chlorfrei gebleichtem Papier

Printed in Germany

Alle Angaben in diesem Reiseführer wurden sorgfältig recherchiert und überprüft. Dennoch können aktuelle Entwicklungen vor Ort dazu führen, dass einzelne Informationen unvollständig oder nicht mehr korrekt sind. Gerne nehmen wir dazu Ihre Hinweise und Anregungen entgegen. Bitte schreiben Sie an: **post@trescher-verlag.de**

Titel: Am Kleinen Arbersee (→ S. 134)
vordere Klappe: Regensburg (→ S. 203)
hintere Klappe: Winter am Arber (→ S. 132)

Vorwort

Wer zum ersten Mal in den Bayerischen Wald kommt, den beeindruckt vor allem eines: die Stille.

Fast nichts ist zu hören inmitten der dunklen Wälder, nur das Rauschen der Bergbäche im April, wenn die gewaltigen Schneemassen schmelzen. Oder das Rauschen der hohen Fichten im Herbst, wenn der Böhmwind aufkommt. Šumava, Rauschwald, nennen die Tschechen ihren Teil des Bergkammes. Jahrhundertelang bildeten Bayerischer Wald und Böhmerwald eine Einheit, inzwischen wächst auch hier wieder zusammen, was zusammengehört. Mehr Waldfläche, nahezu endlos und nach den strengen Regeln eines Nationalparks geschützt, gibt es sonst nirgendwo in Mitteleuropa. Dabei war die Gründung des Nationalparks nicht unumstritten. Denn zwischen Lusen und Falkenstein darf die Natur noch Natur sein: Tote Bäume werden nicht gefällt und vermodern, Moose und Pilze wachsen. Kein schöner Anblick, meinten die Manager der neuen Wellnesshotels. Doch inzwischen kommen die Touristen genau wegen dieser Waldwildnis, durch die sich unzählige Wanderwege und Langlaufstrecken ziehen.

Und so ist der Bayerische Wald anders als der Rest von Bayern. Mit seinen bis zu 1450 Meter hohen Gipfeln will er nicht so hoch hinaus wie die Alpen, und ist doch hoch genug, dass die Bewirtschaftung des Landes schwer fällt. Daher verdienten in früheren Zeiten die Menschen des Waldes – die Woidler, wie sie sich nennen – ihr Brot mit ziemlich harter Arbeit, sei es als Holztrifter oder im Silberbergwerk und natürlich mit der Glasbläserei. Glas ist bis heute einer der wichtigsten Wirtschaftszweige, selbst wenn es vor allem für Touristen hergestellt wird. Und auch die Bergwerke stehen heutzutage Besuchern offen.

Die Armut der Woidler war so groß, dass viele in die USA emigrierten, so wie die in den letzten Jahrzehnten wieder entdeckte Dichterin und Feministin Emerenz Meier. In den USA hörte sie mit dem Schreiben auf, weil der Bayerwald ihr fehlte. So geht es vielen. Wer einmal hier war, für den wird der Wald zu einer Sehnsuchtslandschaft, in der »Waldwoge hinter Waldwoge steht«, wie ein anderer Dichter des Waldes, Adalbert Stifter, schrieb.

Wenn der Alltag auch hart war, so verstand man es doch zu feiern. Im Woid haben sich viele alte Bräuche erhalten. Dazu gehören die Pferdewallfahrten, bei der sich Hunderte Reiter treffen. Oder das Wolfauslassen, eine Art Verbindung von Almabtrieb und Halloween. Es gibt aber auch Neues: sogenannte Volxmusikfeste und den Kampf der Kabarettisten um das Scharfrichterbeil von Passau.

Das Donautal ist eng mit dem Bayerischen Wald verbunden. Von seinen reichen Klöstern ging die Rodung des Waldes aus. Nach Straubing kamen die Waldler, um sich bei den Bauern des fruchtbaren Gäubodens zu verdingen. Heute fährt man zum Einkaufen nach Passau oder Regensburg, wo es ungewöhnlich viele kleine Boutiquen, Galerien und Kneipen gibt. Und wenn auf den Skihängen am Großen Arber noch der Schnee liegt, kann man im Schatten von gotischen Patrizierhäusern schon gemütlich bei einem Eis sitzen.

Arche aus Glas in Frauenau

Hinweise zur Benutzung

Der Reiseführer wird eingeleitet von dem Kapitel **Land und Leute** (→ S. 19), das Flora und Fauna, aber auch Geschichte, Politik und Wirtschaft des Bayerischen Waldes thematisiert. Es handelt vom Alltag der Menschen ›im Woid‹, von ihren Bräuchen, ihrer Architektur und ihren Künstlern. Essays beschäftigen sich mit den Kabarettisten des Waldes oder dem politischen Streit um den Nationalpark.

Der anschließende **Reiseteil** (→ S.83) gliedert das Gebiet des Bayerischen Waldes in drei Regionen: Zunächst führt er in den oberen, den **nördlichen Bayerischen Wald** (→ S. 83), der vom Oberpfälzer Wald und dem Gipfel des Osser begrenzt wird. Danach geht es in den **mittleren Bayerischen Wald** (→ S. 117) rund um seinen höchsten und bekanntesten Berg, den Großen Arber. Schließlich folgt der untere **Bayerische Wald** (→ S. 159), der im äußersten Südosten Bayerns liegt und bis zur österreichischen Grenze reicht. Da zur Großregion Bayerischer Wald aber auch die Donau gehört, beschreibt ein viertes Kapitel die Sehenswürdigkeiten in der flachen, fruchtbaren Landschaft **zwischen Regensburg und Passau** (→ S. 201).

Jahrhundertelang bildeten Bayerischer Wald und Böhmerwald eine Einheit, und so gibt es in diesem Reiseführer nicht nur Tipps für grenzüberschreitende Wanderungen, sondern ein eigenes Kapitel, das die schönsten Landschaften und Städte auf der **tschechischen Seite** (→ S. 247) des Grenzkammes beschreibt. In jedem dieser fünf Reisekapitel finden sich Hinweise auf Hotels, Restaurants, Museen, kulturelle Veranstaltungen sowie Angebote für Rad- und Skifahrer, Kanuten und Bergsteiger.

Den Abschluss bilden die **Reisetipps von A bis Z** (→ S. 258) mit vielen Hinweisen, so etwa zu wichtigen Linien des öffentlichen Nahverkehrs und weiterführender Literatur.

Zeichenlegende

- Informationsbüro
- Besondere Bahnverbindungen
- Dampferfahrten
- Übernachtungsmöglichkeiten
- Campingplätze
- Restaurants und Biergärten
- Cafés
- Festivals, Veranstaltungen
- Museen
- Wanderwege
- Badeseen, Frei- und Hallenbäder
- Fahrradverleih, Radwege
- Kanuverleih, Kanustrecken
- weitere Sport- und Freizeitmöglichkeiten
- Langlaufpisten, Abfahrten, Skiverleih
- Einkaufstipps

Entfernungstabelle

	Bad Kötzting	Bayerisch Eisenstein	Cham	Deggendorf	Freyung	Furth im Wald	Grafenau	Passau	Regensburg	Straubing	Waldkirchen	Zwiesel
Zwiesel	40	16	65	40	47	63	29	70	111	74	58	
Waldkirchen	110	85	127	65	14	142	32	30	131	99		58
Straubing	57	92	46	41	108	61	86	89	50		99	74
Regensburg	77	124	65	72	140	81	117	120		50	131	111
Passau	100	82	116	54	39	132	42		120	89	30	70
Grafenau	71	42	86	52	18	97		42	117	86	32	29
Furth im Wald	19	48	21	82	114		97	132	81	61	142	63
Freyung	88	58	102	74		114	18	39	140	108	14	47
Deggendorf	45	52	69		74	82	52	54	72	41	65	40
Cham	16	58		69	102	21	86	116	65	46	127	65
Bayerisch Eisenstein	41		58	52	58	48	42	82	124	92	85	16
Bad Kötzting		41	16	45	88	19	71	100	77	57	110	40

Das Wichtigste in Kürze

Anreise

Die wichtigsten **Autobahnen** sind die A3 zwischen Regensburg und Passau sowie die A93 von Regensburg nach Hof - diese Straßen führen an den Grenzen des Waldes entlang. In den Wald hinein führen dagegen die **Bundesstraßen** B16 (Regensburg–Cham), B20 (Straubing–Furth im Wald), B11 (Deggendorf–Bayerisch Eisenstein) sowie die B12 (Passau–Freyung–Philippsreut). Die Bundesstraße 85 verläuft in West-Ost-Richtung durch den gesamten Bayerischen Wald von Cham bis Passau.

Per **Bahn** sind Regensburg, Plattling und Passau gut mit dem ICE zu erreichen. Von Plattling aus fährt die sogenannte Waldbahn nach Zwiesel und Bayerisch Eisenstein und von Zwiesel nach Bodenmais und Grafenau.

Mehrere (Fern-) Busunternehmen bieten preiswerte **Busverbindungen** in verschiedene Städte des Bayerischen Waldes an.

Der **Flughafen** München liegt an der A92, von dort kann man mit dem Auto in 40 Minuten Deggendorf erreichen.

Reisezeit

Hauptreisezeit ist von Juni bis September, wenn die Temperaturen an der Donau durchschnittlich 25 Grad Celsius erreichen. Eigentlich kann man jedoch das ganze Jahr über im Bayerischen Wald Urlaub machen. Auf den höheren Lagen liegt oft von Ende November bis Ende April Schnee, die Temperaturen sinken auf den Berggipfeln dann bis durchschnittlich Minus acht Grad Celsius, und die Möglichkeiten für Skifahrer sind ausgezeichnet. Bereits ab Anfang April laden die Donauebene und der Vorwald zu Wanderungen oder Radtouren ein. Besonders reizvoll ist es im Oktober, wenn in den Tälern der Nebel hängt, auf den Bergen aber dank Inversionswetterlage die Sonne scheint.

Unterkunft

Im Bayerischen Wald Urlaub zu machen ist immer noch sehr preisgünstig. Dies gilt besonders für Familien: Viele Hotels und Pensionen stellen ein drittes Bett ins Zimmer oder bieten Familienzim-

Im Haus der Wildnis zwischen Zwiesel und Bayerisch Eisenstein

mer an. Doppelzimmer in einer Pension oder einem Gasthof kann man schon für 50 Euro, in einem Hotel für 80 Euro bekommen. Andererseits gibt es jedoch auch Vier- und Fünfsternehotels, hier muss man mit 140–200 Euro für ein Doppelzimmer rechnen. Die meisten Hotels bieten günstige Pauschalangebote auch für Kurzurlauber an.

Aktivurlaub

Es gibt eigentlich nichts, was es nicht gibt: Vom Wandern, Rad fahren und Angeln über Reiten, Golf und Kanu fahren bis hin zum Gleitschirmfliegen. Immer mehr Kletterparks entstehen, alle größeren Orte verfügen über moderne Badezentren. Hunderte Kilometer Langlaufloipen, einige Abfahrtsstrecken sowie Rodelbahnen und Snowboardpisten locken im Winter. Dazu kommt ein Sport, den es so nur in Bayern gibt: Eisstockschießen.

Kuren und Wellness

Fast jedes Hotel im Bayerischen Wald wirbt mit seinen Wellnessangeboten. Das kann jedoch alles Mögliche bedeuten: Vom Hallenbad mit beheiztem Whirlpool im Freien bis zu einer etwas heruntergekommenen Sauna. Genaue Prüfung lohnt sich also. Für einen Kuraufenthalt bietet sich neben dem Kneipp-Ort Bad Kötzting besonders das Bäderdreieck im Rotttal an: Bad Füssing, Bad Griesbach und Bad Birnbach liegen rund 25 Kilometer südöstlich von Passau. Zahlreiche Gemeinden tragen das Label eines Luftkurortes, in Lalling gibt es einen Feng Shui Kurpark.

Die schönsten Reiseziele

Nationalpark

Der 1970 gegründete Nationalpark zwischen Zwiesel und Finsterau ist die wichtigste Sehenswürdigkeit im Bayerischen Wald. Hier lassen die Ranger den Wald Wald sein, Eingriffe werden trotz vieler Kritik so weit wie möglich vermieden. Und so wächst zwischen Urwaldriesen, die vom saurem Regen, Sturm und dem Borkenkäfer gefällt wurden, nun wieder neues Grün. In zwei Informationszentren mit Tierfreigeländen erfahren die Besucher alles über Flora und Fauna des Nationalparks und erhalten Flyer mit vielen Wandertipps (→ S. 136, 178).

Regensburg

Eine uralte steinerne Brücke über die Donau und ein gotischer Dom. Der Saal, in dem sich der deutsche Kaiser mit seinen Fürsten traf und nicht zuletzt ganz besondere Bratwürstchen. Das sind nur einige Höhepunkte einer Stadt, die hinsichtlich der Kneipendichte mit Berlin konkurrieren kann (→ S. 203).

Großer Arber

Auf den höchsten Berg des Bayerischen Waldes fährt eine Gondelbahn, entsprechend gut besucht sind die vier Arbergipfel auf rund 1450 Metern Höhe. Reizvoll ist der Kleine Arbersee, ein in der Eiszeit entstandener dunkler Bergsee mit Inseln, die einst schwammen (→ S. 127).

Passau

In der Dreiflüssestadt fühlt man sich fast wie in Italien. Denn besonders am Ufer des Inn stehen Paläste und Häuser aus der Zeit von Barock und Renaissance. Zugleich gibt es aber auch mittelalterliche Gassen, in denen man in kleinen Geschäften Schmuck und Designermode kaufen kann (→ S. 234).

Kräutergemeinde Mauth-Finsterau

Wer sich sowohl für alte Bauernhäuser als auch für Kräuter und Heilpflanzen interessiert, der ist hier genau richtig. Finsterau ist eines der am höchsten gelegenen Dörfer des Waldes, bis zur Grenze nach Tschechien und der Quelle der Moldau sind es nur wenige Kilometer (→ S. 182).

Burgruine Weißenstein

Schon 1100 wurde die Felsenburg vom einst mächtigsten Adelsgeschlecht der Region, den Grafen von Bogen, errichtet. Das Besondere jedoch ist: Sie thront auf einem Quarzriegel, ›Pfahl‹ genannt, die bedeutendste geologische Sehenswürdigkeit des ganzen Waldes (→ S. 156).

Lamer Winkel

Am Fuße des Künischen Gebirges, das einst die Freibauern des Königs urbar machten, liegt ein sonniges Tal. Hier setzt man auf sanften Tourismus, es gibt geruhsame Wanderwege, aber auch die Möglichkeit, gleich acht eintausend Meter hohe Berge zu besteigen (→ S. 247).

Das Tal der Ilz

Der braun-schwarze Nebenfluss der Donau wurde 2002/2003 zur Flusslandschaft des Jahres gewählt, es soll hier mehr als 20 000 verschiedene Tierarten – darunter die Flussperlmuschel – geben. Ein schöner, geruhsamer Wanderweg führt zur Schrottenbaummühle, wo man frische Forellen essen kann (→ S. 243).

Filze und Schachten

Bewirtschaftete Almen wie im Allgäu gibt es im Bayerischen Wald nur selten, zum Beispiel bei Lam. Was jedoch noch existiert, sind die Weiden, auf denen im Sommer früher die Ochsen weideten. Hier heißen sie Schachten und liegen einsam mitten im Wald. Eine andere Besonderheit sind die Filze – Waldmoore, die vor allem an nebeligen Herbsttagen ihren schaurigen Reiz entfalten (→ S. 149).

Die Höhepunkte für Kinder

Silberbergwerk Bodenmais: Ein bis zu fünf Tagen dauerndes Erlebnis-Camp mit Flusswanderungen und Höhlentouren. Eine Sommerrodelbahn mit 600 Metern Länge, Streichelzoo, Abenteuerspielplatz und der Besuch in einem ehemaligen Silberstollen – all dies bietet das Historische Besucherbergwerk (www.silberbergbahn.de) am Fuße des Großen Arber (→ S. 131).

Keltendorf Gabreta: Wer wissen will, wie die keltischen Vorfahren der Waldler vor 3000 Jahren lebten, der ist in diesem archäologischen Erlebnispark genau richtig. Die Hütten und Ställe wurden originalgetreu aufgebaut, im Gasthof werden keltische Speisen angeboten, auf den Weiden grasen Rinder und Schafe, deren Rassen vom Aussterben bedroht sind. Nicht nur für Kinder gibt es Töpfer-, Web- und Backkurse und man kann auch lernen, wie man eine Holzwand mit Lehm verputzt (→ S. 187).

Erlebniswelt Flederwisch: Der Drache von Furth im Wald ist ein technisches Meisterwerk, und für Kinder, die sich sowohl für Fantasy wie Technik begeistern, wurde diese Further Erlebnsiwelt gemacht. Bei Führungen kann man viel über die größte Dampfmaschine Bayerns oder die Techniken des Goldwaschens erfahren. Man kann aber auch ganz einfach im Drachen- und Ritterladen stöbern (→ S. 101).

Zoo Straubing: Mehr als 200 Tierarten, von Löwen und Krokodilen bis zu

Erdmännchen und Schafen. Kinderprogramm im Sommer, Streichelzoo, Abenteuerspielplatz (→ S. 125).

Kletterwald St.Englmar: Hier gibt es acht Fun-Parcours und einen speziellen Kleinkind-Parcour (ab 4 Jahren) mit insgesamt 65 Elementen auf bis zu 11 Metern Höhe. Für Kleingruppen ab 8 Personen auch Bogenschießen mit Trainer und Riesenschaukel (→ S. 226).

Gut Aiderbichl: Es gibt viele schöne Tiergärten im Bayerischen Wald. Dazu zählen nicht nur die beiden Freigelände im Nationalpark, sondern auch der Tierpark von Lohberg. Doch es gibt auch einen Tiergarten der anderen Art: Gut Aiderbichl bei Deggendorf ist so etwas wie ein Altersheim für Tiere. Ponys und Ziegen, Hunde und Rinder, über 200 Tiere, die ansonsten beim Schlachter gelandet wären, haben hier ein Zuhause gefunden. Um ihr Überleben zu sichern, werden noch Paten gesucht (→ S. 230).

Waldspielgelände Spiegelau: Es gibt einen Naturerlebnispfad, eine Anlage zum Triften von Holz, eine begehbare Spechthöhle, eine Brotzeithütte, die einer Glasmanufaktur nachempfunden wurde und natürlich viele Plätze zum Schaukeln und Klettern. Ganze 50 Hektar ist er groß der Waldspielplatz am Fuße des Rachel. Regelmäßig finden hier auch Führungen statt (Anmeldung unter 0800/0776650), das gesamte Programm gibt es in den Infozentren des Nationalparks (→ S. 174).

Pullman City: Gelebte Geschichte, mit diesem Slogan wirbt die Westernstadt bei Eging am See. Auf dem weitläufigen Gelände findet täglich eine ›American History Show‹ statt; auch Zauberer, Cowboys und Indianer zeigen ihre diversen Tricks. Kinder können erste Erfahrungen beim Ponyreiten und Goldwaschen machen, die ganze Familie in originalen Inidanerzelten übernachten (→ S. 164).

Museumsdorf Tittling: Eines der größten Freilichtmuseen Europas mit mehr als 150 historischen Gebäuden vom Waldlerhaus bis zur Schmiede. Zudem werden landwirtschaftliche Geräte und alte Handwerkstechniken vorgestellt. Anschließend kann im historischen Gasthof Mühlhiasl einkehren (→ S. 163).

Junior Ski-Zirkus: Bei Mitterfirmiansreut, einem der höchsten Dörfer des Waldes, liegt das beste Skigebiet für Kinder – weltweit. Zu diesem Schluss kam zumindest das Testportal ›skiresort.de‹ vor einigen Jahren. ›Zauberteppiche‹ bringen die Kleinen zu den unterschiedlich schwierigen Abfahrtshängen. Es gibt eine Skischule und einen Skiverleih und seit neustem auch ›Snowtuning‹, bei dem man auf Plastikreifen den Hang hinunter fährt. In drei Wärmestuben wird kostenloser Biotee ausgeschenkt, Kinder ab zwei Jahren werden nach Anmeldung betreut. Und: Auch Eltern kommen beim Skifahren auf ihre Kosten, denn es gibt auch schwierigere Hänge (→ S. 184).

Im Silberbergwerk Bodenmais

Im Woid kost d' Luft no trinka, do kost die no bsinna.
Do wirst wieder Du.

Emilie Schuster-Ittlinger, Mundartdichterin

LAND UND LEUTE

Eines der zahlreichen Gipfelkreuze im Nationalpark

Die Region in Zahlen

Lage: 130 km lang und 60 km breit, grenzt der Bayerische Wald im Nordwesten an den Oberpfälzer Wald, im Südosten an das österreichische Mühlviertel. Im Süden geht er in die Donauebene über, im Norden liegt Tschechien.

Politische Gliederung: Der ›Woid‹ und die Donauebene gehören zu den bayerischen Regierungsbezirken Oberpfalz und Niederbayern und gliedern sich – von West nach Ost – in die Landkreise Regensburg, Cham, Straubing-Bogen, Regen, Deggendorf, Passau und Freyung-Grafenau.

In Furth im Wald

Wichtigste Städte: Regensburg (153 000 Einwohner), Passau (52 500), Straubing (47 800), Deggendorf (34 000), Vilshofen (17 000) Cham (17 000), Roding (12 000), Hauzenberg (11 500), Regen (11 000), Waldkirchen (10 500), Zwiesel (9400), Furth im Wald (9000), Viechtach (8500), Grafenau (8300)

Einwohnerzahl: Niederbayern 1,24 Mio, Oberpfalz 1,11 Mio, Bayern gesamt 13,07 Mio

Höchste Berge: Großer Arber (1456 m), Großer Rachel (1453 m), Lusen (1373 m), Dreisessel (1332 m), Großer Falkenstein (1315 m), Großer Osser (1293 m)

Turm der Deggendorfer Grabkirche

Besiedlungsdichte: Bayerischer Wald 108 Einwohner/Quadratkilometer; Bayern gesamt 185 Einwohner

Bevölkerungsentwicklung (Prognose): Straubing +5 Prozent, Passau +0 Prozent, Freyung-Grafenau –5 Prozent, Regen –5 Prozent

Wichtigste Flüsse: Donau, Regen, Ilz, Ohe

Nationalpark Bayerischer Wald: 1970 als erster Nationalpark Deutschlands gegründet und 1997 auf seine heutige Fläche von 24 250 ha erweitert. Bis zu 1 Mio. Besucher pro Jahr.

Wirtschaft: Dienstleistungen 63 %, Industrie 35 %, Land-und Forstwirtschaft 2 %. Das Bruttoinlandsprodukt im hinteren Bayerischen Wald liegt pro Einwohner bei rund 32 000 €. In ganz Bayern sind es gut 48 000 €.

Arbeitslosenrate 2019: Regierungsbezirk Oberpfalz 3,1 Prozent, Regierungsbezirk Niederbayern 3,2 Prozent

Tourismus Bayerischer Wald: Zwischen 1,6 und 2 Mio. Gäste, bis zu 10 Mio. Übernachtungen im Jahr.

Geographie

Wenn man von Regensburg die Donau entlang nach Passau reist, dann begleiten einen die Berge des Bayerischen Waldes auf einer Strecke von über 100 Kilometern. Die Größe des Waldes kann jedoch noch viel besser nachvollziehen, wer von der Donauebene steil hinauf in den Vorwald fährt. Auf einer Länge von 50 Kilometern folgen nun Höhenzüge auf Höhenzüge – »Waldwoge auf Waldwoge«, wie Stifter schrieb –, die sich von 500 Metern auf über 1500 Meter immer höher schrauben. Die Berge des ersten Gebirgszugs tragen Namen wie Pröller, Predigtstuhl oder Brotjacklriegel und sind rund 1000 Meter hoch. Wer das Bergwandern liebt, kann hier acht Eintausender an einem einzigen Tag ersteigen.

Der zweite Hauptgebirgszug bildet dann zugleich die Grenze zu Tschechien. Hier gibt es mit dem Arber, dem Rachel und dem Lusen die höchsten Berge des Bayerischen Waldes. Am nahen Dreisesselberg treffen die Grenzen von gleich drei Staaten – Deutschland, Tschechien und Österreich – zusammen. Der gut 1300 Meter hohe Bergrücken ist so etwas wie der Sehnsuchtsort vieler Sudetendeutscher, die sich hier im Kalten Krieg trafen, um in ihre alte Heimat hinüber zu blicken. Dort, im Böhmerwald, setzen sich die Gebirgsketten bis Klatovy und Strakonice und damit noch einmal knapp 50 Kilometer fort. Der höchste Berg auf tschechischer Seite ist mit 1378 Metern der Plechy (Plöckenstein), der unmittelbare Nachbar des Dreisesselbergs.

Alles Böhmen, oder was?

Den Bayerischen Wald gibt es noch gar nicht so lange. Zumindest sprachlich. Denn jahrhundertelang bezeichnete man die nahezu undurchdringlich erscheinende Region mit ihren dunklen Urwäldern schlicht als Nordwald. Ab dem 13. Jahrhundert taucht in Urkunden dann der Name *nemus Boemonum* auf – und zwar für die Wälder auf beiden Seiten der bayerisch-böhmischen Grenze. Böhmerwald nannten die Einheimischen das gesamte Waldgebirge auch dann noch,

Passau am Zusammenfluss von Donau, Ilz und Inn

als nach dem Ersten Weltkrieg der Vielvölkerstaat der Habsburger zerfiel und eine selbstständige Tschechoslowakei entstand. Als Bayerischer Wald galt lediglich der Vorwald – die Region also, in der die Berge niedriger sind als 1000 Meter und die Landwirtschaft noch ein erträgliches Einkommen ermöglicht. Allerdings wuchs nach 1918 in Bayern der politische Druck, das gesamte Gebiet südlich der tschechischen Grenze als Bayerischen Wald zu bezeichnen. Doch erst mit der Trennung Europas in West und Ost wurde 1951 diese Bezeichnung für den Gebirgszug zwischen der Cham-Further Senke im Nordwesten und dem Dreisesselberg im Südosten offiziell eingeführt.

Der Quarzriegel des Pfahls bei Weißenstein

Und dennoch: Wer im Internet nach dem höchsten Berg des Böhmerwaldes sucht, erhält als Antwort fast ausnahmslos ›Arber‹. Dabei liegt dieser Berg seit der Grenzziehung durch Kaiserin Maria Theresia im 18. Jahrhundert auf der bayerischen Seite des Waldes. So leben alte Traditionen unbeirrt fort.

Die Grenze zwischen dem vorderem und dem hinterem oder auch dem innerem Bayerischen Wald liegt etwa dort, wo der Quarzriegel des sogenannten Pfahls (→ S. 24) verläuft und man heute auf der B85 durch den gesamten Wald fahren kann. Die Saldenburg, 30 Kilometer nördlich von Passau, nannte man früher Waldlaterne.

Seit dem Ende des Kalten Krieges wächst im Wald wieder zusammen, was zusammengehört. 1991 entstand auch auf tschechischer Seite ein Nationalpark, der Národní park Šumava. Dieser ist mit 700 Quadratkilometern fast dreimal so groß wie der Nationalpark Bayerischer Wald. Westliches ›Einfallstor‹ in den Böhmerwald ist die Chodenstadt Domažlice, die östliche Grenze bildet der Lipno-Stausee. Einige bayerische Städte haben inzwischen Partnerschaften mit Gemeinden auf der anderen Seite der Grenze geschlossen, so zum Beispiel Freyung mit Vimperk oder Cham mit Klatovy. Über die grüne Grenze führen zahlreiche Wanderwege, die bekanntesten sind der Baierweg von Straubing nach Domažlice und der Goldene Steig von Passau nach Prachatice (→ S. 96).

Mitteleuropäische Wasserscheide

Auf dem Kamm des Waldgebirges verläuft die Wasserscheide zwischen Nordsee und Schwarzem Meer. Der Schnee des Böhmerwaldes wird von Moldau und Otava in die Elbe getragen, der Schnee des Bayerischen Waldes von Regen und Ilz in die Donau. Die Berge des Waldes sind so wasserreich, dass es überall plätschert und rauscht: Bergbäche, die sich nach und nach zu wahren Flusssystemen vereinigen. Es gibt den Kleinen, den Großen, den Schwarzen und den Weißen Regen, die ab Bad Kötzting nur noch Regen heißen und südlich von Regensburg in die Donau münden. Große und Kleine Ohe, Mitternacher Ohe und Wolfsteiner Ohe werden zur Ilz. Diese gilt als schönster Fluss des Bayerischen Waldes und mündet bei Passau unterhalb der Veste Oberhaus in die Donau.

Der dritte der Flüsse, die Passau zu seinem Titel ›Dreiflüssestadt‹ verhelfen, ist der Inn, der im Schweizer Engadin entspringt und mit seinen gut 500 Kilometer einer der längsten Alpenflüsse ist. Während die Ilz fast schwarzes Wasser hat und die Donau an Sonnentagen tatsächlich »so blau, so blau« ist, wird die Farbe des Innwassers von grünlichem Gletscherschmelzwasser bestimmt.

Vom Süden her mündet außerdem die Isar in die Donau. Im Mündungsgebiet bei Deggendorf liegen einige der letzten Auwälder der Donau, weshalb es ökologisch als besonders wertvoll gilt. Zugleich ist es jedoch auch bedroht, denn seit Jahrzehnten fordert die bayerische Wirtschaft den Bau von Staustufen zwischen Straubing und Vilshofen (www.bund-naturschutz.de/donau.html).

Geologie

Gneis, Granit, Graphit und Quarz – daraus ist der Bayerische Wald gemacht. All diese Steine und Mineralien waren ein wichtiger Wirtschaftsfaktor der Region. Quarz benötigte man zum Herstellen von Glas, aus Granit wurden Pflastersteine gehauen, die Menschen der späten Eisenzeit verwendeten Graphit, um ihre Töpfe feuerfest zu machen. Über diesen Graphitabbau informiert heute das Bergwerksmuseum in Hauzenberg (→ S. 199).

Es gab aber auch noch eine andere Form des Bergbaus: Bereits Mitte des 15. Jahrhunderts wurde bei Bodenmais nach Silber gegraben, Grundlage für die Entstehung der ›vollkommen gefreiten Bergstadt‹ und Basis ihres Wohlstands bis heute. Denn es gibt nicht wenige Touristen, die in den alten Stollen einfahren und auf den Halden und Verhauen nach Silber suchen. Allerdings meist vergeblich.

Im Steingarten bei Neuschönau

Vor Millionen Jahren

Die Entstehung des Bayerischen Waldes muss man sich etwa so vorstellen: Vor knapp 600 Millionen Jahren wurden Teile der bereits festen Erdkruste immer wieder durch flüssige Gesteinsmassen aufgerissen. Auf der Erdoberfläche erstarrten diese zwar, wurden jedoch ständig neu durchbrochen, verändert, gefaltet. Auf diese Weise formten sich die sogenannten Gneise, die heute die Gebirgszüge bilden.

Noch war die Herausbildung des Waldgebirges jedoch nicht beendet. Vor 300 Millionen Jahren drangen nun Granit-Magma und Kieselsäure in das vorhandene Gestein ein. Die Kieselsäure kristallisierte sich beim Erkalten zu Quarz. Auf diesen Prozess geht eine der größten geologischen Besonderheiten Mitteleuropas zurück: der Pfahl, eine Bruchlinie des Gebirges, die rund 150 Kilometer von der Oberpfalz bis ins österreichische Mühlviertel quer durch den Wald verläuft. Da der Pfahl zu 98 Prozent aus Kieselsäure besteht, schimmert er weiß. Die gelbliche, rötliche oder graue Farbe des Gesteins stammt von Verunreinigungen durch Eisenverbindungen und wird als Pfahlschiefer bezeichnet. Der Pfahl tritt nur an wenigen Stellen an die Oberfläche, besonders eindrucksvolle Riffe sind jedoch bei der Ruine Weißenstein zu sehen, wo er mit 750 Metern über dem Meeresspiegel seinen höchsten Punkt erreicht. Bei Viechtach, wo der Quarzriegel am besten sichtbar ist und sich auf einer Höhe von 30 Metern und eine Breite von 120 Metern zeigt, gibt es einen Geologielehrpfad (→ S. 122). Das im Quarz enthaltene Silizium wird auch zur Herstellung von Solarzellen verwendet.

Ebenfalls aus Quarz, aber auch aus Feldspat und Glimmer, besteht Granit. Es ist ein sehr hartes Gestein und dennoch vergänglich. Und so prägen die verschiedenen Formen der Granitverwitterungen, Steintürme und Felsenmeere das Landschaftsbild des Bayerischen Waldes an vielen Stellen. Vergänglich sind so auch die Berge des Waldes: Einst waren die Gipfel wohl 5000 Meter hoch, heute sind es noch maximal 1500 Meter.

Der letzte Schritt der Entwicklung vollzog sich schließlich vor 60 Millionen Jahren. Als die Faltung der Alpen begann, wurden längs dieser Bruchlinien Teile des Bayerischen Waldes empor gehoben. Zwischen dem Hauptgebirgszug im Nordosten mit Rachel und Lusen und dem Donaugebirge im Südwesten bildete sich eine weite Senke aus – dies gilt als die Geburtsstunde des Bayerischen Waldes. Wer mehr über die Geologie des Waldes wissen möchte, kann sich im Gesteinsfreigelände des Nationalparks bei Neuschönau (→ S. 178) oder in Thurmansbang bei Tittling in einem Themenpavillon informieren.

Klima

Was man sich über das Wetter im Bayerischen Wald erzählt, klingt nicht gerade verlockend. »Dreiviertel Jahr Winter, viertel Jahr kalt«, so lautet eine alte Volksweisheit, und eine andere besagt »Im Woid is koid«. Man spricht von Bayerisch-Sibirien, legendär ist der Böhmwind, der aus dem Norden kommt und alles Leben erstarren lässt.

Tatsächlich ist es im Bayerischen Wald kälter als in den Alpen. Andererseits jedoch ist der Wald vor allem in seinem südöstlichen Teil ein sehr sonniges Gebirge, hier zählt man mehr Sonnentage als in den meisten übrigen Regionen Deutschlands, nicht zufällig gibt es Orte, die Sonnenbühl heißen. Darüber hinaus existiert nicht nur ein einziges Klima im Bayerischen Wald, sondern sehr viele verschiedene. Schließlich liegt zwischen Donauebene und den höchsten Berggipfeln ein Höhenunterschied von über 1100 Metern. Metereologen haben festgestellt, dass man bei einer Besteigung des Rachel so viele Klimazonen wie zwischen Südbayern und Nordschweden durchquert.

Winter auf dem Gipfel des Großen Arber

Mit anderen Worten: Der Bayerische Wald liegt im Übergangsbereich zwischen ozeanischem und kontinentalem Klima, wobei der kontinentale Einfluss von West nach Ost zunimmt. So ist es im Böhmerwald kälter und trockener als im Bayerischen Wald, wo die Niederschläge auf den höchsten Bergen bei über 1800 mm im Jahr liegen können.

Der Frühling beginnt auf den Höhenzügen spät, nicht selten sind die bis zu vier Meter hohen Schneemassen erst Anfang Mai geschmolzen. In den Niederungen und hier vor allem in leegeschützten Gegenden wie dem Regental zählt man dagegen nur zwischen 60 und 80 Schneetage. Besonders viele Frosttage gibt es in Haidmühle und Klingenbrunn, wo auch die Wetterstationen von ›meteomedia‹ stehen. Langlauf ist in der Regel von Mitte Dezember an möglich, die Saison endet Mitte April.

Frühling im oberen Bayerischen Wald

Zu dieser Zeit stehen im Lallinger Winkel auf der Schneeglöckchenwiese bereits bis zu 30 000 Frühjahrsblumen in voller Blüte – ein Naturwunder, das jedes Jahr viele Besucher anzieht. Auf die Blumen folgen die Apfel-, Birnen-, Zwetschgen- und Kirschbäume, mehr als 10 000 Obstbäume wachsen auf den Streuobstwiesen dieses Hochtals. Da es auf drei Seiten vom Wald geschützt ist, verfügt es über ein besonders mildes Klima.

Von Juni bis September dauert die Hauptreisezeit im Bayerischen Wald. Dann steigen die Temperaturen in den Tälern auf 25 Grad, und man freut sich über eine Wanderung im schattigen Hochwald, denn auf den Gipfeln

Hier hat der Borkenkäfer seine Spuren hinterlassen

wird es selten wärmer als 15 Grad. Die beste Zeit für Wanderungen ist jedoch der sehr sonnige Herbst, wenn der Wald ›brennt‹ und man nicht selten bis zu den Alpen sehen kann.

Der Klimawandel macht natürlich auch vor Bayerisch-Sibirien nicht halt. Messungen haben ergeben, dass die Temperaturen in Waldhäuser in den letzten 50 Jahren um 1,1 Grad gestiegen sind. Besonders starke Erwärmungstendenzen sind im April, Mai und August zu erkennen. Als Folge der Erwärmung beginnt die Buche 22 Tage früher auszutreiben, Tiere und Pflanzen finden in immer höheren Lagen einen Lebensraum, und es kommt auch zu Einwanderungen aus wärmeren Gegenden. Dies bedeutet natürlich zugleich, dass die Überlebenschancen für Arten, die an das kalte Klima des Bayerischen Waldes gewöhnt sind, schwinden.

Flora und Fauna

»Das ist kein Wald, der hier anfängt und dort aufhört, keine Kulisse für Sonntagsausflügler, für Hotelbetrieb und Butterbrotpapier. Nein, das sind Wälder, die überhaupt kein Ende nehmen, in denen Du tagelang wandern kannst und höchstens einem Holzhauer begegnest«, schrieb im vergangenen Jahrhundert der Schriftsteller Siegfried von Vegesack. Von Vegesack stammte aus dem Baltikum, hatte also Erfahrung mit ausgedehnten Wäldern und war doch tief beeindruckt von den weitläufigen, dicht bewaldeten Hügelketten.

Ein anderer Schriftsteller hat mit seinen Werken unser Bild vom Bayerischen Wald geprägt wie kein zweiter: Adalbert Stifter. Doch als Stifter in den 1840er Jahren seinen ›Hochwald‹ schrieb, war dieser ein anderer als heute. Damals sah seine ›Zusammensetzung‹ etwa so aus: 40 Prozent Fichten, 25 Prozent Tannen sowie 35 Prozent Buchen und andere Laubbäume. Inzwischen ist der Anteil der Tannen auf magere vier Prozent geschrumpft, stattdessen gibt es 60 Prozent Fichten. Der frühere Urwald – riesige, jahrhundertealte Baumriesen – existiert nur noch an wenigen Stellen, so zum Beispiel oberhalb des Rachelsees und in Tschechien am Boubín.

Der Grund für die Veränderung des Waldes liegt in seiner verstärkten wirtschaftlichen Nutzung. So spricht man heute von einem Altersklassewald, der flächenweise angepflanzt und abgeholzt wird. Fichten wachsen nun einmal schnell, Mischwald dagegen verzögert den Geldsegen. Und die bis zu 50 Meter hohen und bis zu zwei Meter dicken Urwaldriesen mussten daran glauben, weil sie dem Wirtschaftswald die Sonne nahmen.

Viehweiden und Hochmoore

Almen heißen im Bayerischen Wald Schachten. Woher diese Bezeichnung kommt, ist nicht ganz geklärt, erstmals erwähnt wurde sie 1608. 350 Jahre später gaben die Bergbauern die Schachten aus wirtschaftlichen Gründen wieder auf. Die Weidewiesen befinden sich in einer Höhe von 1000 bis 1200 Metern und liegen somit weit weg von den Dörfern. Inmitten des dichten Waldes bilden sie eine mehrere Hektar große Freifläche mit schönen Ausblicken. Im Unterschied zu den Alpen wurden hier keine Kühe gehalten, sondern Ochsen und Jungvieh – wichtige Handelsware mit Böhmen. Almauftrieb war der Georgitag am 23. April, am Michaelitag, dem 29. September, ging es dann wieder ins Tal hinab. Auf den Schachten findet man verschiedene Eisenhut- und Enzianarten sowie den Türkenbund, der zur Gattung der Lilien gehört. Vereinzelt stehende Bäume dienten als Schattenspender für Hirten und Tiere, diese uralten Exemplare sind heute noch zu sehen.

Moore, die im Bayerischen Wald Filze heißen, entstanden überall dort, wo aufgrund klimatischer Bedingungen organische Substanz nicht verrottete und sich im Laufe der Jahrhunderte zu Torf anreicherte. Regenwasser wird von diesem Torf wie ein Schwamm aufgesogen, sein Wassergehalt liegt so bei rund 90 Prozent. Da Pflanzen die Nährstoffe nicht mehr erreichen können, ist es nur wahren Hungerkünstlern möglich zu überleben.

Filze finden sich meist am Grenzkamm zu Tschechien und zählen zu den eindrucksvollsten Landschaften des Waldgebirges. Der Fichtenwald wird immer lichter, die Bäume stehen zunächst noch vereinzelt, werden schließlich jedoch vom sogenannten Latschenfilz abgelöst. Hier gibt es die typische Hochmoorvegetation mit Moortümpeln, schwimmenden Wiesen, Wollgras und Sonnentau, der mit seinen rot leuchtenden, klebrigen Blättern ziemlich giftig aussieht. Alle Arten von Waldbeeren sind zu finden, von der Preiselbeere über die Moosbeere bis hin zur eher unbekannten Rauschbeere. Wie die Heidelbeere ist diese außen blau, Fruchtfleisch und Saft sind jedoch hell. Über ihre Rauschwirkung gibt es unterschiedliche Ansichten, früher wurde sie zur Behandlung von Durchfall und Blasenleiden eingesetzt. Und man brannte natürlich auch Schnaps aus ihr ...

Die bedeutendsten Schachten gibt es beim Großen Arber und Falkenstein, die schönsten Hochmoore bei Zwiesel, Buchenau und Spiegelhütte, Talmoore bei Riedlhütte und bei Arrach im Lamer Winkel. In Tschechien gilt das Seemoor (Jezerní slat') bei Kvilda als besonders eindrucksvoll.

Pflanzen im Vorübergehen

Bei jeder Wanderung durch den Bayerischen Wald kann man Pflanzen von überraschender Schönheit entdecken. Am häufigsten sind die verschiedenen Arten von Farn, die oft ganze Wiesen bedecken. Blütenpflanzen sind der Gebirgshahnenfuß, der Blaue Eisenhut und auch der mannshohe Alpen-Milchlattich mit seinen violetten, asternartigen Blüten. An Bächen wächst die Weiße Pestwurz, die im April und Mai blüht, riesengroße herzförmige Blätter hat und bis zu einem Meter hoch wird. Baumstämme schimmern oft gelb, an ihnen wächst eine Schwefelflechte. Unter Heidelbeersträuchern leuchtet es dagegen weiß: Dort steht der Siebenstern mit seinen weißen Blüten. Insgesamt gelten 425 Pflanzenarten als typisch für den Bayerischen Wald. Was eine eher geringe Zahl ist – in ganz Bayern kennt man über 2500 Farn- und Blütenpflanzen.

Mit Pilzen bewachsenes Totholz im Nationalpark

Angst vor Luchs und bösem Wolf?

Canis Lupos: der gar nicht böse Wolf

Im Vorfrühling 2012 versetzte eine Nachricht aus dem Nationalpark die ganze Region wochenlang in Aufregung. Verschwunden war Tessa, einer jener Luchse, die die Nationalparkverwaltung mit elektronischen Halsbändern ausgestattet hatte, um die Bewegungen dieser seltenen Tiere besser verfolgen zu können. Falls der Luchs sich drei Tage lang nicht bewegen sollte, sendet das Halsband eine SMS, welche die Forscher auch *Mortality signal* nennen. Das Todessignal von Tessa kam am 13. März 2012: Das Weibchen hatte tagelang von einem Reh gefressen, das sie vermutlich selbst erlegt hatte, dessen Kadaver aber nachträglich mit Gift präpariert worden war. Die Nationalparkverwaltung stellte bei der Staatsanwaltschaft Deggendorf Anzeige gegen Unbekannt.

Wie viele Luchse genau im Bayerischen Wald leben, weiß man nicht. Genannt wird eine Zahl von 40. Forscher haben im Nationalpark Šumava acht Weibchen ausmachen können. Die Zahl der Luchse steigt trotz aller Schutzmaßnahmen nicht an. »Entweder ist der Lebensraum für diese Tiere nicht geeignet, oder die Menschen wollen den Luchs hier nicht.« – so ein Mitarbeiter des Nationalparks. Vergiftungen wie bei Tessa kann man meist nur schwer nachweisen. Als sicher aber gilt, dass allein 2015 drei Luchse absichtlich getötet wurden.

Doch nicht nur Luchse, auch Wölfe gibt es wieder im Bayerischen Wald. So entdeckte man bereits 2005 Wolfsspuren, die ersten seit 100 Jahren. Eingewandert sind die Wölfe vermutlich aus Osteuropa. Als das Umweltministerium die Meldung von den Wolfsspuren bekannt gab, versäumte man es nicht, darauf hinzuweisen, dass von den Tieren für die Menschen keine Gefahr ausgehe: »Der Wolf ist der Vorfahr des Hundes. Und der Hund ist der beste Freund des Menschen.« Man müsse Sorge tragen, dass die Tiere nicht ›aus Versehen‹ abgeschossen würden. Luchse und Wölfe können Besucher in den Tierfreigeländen des Nationalparks beobachten, ebenso wie Bären. Diese wurden im Bayerischen Wald bisher noch nicht wieder in freier Wildbahn gesichtet.

Von Nachtkameras aufgenommen werden dagegen immer wieder einmal Elche. Diese sind vermutlich jedoch nicht im Bayerischen Wald heimisch, sondern kommen vom böhmischen Moldaustausee Lipno zu einem Ausflug über die Grenze.

Vom Aussterben bedroht ist das scheue Auerhuhn, zu dem es im Nationalpark ebenso wie auch zum Luchs ein eigenes Forschungsprojekt gibt. Entdecken kann man den riesigen Hühnervogel, der ein bisschen an einen Fasan erinnert, noch auf den Hochlagen von Dreisesselberg und Plöckenstein.

Geschichte

Keltische Spuren

Eines der ältesten Zeugnisse der Besiedelung des Bayerischen Waldes ist ein Stein. Auf seiner Oberfläche befindet sich eine schalenförmige ovale Vertiefung, in der bei Regen das Wasser stehen bleibt. Wasser, das bis zu Beginn des 19. Jahrhunderts als wundertätig angesehen wurde. Solche Schalensteine werden meist der Jungsteinzeit vor rund 3000 bis 5000 Jahren zugeordnet. Das Besondere an dem Stein in Igleinsberg bei Prackenbach jedoch ist, dass in ihn Runen, altgermanische Schriftzeichen, gehauen wurden. Eine von ihnen lautet »Für Frauen verboten«, eine andere »fester Besitz«. Historiker gehen davon aus, dass der Schalenstein im letzten Jahrtausend vor Christus entstanden ist. Die Bewohner des Waldes nannten ihn Keltenstein und sahen ihn als Ort mystischer Kräfte. Tatsächlich gibt es mehrere Belege für keltische Siedlungen in Niederbayern, so bei Chamerau oder am Bogenberg; auch Flussnamen wie Donau oder Regen gelten als keltisch. Wie bei den Römern hieß bei den Kelten der Bayerische Wald Bockwald. Wer mehr über das Leben der Kelten erfahren möchte, sollte das Keltendorf Gabreta bei Ringelai (→ S. 187) besuchen.

Grenze des Römischen Reiches

Erst spät entschlossen sich die Römer, die Nordgrenze ihres Reiches zu sichern. Kaiser Augustus entsandte 15 v. Chr. seine beiden Stiefsöhne Drusus und Tiberius über die Alpen. Ihr Ziel war es, das römisch besetzte Gallien im Westen und ihre Donauprovinz im Osten miteinander zu verbinden. Innerhalb nur eines Sommers gelang es den Römern, Herren des Landes südlich des Bayerischen Waldes und der Donau zu werden.

Dieses Land gliederten sie in ihre Provinz Raetien ein und sicherten sie mit einer Grenzmauer, dem Limes – doch nur im Westen zwischen Kelheim und Aalen, denn im Osten zwischen Regensburg und Passau genügte die Donau als natürlicher Schutz. Der sich dahinter erstreckende Wald galt sowieso als undurchdringlich, *eremus nortwald*, nannten ihn die Römer, ›menschenleerer Nordwald‹.

Ganz so menschenleer war der Bayerische Wald jedoch auch zur damaligen Zeit nicht. Zwar gab es keine feste Besiedlung, wohl aber Jäger, Hirten und Bienenzüchter. Im Unterschied zum Nordwald existierten an der Donau bereits Städte und Märkte, denn die fruchtbare Ebene zählt seit jeher zu den ältesten Siedlungsgebieten Deutschlands. Und hier errichteten die Römer dann auch die Legionslager für ihre Soldaten. Das bedeutendste davon stand in Regensburg, das Castra Regina, und zählte rund 6000 Mann. Ein größeres Lager gab es im ganzen deutschen Donauraum nicht, aus ihm entwickelte sich später die erste Hauptstadt Bayerns.

Ein anderes wichtiges Lager existiert heute dagegen nicht mehr: Das Kastell Quintanis lag zwischen Osterhofen und Vilshofen bei Künzing, war 160 mal 133 Meter groß und hatte eine Besatzung von 500 Mann. Quintanis, das auf eine keltische Kreisgrabenanlage zurückgeht, wurde im 3. Jahrhundert von den Ale-

Reste der Porta Praetoria in Regensburg

mannen zerstört. Heute erinnert ein Museum an diese uralte Besiedlung nahe der Mündung der Isar in die Donau.

Gleich mehrere Kastelle gab es in Passau, denn immer wieder sahen sich die Römer vor die Aufgabe gestellt, das Voralpenland gegen die germanischen Stämme zu verteidigen. Um ihre Wertgegenstände zu sichern, wurden diese vergraben, und nicht nur einmal vergaß man, sie auch wieder auszugraben. So wurde 1937 bei Straubing ein Topf mit 1000 Silbermünzen gefunden. 1950 stießen Erdarbeiter in der gleichen Gegend auf einen kupfernen Kessel mit Soldatenausrüstung und Götterfiguren – den Straubinger Römerschatz.

Das Ende der römischen Herrschaft im Donauraum kam nicht allzu überraschend. Immer öfter setzten die Römer germanische Soldaten zum Wachdienst ein und diese durften sich deshalb auch südlich der Donau niederlassen. Regensburg und Straubing wurden mehr und mehr zu germanischen Städten. Germanische Stämme drangen auch immer tiefer in römisches Gebiet bis zu den Alpen vor. Im Jahr 476, als der letzte weströmische Kaiser abgesetzt wurde, räumten die Römer schließlich auch ihre letzte Bastion in Niederbayern: Passau.

Zurück blieb nicht nur ein Teil der romanischen Zivilbevölkerung, sondern auch die lateinische Sprache, die bis heute im bayerischen Deutsch ihre Spuren hinterlassen hat: So leitet sich ›Bambs‹, kleines Kind, vom italienischen *bambino* ab. ›Bazi‹, bayerisch für Lump, stammt von *pacius*, dem Stümper. Selbst der Senner und die Sennerin haben lateinische Wurzeln: *senor* und *seniora*.

Trotz der Vielfalt der keltischen, alemannischen und germanischen Einflüsse sind die Bayern bis heute stolz auf ihre 450-jährige römische Kultur. Dadurch, so heißt es in der ›Kulturgeschichte des Bayerischen Unterlands‹ habe »unsere Heimat ihre besondere Ausprägung erfahren und ihren besonderen Reichtum entfaltet«.

Die ersten Bajuwaren

Aus Böhmen, über die uralten Passstraßen des Bayerischen Waldes, wanderten zwischen dem 4. und 5. Jahrhundert Angehörige eines keltischen Stammes ein und erreichten bei Straubing die Donau. Böhmen hieß damals *Boiohemum* und so nannte man diese Männer ›Boio Varii‹, aus Böhmen kommend. Wo sie sich niederließen, ist leicht festzustellen, denn ihre Keramik wurde anders als die romanische nicht auf einer Scheibe gedreht, sondern von Hand geformt.

Die Boiovarii begannen von Regensburg aus das Leben in der von so vielen Kriegen heimgesuchten Region neu zu ordnen. Die Bauern, die in die Städte geflüchtet waren, kehrten aufs Land zurück. Viele andere Stämme – Rugier, Langobarden, Alemannen, Goten – ließen sich im Donauraum nieder. Es war ein buntes Völkergemisch, eine frühe multikulturelle Gesellschaft. Zwar waren die Boiovarii die tonangebende Bevölkerungsschicht, von einem Land Bayern ist jedoch noch nicht die Rede.

Dies ändert sich erst in der Mitte des 6. Jahrhunderts, als das Land zwischen Alpen und Donau an den fränkischen König fiel. Von der nördlichsten Provinz Italiens wurde Bayern nun zur südlichsten des Frankenreichs und trug erstmals diesen Namen: *Baiuvaria*. Der erste von den Franken eingesetzte Herrscher hieß Garibald und stammte aus dem Geschlecht der Agilofinger. Gut zwei Jahrhunderte lang, bis 788, sollten sie Bayern regieren.

Waldmissionare

Der fränkische Wanderprediger Emmeram hielt in der Mitte des 7. Jahrhunderts fest, »die Bajuwaren« seien erst vor kurzer Zeit zum Christentum bekehrt worden und hätten »den Götzendienst noch nicht völlig ausgemerzt«. Tatsächlich finden sich auf Friedhöfen aus dieser Zeit immer wieder Gräber mit Beigaben von Schmuck oder Waffen. Zugleich jedoch trugen die Toten auf ihrem Totenschleier das Zeichen des Kreuzes.

Wanderer am Arber

Um die Christianisierung voranzutreiben, kamen fränkische, irische und schottische Mönche nach Bayern. Es entstanden die Bistümer Passau und Regensburg, deren Einfluss bis nach Prag, Wien und Budapest reichte. Die Missionare gingen bei der Bekehrung meist vorsichtig zu Werk: Die Verehrung von Quellen und alten Bäumen und die Feste des Jahresablaufs wurden nicht verboten, sondern mit einer neuen, christlichen Bedeutung versehen.

Karl der Große erhob das Rodungskloster Metten zum königlichen Kloster

741 gründeten Mönche von der Bodenseeinsel Reichenau nahe der Isarmündung in die Donau das Kloster Niederaltaich. Von den Agilofingern erhielt es große Ländereien und den Auftrag, in das bisher fast menschenleere, unbekannte Gebiet jenseits der Donau vorzudringen und es bewohnbar zu machen. Die Rodungsarbeit von Niederaltaich war beispielhaft für die Besiedlung des Bayerischen Waldes: Rund 120 Ortschaften entstanden bis zu den Einfällen der Ungarn im 10. Jahrhundert, an sie erinnern Ortsnamen, die auf -mais, -ried oder-reut enden.

Ein zweites wichtiges Rodungskloster entstand im 11. Jahrhundert bei Rinchnach. Seine Gründung ist mit dem bedeutendsten Heiligen des Bayerischen Waldes, dem Einsiedler Gunther, verbunden. Gunther stammte aus einem reichen Thüringer Adelsgeschlecht, war verwandt mit Kaiser Heinrich II. und durch dessen Schwester Gisela auch mit dem ungarischen König Stephan. Im Alter von 45 Jahren trat er 1005 ins Kloster Niederaltaich ein, da ihm – wie es heißt – im »reifen Mannesalter die Eitelkeit der Welt mit jedem Tage klarer« geworden war. Schon drei Jahre später entschied sich Gunther auch gegen das Leben im Kloster und für die Einsiedelei im Wald. In diesen zog er sich im Laufe der Jahre immer tiefer zurück und sammelte zugleich ›weltflüchtige‹ Menschen um sich. Aufgrund seiner adeligen Herkunft wurde Gunther jedoch immer wieder auch mit diplomatischen Missionen beauftragt, hielt sich am Hof des ungarischen Königs auf und vermittelte im Streit zwischen Bayern und Böhmen. Daher wurde er auch in Tschechien, wo er seine letzte Klause hatte, sehr verehrt und nach seinem Tod aus dem Wald ins Kloster Břevnov bei Prag überführt.

Während der nördliche und mittlere Bayerische Wald somit bereits im frühen Mittelalter von Klosterbrüdern missioniert wurden, dauerte die Rodung des südlichen Teils bis weit ins 18. Jahrhundert hinein und wurde von den Fürstbischöfen Passaus vorangetrieben. An sie erinnern Orte wie Bischofsreut oder Hinterfirmiansreut, es sind einige der höchst gelegenen Dörfer des Bayerischen Waldes, direkt an der tschechischen Grenze.

Grab der ungarischen Königin Gisela im Kloster Niedernburg

Zwischen Böhmen und Österreich

973 war Prag zum Bischofssitz erhoben worden. So konnte sich Böhmen allmählich dem Machtanspruch des Bistums Regensburg entziehen. Noch einmal knapp 200 Jahre später, 1156, wurde das Herzogtum Österreich von Bayern abgetrennt. 1180 belehnte Stauferkaiser Friedrich Barbarossa den Wittelsbacher Otto I. mit Bayern. Von nun an bestimmte der Machtkampf zwischen den Herrscherdynastien – Wittelsbachern, Habsburgern und böhmischen Přemysliden – die Beziehungen zwischen den drei Ländern. Nach dem Aussterben der Přemysliden im 15. Jahrhundert ging die Auseinandersetzung zwischen Bayern und Österreich – trotz zahlreicher Heiraten – sogar bis ins 19. Jahrhundert weiter und endete erst, als man sich gegen den wachsenden Machtanspruch der preußischen Hohenzollern zusammentun musste. Die Wittelsbacher jedoch, deren genaue Herkunft ungeklärt ist, werden bis 1918 und damit 738 Jahre lang, Bayern regieren. Ähnliches gelingt keiner anderen europäischen Adelsfamilie.

Allerdings waren die Wittelsbacher sich selbst lange Zeit nicht hold, bestimmend für die bayerische Geschichte des späten Mittelalters sind die immer neuen Teilungen des Landes. Da stets alle Söhne des Herrschers erbberechtigt waren, es bis 1508 kein Erstgeburtsrecht gab, erhielt Herzog Ottos Sohn Heinrich 1255 Niederbayern, sein Sohn Ludwig dagegen Oberbayern. Im Unterschied zu heute galt ›Bavaria inferior‹ damals wegen seiner fruchtbaren Böden und den wichtigen Handelsstraßen nach Böhmen, Ungarn und Venedig als der reichere Teil Bayerns.

Der Goldene Steig

2010 feierte man in Bayern und Böhmen ›1000 Jahre Goldener Steig‹. Tatsächlich stammt die erste zuverlässige Bestätigung eines Handelsweges von der Donau durch den Nordwald nach Böhmen bereits aus dem Jahre 1010, als Kaiser Heinrich II. die Einnahmen aus dem Böhmenzoll dem Passauer Kloster Niedernburg zusprach. Wichtigstes Handelsgut war das im Nachbarland rare Salz, welches zum Konservieren vom Fisch und Fleisch und vielen anderen Lebensmitteln benötigt wurde. Entsprechend ›gülden‹ waren die Aussichten für die Salzhändler.

Das Salz stammte aus Reichenhall und aus der Salzburger Saline Hallein und wurde mit speziellen Schiffen auf Salzach und Inn nach Passau gebracht. Dort kamen zu Beginn des 15. Jahrhunderts pro Minute nahezu unglaubliche 16 Kilogramm Salz an, der Preis des Salzes verdreifachte sich auf diesem Transport. Daher bildete der Salzhandel die wirtschaftliche Grundlage für Passaus Reichtum, und nicht nur der Bischof, sondern auch Aktionäre der Salzstadel verdienten gut. Sie konnten mit einer Rendite von bis zu 13 Prozent rechnen. Der Name ›Goldener Steig‹ bürgerte sich freilich erst zu Beginn des 16. Jahrhunderts ein.

In Passau wurde das Salz von den Schiffen abgeladen, denn von hier aus transportierten es Pferde über die Berge des Bayerischen Waldes. Sogenannte Säumer zogen von der Passauer Ilzstadt über Waldkirchen, Grainet und Bischofsreut zur Landesgrenze und dann weiter über Volary nach Prachatice. Später gab es auch eine westliche Route nach Vimperg und eine weitere nach Kašperské Hory. Manchmal sollen auf den schmalen Bergpfaden wöchentlich 1000 Pferde unterwegs gewesen sein. Auf dem Rückweg brachten die Kaufleute dann Malz und Getreide nach Bayern.

Der Anfang vom Ende des Passauer Salzhandels kam 1526, als Böhmen an die Habsburger fiel und diese die Einfuhrzölle drastisch erhöhten, schließlich wollte man das eigene Salz verkaufen. Die letzten Säumer zogen dann zu Beginn des 18. Jahrhunderts durch den Böhmerwald. 1706 verbot Österreich den Import von Salz.

Salzsäumerbrunnen in Grafenau

Heute informiert das Museum ›Goldener Steig‹ in Waldkirchen über die beschwerliche und immer wieder von Raubüberfällen bedrohte Arbeit der Säumer. In Grafenau und Grainet finden jedes Jahr im Sommer Säumerfeste mit Säumerzügen statt, und natürlich gibt es auch mehrere grenzüberschreitende Wanderwege: Von Passau nach Prachatice sind es gut 80 Kilometer. Archäologen sind weiterhin damit beschäftigt, den genauen Verlauf der Strecke mit ihren Burgruinen und zugewachsenen Hohlwegen zu erforschen, immer noch finden sie dabei verlorene Hufeisen. Einen Roman über eine ›Säumerfehde am Goldenen Steig‹ hat der Grafenauer Manfred Böckl geschrieben.

Revolte des Adels

Die Schwächung des bayerischen Herrscherhauses durch die ständigen Landesteilungen nützte der niederbayerische Adel und baute seine Besitztümer aus. Da auch die Kirche den Einfluss der Herzöge gering halten wollte, standen von nun an Bischof und Adel gegen die Wittelsbacher, aber auch gegen die freien Bürger der Städte. Bestes Beispiel für die damalige Bedeutung des Adels sind die Grafen von Bogen, die ihr Herrschaftsgebiet von der Donau bis in den Böhmerwald ausdehnten und die Klöster Windberg und Oberaltaich gründeten.

Erweitern konnten die Adeligen ihren Einfluss während der Hussitenkriege. Denn als in der ersten Hälfte des 15. Jahrhunderts die Anhänger der neuen Glaubenslehre von Jan Hus über den Böhmerwald in die Dörfer des Bayerischen Waldes vordrangen, waren es die einheimischen Ritter, die zur Verteidigung bereit standen.

Zur ersten offenen Auseinandersetzung mit Bayerns Herzog kam es 1466, als bei einem Turnier in Regensburg 41 Ritter aus der Straubinger Gegend einen Bund schlossen. Sie nannten sich die Böckler, trugen an einer Halskette das Abbild eines Bockes und ihr offizielles Ziel war es »gegen die Ketzer, die man Hussen nennt«, zu kämpfen. Tatsächlich jedoch kämpfen sie – oft gemeinsam mit böhmischen Adeligen – für größere Macht ihrer Grafschaften.

Zwar wurde der Böckleraufstand schon nach drei Jahren niedergeschlagen, doch bereits 1489 schlossen sich in Cham erneut 46 Adelige zum Löwlerbund zusammen. An die Zeit des aufständigen Adels wird jedes Jahr bei den Burgfestspielen auf Neunußberg bei Viechtach erinnert. Denn die Nußberger gehörten wie die Degenberger oder die Abensberger zu den Rebellen unter den Rittern. Viele ihrer Burgen gingen bei den Kämpfen in Flammen auf, ein eindrucksvolles Beispiel dafür ist die Burgruine Weißenstein bei Regen.

Burg Rabi im böhmischen Sušice ist eine Gründung der bayerischen Grafen von Bogen

Auch Herzöge rebellieren

Bei einem Faschingsball in Augsburg lernte im Jahre 1428 Herzogssohn Albrecht die Baderstochter Agnes Bernauer kennen. Albrecht war damals 27, Agnes vermutlich 18 Jahre alt, ganz so genau kennt man ihr Geburtsdatum nicht. Die beiden verliebten sich, Albrecht holte Agnes an den Hof nach München und schließlich heirateten sie. Vielleicht, denn ganz so genau weiß man auch dies nicht. Sicher jedoch ist, dass Herzog Ernst diese Mésalliance gar nicht gefiel, er seinen Sohn zu einem Jagdausflug einlud und währenddessen Agnes verhaften und am 12. Oktober 1435 bei Straubing in die Donau werfen ließ. Die Annalen wissen darüber folgendes zu berichten: »Als die schöne Bernauerin sich aus der Schlinge, mit der sie gefesselt war, befreien konnte und mit dem Schrei ›Helft! Helft!‹ das Ufer erreichte, kam der herzoglich-baierische Henker, rollte das lange blonde Haar um eine lange Stange und stieß die Hilflose ins Wasser zurück.«

Herzog Ernst soll seine Tat schnell bereut haben, jedenfalls stiftete er schon ein Jahr später auf dem Friedhof von St. Peter zu Straubing eine Kapelle, in deren Boden ein Gabstein aus rotem Marmor eingelassen wurde, der Agnes Bernauer nahezu in Lebensgröße zeigt. Herzogssohn Albrecht jedoch heiratete ein Jahr und drei Wochen nach der Ermordung seiner Geliebten eine Tochter des Herzogs von Braunschweig.

Das Leben und Sterben der ›Bernauerin‹ regte Literaten, Maler, Wissenschaftler wie Friedrich Hebbel oder Carl Orff und inzwischen auch Feministinnen zu zahlreichen Werken an. Alle vier Jahre, das nächste Mal 2023, finden in Straubing Agnes-Bernauer-Festspiele statt, es gibt sogar eine Agnes-Bernauer-Torte.

Niederbayerischer Rosengarten

Als mit der Renaissance eine neue Epoche begann, erlebte Niederbayern eine seiner besten Zeiten. Das Raubrittertum wurde erfolgreich bekämpft, die Handelsstraßen gesichert, neue Städte gegründet, in denen die Häuser nicht länger aus Holz, sondern aus Stein gebaut wurden. Die Herzöge von Niederbayern-Landshut machten es den Medicis nach und verwandeln ihr Fürstentum in einen frühmodernen Finanzstaat. Durch die Vergabe von Darlehen verdienten sie so viel Geld, dass gleich drei von ihnen den Beinamen ›der Reiche‹ erhielten. Als ›Rosengärtlein des Heiligen Römischen Reiches‹ bezeichnete man die Region.

Doch nicht nur die Wirtschaft, auch die Wissenschaft blühte. Johannes Staindel verfasste in Passau eine dreiteilige Weltchronik, der Augustinerchorherr Andreas von Regensburg eine Geschichte der Kaiser und Päpste. Der berühmteste Historiker war der 1477 in Abensberg geborene Johann Thurmaier, der sich Aventinus nannte und als Vater der bayerischen Geschichtsschreibung gilt. Auf seinem Grab im Kloster St. Emmeram in Regensburg steht: »Der Mensch ist eine Seifenblase. Mitten im Leben sind wir vom Tod umgeben.« Aventinus war einer der ersten, die durch das Land reisten, um vor Ort zu recherchieren, also Quellen einzusehen. Da er dem Protestantismus zuneigte, wurden seine Werke lange Zeit nicht gedruckt, seine Heimatstadt Abensberg warf den Historiker, der sich nach ihr benannt hatte, in den Kerker.

Schöner Bauerngarten bei Zwiesel

Die Landshuter Hochzeit

Am 14. November 1475 heiratete Herzog Georg der Reiche die polnische Königstochter Hedwig. Polen war zu dieser Zeit eines der mächtigsten Reiche Europas, und so geriet die Landshuter Hochzeit zu einem der größten und prächtigsten Fest des Jahrhunderts. Neben Kaiser Friedrich III. und seinem Sohn Maximilian nahm die Crème de la Crème der Reichsfürsten und Bischöfe teil. Über 9000 Gäste weilten damals in einer Stadt, die selbst nur 7000 Einwohner hatte, und verspeisten – unter vielem anderen – mindestens 12 000 Gänse. Schon die Zeitgenossen würdigten den Glanz der Feierlichkeiten, die zehn Tage dauerten und über 60 000 Rheinische Gulden kosteten. Zum Vergleich: Die jährlichen Einnahmen Niederbayern-Landshuts betrugen damals 54 000 Gulden. Auch heute noch hat die Hochzeit ihre Bedeutung: Seit 1903 wird sie alle vier Jahre neu inszeniert – das nächste Mal 2021. Rund 1500 Schauspieler nehmen an dem Schauspiel teil, und die gesamte Stadt verwandelt sich in eine mittelalterliche Bühne.

Herzog Georg hatte versucht, mit seiner Heiratspolitik die Beziehungen Niederbayerns zu den ostmitteleuropäischen Staaten zu verbessern. Bereits zuvor hatte es Eheschließungen mit Habsburgern und den sächsischen Kurfürsten gegeben. Und nun heiratete der Herrscher eines Ministaates die Tochter des polnischen Königs. Entgegen aller Erwartungen hatte die dynastische Verbindung dennoch keine größeren politischen Folgen.

Auch die Rosen im niederbayerischen Garten blühten nur noch wenige Jahre. Nach Georgs Tod 1503 begann der Landshuter Erbfolgekrieg, der kaum ein Dorf, kaum eine Stadt in Niederbayern verschonte. Als nach dem Ausbruch der Roten Ruhr das Leid noch größer wurde, griff der Kaiser selbst ein. Maximilian I. beendete den Wittelsbacher Streit und nahm Niederbayern die Eigenstaatlichkeit. Von nun an wurde es von München aus regiert. Auf Seiten des siegreichen Oberbayern hatte übrigens ein Mann gekämpft, der später durch Goethes Drama berühmt wurde: Götz von Berlichingen soll seine Hand im Kampf vor Landshut verloren haben.

Reformation und Dreißigjähriger Krieg

Bayern und der Katholizismus scheinen untrennbar miteinander verbunden. Tatsächlich jedoch gibt es in der Oberpfalz viele protestantische Gemeinden. Besonders in Regensburg wurden Luthers Schriften schon kurz nach ihrem ersten Erscheinen nachgedruckt, Dispute zwischen Protestanten und Dompredigern prägten das öffentliche Leben. 1543 ließ die Donaustadt das neue Bekenntnis sogar offiziell zu, Philipp Melanchton hielt fest: »So oft ich in Regensburg den gewaltigen und reißenden Donaufluss ansah, habe ich seufzend gedacht: Wenn ich soviel Tränen vergießen könnte, als dieser Fluss an Wellen wälzt, könnte mein Schmerz nicht ausgeschöpft werden, den ich über die Teilung der Kirche trage«.

Doch schon wenig später begann die Gegenreformation: Herzog Albrecht V. ordnete nach dem Augsburger Religionsfrieden von 1555 die ›ausschließliche Katholizität Bayerns‹ an. Anhänger anderer Glaubensrichtungen durften keinen Grundbesitz erwerben, keinen Betrieb gründen und hatten auch keine Niederlassungsfreiheit. Auf seinen Sohn Wilhelm V. geht die prächtige Gestaltung der Fronleichnamsprozessionen zurück, wofür er den Beinamen ›der Fromme‹ erhielt. Zu dieser Zeit wurden die Bürger kontrolliert, ob sie zur Beichte und Kommunion gingen – taten sie es nicht, mussten sie ihre Heimat verlassen.

Wallfahrerdank in Neukirchen beim Heiligen Blut

So war es kaum verwunderlich, dass der Erbe des frommen Wilhelms seinen Amtsantritt mit einer Wallfahrt nach Altötting einleitete und Herzog Maximilian die erste wichtige Auseinandersetzung des Dreißigjährigen Krieges führte – die Schlacht am Weißen Berg bei Prag 1620. An der Spitze der protestantischen Truppen stand damals freilich auch ein Wittelsbacher: Friedrich V. stammte aus der pfälzischen Linie der Familie, den die Böhmen zu ihren König gewählt hatten. In die Geschichte ging er als ›Winterkönig‹ ein, denn länger als im Winter 1619/20 regierte er nicht.

Trotz des Sieges in Prag wurde Bayern zum Kampfplatz dieses von allen Seiten grausam geführten Krieges. Über 900 Dörfer, Märkte und Städte des Landes gingen in Flammen auf, über die Hälfte seiner Einwohner starben. Im übrigen Deutschland war es ›nur‹ ein Drittel. Zweimal, 1632–34 und dann noch einmal 1648, waren es die Schweden, die die Dörfer des Bayerischen Waldes in Brand steckten.

Bis heute erinnern Orte mit dem Namen ›Schwedenschanze‹ an die damaligen Kämpfe, und auch der ›Schwedentrunk‹ ist nicht vergessen: Um zu erfahren, wo ein Bauer Geld oder Schmuck verborgen hatte, wurde ihm ein Besenstiel in den Hals gestoßen und Jauche hinein gegossen. So lange bis der Gefolterte zu platzen drohte.

Maximilian aber erhielt für seine Verdienste vom Kaiser die Kurfürstenwürde, die dieser dem böhmischen Winterkönig aberkannt hatte. Da Max zudem sparsam zu wirtschaften wusste, war Bayern am Ende des Dreißigjährigen Krieges zu einem der wichtigsten Länder des Deutschen Reiches geworden.

Spanischer Erbfolgekrieg

An der Wende vom 17. zum 18. Jahrhundert war Spanien zu einer der führenden Mächte Europas aufgestiegen. König Karl II. aus dem Haus der Habsburger regierte nicht nur in Spanien, sondern auch in den Niederlanden, in Mailand, Neapel und Sizilien sowie über weite Teile der Neuen Welt. Da Karl keine Kinder hatte, begann schon lange vor seinem Tod die Auseinandersetzung um sein Erbe. Sowohl Bayern wie Österreicher und Franzosen erhoben Ansprüche und obwohl sie – dank intensiver Heiratspolitik – eng miteinander verwandt waren, entschieden sie nun, Krieg gegeneinander zu führen.

Schon 1704 brachten die Österreicher, geführt vom ›edlen Ritter‹ Prinz Eugen, den Bayern an der Donau eine verheerende Niederlage bei. Die Geschlagenen zogen sich an den Rhein zurück, der Kurfürst selbst floh ins Exil nach Frankreich. Die siegreichen Österreicher aber quälten die bayerische Bevölkerung mit Einquartierungen, Kriegssteuern und Zwangsaushebungen so sehr, dass die Bayern etwas taten, was sie sonst eher vermeiden. Sie leisteten aktiven Widerstand. Unter dem Schlachtruf »Lieber bayerisch sterben als kaiserlich verderben« begann im niederbayerischen Rottal ein Aufstand, an dem sich 20 000 Bauern beteiligten. Der 25. Dezember 1705 ging in die Geschichte als Sendlinger Mordweihnacht ein, es war nicht anderes als ein brutales Abschlachten von gut 1000 Aufständischen. Am 8. Januar 1706 folgte die Schlacht bei Aidenbach, südlich von Vilshofen starben 2000 Bauern. Gegen die viel besser ausgerüsteten österreichischen Soldaten hatten sie keine Chance, zumal sie von Bürgern und Adeligen nicht unterstützt wurden. Aus dem Erbfolgekrieg, der zwölf Jahre dauerte, gingen letztendlich Frankreichs Bourbonen siegreich hervor. In Aidenbach erinnert man noch heute im Juli und August mit einem Freilichttheaterstück an die verlorene Schlacht der Bauern.

Österreichischer Erbfolgekrieg

Da der österreichische Kaiser Karl V. keinen Sohn hatte, sollte seine Tochter Maria-Theresia erste Kaiserin des Deutschen Reiches werden. Doch dies wollte Bayerns Kurfürst Karl Albrecht nicht hinnehmen und erhob Anspruch auf den Thron. Unterstützt von Franzosen, Preußen und Spaniern fiel ein bayerisches Heer in Österreich ein, doch zwei Tagesmärsche vor Wien zogen die Verbündeten ihre Unterstützung überraschend zurück. Man befürchtete, die Macht Bayerns könnte zu groß werden. Statt Wien eroberte Karl Albrecht Prag und ließ sich am 1. Februar 1742 in Frankfurt zum Kaiser krönen. Am gleichen Tag jedoch griff ein österreichisches Heer München an. Schon wieder verwüsteten Soldaten des Nachbarlandes Bayern – unterstützt von den nicht gerade zimperlich agierenden Panduren unter Franz Freiherr von der Trenck (→ S. 69). Drei Jahre dauerte der Krieg, erst Kurfürst Maximilian III. schloss Frieden mit Maria-Theresia und gab seine Erbansprüche auf.

Königreich Bayern

Seit 999 hatten die Bischöfe von Passau die Stadt regiert, diese Zeit ging nach 904 Jahren zu Ende: Mit dem Reichsdeputationshauptschluss vom 25. Februar 1803 wurde die Aufhebung aller Klöster und Hochstifte angeordnet. In Niederbayern waren neben Passau und Regensburg insgesamt 55 Männer- und Frauenklöster betroffen, darunter die berühmtesten wie Niederaltaich, Windberg und Osterhofen. Manch jahrhundertealte Klosterbibliothek wurde unwiederbringlich zerstört, denn viele Bücher warf man einfach ins Altpapier.

Der nächste Schritt auf dem Weg in eine neue Zeit vollzog sich dann 1806, als Napoleon das Kurfürstentum Bayern zum Königreich erhob – als Dank für die Unterstützung im Krieg gegen Österreich. Erster bayerischer König war Maximilian I. Joseph, der als ›kommod‹ gilt. Beeinflusst von seinem aus Frankreich stammenden Minister Maximilian Graf von Montgelas, erließ er 1808 eine erste Verfassung und hob die Leibeigenschaft der Bauern auf.

Vier Jahre später fand in Straubing das erste Landwirtschaftsfest statt, daraus entwickelte sich eine Leistungsschau für Handel und Gewerbe sowie das Gäubodenfest – bis heute das größte Volksfest Niederbayerns. Mit der Industrialisierung ging es dagegen nur langsam voran. Erst der Bau der Eisenbahn ab den 1860er Jahren, mit der man der ›völligen Verödung Ostbayerns‹ entgegenwirken wollte, brachte etwas wirtschaftlichen Fortschritt. Und auch die ersten Touristen.

Mit knapp 19 Jahren bestieg Ludwig II. 1864 den bayerischen Thron. Auch wenn der Erbauer von Neuschwanstein mehr in der Realität als in seinen Träumen gelebt hätte, wäre es ihm wohl kaum gelungen, eines zu verhindern: ein Deutsches Reich unter Führung Preußens. Ludwig nahm zwar nicht an der Reichsgründung in Versailles 1871 teil, doch die Folgen für Bayern konnte er kaum leugnen: Das ehemals souveräne Königreich war jetzt nur noch Teil des Deutschen Reiches. Besonders für Niederbayern waren die Folgen der ›kleindeutschen‹ Lösung ohne den Nachbarn Österreich folgenschwer: Lag das Land jahrhundertelang in der Mitte Deutschlands, so war es nun an seinen Rand gerückt. Der Wald war jetzt eine benachteiligte Region (egal ob man ihn wie unter den Nationalsozialisten ›Ostmark‹, oder später ›Zonenrandgebiet‹ nennen wird). Gegen Ende des 19. Jahrhunderts begannen die Woidler ihren Wald zu verlassen, um nach München zu gehen oder auch gleich in die USA.

Nach der Niederlage im 1. Weltkrieg rief der Journalist Kurt Eisner am 8. November 1918 in München die Räterepublik aus. König Ludwig III. verließ Bayern in Richtung Salzburg. Nach 738 Jahren war die Herrschaft der Wittelsbacher zu Ende.

Nationalsozialismus in Niederbayern

In Geschichtsbüchern der Region wird gern darauf hingewiesen, dass die NSDAP bei den letzten freien Wahlen 1932 in Niederbayern nur 19 Prozent der Wählerstimmen, in Bayern dagegen 30 und in ganz Deutschland sogar 33 Prozent gewann. Bei den Wahlen im März 1933 waren es dann allerdings knapp 44 Prozent, die zwischen Cham und Passau für ihren ›Führer‹ stimmten. Eine seiner ersten öffentlichen Reden hatte Adolf Hitler, der im nahen Braunau am Inn geboren worden war, in Passau gehalten. Gregor Strasser, erster Gauleiter Niederbayerns und einer der Führer der SA, lebte längere Zeit in Landshut. Ebenso wie SS-Chef Heinrich Himmler, dessen Vater Lehrer in Passau war.

Mit der Gründung des Reichsnährstandes und dem Reichserbhofgesetz konnten die Nationalsozialisten einen großen Teil der konservativen katholischen Bauern für sich gewinnen, denn die neuen Regeln bedeuteten höhere Produktionspreise und Schutz vor Zwangsversteigerung der verschuldeten Höfe. Mit besonderer Genugtuung wurde natürlich auch der Anschluss Österreichs und die Heimholung des Sudetenlandes begrüßt, denn nun lag Niederbayern nicht länger an der Grenze des Reiches.

Während des Zweiten Weltkriegs blieben die Städte Niederbayerns lange Zeit verschont, erst am Ende des Krieges gab es Angriffe auf Passau, Landshut und vor allem Straubing. Dort warfen am 18. März 1945 rund 250 Flugzeuge mehr als 3000 Bomben ab. Als die US-Army Bayern besetzte, sprengte die SS zahlreiche Brücken und ließ Panzersperren errichten. Angesichts dieses ›Widerstands‹ wurden einige Gemeinden im Bayerischen Wald noch in den letzten Kriegstagen zum Teil erheblich zerstört.

Als der Krieg endlich vorbei war, fanden über 7000 Überlebende von Todesmärschen aus Konzentrationslagern im ›Camp for Displaced Persons‹ bei Pocking Zuflucht, bis dahin eine Außenstelle des oberpfälzischen KZs Flossenbürg. Viele von ihnen gründeten schon 1946 eine neue jüdische Gemeinde in Straubing, die heute rund 900 Mitglieder zählt und eine der größten Bayerns ist. In den 1980er Jahren sorgte in Passau eine junge Studentin namens Anna Rosmus (→ S. 245) für Aufregung. Nachdem sie für einen Aufsatzwettbewerb die nationalsozialistische Geschichte ihrer Stadt erforscht hatte, erhielt sie Morddrohungen – und internationale Preise.

Die Erinnerung an die Weltkriege ist allgegenwärtig

Geschichte im Überblick

Ab 4500 v. Chr. Erste Besiedlung des Hügellandes nördlich der Donau.

Ab 2000 v. Chr. Wichtige Fernhandelsstraßen führen durch Niederbayern bis zum Mittelmeerraum.

Ab 1000 v. Chr. Keltische Festungen entstehen.

15 v. Chr. Die Region wird Teil der römischen Provinz Raetien.

2.–5. Jh. n. Chr. Einfälle von Markomannen und Alemannen, Einwanderung der ›Baio Varii‹, der ›Männer aus Böhmen‹.

Ab 4. Jh. n. Chr. Erste Christen in Niederbayern.

476 Ende des Weströmischen Reiches.

536 Niederbayern kommt unter fränkische Herrschaft.

Ab 8. Jh. Rodung und Besiedlung des Bayerischen Waldes durch Donauklöster.

Ab 10. Jh. Die Verwüstungen durch Ungarneinfälle und schwache Herzöge führen zu einer Stärkung der niederbayerischen Adelsfamilien.

1180 Die Wittelsbacher werden Herzöge von Bayern.

13. bis Ende des 15. Jhs. Auf zahlreiche Landesteilungen folgt die Epoche der ›reichen‹ Herzöge und ein kultureller Aufschwung.

1475 Landshuter Hochzeit: Herzog Georg der Reiche heiratet die polnische Königstochter Hedwig.

16. Jh. In der Reformationszeit entstehen besonders in der Oberpfalz viele protestantische Gemeinden.

1618–1648 Im Dreißigjährigen Krieg werden die Dörfer und Städte im Bayerischen Wald oft mehrmals zerstört. Etwa die Hälfte der Bevölkerung findet den Tod.

18. Jh. Im Spanischen und Österreichischen Erbfolgekrieg wird das Land erneut verwüstet. Besonders grausam wüten die Panduren des Freiherrn von der Trenck.

1803 Die Säkularisation bringt die Auflösung von unzähligen Klöstern und das Ende des Fürstbistums Passau.

1808 Unter König Maximilian I. Joseph erhält Bayern seine erste Verfassung.

2. Hälfte des 19. Jh. Verspätete Industrialisierung Niederbayerns, Landflucht aus dem Bayerischen Wald.

1871 Mit der Gründung des Deutschen Reiches werden die Nachbarregionen Böhmen und Österreich zum Ausland. Weiterer wirtschaftlicher Niedergang.

1918 Nach der Beendigung des Ersten Weltkriegs ist Bayern für wenige Wochen Räterepublik. Der Landshuter Gregor Strasser entwickelt sich mit seiner SA zu einem der mächtigsten Männer der NSDAP.

Ab 1933 Nach der Machtübernahme durch die Nationalsozialisten wird Niederbayern mit der Oberpfalz und Oberfranken zum Ostmarkgau zusammengefasst. Regensburgs Bürgermeister wird abgesetzt, es beginnt die Verfolgung der Juden vor allem in den beiden größten Gemeinden Straubing und Regensburg.

1945 Noch in den letzten Kriegstagen kommt es in vielen Gemeinden des Bayerischen Waldes auf Grund sinnloser Verteidigungsaktionen zu Zerstörungen. Durch Flüchtlinge und Vertriebene wächst die Bevölkerung um rund ein Drittel.

1952 In Passau finden die ersten ›Europäischen Wochen‹ statt.

1966 Durch die Ansiedlung des Autoherstellers BMW in Dingolfing beginnt auch für den Bayerischen Wald ein lang ersehnter wirtschaftlicher Aufstieg.

1989 Nach dem Ende des Kalten Krieges kann der Bayerische Wald wieder von seiner zentralen Lage in der Mitte Europas profitieren. 2006 zählt Niederbayern 1,2 Millionen Einwohner. So viel wie nie zuvor.

Politik

Wer aus dem Rest der Republik auf Bayern und vor allem auf die Politik des Landes blickt, sieht dort in der Regel einen Hort von Obrigkeitsgläubigkeit und Konservativismus. Angesichts einer nahezu ununterbrochenen Regierungszeit der CSU seit dem Zweiten Weltkrieg ist dies natürlich nicht ganz falsch. Gleichzeitig jedoch überlebte in Bayern eine geradezu anarchistische Tradition, für die es sogar einen eigenen Begriff gibt: die ›liberalitas bavariae‹. Was soviel bedeutet wie Weltoffenheit, Toleranz und Großherzigkeit. Oder auf bayerisch: Lem und lem lossn (Leben und leben lassen).

Aufstieg der CSU

Der Zweite Weltkrieg war erst wenige Wochen vorbei, als im Sommer 1945 die CSU gegründet wurde. In ihrer Programmatik berief sich die völlig neue Partei auf die Bayerische Volkspartei BVP, die stärkste politische Gruppierung Bayerns in der Weimarer Republik. Im Unterschied zur rein katholischen BVP sollte die CSU jedoch auch für Protestanten wählbar sein. Und zumindest in der Anfangszeit war man offen für linke Forderungen wie Bodenreform und Verstaatlichungen.

Bei der ersten Landtagswahl 1946 gewann die CSU mit 52,3 Prozent die absolute Mehrheit, doch schon vier Jahre später musste man sich besonders in Niederbayern die Stimmen mit der ebenfalls neu gegründeten Bayernpartei teilen, die die Unabhängigkeit des Freistaates forderte. Die Auseinandersetzungen mit der BP endeten erst 1959, als einige ihrer Funktionäre nach einer Spielbankaffäre zu Haftstrafen verurteilt wurden – einer Affäre, zu deren Aufdeckung die CSU nicht unerheblich beigetragen hatte.

So begann der eigentliche Aufstieg der CSU erst 1962, als sie unter Alfons Goppel erneut die absolute Mehrheit holte. Eine Mehrheit, die sie bis 2008 nicht mehr verlieren sollte. In diesen Jahrzehnten verwandelte sich Bayern aus

Wahlplakat der CSU

Vertriebenendenkmal auf dem Hochstein

einem bäuerlich geprägten Land in einen modernen Industriestaat. Als im Rest der Bundesrepublik ab Mitte der 1950er Jahre Vollbeschäftigung herrschte, gab es hier noch ein großes Arbeitskräftepotential, und so siedelten sich viele neue Betriebe an. Häufig gehörten diese zur Rüstungsindustrie, denn am Eisernen Vorhang waren auch Bundeswehr und Nato gut vertreten. Ab Mitte der 1980er Jahre erwirtschaftete Bayern pro Einwohner ein höheres Bruttoinlandsprodukt als Nordrhein-Westfalen, und 1988 war das BIP pro Kopf schließlich sogar höher als das im Bund. Dies gelang nicht zuletzt dank massiver staatlicher Unterstützungen, die in das Zonenrandgebiet Bayerischer Wald flossen: Für Investitionen wurden bis zu 80 Prozent Fördermittel gezahlt.

Die Vertriebenen verändern Bayern

Von den acht Millionen deutschen Flüchtlingen und Vertriebenen nach dem Krieg nahm das damals gut sieben Millionen Einwohner zählende Bayern über zwei Millionen auf. Darunter rund eine Million aus der Tschechoslowakei und 460 000 aus Schlesien. Insgesamt 166 Flüchtlingskommissare kümmerten sich um ihre Verteilung auf Städte und Gemeinden, so sollten etwa Urlaubsorte ›verschont‹ werden. Besonders viele Sudetendeutsche siedelten sich im schwäbischen Teil Bayerns an, wo sie bei Kaufbeuren den nach ihrer alten Heimat Gablonz (Jablonec) genannten Stadtteil Neugablonz gründeten. Diese Flüchtlingsgemeinden standen im Gegensatz zu den Interessen der US-amerikanischen Besatzer, die eine größere ›Vermischung‹ mit der alteingesessenen Bevölkerung wünschten. Bemerkenswert ist auch, dass 1950 immerhin 28 Prozent der bayerischen Grundschullehrer Vertriebene waren und der Zustrom evangelischer Schlesier dazu führte, dass es bald keine rein katholischen Gemeinden mehr gab.

Da es immer wieder zu Zwangseinweisungen kam, war die Stimmung der Einheimischen gegenüber den Vertriebenen nicht die beste. Diese wiederum hofften auf eine schnelle Rückkehr in die Tschechoslowakei und sahen Bayern

So sieht Bayerns Zukunft aus

als rückständiges Land an. In einer für die Bundesrepublik einmaligen Aktion erklärte sich die bayerische Staatsregierung zur Schutzherrin der Sudentendeutschen. Neben Altbayern, Schwaben und Franken galten die ehemaligen Bewohner Böhmens und Mährens nun als ›vierter Stamm‹.

Bis weit nach dem Ende des Kalten Krieges meinte man in München die Interessen der Sudetendeutschen gegenüber der Regierung in Prag vertreten zu müssen. So reiste aus Protest gegen die weitere Gültigkeit der Beneš-Vertreibungsdekrete erst 2010 ein bayerischer Ministerpräsident zum Staatsbesuch nach Tschechien. Dagegen zeigten nicht wenige Vertreter der Vertriebenen – so die Ackermann-Gemeinde oder der Adalbert-Stifter-Verein – schon früh Interesse an einer Aussöhnung mit dem Nachbarland und knüpften Kontakte zu Václav Havel.

Politischer Aschermittwoch

Die Tradition des Politischen Aschermittwochs geht entgegen der landläufigen Meinung nicht auf Franz Josef Strauß zurück. Vielmehr trafen sich bereits im Jahr 1580 bayerische Bauern, um beim Viehmarkt in Vilshofen ihre Rösser zu verkaufen und dabei zu polemisieren und diskutieren.

Es war aber tatsächlich Franz Josef Strauß, der den Politischen Aschermittwoch überregional bekannt machte. 1953 trat der damalige Bundesminister für besondere Aufgaben zum ersten Mal im Wolferstetter Keller in Vilshofen auf. Insgesamt 35 ähnlich wortgewaltige und vor allem stundenlange Reden sollten bis zum Tode des Ministerpräsidenten 1988 folgen.

Die markigen Ansprachen, bei denen viele Maß Bier geleert werden, zogen schnell immer mehr Zuhörer an. Manche Fans aus dem Norden Deutschlands kommen schon seit Jahrzehnten mit eigens gecharterten Bussen. So reichte der Keller der Wolferstetter Brauerei schon 1975 nicht mehr aus. Der Politische Aschermittwoch der CSU zog um nach Passau in die Nibelungenhalle – ein Veranstaltungsort, den die NSDAP bereits 1934 für ihre Kundgebungen errichtet hatte und wo bis zu 10 000 Menschen Platz fanden.

Seit dem Abriss der Nibelungenhalle 2004 trifft man sich nun in der Dreiländerhalle, worüber viele CSU-Fans nicht besonders begeistert sind, denn in der modernen Betonarchitektur ist die Stimmung einfach nicht mehr die gleiche. Was jedoch auch an den nun auftretenden Rednern liegen kann, denn 1993 war Edmund Stoiber in die Fußstapfen seines politischen ›Ziehvaters‹ Strauß getreten, und spätestens seit seiner Kanzlerkandidatur bei der Bundestagswahl 2002 war bekannt, dass er Schwierigkeiten hatte, einen Satz ohne ›äh‹ zu vollenden.

Seit vielen Jahren wollen die politischen Gegner den Aschermittwoch und vor allem die TV-Bildschirme nicht der CSU allein überlassen. Alle großen Parteien – auch die Linken und die Grünen – stemmen am ersten Fastentag nach Fasching den Maßkrug oder das Weißbierglas – (fast) immer irgendwo in Niederbayern.

Niedergang der CSU

Vielleicht begann der Niedergang der CSU ja tatsächlich mit der Niederlage Stoibers als Kanzlerkandidat 2002. Zwar holte der Erfinder des Bayern-Slogans »Laptop mit Lederhose« 2003 noch einmal sagenhafte 60,7 Prozent, doch danach ging's bergab. Da gab es skurrile Querelen – wie um die Bespitzelungsaffäre der Landrätin Gabriele Pauli, die gern Parteivorsitzende geworden wäre und statt Lederhosen lieber Latexhandschuhe anzog.

Entscheidender aber sind strukturelle Probleme. Ein Land ökonomisch zu modernisieren und zugleich alte Traditionen zu bewahren – das schien kaum möglich zu sein. Direkte Demokratie, Umweltschutz, Rolle der Frau – all diese Themen werden immer wichtiger, und die CSU hatte darauf lange Jahre fast keine Antworten. Hinzu kam die Wut auf die Arroganz der seit über 60 Jahren nahezu ununterbrochen Regierenden, und so bildeten sich überall im Land unabhängige Wahlbündnisse. Bei den Kommunalwahlen 2008 blieb die CSU zwar stärkste Partei, erzielte mit 40 Prozent jedoch ihr schlechtestes Ergebnis. In Niederbayern kam sie auf nur noch 34 Prozent, überdurchschnittliche Verluste erlitt sie bei weiblichen Wählern. Nach den Landtagswahlen im gleichen Jahr musste die CSU mit der FDP eine Koalition bilden. Ministerpräsident wurde Horst Seehofer, »crazy Horst«, wie ihn eine deutsche Sonntagszeitung bezeichnete: Aus Furcht vor den Freien Wählern unter dem EU-Kritiker Hubert Aiwanger änderte er ständig seine Positionen. Geradezu als Menetekel für den Niedergang der CSU gilt die Bürgermeisterwahl von Bodenmais 2008. Mit dem damals 23-jährigen Michael Adam gewann in der Arber-Gemeinde nicht nur ein Sozialdemokrat, nein, dieser war auch noch evangelisch und schwul. Im Juni 2011 lief dann der gesamte Vorstand der CSU von Ruhmannsfelden aus Ärger über ihren in Skandalen verstrickten Bürgermeister zu den Grünen über. Dies sollte kein Einzelfall bleiben.

Die Lage für die CSU verschärfte sich schließlich mit dem Aufkommen der AfD sowie durch die Debatte über den Klimawandel. Bei den Landtagswahlen 2018 kam sie auf nur 37,2 Prozent, die Grünen erzielten 17,6, die AfD 10,2 Prozent. Der neue Ministerpräsident Markus Söder schloss zwar das erwartete Regierungsbündnis mit den Freien Wählern (11,6 Prozent). Zugleich versucht er jedoch nach dem Erfolg des Volksbegehrens ›Rettet die Bienen‹ die an die Grünen verloren Wähler mit Umweltthemen zurückzuholen.

Wirtschaft

Als BMW 1967 das Autowerk der Glas GmbH in Dingolfing übernahm, veränderte dies das Leben im Bayerischen Wald grundlegend. Da die Kreisstadt an der Isar nur 18 000 Einwohner zählte, BMW aber genau so viele Mitarbeiter beschäftigten wollte, mussten diese aus anderen Regionen Bayerns heran gebracht werden. Aus Regionen mit hoher Arbeitslosigkeit wie etwa dem Bayerischen Wald. In der Zeit ›vor BMW‹ hatten die Männer in Land- und Holzwirtschaft, in Glashütten und Steinbrüchen gearbeitet, was hart und schlecht bezahlt war. Doch in den 1960er und 70er Jahren standen viele Glaswerke vor dem Aus, und eine fast 800-jährige Tradition ging zu Ende.

Für die Männer aus Zwiesel oder Freyung begann nun ein Leben als Pendler. Wer in Dingolfing keine Arbeit fand, suchte sie in Ingolstadt, Landshut oder gar München. Manche entschieden sich, die ganze Woche nicht nach Hause zu kommen, denn zwischen dem hinteren Bayerischen Wald und der Landeshauptstadt liegen immerhin über 200 Kilometer. Zurück blieben die Frauen, die die Kinder allein erzogen. So scheiterten viele Ehen.

Durch die jetzt vergleichsweise guten Einkommen der Pendler veränderten sich auch die Dörfer des Waldes. Es wurde angebaut und modernisiert, was das Zeug hielt. Die alten Bayerwaldhäuser erhielten Balkone und Erker, wo nie welche waren. Und in den Dorfwirtschaften wurden die alten hölzernen Decken und Vertäfelungen durch Resopal ersetzt.

Glasfürsten und Waldkönige

Glas in jeder Form, Farbe und Größe, das ist heute eine der Hauptattraktionen für die Touristen im Bayerischen Wald. Es gibt eine Gläserne Scheune, einen Gläsernen Wald, ein Gläsernes Dorf und natürlich eine Glasstraße, die die Glashütten miteinander verbindet.

Allerdings weiß man gar nicht so genau, zu welcher Zeit die ersten Glashütten im Wald entstanden sind. Eine Quelle aus der Zeit um 1260 spricht davon, dass der Abt von Niederaltaich Fenster »aus den Hütten des Waldes« anfertigen ließ. Und eine andere Urkunde erwähnt, dass in Glashütt bei St. Englmar schon 1305 Glas geschmolzen wurde. Zu dieser Zeit, so der Chronist, sollen sage und schreibe 49 Glashütten auf bayerischem und 90 auf böhmischem Gebiet existiert haben.

Im Laufe der Zeit entstanden sogenannte ›Glasfürsten‹ oder ›Waldkönige‹. Bekanntestes Beispiel ist die Familie von Poschinger, die seit fast 450 Jahren in Frauenau Glas herstellt (→ S. 147). Staatsrat Joseph von Utzschneider hielt bei einer Kommissionsreise 1788 fest: »Der Glashüttenmeister Poschinger macht die schönsten Tafelgläser, die anderen bayerischen Glashüttenmeister sind darin weit unter ihm.«

Die autarken Glas-Inseln funktionierten bis zur Wende vom 19. zum 20. Jahrhundert, welche zugleich den vorletzten Höhepunkt der Glasherstellung im Wald markiert. Es war das ›Gläserne Jahrzehnt‹ des Jugendstils, und auch wenn man diesen Stil eher mit Paris oder Wien in Verbindung bringt, so kamen doch einige der eindrucksvollsten Gläser, Lampen und Vasen aus dem Bayerischen Wald. Für die Poschingers in Frauenau entwarf der Wiener Maler Karl Schmoll von Eisenwerth hauchdünne Überfanggläser und Vasen mit irisierenden Oberflächen, die auf der Weltausstellung in Paris 1900 viele Medaillen gewannen.

1904 entstand in Zwiesel nach dem Vorbild des böhmischen Nový Bor eine Glasfachschule, auf der sowohl technische wie künstlerische Fähigkeiten gelehrt wurden. Immer mehr Glasbläser kamen jetzt nicht mehr aus dem Wald, sondern von außerhalb. Die Bedeutung der einheimischen Meister und Glasdynastien ging zurück. Hinzu kam die Industrialisierung der Produktion. Bereits 1820 hatte man begonnen, Glas nicht mehr nur zu blasen, sondern zu pressen. So konnte billiges Gebrauchsglas hergestellt werden. Einer der bekanntesten Produzenten von Pressglas war der aus Böhmen stammende Franz Steigerwald, der 1836 die noch existierende Krystallglasmanufaktur Theresienthal bei Zwiesel gründete.

Die Industrialisierung der Glasproduktion setzte sich nach dem Zweiten Weltkrieg fort. Dies brachte den Glasherstellern im Wald zunächst einen Aufschwung, da die Deutschen – nachdem alles in Scherben gefallen war – neue Gläser und vor allem neue Scheiben brauchten. Dann jedoch kam die Wende mit dem ›Eisernen Mann‹, einer neuartigen Pressmaschine: Bisher hatte man nur einfaches Gebrauchsglas maschinell herstellen können, nun war es möglich, dünnwandige Trinkgläser vollautomatisch zu produzieren. Ob ein Glas aus Hand- oder Maschinenfertigung stammte, erkannten nur noch die Fachleute.

Die erste Serie solcher Kelchgläser, die 1962 unter dem Namen ›Neckar‹ auf den Markt kam, stellen die Glaswerke in Zwiesel immer noch her. Weltweit gibt es kein Glas, das in einer größeren Stückzahl produziert wurde – über drei Millionen sind es bis heute.

In anderen Werken des Bayerischen Waldes sah es weniger gut aus. Die Billigkonkurrenz aus dem Ausland führte dazu, dass immer mehr kleine Hütten von größeren Herstellern zunächst aufgekauft und anschließend stillgelegt wurden. Das bekannteste Beispiel hierfür findet sich in St. Oswald-Riedlhütte: 2009 schloss das österreichische Unternehmen Riedel die dortige Glasfabrik Nachtmann, die es erst fünf Jahre zuvor erworben hatte.

Begehrtes Mitbringsel: Glas aus dem Bayerischen Wald

Ein Baum für ein Glas

Bei der Glasmanufaktur Freiherr von Poschinger in Frauenau können kleine wie große Besucher Blumenkugeln blasen. Diese bunten Kugeln sind populär bei Einheimischen und Besuchern, überall leuchten sie in den Blumengärten. Für fünf Euro können die Besucher bei Poschinger versuchen, selbst einmal eine herzustellen – ein recht schwieriges Unterfangen. Denn bis zu 1500 Grad Celsius heiß sind die Öfen, in denen die Grundmasse für das Glas – Quarzsand, Kalk, Soda und Pottasche – geschmolzen wird. Und so fließt viel Schweiß, wenn man sich bemüht, mit einer etwa 1,50 Meter langen Pfeife in die zähflüssige Masse, die man aus dem Ofen holt, so viel Luft zu blasen, dass daraus eine Kugel wird. Diese Technik stammt aus der Zeit der ›alten‹ Phönizier 2000 Jahre vor Christus.

Im Bayerischen Wald waren die Voraussetzungen für die Herstellung von Glas geradezu ideal. Der Pfahl (→ S. 23) lieferte das notwendige Quarz, das etwa zwei Drittel der Glasmasse ausmacht. Das Holz für die Herstellung von Pottasche, die als Flussmittel dient, war in der waldreichen Gegend im Überfluss vorhanden. Holz brauchte man natürlich auch zur Befeuerung der Öfen. Und Flüsse zum Betreiben der Sägewerke und Mühlen gab es ebenfalls fast überall.

Allerdings war die Herstellung von Glas nach heutigen Kriterien nicht besonders ›nachhaltig‹. So galt die Formel: Für ein Weinglas braucht man einen Baum. Genau aus diesem Grund entstanden in der damaligen Zeit sogenannte Wanderglashütten. War ein Gebiet abgeholzt, verlegte man die Hütte in ein anderes. Manche sagen, es sei der Eisenbahn zu verdanken, dass der Bayerische Wald nicht völlig für Kristallvasen und Biergläser verheizt wurde. Denn nun konnte man die Öfen auch mit Kohle befeuern. Von den Wanderhütten zeugen noch heute Ortsnamen wie Alt- und Neuhütte.

Das Glas, das die Hütten damals erzeugten, war dickwandig und hatte eine grünliche Farbe, was von Verunreinigungen des Quarzes kam. ›Weißes‹ Glas wurde zur damaligen Zeit nur in Venedig hergestellt, doch war es bei den Adeligen Bayerns so populär, dass man in München und Landshut eigene Hütten gründete und der Konkurrenz im Bayerischen Wald vorhielt, »grob Werk« zu erzeugen.

Unterstützung für die Glasproduktion der Waldler kam aus Böhmen, wo im 17. Jahrhundert die Methode entwickelt wurde, bleifreies Kristallglas zu erzeugen. Die Glashütten in Böhmen und Bayern standen in engem Kontakt, und selbst wenn die Habsburger versuchten, die Auswanderung der Glasbläser zu verhindern, zogen diese von Hütte zu Hütte, egal ob diese in Bayern oder Böhmen standen.

Auch die Besitzer der Glashütten kümmerten sich wenig um die Obrigkeit. Sie waren wirtschaftlich autark. Alles was sie zum Leben und Produzieren brauchten, stellten sie selbst her. In den Hüttendörfern lebten nicht nur Glasbläser, sondern auch Holzhauer und Schreiner, Schmieder und Sattler, Aschesieder und Quarzpocher – Männer, die den Quarz zerkleinerten. Die Hütten hatten eine eigene Landwirtschaft zur Versorgung ihrer Mitarbeiter und manchmal auch eine eigene Brauerei. Nur der Kalk, der etwa zehn Prozent der Glasschmelze ausmachte, musste herbeigeschafft werden. Ein typisches Beispiel für ein solches Glashüttendorf ist im Waldmuseum von Zwiesel zu sehen (→ S. 146).

Kleines Glas-Glossar

Kristallglas: Das in Venedig erstmals erzeugte *cristallo* soll klar sein wie ein Bergkristall. Wie Edelsteine können auch Kristallgläser geschnitten und geschliffen werden. In der Barockzeit setzte man der Glasschmelze Bleioxid zu, daher der Name Bleikristall. In Böhmen ersetzte man dieses Blei durch Kalk. Heute mischt man oft Kaliumoxid zu, das ebenfalls für eine schöne Brillanz sorgt.

Waldglas: Die grüne Farbe des Glases entstand durch Verunreinigungen im Quarzsand. Früher waren eigentlich alle Gläser des Waldes grün, blaugrün oder milchig-grau. Weißes Glas kam dagegen aus Venedig, wo der Quarz reiner war. Heute sind die alten Waldgläser, verziert mit den charakteristischen aufgesetzten Nuppen, gesuchte Sammlerobjekte.

Glasperlen: Aus alten Quellen geht hervor, dass ein Glasbläser im 16. Jahrhundert am Tag bis zu 30 000 ›Patterln‹ herstellen konnte. Diese wurden vor allem für Rosenkränze verwendet. Aber auch beim Sklavenhandel in Afrika tauchten sie als Zahlungsmittel auf.

Schmelzofen in der Manufaktur Poschinger

Farbiges Glas: Entsteht durch die Beigabe von Eisen-, Uran- oder Kupferoxiden.

Überfanggläser: Glas aus zwei oder mehreren Glasschichten unterschiedlicher Färbung.

Schindergläser: Sie wurden aus Glasresten für den Eigenbedarf der Handwerker geblasen, heute sind es begehrte Sammlerobjekte.

Silberglas: Für diejenigen, die sich keine silbernen Heiligenfiguren leisten konnten, stellte man Heilige aus Silberglas her, bei der zwischen zwei Glasformen eine Silberfolie gelegt wurde.

Glasstraße: 250 Kilometer lange Ferienstraße durch Ostbayern (www.die-glasstraße.de).

Glasproduzenten: Schott-Zwiesel in Zwiesel; Freiherr von Poschinger und Eisch in Frauenau; Kristallglasmanufaktur Theresienthal bei Zwiesel, Werksverkauf Nachtmann in St. Oswald-Riedlhütte, Werkverkauf von Gläsern der Marken Nachtmann, Riedel und Spiegelau in Spiegelau.

Schauglashütten: Grenzlandglashütte Bayerisch Eisenstein; Joska Bodenmais; Scherben Köck St. Oswald-Riedlhütte; Glashütte Alte Kirche Lohberg; Glasdorf Arnbruck.

Gläserne Scheune: Legenden und Mythen auf monumentalen Glaswänden in einer Scheune bei Viechtach.

Gläserner Wald: Über 20 Glasbäume am Fuß der Burgruine Weißenstein bei Regen.

Wanderwege: ›Gläserner Steig‹ vom Lamer Winkel nach Grafenau, ›Historische Glashüttenwanderung‹ bei Grainet, ›Natur-Arts-Parks‹ in Arrach.

Holzwirtschaft

Seit der Besiedelung des Bayerischen Waldes im Mittelalter bildete Holz immer ein wichtiges Wirtschaftsgut. Man brauchte es für die Öfen der Glashütten oder zum Bau von Stadthäusern und Bauernhöfen. Im 18. Jahrhundert stieg der Preis für Holz in Europa dann aber plötzlich in nie gekannte Höhen. Die Einwohnerzahl wuchs in dieser Zeit der beginnenden Industrialisierung dramatisch, und so forderten besonders München, Prag und Wien immer mehr Bau- und Brennholz. Das Problem war jedoch, wie man die Baumstämme aus dem Wald in die Städte bringen sollte. Die geschlagenen Urwaldriesen hatte man bisher in mühevoller Arbeit mit Schlitten und Ochsengespannen ins Tal befördert, wobei es immer wieder zu schweren, teils tödlichen Unfällen kam. Die Lage verbesserte sich erst, als ein ausgeklügeltes System von Triftkanälen und sogenannte Klausen, Wehre von Stauseen, gebaut wurden. In den Staubecken sammelte man das Holz. Wenn man die Wehre öffnete, schwoll das Wasser in den Kanälen und Bächen stark an, und so konnte man mit diesem künstlichen ›Hochwasser‹ die Baumstämme bis ins Tal schwemmen. Die bekanntesten noch existierenden Klausen sind die Reschbachklause und die Schwarzbachklause bei Finsterau.

In den 1770er Jahren kam dann die Idee auf, die Mitteleuropäische Wasserscheide zu überwinden und einen Kanal zu bauen, mit dem man Holz sowohl nach Süden zur Donau wie nach Norden zur Moldau hin transportieren konnte. So entstand unweit des Plöckensteins im Dreiländereck der bis heute existierende und bis 1961 benützte Schwarzenberger Schwemmkanal, den man damals in der Region als achtes Weltwunder bezeichnete.

Als mit der Säkularisation des Kirchen- und Klosterbesitzes der Wald zu Beginn des 19. Jahrhunderts an den bayerischen Staat fiel, intensivierte sich die forstwirtschaftliche Nutzung weiter. Über fünfzig neue Sägewerke und erste Papierfabriken entstanden. Erfreut reagierte man damals auch auf den Borken-

Die Holzwirtschaft hat eine lange Tradition

käfer: Nachdem dieser das Gebiet um den Dreisesselberg heimsuchte, erlebte die Holzbearbeitung einen derartigen Aufschwung, dass man vom ›Goldenen Käfer‹ sprach. Bis vor 100 Jahren war die Holzwirtschaft der bedeutendste Erwerbszweig im Bayerischen Wald. Heute sind laut Angaben des erst 2008 gegründeten ›Netzwerkes Forst und Holz im Bayerischen Wald‹ knapp 45 000 Menschen direkt oder indirekt in der Holzwirtschaft Niederbayerns beschäftigt. 350 000 Hektar Wald werden demnach von 30 000 Waldbesitzern bewirtschaftet. Nachdem Kunststoffe das Holz als Baumaterial jahrzehntelang zurückdrängten, gibt es inzwischen ein Umdenken. Besondere Hoffnung setzen die Unternehmen auf den Trend ›Natürliches Bauen mit Holz‹. Ein Wohnhausprojekt in Deggendorf erhielt 2011 den ›Holzbaupreis Bayerischer Wald‹ (www.carmen-ev.de/netzwerk-forst-und-holz).

Holzskulptur in Waldkirchen

Waldsteine für Stadtpflaster

Der Bayerische Wald verfügt über eines der größten Granitvorkommen in Deutschland. Granitsteine lagen einst überall, vor allem dort, wo man sie nicht brauchen konnte: auf den Feldern. Um ihr Land bewirtschaften zu können, mussten die Bauern die gewaltigen Steine mühsam entfernen. Aus dem Granit schichteten sie Wallmauern für ihre Flurgrenzen auf, benutzten sie aber auch für Kirchen.

Als die Feldsteine verbaut waren, begann man mit dem Abbruch von Steinen in Steinbrüchen, so zum Beispiel in Hauzenberg oder Fürstenstein, was eine harte und meist schlecht bezahlte Arbeit war. Doch gab es immer wieder große Nachfrage: So kamen die Steine für den Wiederaufbau von Passau nach den großen Stadtbränden des 17. Jahrhunderts aus Hauzenberg. Und auch die Monolithe für die Befreiungshalle von König Ludwig I. bei Kelheim sollten aus Hauzenberg kommen, was jedoch nicht zuletzt an den Schwierigkeiten beim Transport der 34 Tonnen schweren Granitsäulen scheiterte.

Zu einem wahren Granitboom kam es in der zweiten Hälfte des 19. Jahrhunderts, als immer mehr Städte gepflastert wurden. Die dafür nötigen Steine bezog man aus dem Bayerischen Wald. Mehr als 200 Steinbrüche gab es damals in der Region, und nicht nur die Einheimischen, sondern auch ›Zugreiste‹ versuchten, ihr eigenes Granitunternehmen aufzubauen. Der Lohn pro Arbeitsstunde lag damals bei 40 bis 50 Pfennig, zwei Mark kostete ein Pfund Fleisch.

Allerdings waren die Arbeiter selbstständig, sie konnten also über ihre Arbeitszeit relativ frei bestimmen. Dies führte zu einem gewissen Selbstbewusstsein, aber auch zu einem Verhalten, das ein Steinbrucharbeiter so beschreibt: »Die Oiden, koa Hosn o'ghobt, die eana g'hört hät, aber g'suffa drei Tag in der Woch, dass der Montag scheener gwen is wia da Sonntag und bis zum Mittwoch an solchen Fetzen Rausch ghabt, und die Familie dahoam, die hats entgelten müssen, die san zum Bettln gangen.‹«

Besonders viele Räusche gab es wohl in der Zwischenkriegszeit. Zu den Reparationsleistungen, die an die Sieger des Ersten Weltkriegs geliefert werden mussten, gehörten auch Pflastersteine. Ab 1933 brauchte man ›Ostmarkgranit‹ dann für den Bau der Reichsautobahn.

1991 waren 400 Arbeiter der niederbayerischen Steinbrüche in Streik für höhere Löhne getreten und hatten diesen erst nach 298 Tagen beendet. Es war der längste Streik in der Geschichte der Bundesrepublik und brachte doch nur einen mageren Tarifkompromiss.

Heute wird Granit noch für Grabsteine bestellt und ab und zu auch für Maßnahmen zur Altstadtverschönerung. Doch immer öfter kommen die Steine aus Tschechien, der Türkei oder sogar aus China – wogegen die Einheimischen auch schon mal auf die Straße gehen. So zum Beispiel beim Bau der Neuen Mitte in Passau 2005: Diese sollte, forderten die Demonstranten, aus bayerischem und nicht aus chinesischem Granit errichtet werden. Was die Stadtverwaltung immerhin zum Nachdenken für künftige Projekte brachte.

In Hauzenberg unweit von Passau informiert ein Granitmuseum über den Steinreichtum der Bayerwälder (→ S. 198).

Tourismus

Der erste Reiseführer über den Bayerischen Wald erschien bereits 1846, als Ferienland wurde der Wald aber eigentlich erst durch die Wandervogelbewegung 1899 entdeckt. Die jungen Leute suchten bereits damals Zuflucht vor Industrialisierung und Umweltverschmutzung, allerdings empfahl man ihnen, zum Schutz vor wilden Tieren und Räubern eine Pistole bei sich zu führen. Bayern hatte 1910 als einziges Land im Deutschen Reich eine ›Landesfremdenverkehrsstatistik‹ eingeführt, und so weiß man ziemlich genau Bescheid über die Zahl der Übernachtungen. Diese lag in Zwiesel zu Beginn der 1930er Jahre bei 4000, kein Vergleich mit Garmisch und Partenkirchen mit insgesamt 743 000 Übernachtungen.

Ansturm auf den Arber

Die Burgruine Weißenstein erhebt sich auf dem Granitriegel des Pfahl bei St. Englmar

In der Zeit des Nationalsozialismus wurde die ›Ostmark‹, die zugleich Bollwerk gegen den tschechischen Nachbarn war, zu einem bevorzugten Ziel der Freizeitorganisation ›Kraft durch Freude‹, die Zahl der Übernachtungen in der Arber-Region verzehnfachte sich.

Einen erneuten Aufschwung gab es dann in den 1970er Jahren, als unzählige neue und oft wenig schöne Hotels und Sportanlagen in schneesicheren Regionen gebaut wurden. Heute leben mehr als 90 000 Menschen vom Tourismus, knapp 10 Millionen Übernachtungen werden gezählt. Da die Konkurrenz zwischen den unzähligen Pensionen und Hotels jedoch groß ist, müssen sich die Betreiber etwas einfallen lassen. So setzen die einen auf Ayurveda und Kosmetik, andere locken mit Kochkursen oder Kräuterwanderungen. Und natürlich wirbt man mit familienfreundlichen Angeboten: Während die Eltern die Sauna genießen, kümmern sich Animateure um ihre Kinder. Ganz langsam wächst auch der Trend zu Bio-Küche und Hotels, hier muss man dann aber mit deutlich höheren Preisen rechnen. Geworben wird inzwischen auch mit Prospekten in tschechischer Sprache. Mit Erfolg: Immer häufiger sieht man Autos mit tschechischen Kennzeichen vor den Bayerwald-Hotels – und dies obwohl der Urlaub im Böhmerwald immer noch billiger ist.

EXTRA

Mit dem Bike durch den Woid

»Vor einigen Jahren war ich dem Charme der Großstadt verfallen und der Begriff Berge war in meinem Kopf fest verankert mit dem Bild der Alpen. Doch die Natur- und Bikeregion Bayerischer Wald braucht sich vor den Alpen nicht zu verstecken. Daher habe ich meinen Lebensmittelpunkt inzwischen in den Bayerischen Wald verlagert«.

So formulierte es der damalige Chefredakteur des Mountainbikemagazins World of MTB, Norman Bielig, vor wenigen Jahren. Heute ist Bielig Chef der Mountainbike-Tourismus Agentur ›desire-lines.de‹ und entwickelte gemeinsam mit dem Tourismusverband Ostbayern die ›Trans-Bayerwald‹, eine Mountainbike-Route, die auf 700 Kilometern quer durch den Wald führt. Unterschieden wird dabei zwischen einer härteren Nordroute entlang des bayerisch-böhmischen Grenzgebirges und einer etwas entspannteren Südroute durch die Berge des Donaukamms. Start und Zielort sind Furth im Wald im Nordwesten und Passau im Südosten, zwischen Bischofsmais und Rabenstein existiert zudem eine knapp 30 Kilometer lange Querverbindung zwischen beiden Routen. Die Zahl der Höhenmeter, die es bei der Trans-Bayerwald zu überwinden gilt – für Mountainbiker ja stets eines der wichtigsten Kriterien – liegt bei knapp 17 000. Der Tourismusverband, bei dem man auch ein umfangreiches ›Starterpaket‹ bestellen kann, empfiehlt, sie in 14 Etappen zurück zu legen (www.trans-bayerwald.de).

Bei einer ersten Testfahrt 2018 stellte das World-of-MTB-Magazin fest, dass selbst einheimischen Fahrern Abschnitte der Strecke bisher nicht bekannt gewesen seien. Zusammenfassend hielten die Tester fast schon euphorisch fest: »Die Trans-Bayerwald ist kein Pendant zur Transalp. Sie ist eine gänzlich eigene Tour mit individuellem Charakter und wilden Zügen. Es ist der Woid, der die Route prägt.«

Doch neben der Trans-Bayerwald bietet der Bayerische Wald für Biker jede Menge weiterer Strecken der unterschiedlichsten Kategorien. Das Internetportal ›bergfex.de‹ verzeichnet insgesamt 80 Touren: von der nur vier Kilometer langen ›leichten‹ Fahrt zum Schwellhäusl bei Bayerisch Eisenstein mit guten 120 Höhenmetern bis hin zur knapp 60 Kilometer zählenden ›schweren‹ Rundfahrt zwischen St. Englmar und dem Einödriegel, bei der fast unglaubliche 1754 Höhenmeter bezwungen werden müssen. Eine ›mittelschwere‹, sehr beliebte Tour führt auf rund 30 Kilometern von Deggendorf durch die Saulochschlucht über das Landsberger Haus mit Einkehrmöglichkeit und schönen Blicken auf das Donautal zurück zum Ausgangspunkt. Vor allem die 800 Höhenmeter-Abfahrt von den Bergen des Deggendorfer Donaukamms, gilt nicht nur Weltcup-Siegerin Monika Eiberweiser, die hier aufwuchs, als eines der Highlights der Region.

Im Bayerischen Wald befindet sich zudem Deutschlands zweitältester Bikepark überhaupt, und zwar am 1097 Meter zählenden Geißkopf bei Bischofsmais. Neben den klassischen Downhill-Abfahrten wurden dort so genannte ›Flow Country trails‹ geschaffen. Sie zeichnen sich durch wenig Gefälle, aber unzähligen Kurven und kleine Sprünge aus, und sind auch für Kinder und ältere Fahrer geeignet (www.mtbzone-bikepark.com).

Der zweite Bikepark der Region ist von Bischofsmais kaum 50 Kilometer entfernt: Jenseits der deutsch-tschechischen Grenze liegt er auf dem 1200 Meter hohen Berg Špičák, ist mit der Seilbahn ohne Anstrengungen zu erreichen und zählt zu den zehn besten Parks in Europa. Neben zahlreichen kleinen Wettbewerben finden hier jedes Jahr im Sommer Rennen der Klasse Eins des iXS European Downhill-Cups statt. Diese sind berühmt für ihre schnellen Kurven sowie für die Unmengen von Felsen und spitzen Steinen, über die die knapp zwei Kilometer lange Abfahrt führt. Doch keine Angst: Im Bikepark Špičák, der eine gemeinsame Eintrittskarte mit dem Park in Bischofsmais anbietet, gibt es auch Single tracks speziell für Anfänger (www.sumava.spicak.cz).

Eines der ältesten und größten Mountainbikegebiete des Bayerischen Waldes findet sich erwartungsgemäß rund um seinen höchsten Berg: den Großen Arber. Über 40 Touren der unterschiedlichsten Kategorie führen durch das ›Arberland‹, worüber eine vom örtlichen Tourismusverband herausgegebene Broschüre informiert (www.mountainbiken.arberland-bayerischer-wald.de). Eine zweite Broschüre ist inzwischen für Touren mit dem E-Bike erschienen, das im Bayerischen Wald wegen seiner schnell wachsenden Zahl an Verleih- und Ladestationen immer beliebter wird.

Als eine der schönsten Touren am Arber gilt die knapp 30 Kilometer lange ›Arberrunde‹ mit ihren 800 Höhenmetern sowohl bei Auf-, wie Abfahrt. Die Strecke führt vorbei am Großen und Kleinen Arbersee auf den 1455 Meter hohen Gipfel. Da der Berg jedoch auch für Wanderer ein beliebtes Ziel ist, stellt sich natürlich die Frage, inwieweit sich Wanderer und Mountainbiker dort in die Quere kommen. Tatsächlich verweisen viele Mountainbiker immer wieder auf den ›endlosen Raum‹, die ›pure Natur‹ und die ›nur wenig befahrenen Trails‹, die das Biken im Woid zu einem ganz besonderen Erlebnis machten. Von Nagelfallen und handfesten Auseinandersetzung zwischen Bikern und Bergsteigern wie etwa in den Alpen war deshalb zumindest bisher wenig zu hören. Allerdings kommt es immer wieder vor, dass Biker das Verkehrssymbol mit dem durchgestrichenen Rad an Wanderwegen nicht beachten. Dabei sind gerade im Nationalpark Bayerischer Wald viele Gebiete wie etwa der Wildbach Höllbachgspreng streng geschützt und für Biker verboten.

Dass der Bayerische Wald im Unterschied zu so vielen Alpenregionen (noch) nicht überlaufen ist, hat nicht zuletzt mit der geringen Besiedlung am ehemaligen Eisernen Vorhang zwischen Deutschland, Tschechien und Österreich zu tun. Biker sprechen von ›Bayerisch-Kanada‹ und einem manchmal so unzugänglichen Gelände, dass auch die besten Fahrer nicht darum herumkommen, ihre Räder zu schieben oder gar zu tragen. Der Bayerische Wald biete, so heißt es bei ›dreilaenderbike.de‹ das »volle Programm«: Von hindernisfreien Waldwiesenwegen über ruppige Zock-Zack-Trails mit Stufen und Absätzen, querliegenden Bäumen, lockeren Gesteinsbrocken bis hin zu reinrassigen Downhills.

www.bayerischer-wald-mountainbiken.de, www.bayerwald-bike-trails.de, www.bremsspur-bergradsport.de, www.bike-perlen.de, www.bayerwald-bike.de

Architektur und Kunst

Es ist kaum verwunderlich, dass sich die bedeutendsten kunsthistorischen Sehenswürdigkeiten der Region in ihrer größten und historisch wichtigsten Stadt finden: in Regensburg. Dom St. Peter, Kloster St. Emmeram, Reichstagssaal, Steinerne Brücke – wer Romanik und Gotik liebt, wird begeistert sein. Liebhaber des Barock und der Renaissance zieht es dagegen eher nach Passau. Barock sind auch die meisten Pfarrkirchen der Städte des Bayerischen Waldes – ihre von Zwiebelhauben gekrönten Türme sind schon von Ferne zu sehen. Einige ganz besonders große Kirchen entstanden aber auch im neogotischen Stil des 19. Jahrhunderts, da viele Gemeinden in dieser Zeit stark wuchsen. Zu den Höhepunkten der Architektur ganz Bayerns zählen die Klöster in Donau- und Regental. Hier haben mit den Gebrüdern Asam zwei der wichtigsten Künstler des Landes gearbeitet.

Romanik

Es gibt erstaunlich viele Zeugnisse romanischer sowie früh- und sogar vorromanischer Kunst, denn die Region war schon früh, ab der Mitte des 7. Jahrhunderts, christianisiert worden. Zu den schönsten Beispielen zählen die Krypta des heiligen Emmeram in Regensburg und die Unterkirche von St. Nikola in Passau. Bestimmend für die Entwicklung der mittelalterlichen Plastik in Bayern waren die Künstler der Regensburger Schottenkirche im 12. Jahrhundert. Besonders eindrucksvoll sind dort die Bilderzyklen am Portal, die das Jüngste Gericht darstellen und dabei Figuren zeigen, deren Bedeutung noch nicht ganz entschlüsselt werden konnte. Weitere Zeugnisse romanischer Kunst sind die Klosterkirche Walderbach, der Gekreuzigte Heiland in der Kirche St. Peter in Straubing, die Wandmalereien in der Vorhalle der Niedernburg in Passau und die Klosterkirche von Windberg.

In Wischlburg bei Stephansposching an der Donau blieb eine Fliehburg erhalten, die im 10. Jahrhundert während der Eroberungszüge der Ungarn errichtet worden war. Heute noch gut zu erkennen ist der bis zu 40 Meter breite Ringwall, hinter dem die Bauern Schutz vor den Angreifern suchten.

Gotik

Die Gotik in Böhmen wurde geprägt von der Bauschule Peter Parlers, und daher liegt es nahe, dass auch im Bayerischen Wald und an der Donau Schüler des Prager Baumeisters tätig waren. Tatsächlich entstanden Chor, Querschiff und Vierungskuppel des Doms in Passau nach Plänen von Hans Krumenauer. Krumenauer, um 1350 im böhmischen Krumau (Český Krumlov) geboren und nach 1410 in Passau gestorben, wurde von Parler selbst ausgebildet. Besonders die konkaven Blendgiebel an den Strebepfeilern des Chors erinnern an die Prager Veitskathedrale. Krumenauers Auftraggeber waren neben den Fürstbischöfen der Dreiflüssestadt das Kloster Niederaltaich und der Herzog von Straubing-Holland.

Romanisch: die Klosterkirche von Walderbach

Renaissance: Der Schachnerbau auf der Veste Oberhaus in Passau

Am Regensburger Dom arbeitete der vermutlich aus dem böhmischen Kolín stammende Wenzel Roritzer, der nach der Auflösung der Parlerschen Bauhütte um 1410 in die Donaustadt kam. Seine Familie sollte ein ganzes Jahrhundert lang die Errichtung des Doms, einem der schönsten Beispiele gotischer und spätgotischer Architektur in Deutschland, bestimmen.

Ebenfalls von Parler beeinflusst war der Meister Hans von Burghausen, dem Architekten der Heilig-Geist-Kirche in Landshut und von St. Jakob in Straubing. Kennzeichnend für den um 1350 in Burghausen geborenen Baumeister ist der Übergang von der Basilika zur Hallenkirche. Außerdem verwendete er Backstein, wie man es sonst eher aus dem Ostseeraum kennt und wofür später die Bezeichnung ›altbayerische Ziegelgotik‹ geprägt wurde. Die Schule des Hans von Burghausen, der 1432 in Landshut starb, hatte Einfluss bis nach Straßburg und Wien.

Aus der Zeit der Gotik stammen auch die meisten der Burgen im Bayerischen Wald, mit denen der Adel seine wachsende Bedeutung demonstrierte. Besonders gut erhalten blieb die Saldenburg im Dreiburgenland. Zerstört in unzähligen Kriegen wurden dagegen unter anderem Alt- und Neunußberg bei Viechtach und Weißenstein bei Regen. Einen anderen Burgtyp stellt die frühgotische Kirchenveste von Bad Kötzting dar, wo Schloss, Pfarrkirche und Friedhof von einer mächtigen Wehrmauer geschützt werden.

Renaissance

Viele Burgen im Bayerischen Wald wurden in der Zeit der Renaissance und des Barock umgebaut oder nach Zerstörungen und Bränden neu errichtet. Ein Beispiel hierfür ist die Englburg im Dreiburgenland, wo auf einem gotischen Baukörper barocke Zwiebelkuppeln sitzen. Ein reines Renaissancebauwerk ist dagegen Schloss Ortenburg, zehn Kilometer südöstlich von Vilshofen.

Gotik, Renaissance und Barock vereinigt die Veste Oberhaus in Passau, weithin sichtbar ist am sogenannten Schachnerbau die Jahreszahl 1499. Doch auch in der Stadt selbst wurde im Stil der neuen Zeit gebaut, vor allem von italienischen Künstlern, die über die Alpen den Inn heraufzogen. Das Herberstein-Palais in der Schustergasse 4–8 besitzt einen Renaissance-Arkadenhof, ebenso wie das ehemalige Jesuitenkolleg.

Barock und Rokoko

Bayern und Barock – das sind fast so etwas wie Synonyme. Und zwar nicht nur, was die Architektur betrifft, sondern auch, wenn es um die Lebensfreude geht, die nach Leid und Tod eines 30 Jahre dauernden Krieges das katholische Land erfüllte. Anders kann man sie sich kaum erklären, die Lust an Formen und Farben, die die Architektur aus der Starre der Renaissance befreit und zum Schwingen bringt.

Zu den bedeutendsten barocken Bauten in der Region gehören die Klosteranlagen in Metten, Niederaltaich, Osterhofen, Aldersbach und Reichenbach, zu den bedeutendsten Künstlern die Brüder Asam (→ S. 63) und Johann Michael Fischer. Der Oberpfälzer Fischer war zu Beginn des 18. Jahrhunderts zur Ausbildung in Böhmen und lernte dabei die Werke der damals berühmtesten Baumeisterfamilie, der Dienzenhofers, kennen. Zu seinen schönsten Arbeiten im Bayerischen Wald zählt die Klosterkirche von Rinchnach, er arbeitete aber auch im Schwäbischen, so zum Beispiel in Zwiefalten oder in Ottobeuren.

Weniger um Lebensfreunde und mehr um eine Demonstration der wiedergewonnenen Macht der katholischen Kirche geht es im Dom von Passau. Hier arbeiteten keine süddeutschen, sondern italienische Künstler und prägten den größten barocken Kirchenraum nördlich der Alpen mit übermächtigen, düstergrauen Stuckverzierungen und Fresken, die sich Themen wie der Tempelreinigung oder dem Siegeszug des Gottesreiches widmen.

Barock in der Klosterkirche Osterhofen

Als der barocke Baustil in anderen Ländern nach gut 100 Jahren zu Ende ging, fand er in Bayern seinen Höhepunkt im Rokoko. Die Bezeichnung leitet sich von *rocaille* ab: Die asymmetrischen, muschelförmigen Ornamente wurden neben üppigem Pflanzen- und Blumendarstellungen zur zentralen Dekorationsform. Weitere wichtige Kennzeichen sind Pastellfarben und überreicher Stuck. In einem Architekturführer heißt es: »Die weißgoldene Gliederung scheint dem Baukörper aufgeschmolzen wie der Suppenterrine ihr Reliefdekor.» Das Rokoko sei, so weiter, im Grunde eine naive Volkskunst, die von den barocken Ideen der Architektur zehre und sie mit »gutem Gewissen der vollkommenen Gewissenlosigkeit ins Unendliche zerspielt«.

Eine der schönsten Rokokokirchen steht in Loh bei Stephansposching im Deggendorfer Land. Stuck, Fresken und Altarbilder stammen von zwei Künstlern des bayerischen Herzoghofs, Franz Xaver Feichtmayr und Thomas Christian Wink. Der bedeutendste Künstler der Zeit war Mathias Obermayr aus Straubing, der die meisten der Rokokofassaden am Stadtplatz der Gäubodenstadt entwarf. Von Obermayr stammen außerdem die Stuckaturen im Festsaal des Klosters Metten und die expressiven Bilder der Seitenaltäre in Windberg. Der Übergang vom verspielten Rokoko zum strengen Klassizismus bedeutete freilich für den bis dahin so gefragten Künstler das Aus, er verarmte. Sein Grab auf dem Friedhof von St. Peter in Straubing ist nicht mehr aufzufinden.

Klassizismus und Historismus

Bestes Beispiel für die Architektur des Klassizismus ist die Walhalla bei Donaustauf. Nach dem Vorbild des Pariser Pantheons wurde sie ab 1830 hoch über der Donau errichtet. Nur etwas weniger monumental fiel der Portikus des Präsidialpalais in Regensburg aus, doch auch hier spielte Frankreich eine Rolle: Es wurde für den Pariser Gesandten 1805 mitten in die gotische Umgebung gesetzt.

Obwohl viele Pfarrkirchen des Bayerischen Waldes bereits in der Zeit der Gotik entstanden, findet der Besucher heute viele neogotische Bauten und Ausstattungen. Dies liegt an den unzähligen vernichtenden Bränden des 18. und 19. Jahrhunderts, aber auch daran, dass die damals schnell wachsenden Gemeinden größere Kirchen benötigten.

Beste Beispiele für neogotische Architektur sind die Stadtpfarrkirchen von Waldkirchen und Zwiesel. Wichtigster Baumeister der Zeit war Johann Baptist Schott, der 1886 in München ein Architekturbüro für Kirchliche Kunst gegründet hatte und für die Bistümer Passau und Regensburg mehr als ein Dutzend Kirchen baute. Dazu gehört auch die im seltenen neoromanischen Stil 1893/94 errichtete Herz-Jesu-Kirche in Ludwigsthal bei Zwiesel.

Moderne

Beispiele für die Architektur des 20. oder gar 21. Jahrhunderts finden sich in der Region nur einzelne und die wenigen, die es gibt, sind Gegenstand heftiger Kritik. Dazu zählen die kastenförmigen Apartments, die in den 1970er Jahren im Skizentrum St. Englmar entstanden.

Der Waldwipfelpfad bei Neuschönau

Ähnlich umstritten ist die sogenannte Neue Mitte in Passau – mehrere Einkaufspassagen, die man auf dem Gelände der abgerissenen Nibelungenhalle 2004 bis 2008 errichtete. Ursprünglich sollte nach einem Entwurf André Hellers eine ›grüne Oase‹ im Zentrum der Großstadt entstehen, verwirklicht wurden stattdessen mehrere ›grüne Klötze‹, in deren Mitte auch noch der Omnibusbahnhof liegt.

Positiv aufgenommen und mit Preisen dekoriert wurde der 2009 fertiggestellte Waldwipfelpfad im Nationalpark bei Neuschönau, der wohl nicht zufällig an die Kuppel des Reichstags in Berlin erinnert. Sehens- und besuchenswert sind aber auch ein schiefliegender Kubus aus Leichtbeton – das Konzerthaus von Blaibach sowie eine Wohnanlage in den Wöhrd Auen von Regensburg.

Berühmte Persönlichkeiten

Die Gebrüder Asam

Sie waren die bedeutendsten Meister des bayerischen Spätbarocks: Cosmas Damian (1686–1739) und Egid Quirin Asam (1692–1750). Beide waren bei ihrem Vater Hans-Georg Asam, dem Maler der Klosterkirche von Benediktbeuren, in die Lehre gegangen. Dieser hatte in Venedig eine neue Form der Freskomalerei kennengelernt. Bis dahin hatte man in Bayern Tafelbilder ohne Rücksicht auf die räumlichen Verhältnisse auf die Decken von Palais oder Kirchen übertragen. In Italien versuchte man, die Fresken in Untersichtperspektive zu malen.

Auch seine Söhne bekamen von italienischen Barockkünstlern wie Bernini oder Pozzo wichtige Anregungen. Ihr Durchbruch gelang den beiden mit der Klosterkirche in Weltenburg, ein

Selbstbildnis von Cosmas Damian Asam in der Klosterkirche Osterhofen

Kunsthistoriker fasste ihr Werk so zusammen: »Architekten, Stukkatoren, Bildhauer, Maler in einer Person, zusammenarbeitend, auch geistig innigst verbunden, vollbringen sie den endgültigen Schritt zur Vereinigung aller Künste in einer Gesamtkunst, in Werken, die als solche überhaupt nicht mehr einer bestimmten Gattung zugewiesen werden können.« Dabei war Cosmas der bedeutendere Freskomaler, Egid machte sich mehr als Stuckateur und Bildhauer einen Namen. Die Asams erhielten Aufträge in Prag und Tirol, ihr bedeutendstes Werk ist die Kirche Sankt Johann-Nepomuk in München, die man meist nur Asamkirche nennt.

Die wichtigsten Werke der Asams im Bayerischen Wald und der Donauebene sind die Klosterkirchen in Osterhofen und Aldersbach, die Ursulinenkirche in Straubing und die Emmeramskirche in Regensburg.

Hans Carossa (1878–1956)

Hans Carossa wird von der Literaturwissenschaft zu den neoklassizistischen Schriftstellern gezählt. Diese orientierten sich an Goethe und pflegten einen ›vornehmen Stil‹, schrieben Novellen und lehnten surrealistische und ironische Kunstformen ab. Tatsächlich verfasste der Passauer Carossa noch über 50 Jahre nach Adalbert Stifter eine von Sehnsucht nach Harmonie geprägte Naturlyrik. Die Welt galt ihm als geordnete Schöpfung eines gütigen Gottes – und diese Auffassung hatte bei Carossa auch politische Konsequenzen. Nach der Machtergreifung der Nationalsozialisten blieb Hans Carossa in Deutschland, schrieb weiter seine erbauenden Gedichte und stellte die »großen Heer- und Volksführer« in die »schöpferische Gefolgschaft« Goethes. 1938 erhält er den Frankfurter Goethe-Preis, gibt dem Druck des Regimes nach und lässt sich 1941 zum Vorsitzenden des nationalsozialistischen Europäischen Schriftstellerverbands ernennen.

Kurz vor Ende des Zweiten Weltkriegs bittet Carossa den Oberbürgermeister von Passau, die Stadt kampflos der US-Armee zu übergeben und wird dafür in Abwesenheit zu Tode verurteilt. Für seine Haltung zum NS-Regime rechtfertigt er sich in seinem 1951 erschienen Werk ›Ungleiche Welten‹. Zwei Jahre später, im Alter von 75 Jahren, erhält Hans Carossa das Große Bundesverdienstkreuz der Bundesrepublik. Hermann Hesse schreibt ihm: »Seit dem ›Doktor Bürger‹ und der ›Kindheit‹ und seit Ihren frühen Gedichten hat Ihre Stimme zu den wenigen unserer Generation gehört, deren Klang mich nicht bloß zu überzeugen, sondern auch zu beglücken vermochte.«

Alfred Kubin (1877–1959)

Wie Wassily Kandinsky gehörte Alfred Kubin der ›Neuen Künstlervereinigung München‹ an, aus der die expressionistische Künstlervereinigung ›Blauer Reiter‹ hervorging. Der im böhmischen Litoměřice (Leitmeritz) geborene Kubin studierte ab 1898 Kunst in München und machte sich mit Federzeichnungen, die seine Angst- und Zwangsvorstellungen zum Thema hatten, schnell einen Namen. Doch schon 1906 kehrte Kubin mit seiner Frau der bayerischen Landeshauptstadt den Rücken und ließ sich auf einem abgelegenen Gut im österreichischen Wernstein am Inn nieder.

Wegen einer schweren Depression besuchte Kubin 1908 Oberitalien und Venedig. Nach seiner Rückkehr schrieb er darüber in nur acht Wochen sein bekanntestes Werk ›Die andere Seite‹, das er selbst mit Federzeichnungen illustrierte.

Die Gestaltung von Büchern der phantastischen Weltliteratur, von Edgar Allan Poe oder Dostojewski, bestimmt von nun an Kubins Arbeit. In diese Zeit fällt auch der Beginn einer lebenslangen Freundschaft mit dem in Passau lebenden Schriftsteller Hans Carossa. Großen Einfluss auf Kubin haben jedoch auch seine Freunde Paul Klee und Lyonel Feininger. Es folgen zahlreiche Ausstellungen in München, Wien, Prag und seiner Geburtsstadt Leitmeritz. Bei Aufenthalten an der Moldau entstehen die Zeichnungen ›Phantasien im Böhmerwald‹.

In der Zeit des Nationalsozialismus wurden viele Werke Kubins als ›entartete Kunst‹ diffamiert, der Österreicher erhielt jedoch kein Ausstellungsverbot, auch einige Sammelbände seiner Werke konnten in Deutschland erscheinen. Nach dem Zweiten Weltkrieg wird der Maler und Dichter Mitglied der Bayerischen Akademie der Schönen Künste, zu seinem 75. Geburtstag erscheint der kleine Bildband ›Abendrot‹, der letzte Teil seiner Autobiografie. Nach langer Krankheit stirbt Alfred Kubin im Alter von 82 Jahren am 20. August 1959 auf seinem Gut Zwickledt unweit von Passau. Auf dem Friedhof der Gemeinde liegt er auch begraben. Schon drei Jahre nach seinem Tod wurde hier eine Kubin-Gedenkstätte eröffnet.

Hans Lentner (1894–1977)

Der in Großarmschlag geborene Lentner ist einer der bekanntesten Bildhauer und Holzschnitzer des Bayerischen Waldes. In der Zwischenkriegszeit verdiente er sich seinen Lebensunterhalt mit dem Schnitzen von Rehen und Hasen, doch später widmete er sich fast ausschließlich der sakralen Kunst. Dabei folgte er den Ideen seines Lehrmeisters in der – inzwischen geschlossenen – Schnitzschule von Zwiesel: »Professor Mader lehrte uns eine derbe, ausdrucksvolle Schnitzkunst, weil die Gegend auch so ist und die Arbeit zur Landschaft passen muss.« Von Lentner stammen zahlreiche Kunstwerke in niederbayerischen Kirchen, so etwa ein Kruzifix und die Figur des Waldheiligen Gunther in der Kirche von Buchenau. Am bekanntesten sind die Wegweiser und Ortstafeln in Spiegelau und Waldhäuser, die Sägewerksarbeiter oder Schnupftabakreiber zeigen.

Emerenz Meier (1874–1928)

Über 80 Jahre nach ihrem Tod ist sie in ihrer Heimat zu einer Kultfigur geworden: Emerenz Meier, die Schriftstellerin, Frauenrechtlerin und Kapitalismuskritikerin aus dem Bayerischen Wald. Gleich zwei Filme drehte der Münchner Regisseur Jo Baier über sie, in ihrem Geburtshaus in Waldkirchen-Schiefweg entstand 2010 das Museum ›Born in Schiefweg‹, ihre Gedichte und Erzählungen werden wieder in vielen regionalen Zeitungen gedruckt.

Dabei konnte Emerenz Meier zu ihren Lebzeiten lediglich ein einziges und dann auch noch schlecht verkauftes Buch veröffentlichen: 1896 erschien im fernen preußischen Königsberg eine Sammlung von Erzählungen mit dem Titel ›Aus dem Bayerischen Wald‹.

Zu dieser Zeit war Emerenz Meier 22 Jahre alt und dabei, Latein zu lernen. Die Erzählungen aus ihrer Heimat, die sie in einem Brief einmal als »albern« bezeichnete, schrieb sie, um Geld zu verdienen und damit auf ihren Vater Eindruck zu machen. Denn der Gastwirt hatte neben Emerenz noch acht weitere Kinder und konnte mit einer Tochter, die schon in der Volksschule »Versl« schrieb, wenig anfangen.

Die patriarchalische Familie, die Macht der Großbauern und Geistlichen, ja, alle Arten von scheinbar mächtigen Männern bestimmen dann auch die ersten Arbeiten von Emerenz Meier. »Nichts ekelhafter doch, als ein verliebter Mann, bei dessen Werben man nichts fühlen kann, als höchstens Mitleid, dem sich Hohn gesellt! Ein Hündchen dünkt er mir, das wedelnd bellt.«

Meiers zweites Thema sind die Schönheiten des Bayerischen Waldes und so wird sie schon bald als Naturdichterin umschwärmt. Der Schriftsteller Hans Carossa, der sie nach der Lektüre ihres Buches in Waldkirchen besucht, nennt sie »einen ziemlichen Freigeist«, stellt aber auch fest, dass sie »über das allgemeine Weltunrecht erbittert« sei. Und tatsächlich geht es bei Meier eben nicht nur um die Schönheit des Waldes, sondern auch um ihre Sehnsucht nach Freiheit.

Später veröffentlicht Meier im ›Simplizissimus‹, in ›Die Jugend‹ und in den ›Fliegenden Blättern‹, hat Kontakt zu den in der Region lebenden Schriftstellern, findet jedoch ansonsten keinen richtigen Zugang zur literarischen Welt.

1902 übernimmt Emerenz Meier ein Gasthaus in Passau und will dort eine Künstlerkneipe etablieren. Dies scheitert ebenso wie weitere Projekte in München. Nur schwer reichen ihre Einnahmen zum Leben. So folgt Meier 1906 ihrer Familie und emigriert nach Chicago, wo sie als Fabrikarbeiterin und Putzfrau Geld verdient. Schon ein Jahr nach ihrer Ankunft in den USA heiratet Meier Franz Schmöller, einen Arbeiter aus Neureichenau im unteren Bayerischen Wald. Was folgt sind weitere Schicksalsschläge: Der alkoholkranke Schmöller stirbt ebenso wie die Eltern zwischen 1910 und 1912. Auch Meiers zweiter Mann, der Schwede John Lindgren stirbt früh.

1919 nimmt Emerenz Meier wieder Kontakt zu ihrer Waldkirchener Freundin Auguste Unertl auf. Es folgt ein intensiver Briefwechsel, in dem sie die politischen und wirtschaftlichen Verhältnisse in den USA, aber auch in ihrer alten Heimat kritisiert. Sie wirft der Kirche vor, zu wenig gegen soziale Ungleichheiten zu tun. Zwar ist ihre eigene wirtschaftliche Lage in Chicago nicht besonders gut, doch sobald sie als Bierbrauerin etwas Geld verdient, schickt sie Hilfspakete in den Bayerischen Wald.

Meiers Briefe zeugen von der Sehnsucht nach dem Bayerischen Wald. Da dieser ihr zur Inspiration fehlt, entstehen fast keine neuen Gedichte. Allerdings veröffentlicht die Schriftstellerin Kurzgeschichten in einer Arbeiterzeitung Chicagos. Ihre Sprache lässt bei all dem an Deutlichkeit nichts zu wünschen übrig: »Es war eine Scham und Schande wie neulich hier der junge Maulaffe, der Prinz von Wales von der höheren Gesellschaft gefeiert wurde. Hätte er einen Furz gelassen, die Lädys hätten sich um den Gestank noch gestritten«. Oder: »Frauenherrschaft, die ja nichts von der Brutalität des Mannes hat, hat noch keine Nation zurückgebracht.«

In einem Brief an Auguste Unertl hält sie am 27.12.1925 fest: »Nie habe ich mir eingebildet, dass meine schriftstellerischen Versuche von Wert wären. Heute lache ich mich selbst sogar aus und alles, was ich geschrieben. Doch nicht den absonderlichen Drang zu lernen und vorwärts zu streben, der immer in mir war. Heutzutage bin ich müde, ich hatte nie Gelegenheit gehabt, meinen Geist recht zu bilden, mein Wissen und meine Weltkenntnis auf jene Stufe zu bringen, von der aus ein Mensch es wagen kann, anderen etwas zu sagen und zu geben.«

Emerenz Meier stirbt mit 53 Jahren am 28. Februar 1928 in Chicago an den Folgen einer Nierenerkrankung.

Denkmal für die Schriftstellerin Emerenz Meier in Passau

Maximilian Schmidt, genannt Waldschmidt (1832–1919)

Er hatte Kaiserin Elisabeth von Österreich und Bayerns König Ludwig II. zu Gast: der Waldschmidt, der eigentlich Maximilian Schmidt hieß. Und auch diesen Namenszusatz, den er sogar vererben durfte, war ihm von einer königlichen Hoheit verliehen worden: Prinzregent Luitpold I. zeichnete den Schriftsteller mit diesem Titel für seine Werke über den Bayerischen Wald und Oberbayern aus. Insgesamt 32 Bände füllen die Erzählungen, Gedichte, Theaterstücke und Humoresken des Waldschmidts. Er war zu seiner Zeit ein Bestsellerautor, der die Sagen und Bräuche des Waldes aufzeichnete und das Leben der einfachen Waldler beschrieb. Im Mittelpunkt stand dabei oft das Schicksal von Mädchen und jungen Frauen (›Die Christkindlsingerin‹), aber auch die Kultur des böhmischen Chodenlands.

Tatsächlich hat der Waldschmidt nur seine Kindheit und Jugend im Bayerischen Wald verbracht: Geboren wurde er in Eschlkam an der Chamb, zur Schule ging er in Metten, Straubing und Passau. Danach meldete er sich als Freiwilliger zum Militärdienst, den er erst 1874 nach 24 Jahren aus Krankheitsgründen quittierte. Dank seiner Honorare und der Hochzeit mit der aus reichem Haus stammenden Auguste Haßlacher konnte Schmidt sich schon im Alter von 32 Jahren eine Villa direkt am Ufer des Starnberger Sees kaufen. Dort in Tutzing besuchten dann auch Sisi und Ludwig den Schriftsteller.

Adalbert Stifter (1805–1868)

Am 23. Oktober 1805 wurde Adalbert Stifter als ältester Sohn eines Webers in Oberplan (Horní Planá) an der Moldau geboren. Das Geburtshaus existiert heute noch, es beherbergt ein dem Dichter gewidmetes Begegnungs- und Studienzentrum. Was es jedoch nicht mehr gibt, ist die Landschaft, die Stifter gesehen hat. Und die Felder, auf denen er als Kind arbeitete, um das Einkommen der Familie aufzubessern. 1959 ließ die Regierung der Tschechoslowakei bei Oberplan das Wasser der Moldau zum ›Südböhmischen Meer‹, dem Lipno-See, aufstauen.

Mit 14 Jahren kam Stifter an das Gymnasium der Benediktiner im österreichischen Kremsmünster. Ab 1826 studierte er Jura in Wien, wo er erste vor allem von Jean Paul beeinflusste Gedichte schrieb. Dies war auch die Zeit seiner ersten großen Liebe, und da diese unerfüllt blieb, versuchte der Dichter seine Selbstzweifel mit Alkohol zu bekämpfen. Das Studium musste Stifter so mit 25 Jahren abbrechen, sein Geld verdiente er nun als Hauslehrer, wobei er unter anderen Richard von Metternich, den Sohn des österreichischen Staatskanzlers, unterrichtete.

Zu Beginn der 1840er Jahre entstanden Stifters erste bedeutende Erzählungen wie ›Der Hochwald‹, ›Der Hagestolz‹ oder ›Brigitta‹, die in einer Zeit der romantischen Naturverklärung schnell Anerkennung fanden. Zu seinen Anhängern zählten damals so unterschiedliche Künstler wie Friedrich Nietzsche und Karl Kraus. Allerdings gab es auch zahlreiche Kritiker, die Stifters langatmige Naturbeschreibungen kritisierten und ihm einen Mangel an Leidenschaft sowie altväterliche Formulierungen vorwarfen. Tatsächlich muss man wohl einmal vom

Plöckenstein auf den Böhmerwald hinab geblickt haben, um Stifter nicht sofort wieder aus der Hand zu legen … Im Revolutionsjahr 1848 zog der Schriftsteller mit seiner Frau Amalie nach Linz, wo er als Lehrer arbeitete und schließlich zum Schulrat ernannt wurde. Zugleich verschlechterte sich sein Gesundheitszustand so sehr, dass die Arbeit an seinem einzigem Roman, dem ›Witiko‹, immer wieder unterbrochen werden musste.

In diesen Jahren hielt sich der mehr und mehr verbitternde Stifter oft monatelang auf dem Rosenberger Gut am Fuße des Dreisesselberges auf. Zum letzten Mal verbrachte er 1866 ganze 140 Tage dort, es war die Zeit, in der er die so oft zitierten Worte schrieb: »Meine ganze Seele hängt an dieser Gegend. Wenn ich irgendwo genese, so ist es dort.« Schließlich jedoch verursachte seine Leberzirrhose dem Schriftsteller solche Schmerzen, dass er sich am 26. Januar 1868 mit einem Rasiermesser die Halsschlagader aufschnitt und zwei Tage später an den Folgen starb.

Adalbert Stifter liegt auf dem St. Barbara-Friedhof in Linz begraben, auf dem Plöckenstein wurde schon 1877 ein fast 15 Meter hoher Obelisk aus Granit zur Erinnerung an ihn aufgestellt. Der 1947 gegründete Adalbert-Stifter-Verein bemüht sich um die Förderung des Kulturaustausches und damit die Aussöhnung zwischen Deutschen und Tschechen (www.stifterverein.de).

Franz Freiherr von der Trenck (1711–1749)

Geboren wurde Franz Freiherr von der Trenck als Franjo Trenk in Kalabrien. Sein Vater war preußischer Offizier, er selbst stand im russischen, dann im österreichischen Dienst und besaß umfangreiche Güter in Kroatien. Im Bayerischen Wald jedoch war ›der Trenck‹ im 18. Jahrhundert einer der gefürchtetsten Männer: Mit seinen 5000 Panduren eroberte und plünderte er im österreichischen Erbfolgekrieg Dutzende Städte und Dörfer.

Der Begriff ›Pandur‹ stammt aus dem Ungarischen und war ursprünglich eine Bezeichnung für die bewaffneten Leibwachen kroatischer Adeliger. Im Habsburgerreich wurden dann die Soldaten, die an der Grenze zum Osmanischen Reich stationiert wurden, Panduren genannt. Sie trugen rote Mäntel und kämpften mit Säbeln und langen Messern, was auf die Menschen des Bayerischen Waldes natürlich die erwünschte furchteinflößende Wirkung hatte.

Nach dem Ende des Erbfolgekriegs 1745 wurde Trenck wegen Gräueltaten und Ungehorsam vor Gericht gestellt. Während der Verhandlungen griff er den Vorsitzenden tätlich an, woraufhin der Prozess eingestellt und Trenck zum Tode verurteilt wurde. Die wenigen Freunde, die er noch besaß, setzten bei Kaiserin Maria Theresia eine Revision durch, und so wurde er zu einer lebenslangen Gefängnisstrafe auf Burg Spielberg in Brünn (Brno) begnadigt. Nach nur einjähriger Haft erkrankte Trenck tödlich und wurde in der Kapuzinergruft der mährischen Hauptstadt beigesetzt, seine Mumie ist bis heute das Ziel unzähliger Besucher. Franz war ein Vetter von Friedrich Freiherr von der Trenck, der im Dienst Friedrichs des Großen stand, ebenfalls als Abenteurer galt und schließlich in Frankreich hingerichtet wurde. Im oberpfälzischen Waldmünchen finden jedes Jahr die Freilichtspiele ›Trenck der Pandur‹ statt.

Volkskultur

Der Bayerische Wald wird in der Literatur gern als ›landwirtschaftlich strukturierte‹ Region beschrieben. Doch die Bebauung von Feldern ist aus klimatischen Gründen ab einer Höhe von 800 Metern eigentlich nicht mehr möglich, zudem hatten die Äcker nur eine dünne Krumme, dafür aber viele Steine. So lag der Ertrag für Getreide im Gäuboden bei Straubing bei dreißig, im Bayerischen Wald dagegen bei ganzen sieben Dezitonnen. Ende des 19. Jahrhunderts befanden sich achtzig Prozent aller Waldbauernhöfe unter der Rentabilitätsgrenze. Der Anteil der Großbauern mit über 100 Hektar betrug dagegen 0,07 Prozent. Der Bayerische Wald war das Armenhaus Deutschlands.

Totenbrett am Großen Osser

Wenn Frauen aus dem Bayerischen Wald von ihrem Alltag erzählen, dann sind diese Lebenserinnerungen voll von stundenlangen, einsamen und auch gefährlichen Wanderungen durch den Wald. Egal ob beim ersten Morgenlicht im Sommer und bei tiefem Schnee im Winter. Dutzende Kilometer, die von abgelegenen Waldbauernhöfen zur Schule im Dorf, zum Einkaufen in die Stadt und natürlich immer wieder zur Kirche zurückgelegt werden mussten. In einer Gemeinde an der tschechischen Grenze waren die Gläubigen den weiten Weg zur nächsten Kirche in einem Winter schließlich so leid, dass sie sogar ein eigenes Gotteshaus bauten, ganz aus Schnee.

Das wichtigste Ziel der Frauen war jedoch die Dienststelle beim Großbauern oder in der Stadt. Da das Einkommen eines Waldbauern keine Familie ernähren konnte, mussten die Frauen dazu verdienen. Ebenso wie die Kinder, die häufig noch während der Pflichtschuljahre als Knecht oder Magd auf einen benachbarten Hof geschickt wurden. Besonders schwierig war die Situation im Winter, wo es für die Männer auch als Tagelöhner keine Arbeit mehr gab, und die gesamte Familie um die Petroleumlampe saß, um Glasperlen auf Rosenkränze zu fädeln.

Das Waldlerhaus

Daheim angekommen betraten die Frauen ein Haus, das noch bis zur Mitte des 19. Jahrhunderts weitgehend aus Holz gebaut war. Da dieses Holz wegen des feuchten Klimas jedoch besonders im Erdgeschoss schnell zu faulen begann, versuchte man, es nach und nach durch Feldsteine zu ersetzen. Charakteristisch ist außerdem ein mit Stroh und Schindeln gedecktes, oft sehr steiles Walmdach, das dort, dort wo der Schnee am höchsten lag, tief nach unten gezogen wurde.

Das typische Waldlerhaus gibt es allerdings gar nicht, denn im Laufe der Jahrhunderte hat sich eine Vielfalt von Bauweisen entwickelt. Besonders gut kann man dies im Museumsdorf Tittling nachvollziehen.

Die Aufteilung eines Walderhauses sah etwa so aus: Im Erdgeschoss lag auf der sonnigen Südseite die große, beheizbare Stube. In einer der Ecken stand die Essbank mit dem Herrgottswinkel, in einer anderen der Kachelofen. Außerdem gab es einen Flur, den sogenannten Flez, und einen kleinen Raum, die Schlafkammer der Bauersleute. Eine eigene Küche existierte lange nicht, gekocht wurde in der Stube oder in einem Kaminraum mit offener Feuerstelle, der schwarzen Kuchl. An den Wohnteil schloss sich noch innerhalb des Hauses der Stall für das Hausschwein an. Im ersten Stock, der nicht beheizt wurde, lagen die Schlafstuben für die Kinder, und – falls vorhanden – Dienstboten. Der mit Schnitzwerk verzierte Balkon, Schrot genannt und durch das weit vorstehende Dach geschützt, diente als Laube und Trockenplatz.

Holzschnitzkunst

Kruzifixe und Heiligenbilder bilden den sakralen Teil der Holzschnitzkunst im Bayerischen Wald, die man überall findet, sei es in Dorfkirchen oder am Wegesrand. Es gab aber auch eine alltägliche, profane Kunst der Holzbearbeitung, die sich besonders in der Aussteuer der Tochter eines reichen Bauern zeigte. Alle Möbel ihres zukünftigen Heims wurden eigens von einem Schreiner gezimmert. Für den sogenannten Kammerwagen zog dieser drei Wochen vor der Hochzeit mit Werkzeug und Gehilfen praktisch ins Vaterhaus der Braut ein. Wichtigstes Möbelstück war die ›zwieschläfrige Bettstatt‹, die zwischen 110 und 120 Zenti-

Ein typisches Waldlerhaus

metern breit war. Hergestellt wurden zudem Schränke für Kleider und Lebensmittel und ein Kanapee, das man mit Stroh fütterte. Dies alles wurde auf einen Pferdewagen verladen, daher der Name. Für seine Arbeit wurde der Schreiner nicht nur mit Geld entlohnt, sondern auch mit einer Auszeichnung: An der Hochzeitstafel saß er gleich neben den Verwandten. Eine Wiege gehörte übrigens nicht zur Ausstattung des Kammerwagens.

Totenbretter

Es gibt nicht mehr allzu viele davon, und wenn man sie sieht, hat sie meist der Tourismusverband aufgestellt: Totenbretter. Seit dem 7. Jahrhundert – und damit noch in heidnischer Zeit – wurden auf diesen hölzernen Brettern die Toten bis zum Begräbnis aufgebahrt. Ihre Inschriften verkündeten Positives aus dem Leben der Verstorbenen, ähnlich wie auf jüdischen Grabsteinen. Im Laufe der Zeit gestaltete man die Totenbretter immer kunstvoller und stellte sie nach der Beerdigung am Wegesrand oder an Kreuzungen auf. Der Glaube besagte, dass die Seele des Toten erst nach dem Zerfall des Brettes in den Himmel komme, weshalb meist weiches Holz verwendet wurde…

Volks- und Volxmusik

Musikantenfreundliches Wirtshaus – mit diesem Schild werden seit einigen Jahren Wirte in ganz Bayern ausgezeichnet. Auftreten sollen in diesen Gasthöfen keine professionellen Ensembles, sondern Laienmusiker. Ziel ist es, das »Freie aus der Emotion geborene Singen und Musizieren zur eigenen Unterhaltung und Entfaltung, fern von Programmabläufen und Fremdbestimmung« zu fördern. Die Gruppen spielen ohne Bühne und ohne Gage, allein für ein Bier und eine Brotzeit (www.musikantenfreundlicheswirtshaus.de).

Hier spielt die Musi

Plakat des Woidwind-Festivals

Der Bayerische Wald ist seit jeher einer der liederreichsten Landstriche Deutschlands, was wohl nicht zuletzt mit den langen Wintern zusammenhängt, in denen man sich früher die Zeit vertreiben musste. (Fast) kein Thema ohne Lied, oft sind die Melodien jedoch mehr traurig als fröhlich. Gespielt wurde Harmonika, Gitarre, Zither, Klarinette und Hackbrett. Typisch für die Gasthausmusi' sind die sogenannten Gstanzl, bei denen der Sänger besondere Ereignisse und lokale Größen des Dorfes mit seinem Spott überzieht. Wichtigster Tanz ist der sehr schnelle Zwiefache, eine Art Walzer, den man auch in Österreich und Böhmen kennt. Die bedeutendste Sammlung von Volksliedern aus dem Bayerischen Wald stammt von dem Zwieseler Schriftsteller und Heimatforscher Paul Friedl. Auf ihn geht auch das älteste Sänger- und Musikantenfest Bayerns zurück: Seit mehr als 75 Jahren findet der ›Zwieseler Fink‹ jedes Jahr Anfang November statt. Rund 60 Musikanten spielen in der Stadt am Fuße des Großen Falkensteins in verschiedenen Gasthäusern auf, konkurrieren um die Wanderpokale ›Zwieseler Fink‹ und ›Jugendfink‹.

Ein noch größeres Volksmusikspektakel findet seit 1998 in Regen alle zwei Jahre rund um Pfingsten statt. Beim ›drumherum‹ treten bis zu 2000 Musiker und Musikerinnen nicht nur aus Bayern, sondern auch aus anderen europäischen Ländern auf - und Zehntausende hören ihnen zu. ›Wenn ganz Regen singt und klingt‹, titelte eine Zeitung. Zu hören ist bei solchen Festivals immer wieder Unerwartetes: Wie zum Beispiel Saitenhieb, eine Country-Combo, deren Motto ›Irish meets Bayrisch‹ lautet.

Seit 2008 wird der Bayerische Wald im Herbst zum Raum für Opern, klassische Musik und Theater. Ins Leben gerufen wurde dieser ›Kulturwald‹ von dem Mettener Bariton Thomas E. Bauer, dem es darum geht, die sogenannte Hochkultur jungen Menschen verständlich zu machen und der deshalb auch einen Workshop für Kinder abhält. Die Aufführungen finden stets an stimmungsvollen Orten statt, zum Beispiel im Rittersaal des Straubinger Schlosses (www.konzert-haus.de).

Die Bayern feiern gern, hier in Viechtach

Heidnisches und Christliches

Zumindest einen Vorteil hatte das Leben im katholischen Bayern zu früheren Zeiten: Es gab sehr viel mehr Feiertage als heute, zeitweise waren es zusammen mehr als 100 Sonn- und Feiertage. Gefeiert wurde vor allem im Wirtshaus des Dorfes, das damals Kneipe, Restaurant, Vereinsheim und zweites Wohnzimmer in einem war. Nach dem Kirchgang traf man sich am Stammtisch, allerdings wirklich nur ›man‹ – Frauen sah der Wirt in der Regel nur bei Familienfeiern. Dies änderte sich erst lange nach dem Zweiten Weltkrieg. Inzwischen freilich haben viele Gemeinden weder ein Wirtshaus noch einen Lebensmittelladen, und nur langsam denkt man darüber nach, wie dies wieder anders werden könnte.

Die bedeutendsten Feste sind natürlich die kirchlichen wie etwa Kirchweih oder Fronleichnam. Ein wichtiger Feiertag für die Bauern war Maria Lichtmess am 2. Februar, denn an diesem Tag begann das neue Dienstjahr, zuvor bekamen die Knechte und Mägde ihr Dienstbüchlein und auch ihren Jahreslohn ausgehändigt. Weshalb man vor dem Dienstantritt beim neuen Herrn noch einmal ausgiebig trinken und essen konnte. Viele Feste, oft gerade die, die im Rest der Republik unbekannt sind, haben einen vorchristlichen Ursprung. So geht das Aufstellen des Maibaums auf die heidnische Verehrung von Bäumen zurück – die katholische Kirche versuchte lange, dieses Frühlingsfest zu unterdrücken.

Rauhnacht

»An Luzier geht der Tag irr«, so lautet ein alter Spruch nicht nur im Bayerischen Wald, sondern auch im Allgäu. Er bedeutet, dass am 13. Dezember, dem Luziertag, der Tag ›verloren‹ gehe. Bis 1582 galt die Luziernacht als die längste des Jahres, erst als Papst Gregor XII. den Kalender neu berechnen ließ, wurde die längste Nacht auf den 21. Dezember gelegt. Die heilige Lucia wird heute noch in skandinavischen Ländern als Lichtbringerin verehrt. Die germanische Luzier aber wird gefürchtet, da sie böse Menschen bestrafe: Blutverschmiert und mit einem langen Messer zog die ›blutige Luzier‹ früher durch die Dörfer. Das Blut zu bekommen war damals kein Problem, denn es war die Zeit, in der vor Weihnachten die Hausschweine geschlachtet wurden.

›Verlorene Tage‹ gab es aber auch bei all den Bauern und Fischern, die das Jahr nach dem Mond und nicht nach der Sonne messen, denn dieses Mondjahr hat nur 354 Tage. Und so ziehen heute in den zwölf Rauhnächten zwischen dem 25. Dezember und dem Dreikönigstag am 6. Januar sogenannte Rauwuggerl, Dämonen mit grausigen Fratzen und Hörnern, durch die Straßen und lassen sich bevorzugt auf Kreuzungen nieder. Dort legen sie einen Kreis aus Steinen und sagen die Zukunft voraus. Es heißt, nun stehe das Geisterreich offen, und die Seelen der Verstorbenen hätten Ausgang. Besonders aufwendig werden die Rauhnächte in Waldkirchen, Rinchnach und Neuschönau begangen, doch in letzter Zeit kommen immer weitere Orte hinzu.

In den Rauhnächten gelten eine Menge Bauernregeln: Die Kräuter sollten in dieser Zeit die heilsamste Wirkung haben. Kalte, klare Tage bedeuten einen heißen, erntereichen Sommer. Noch bis in die heutige Zeit hängen manche Frauen in den Rauhnächten keine weiße Wäsche auf die Leine, da sie von den Geistern gestohlen und als Leichentuch für den ehemaligen Besitzer verwendet werden könnten. Es sind also keine freudigen Tage, diese Rauhnächte – nur Kinder, die jetzt geboren werden, vor allem, wenn es an einem Samstag oder Sonntag ist, die sollen besondere Fähigkeiten haben. Es sind wahre Sonntagskinder.

Wallfahrten

Die berühmteste Wallfahrt des Bayerischen Waldes führt an Pfingsten von Holzkirchen im Passauer Land auf den Bogenberg bei Straubing. Ihr wichtigstes Requisit ist eine 13 Meter lange und rund 50 Kilo schwere Kerze – ein mit Wachs umwickelter Fichtenstamm, der auf dem letzten Stück des Weges, das steil hoch zur Wallfahrtskirche führt, aufrecht getragen werden muss. Wozu natürlich die stärksten Männer notwendig sind, und auch diese müssen sich schon nach wenigen Metern abwechseln. Der Brauch geht zurück auf ein Gelübde aus dem Jahr 1475, als eine Borkenkäferplage die Wälder südlich der Donau zu vernichten drohte.

Eine der zahlreichen Pferdewallfahrten

Die Teilnahme an einer Wallfahrt war früher der Höhepunkt im Jahresablauf. Anlass für die Pilgerreise war natürlich frommer Natur, doch sie hatte eben auch viele erfreuliche weltliche Seiten. Die Wallfahrt war Urlaub und Volksfest, man sah neue Landschaften und Städte und lernte neue Menschen kennen. Was den Kirchenoberen nicht immer gefiel. So kritisierten kirchliche Schriften aus dem 17. und 18. Jahrhundert mehrtägige Wallfahrten, weil »wegen enge der herberg und ville des Volcks bayderlay Geschlecht und offt berauschten Persohnen villmall mehr böses geschicht, als Gott versönt wird«.

Wallfahrten hatten aber auch stets einen wirtschaftlichen Aspekt und dies nicht nur für die Gasthöfe und Herbergen, sondern auch für die Hersteller von Rosenkränzen, Kerzen, Gebetbüchern, Votivtafeln und vielem mehr. Seit 1772 ist so zum Beispiel in Neukirchen beim Heiligen Blut eine Manufaktur zur Herstellung von Rosenkränzen ansässig – heute einer der Weltmarktführer auf diesem Gebiet. Verändert haben sich im Laufe der Jahrhunderte dagegen die Bitten, mit denen man zu einem Wallfahrtsort kam. Erflehte man früher vor allem Hilfe bei Krankheiten oder körperlichen Gebrechen, so hofft man heute auf einen neuen Arbeitsplatz oder den Ausweg aus finanziellen Notlagen.

Ganz besonders wichtige Wallfahrten – und damit auch Höhepunkte für Touristen – sind die Pferdewallfahrten wie sie im Frühling in Regen und Bad Kötzting oder als Leonhardiritt im Herbst in Grafenau stattfinden. Dann treffen sich Hunderte von Reitern mit ihren herausgeputzten Pferden zu einer Messe und einem großen Volksfest. In Bischofsmais wallfahren die Gläubigen am 10. August zur Einsiedlerkapelle des heiligen Hermann. Alter Volksbrauch war dabei das Hirmoni Hopsen: Die Figur des Heiligen wurde angehoben – gehopst. Nickte er, so ging der dabei geäußerte Wunsch in Erfüllung.

Eine ganz andere Wallfahrt findet im August auf dem Großen Arber statt. In Erinnerung an die Weihe der kleinen Arberkapelle steigen Hunderte auf den Gipfel des höchsten Berges des Bayerischen Waldes.

Wolfauslassen

Das Wolfauslassen erinnert an die Zeit, in der die Hirten auf den Weiden ihr Vieh noch vor Bären und Wölfen schützen mussten. Um diese zu vertreiben, hängten sie den Rindern Glocken um den Hals und knallten mit ihrer Peitsche, einer bis zu fünf Meter langen Goaßl. Ende November fand dann der Viehabtrieb statt und die Hirten forderten von den Bauern ihren Jahreslohn. Hatten sie gut verdient, wurde kräftig getrunken, und sie hängten sich die Kuhglocken nun selbst um den Hals.

Noch heute treffen sich am Vorabend des Martinstags am 11. November die Jugendlichen des Dorfes, um den alten Brauch nachzuspielen. Man zieht von Haus zu Haus, macht mit Glocken viel Lärm und hofft auf eine großzügige Gabe. Das Wolfauslassen wird in vielen Gemeinden des Waldes gefeiert, das größte Treffen findet jedoch in Rinchnach statt. Goaßlschnalzer treten auch bei anderen Volksfesten auf und zeigen, wie sie ihren Strick so durch die Luft schwingen können, dass es knallt.

Die Küche

In einem alten Bericht über den Bayerischen Wald heißt es: »Die Nahrung dieser Leute besteht in einem Frühstück aus saurer, mit Mehl angedickter Milch; in einem Mittagessen von Knödeln oder Erdäpfelschmarrn, wozu alle Tage Sauerkraut als Suppe aufgetischt wird; in einem Abendessen von trockenem Roggenbrot, zur Sommerzeit mit gestockter Milch, im Winter mit Erdäpfeln; in einem Nachtessen von saurer Suppe oder Erdäpfeln und von dem, was vom Mittag übrig blieb. Diese Kost ist die allgemeine.«

Speisen

Auch wenn diese Kost heute nicht mehr die allgemeine ist, auf den Tisch kam die saure Milchsuppe, die Rübelsuppe, noch in der Zwischenkriegszeit. Und Erdäpfel, also Kartoffeln, verarbeitet zu Knödeln, bilden auch heute die Grundlage des im Bayerischen Wald wie in ganz Bayern wichtigsten Gerichts: Schweinebraten mit Knödeln. Dieser fehlt auf fast keiner Speisekarte und ist das am häufigsten bestellte Essen. Was natürlich auch an seinem Preis liegt: Manchmal ist ein ›Schweinsbratn‹ schon für sieben Euro zu haben.

Pichelsteiner

Überhaupt gleicht die Küche des Bayerischen Waldes in vielem der des ganzen Landes und hat doch einige Besonderheiten. Dies gilt vor allem für den Pichelsteiner, einem Fleisch-Gemüse-Eintopf, der eigentlich Büchelsteiner heißen müsste, weil er erstmals auf dem 827 Meter hohen Büchelstein im Lallinger Winkel gekocht wurde. Seine Erfinderin, die Wirtin Auguste Winkler, wollte im Jahre 1847 damit Wanderer verköstigen.

Rezepte für den Pichelsteiner gibt es viele, auf alle Fälle gehören aber drei Sorten Fleisch dazu. In einem Kochbuch vom Ende des 19. Jahrhunderts waren dies Kalb, Ochse und Schwein. Heute sind es meist Lamm, Rind und Schwein. Außerdem braucht man Kartoffeln, Kohl und Karotten, wahlweise Lauch, Zwiebeln und Knoblauch. Alle Zutaten werden in Lagen in einen großen Topf geschichtet, mit Salz, Pfeffer und Kümmel gewürzt, mit Rinderbrühe bedeckt und bis zu zwei Stunden auf kleiner Flamme gegart. In Regen findet seit mehr als 100 Jahren Ende Juli ein mehrtägiges Pichelsteinerfest (www.pichelsteinerfest.de) statt.

Milzwurst, Wollwürste und Regensburger

Würste sind in Bayern immer wichtig, sei es zum zweiten Frühstück oder zur Brotzeit, seien es Weiß-, Schweins- oder Kalbsbratwürste. Etwas Besonderes ist jedoch die Milzwurst, die es vor allem in Ober- und Niederbayern gibt. Es ist eine Brühwurst aus Kalb- und Schweinefleisch, in welche die Innereien Milz und Bries und manchmal auch Kalbskopf gemischt werden.

Wollwürste bestehen wie die Münchner Weißwurst ebenfalls aus Kalb- und Schweinefleisch, werden jedoch nicht in Därme gefüllt und daher auch Nackerte

Café in Waldkirchen

genannt. Man spritzt die Wurstmasse direkt in das kochende Wasser und schreckt sie nach etwa zehn Minuten ab, wobei die Würste eine weiche, wollige Oberfläche bekommen. Milz- und Wollwurst werden gebraten und sollten mit Bratensauce und Kartoffelsalat serviert werden, denn so schmecken sie am besten.

Eine ganz andere Art von Wurst sind die Regensburger, die man für Wurstsalat verwendet. Die Regensburger sind dicke, kurze Brühwürste aus grobem, kräftig gewürztem Schweinebrät, die im 19. Jahrhundert in der Donaustadt erfunden wurden. Dort werden sie wegen ihrer dicken Haut auch Knacker genannt und gebraten in einer Semmel mit süßem Senf und Meerrettich gegessen. Nicht verwechselt werden sollten diese dicken Regensburger mit den viel schlankeren Regensburger Bratwürstchen, die in der Historischen Wurstkuchl an der Steinernen Brücke angeboten werden.

Gselchtes und Saures Lüngerl

Geräucherte Schinken gibt es in ganz Deutschland, in Niederbayern heißen sie Schwarzgeräuchertes oder G(e)selchtes. Beide Namen kommen daher, dass gepökelter Schweinebauch oder Nacken für einige Stunden im 50 bis 70 Grad heißen Räucherofen, der ›Selch‹, hängen. Im Unterschied zum Schwarzwälder Schinken, der bei 15–25 Grad praktisch ›kalt‹ geräuchert wird. Der Legende nach entstand das Schwarzgeräucherte, als Bewohner des Rotttals bei der Flucht vor den Ungarn ein Stück Fleisch im noch warmen Kamin versteckten.

Gselchtes sowie gepökeltes Surfleisch isst man in Niederbayern und Österreich gern warm mit Sauerkraut. Aus dem Nachbarland kommt auch ein anderes populäres Gericht, das Saure Lüngerl. Kleingeschnittene gekochte Lunge wird in einer mit viel Essig gewürzten Sauce zusammen mit einem Semmelknödel serviert. Vorgekochte Lunge kann man in fast jeder Metzgerei kaufen, es gibt das fertige Gericht jedoch auch in guter Qualität in Dosen. Innereien gehören im Bayerischen Wald also zur Alltagsküche und dies gilt ganz besonders für Leberknödel, eine Suppeneinlage, die man in Metzgereien fertig kaufen kann.

Süßspeisen

Vielfältig ist das Angebot an Süßspeisen, hier spürt man die Nähe Böhmens. Zudem waren Mehl, Milch und Schmalz auch in den ärmeren Haushalten stets vorhanden. Schmalz braucht man zum Ausbacken der Ausgezogenen, eine Art von dünnen, ungefüllten Faschingskrapfen. Aus Hefeteig bestehen auch die Rohrnudeln, die in Böhmen Buchteln heißen und im Ofen gebacken und mit Vanillesauce serviert werden. Eigentlich eher ein Hauptgericht sind Dampfnudeln, die ebenfalls aus Hefeteig bestehen, aber auf dem Herd in wenig Milch gedämpft werden. Dabei soll – wenn alles gut geht – am Boden eine süße knusprige Kruste entstehen. Füllt man diese Nudeln mit Pflaumenmus (*Powidl*) und übergießt sie mit einer Butter-Mohn-Sauce, spricht man von Germknödeln. Eine ganz andere Art von süßer Speise ist das würzige Kletzenbrot, das meist zu Weihnachten gebacken wird und in das neben Nüssen getrocknete Früchte wie etwa Birnen – Kletzen – kommen.

Was es nicht gibt

Für Vegetarier und Veganer ist das (Über)leben im Bayerischen Wald nicht einfach. Außer Kartoffeln, Kohl und Rüben wurde auf den hoch gelegenen steinigen Äckern fast kein Gemüse angebaut, und so gibt es auch keine kulinarische Tradition einer fleischlosen Gemüseküche. Selbst heute ist in Supermärkten das Angebot an Gemüse eher bescheiden. Da früher meist nur wenige Milchkühe gehalten wurden, gibt es auch keine bedeutenden Käsereien und in den Dorfläden wird außer Emmentaler meist nicht viel angeboten. Allerdings sind in den letzten Jahren in den größeren Orten vegane Cafés oder Restaurants entstanden und auch ein ›Veganes Hotel Bayerischer Wald‹ gibt es inzwischen, den Landgasthof Lang in Untergriesbach (www.landgasthof-lang.de).

Leberknödelsuppe

Gourmettempel?

In Bayern wird sehr früh gegessen, daher kommen die ersten Mittagsgäste der Wirtshäuser schon um 11.30 Uhr. Die Küche schließt deshalb auch bereits um 14 Uhr und öffnet meist erst wieder um 17 Uhr, manchmal wird in der Zwischenzeit eine kalte Brotzeit angeboten. Auch am Abend sollte man vor 21 Uhr ein Restaurant gefunden haben. Andererseits kann man in einem Gasthaus auch nur auf ein Bier einkehren, es wird nicht erwartet, dass man etwas zu Essen bestellt. Die Speisekarte eines Gasthofes ändert sich oft jahrelang nicht, das Essen ist solide und preiswert, ohne Schnörkel, aber auch ohne besondere Höhepunkte.

Ambitionierter sind die Restaurants der Hotels, hier werden je nach Jahreszeit Spargel-, Pfifferling- oder Wildwochen angeboten. Unverzichtbar ist in Zeiten von Wellness- und Fitnesskult die ›leichte Küche‹, auch wenn diese im Bayerischen Wald überhaupt keine Tradition hat. Immer häufiger bieten Landgasthöfe regionale und Bioprodukte an.

Restaurants, die von Gourmetführern ausgezeichnet oder sogar mit Sternen versehen wurden, sind rar, aber es gibt sie. Zu den besten zählen die Wutzschleife in Rötz, das Bio-Restaurant Gänsbauer in Regensburg, das Johanns in Waldkirchen und Oswald's Gourmetstube in Teisnach.

Getränke

Die bayerische Weißbiertradition entstand im Bayerischen Wald: Im Jahr 1548 hatte es Bayerns Herzog den Herren von Degenberg bei Straubing gestattet, Weißbier zu brauen. Im übrigen Land war dies seit dem Reinheitsgebot von 1516 verboten, denn Weizen sollte allein zur Ernährung der Bevölkerung verwendet werden. Mit seinem Privileg wollte der Herzog die widerspenstigen

An Biergärten herrscht kein Mangel

Degenberger für sich gewinnen. Als der letzte Degenberger 1602 starb, fiel das Braurecht dann auch zurück an den Münchner Hof. Und so fing der Herzog – oder vielmehr die von ihm gegründeten Hofbräuhäuser – nun selbst an, Weißbier zu brauen und schuf damit eine der Grundlagen für den stetig wachsenden Reichtum des Landes.

In ganz Bayern gab es noch im 19. Jahrhundert 30 000 Brauereien. Heute sind es gut 600, in Niederbayern existieren – laut Statistischem Bundesamt – rund 80 Brauereien, die meisten in Passau. Neben den bekanntesten Herstellern wie Hacklberg, Wolferstetter oder dem Arcobräu Moss gibt es noch viele kleine Betriebe. Dazu zählen die Gasthausbrauerei Riedelsbach bei Neureichenau, das Gutsbräu Strasskirchen oder die Brauerei Eck aus Böbrach, die 2009 den Beer Award für ihr Wilderer Dunkel erhielt. Viel Werbung macht die 1. Zwieseler Dampfbierbrauerei, wo die Besucher beim Brauen des süffigen Stoffes zuschauen können. Das Besondere am Dampfbier ist, dass man Gerste nicht mit untergärigen Hefen, sondern den sonst beim Weizenbier verwendeten obergärigen Hefen braut. Bei den Gärtemperaturen von 18–20 Grad Celsius entstehen kräftige Kohlesäureblasen. Wenn diese platzen, kann man meinen, dass das Bier ›dampft‹.

Gemütliche Gaststube

Eine der bekanntesten kulinarischen Spezialitäten des Bayerischen Waldes ist der Bärwurz. Er wird aus den Wurzeln der Bär- oder Mutterwurz destilliert und hat einen herben kräftigen Geschmack, was nicht jedermanns Sache ist. Die Waldler bezeichnen ihn gern als ihre Medizin, tatsächlich hilft er bei jeder Art von Verdauungsstörungen, früher wurde er aber auch bei Geburtsschmerzen angewandt – daher der Name. Tatsächlich entdeckte man die Wirkungen des Bärwurzes durch Zufall. Als Kühe die auf einer Höhe von rund 1000 Meter wachsenden Pflanzen fraßen, hatten sie weniger Blähungen. Etwas milder als der Bärwurz ist der Blutwurz, der lange als Droge galt. Dank der Gerbstoffe der *Potentilla erecta* (lat. für Blutwurz) brachte er Durchfall und Blutungen zum Stillstand. Natürlich versucht man, Blut- und Bärwurz heute als Life-Style-Getränk zu vermarkten, mixt sie mit Zitronensaft, Schweppes und anderem. Die bekannteste Schnapsbrennerei ist Penninger mit seinem eigenen Schnaps-Museum in Böbrach. Als der beste Hersteller gilt die Brennerei zum Bären in Deggendorf, die ihren Bärwurz jedoch im Schwarzwald produziert.

... wenn die Zeiten so sind, dass der Mensch
zum Menschen schlechter ist, als das Vieh zum Vieh,
dann hat der Drache seine Zeit...

›Der Drachenstich‹,
500-jähriges Volksschauspiel aus Furth im Wald

Das Biertor in Cham

DER OBERE BAYERISCHE WALD

Land der Wallfahrer und Ritter

Wer aus dem Norden Deutschlands zum ersten Mal in den Bayerischen Wald reist, sollte die von Hof kommende A93 bereits bei Schwandorf verlassen. Durch die Cham-Further Senke, der natürlichen Grenze zwischen Oberpfälzer Wald und Bayerischem Wald, fährt man direkt auf die Waldberge zu: im Vordergrund liegt die dunkelgrüne Kette des Vorwaldes und dahinter erheben sich die sehr viel höheren Berge des Grenzwaldes zu Tschechien. Über 1000 Meter sind sie hoch und nicht selten vom Nebel verhangen, doch bei Sonnenschein leuchten sie in dunklem Blau.

Überhaupt ist der obere Bayerische Wald, der im Osten vom Lamer Winkel begrenzt wird, ein schöner Einstieg für den Besuch bei den ›Waldlern‹. Wohl nirgendwo sonst blieben so viele Traditionen erhalten wie zwischen Osser und Hohem Bogen: Die Reiterwallfahrt in Bad Kötzting oder der Drachenstich von Furth im Wald sind nur zwei davon. Der obere Bayerische Wald wurde schon früh christianisiert, bereits im 8. Jahrhundert entstanden erste Kirchen und Klöster – es waren mächtige Anlagen wie etwa Reichenbach, das wie eine gut gesicherte Burg hoch über dem Tal des Regen steht.

Auch der bei Regensburg in die Donau mündende Fluss Regen und sein Tal sind eine längere Station wert: Die Kanustrecke zwischen Regen, dem Blaibacher See und der Donaustadt ist sicherlich eine der beliebtesten Bayerns. In dem in weiten Schleifen mäandernden Fluss mit seinem dunklen Wasser lässt sich aber auch hervorragend angeln oder baden.

Blick auf den Osser

▲ Karte vordere Umschlagklappe

Cham

Cham ist eine Stadt am Wasser, das gesamte historische Zentrum schmiegt sich in einen Bogen des Regen. Am Ufer dieses zwar kleinen, aber lebendigen Flusses verbringen die Chamer gern ihre Mittagspause. Manche sind daher auch der Ansicht, dass sich der Name Cham von der Lage am Regenbogen ableitet, bedeutet das keltische Wort *kambos* doch Kurve. Namensgeber war jedoch die Chamb, ein ebenfalls vielfach gewundenes Flüsschen, das in Tschechien entspringt und bei Cham in den Regen mündet.

Stadtgeschichte

Nur 20 Kilometer sind es von Cham bis zur tschechischen Grenze, und so geht auch die Gründung der Stadt auf ihre Grenzlage zurück: Auf dem Galgenberg entstand vermutlich Ende des 8. Jahrhunderts eine Burg zur Sicherung der Handelsstraße durch die Cham-Further Senke nach Böhmen. Diese Burg, Zentrum eines selbstständigen ›Chambriches‹ und Prägestätte eines ›Chamer Denars‹, lag im Osten der heutigen Stadt. Mehr als ein Wall und ein Grabenring auf dem Hügel über dem Zusammenfluss von Chamb und Regen blieb allerdings nicht erhalten. Bereits einige Jahrzehnte zuvor, in den 30er Jahren des 8. Jahrhunderts, hatten Benediktinermönche aus Regensburg im heutigen Stadtteil Chammünster ein Kloster gegründet, Ausgangspunkt für die Besiedlung des nördlichen Bayerischen Waldes. Die grenznahe Lage war auch der Grund für den Reichtum Chams im 13. und 14. Jahrhundert. Die Handelsbeziehungen reichten nicht nur bis Nürnberg und Prag, sondern sogar bis nach Breslau. Wichtiges Handelsgut war Holz, das über die Bäche und Flüsse aus Bayerischem Wald und Böhmerwald nach Cham transportiert und dort verladen wurde.

Doch die Senke zwischen Oberpfälzer und Bayerischem Wald diente auch unzähligen Heeren – wie den Hussiten, Schweden und Panduren – auf ihren Beutezügen, Cham wurde immer wieder von Zerstörung und Plünderung heimgesucht. Zuletzt waren es zwei Brände, 1873 und 1877, bei der viele historische Gebäude der Stadt in Flammen aufgingen.

Die Lage an der Grenze führte dazu, dass sich in Cham nach dem Zweiten Weltkrieg Tausende aus dem Sudetenland und Schlesien vertriebene Deutsche niederließen. Die Einwohnerzahl verdoppelte sich damals von knapp 6000 auf über 10 000, und da es für die neuen Bewohner lange Zeit nicht genug Arbeit gab, galt die Gemeinde als das Armenhaus des Bayerischen Waldes. Heute dagegen zählt Cham mit seinen 17 000 Einwohnern zu den größten Städten des Waldes, ist das Zentrum des gleichnamigen Landkreises und gilt mit einer Arbeitslosenquote von nur zwei Prozent als eine der innovativsten Regionen Bayerns. Aushängeschild der Wirtschaft sind Solarwärmekraftwerke, gefertigt wurden hier aber auch Teile der europäischen Trägerrakete Ariane.

Rundgang durch die Altstadt

Der Regen oder besser eine Brücke über ihn ist es auch, die Cham weit über die Grenzen des Bayerischen Waldes hinaus bekannt machte: 1959 drehte der österreichische Schauspieler und Regisseur Bernhard Wicki hier den Antikriegsfilm ›Die Brücke‹. Dieser spielt in den letzten Tagen des Zweiten Weltkriegs und zeigt, wie sieben Gymnasiasten mit gerade einmal 16 Jahren ihre Einberufung zur Wehrmacht erhalten und bei der völlig sinnlosen Verteidigung der Brücke getötet werden. Die ursprüngliche **Florian-Geyer-**

Brücke vor dem Chamer Biertor wurde zwar inzwischen durch einen Neubau ersetzt, doch erinnern Fotografien von Filmszenen an die damalige Zeit. Gedreht wurde auch im Zentrum selbst, so vor allem auf dem Gelände des Joseph-von-Fraunhofer-Gymnasiums. Immer wieder tauchen in dem beeindruckenden Film auch die beiden neogotischen Türme der Klosterkirche Maria Hilf auf.

In der Nähe der Florian-Geyer-Brücke steht das **Museum S.P.U.R.**, das seinen ungewöhnlichen Namen von der 1958 gegründeten Künstlervereinigung S.P.U.R. erhielt. Ihre Gründungsmitglieder, die Maler und Bildhauer Heimrad Prem, Helmut Sturm, Lothar Fischer und Hans-Peter ›HP‹ Zimmer, stammten aus der Region und lernten sich in München kennen. Die Künstler sahen sich in der Tradition von Nihilismus, Dada- und Surrealismus und engagierten sich in der in Frankreich entstandenen ›Situationistischen Internationalen‹. Zu sehen sind Malereien und Skulpturen aus den 1960er Jahren, darunter viele mit Bezug zu Oberpfalz und

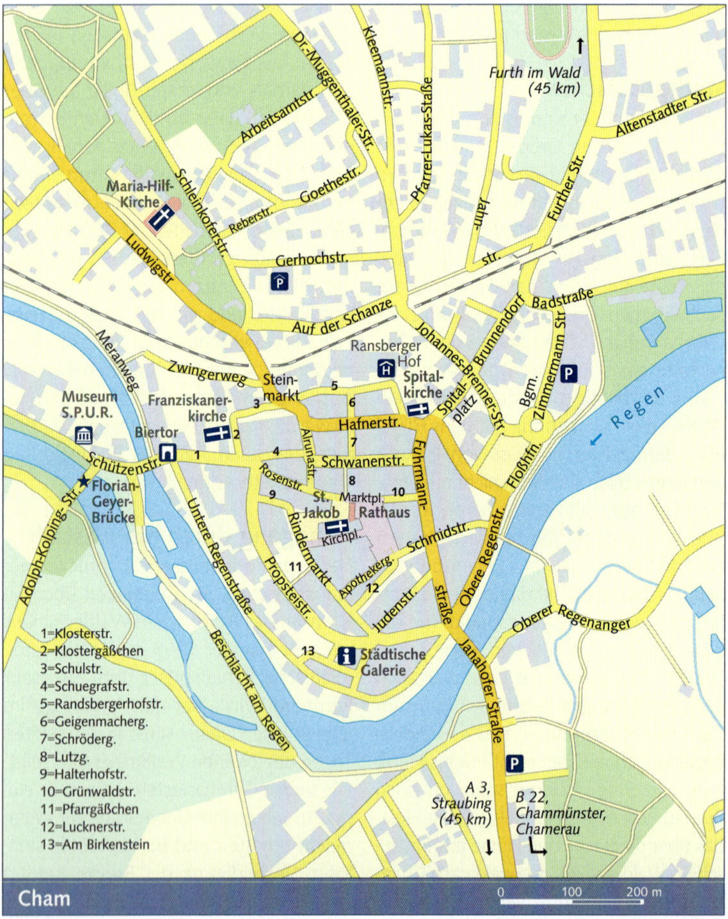

Cham liegt am Regen

Cham. Das spätgotische Museumsgebäude, einst Armenhaus, entstand 1512; es ist eines der ältesten Häuser der Stadt. Das **Biertor**, Teil der ehemaligen Stadtbefestigung, wird von zwei Rundtürmen aus dem 14. Jahrhundert gebildet und ist der Eingang zur Altstadt. Ursprünglich hieß es Burgtor, nach der Chamer Burg, die im 12. oder 13. Jahrhundert hier entstand und im 17. Jahrhundert in ein Brauhaus für Weißbier umgebaut wurde. Doch auch dieses gibt es heute nicht mehr. Vom Biertor sind es nur wenige Minuten bis zum **Marktplatz**, der am höchsten Punkt der Stadt liegt und von dem gotischen Ensemble des Rathauses und der Kirche St. Jakob dominiert wird. Typisch für städtische Gebäude des Mittelalters ist das **Rathaus**, das vermutlich bereits im 14. Jahrhundert existierte: Im Erdgeschoss befand sich einst die Markthalle, im ersten Stock der Ratssaal, in dem heute auch kulturelle Veranstaltungen stattfinden. Das Dachgeschoss wurde als Lager genutzt. Jeden Tag, fünf Minuten nach 12 Uhr ertönt hier zur Überraschung vieler Besucher die Marseillaise. Denn in Cham wurde 1722 der Mann geboren, dem die französische Nationalhymne einst gewidmet war: Nikolaus Luckner (→ S. 90). An den berühmtesten Sohn der Stadt erinnert aber nicht nur das Glockenspiel des Rathauses, sondern auch ein 1995 aufgestellter Brunnen, von dem aus der Soldat die Passanten mit Wasser bespritzt. Zu sehen sind außerdem Sagengestalten des Bayerischen Waldes: Die Waldhexe mit ihren Kindern und der Bilmesschneider, der auf einem Geißbock durch die Felder reitet und die Ernte der Bauern vernichtet. Die mit dem Rathaus baulich verbundene Stadtpfarrkirche **St. Jakob** wurde erstmals 1210 erwähnt. Aus der Zeit der Gotik blieb jedoch nur der Chor und der untere Teil des Kirchturmes erhalten, denn im 18. Jahrhundert baute man St. Jakob zu einer barocken Wandpfeilerkirche um. Zahlreiche Kriege und Stadtbrände führten zu immer neuen Zerstörungen, den größten Teil der barocken Innenausstattung entfernte man bei der Erweiterung um zwei westliche Joche in der Mitte des 19. Jahrhunderts. Bewahrt werden konnte das Deckenfresko, das um 1750 entstand und den Kampf zwischen Christen und Muslimen im Jahre 1212 bei der Schlacht von Tolosa zeigt. An den Namenspatron der Kirche erinnert das Gemälde über der Orgelempore –

Jakob rettet Schiffbrüchige – und eine aus der gleichen Zeit stammende Statue des heiligen Jakob mit Pilgermuschel und Pilgerstab an der Südwand.

Chammünster

Drei Kilometer südöstlich des Stadtzentrums liegt der Ortsteil Chammünster, dessen **Pfarrkirche Mariä Himmelfahrt** als die ›Urpfarrei‹ des oberen Bayerischen Waldes gilt. Tatsächlich kamen schon im Jahr 739 Mönche aus dem Kloster St. Emmeram in Regensburg, um auf einer von Herzog Odilo gestifteten Wiese an der Chamb ein Kloster zu gründen.
Die erste Kirche dürfte noch aus Holz gewesen sein. Sie wurde jedoch bei einem der Einfälle der Ungarn zu Beginn des 10. Jahrhunderts zerstört. Den nächsten, diesmal romanischen Bau vernichtete das Heer des böhmischen Königs Otakar II., und so begann man in der zweiten Hälfte des 13. Jahrhunderts mit der Errichtung einer dritten Kirche. Heute steht von ihr immerhin noch der Chor und der Nordturm, das Haupt- und beide Seitenschiffe aber gehören schon zum vierten Kirchenbau, der nach den Hussitenkriegen Mitte

Der heilige Nepomuk vor dem Biertor

Auf dem Marktplatz von Cham

des 15. Jahrhunderts notwendig wurde. Aus dieser Zeit stammen die Fresken an der inneren Nordwand, die neben einheimischen Wappen ein im Mittelalter sehr beliebtes Motiv zeigen: Erzählt wird die Geschichte von drei Adeligen, die sich auf der Jagd befinden und an einem Friedhof vorbeikommen. Hier begegnen ihnen drei Tote, die sie zu einem frommen Lebenswandel gemahnen. Der Schluss- und Kernsatz des Gesprächs lautet »Quod fuimus, estis; quod summus, eritis!« (Was wir gewesen sind, seid ihr; was wir sind, werdet ihr sein!) In der arabischen Literatur war dieser Satz schon zu Beginn des 3. Jahrhunderts bekannt, aus dem damals muslimischen Spanien könnte er im 10. oder 11. Jahrhundert dann nach Mitteleuropa gelangt sein. Inhalt und Aussage nach erinnern die ›Drei Lebenden und drei Toten‹ an die im 13. und 14. Jahrhundert in Frankreich entstandenen ›Totentänze‹, die man ebenfalls im Bayerischen Wald findet, so zum Beispiel in der Annakapelle im nahen Roding.
Die älteste Darstellung der ›Drei Lebenden und drei Toten‹ findet sich in ei-

▲ Karte S. 86

nem Gedichtband für Maria von Brabant von 1285, die Fresken in Chammünster stammen aus der zweiten Hälfte des 15. Jahrhunderts und wurden bei Renovierungsarbeiten 1912 entdeckt. Alle sechs Figuren tragen goldene Kronen, sind also als Könige dargestellt. Der Interpretation nach treffen hier drei Königssöhne auf ihre toten Väter, der jüngste der drei Könige steht ganz rechts und hat eine Hand zur Begrüßung der Toten erhoben.

Der älteste Teil der Innenausstattung von Chammünster ist ein Taufstein unter der Empore, der wohl um 1200 entstand und Christus und die zwölf Apostel zeigt. Der barocke Hochaltar datiert aus der Mitte des 18. Jahrhunderts. Ob es geglückt ist, einen solchen prunkvollen Altar in den schlichten mittelalterlichen Chor zu stellen – darüber streiten die Kunsthistoriker: Zwischen zwei Pfeilern thront die von Engeln geleitete Himmelskönigin Maria im Strahlenkranz. Unter ihr das Lamm, über ihr der Heilige Geist, zwei besonders groß geratene Engel und schließlich Gottvater selbst, eine typisch barocke Darstellung der Heiligen Dreifaltigkeit unter einem gotischen Rippengewölbe.

In der Nordostecke des Friedhofs befindet sich ein Beinhaus aus dem 13. Jahrhundert. Da es früher verboten war, die Toten übereinander zu bestatten, wurden ihre Knochen hier aufbewahrt. Rund 5000 Schädel zählte man bei einer wissenschaftlichen Untersuchung.

Cham

PLZ: 93413

Touristinformation, Propsteistr. 46, Tel. 09971/8579410, www.cham.de; Mo–Fr 8–17 Uhr, Anf. Mai–Ende Sept. auch Sa 9.30–12Uhr.

Randsberger Hof, Randsbergerhofstr. 15–19, Tel. 09971/85770, www.randsberger hof.de; DZ ab 138 €. Ein Vier-Sterne-Wellnesshotel mit breitem Massage- und Beautyangebot im Stadtzentrum, sehr schön gestaltete Zimmer. Vollwertkost, aber auch Wild aus eigener Jagd.

Gasthaus zum Ödenturm, Am Öden Turm 11, 93413 Chammünster, Tel 09971/89270, www.oedenturm.de. DZ ab 100 €. Großes Ausflugslokal mit einigen wenigen Zimmern und einem Appartement bei einer ehemaligen Burgruine. Regionale bayerische Küche, wie geschmorte Ochsenbackerl. Aber auch Vegetarisches.

Gasthof Bäckerwirt, Chamer Straße 5, 93466 Chamerau, 5 km südöstl. von Cham, an der Straße von Cham nach Viechtach, Tel. 0049/9944763, www.gasthof-baeckerwirt.de; DZ ab 60 €. Typischer, traditioneller Gasthof, der sich seit Generationen im Familienbesitz befindet. Eigene Metzgerei, Biergarten, preiswerte und doch gut ausgestattete Zimmer.

S.P.U.R., Schützenstr. 7, Tel. 09971/40790. Mi, Sa, So und Feiertag 14–17 Uhr, von Dreikönig bis Ostern geschlossen.

Chambtal Radweg, 22 km auf meist gut asphaltierten Wegen zwischen Furth im Wald und Cham, www.bayernbike.de.

Kanutagestour auf dem Regen zwischen Cham und Roding, 22 km. Die nächsten Verleihstationen befinden sich in Viechtach (→ S. 123) oder Blaibach (→ S. 115).

Churpfalzpark Loifling, Churpfalzweg 6, 93455 Traitsching, Tel. 09971/30340, www.churpfalzpark.de; geöffnet Anfang April –3.10 von 9–18 Uhr, im September nur Wochenende, Einlass bis 16 Uhr. Autoscooter, Riesenrad, Blumengärten und vieles mehr für die ganze Familie, 6 km südl. von Cham.

Die Marseillaise

Samuel Luckner, der Vater von Nikolaus Luckner, war in Cham nicht nur Brauer, Hopfenhändler und Gastwirt, sondern auch Stadtkämmerer. Nikolaus' Mutter stammte aus dem nahen Kötzting, wo Luckner nach dem frühen Tod des Vaters auch die Kindheit verbrachte. Die Lehrer der Jesuitenschule in Passau bescheinigten ihm Leichtsinn und Wildheit, seine Mitschüler nannten ihn ›Libertinus‹. 1741 trat Nikolaus Luckner in die bayerische Armee ein und machte erstmals im österreichischen Erbfolgekrieg durch besonderen Mut auf sich aufmerksam. Wie in der damaligen Zeit üblich, kämpfte Luckner nicht für ein ›Vaterland‹, sondern stellte sich in den Dienst derjenigen Herrscher, die am meisten zahlten. Zunächst waren dies die bayerischen Herzöge, später der französische König Ludwig XVI., nach der französischen Revolution schließlich die republikanische Nationalversammlung. Von ihr wurde Nikolaus Luckner 1791 zum Marschall von Frankreich ernannt und erhielt den Oberbefehl über die Rheinarmee.

Und dort am Rhein bei Straßburg vollendete am 26. April 1792 der 32-jährige Offizier Claude Joseph Rouget de Lisle ein Lied mit dem Titel ›Chant de guerre pour l'armée du Rhin‹, also ein ›Kriegslied für die Rheinarmee‹. In jenen Tagen, in denen Frankreich seine Revolution gegen Österreich verteidigen musste, widmete der junge Offizier es seinem aus Bayern stammenden Oberbefehlshaber Nikolaus Luckner, der selbst freilich kaum Französisch sprach.

Stefan Zweig schrieb über diese Szene im Jahre 1937: »Wie unter fremdem Diktat schreibt hastig und immer hastiger Rouget die Worte, die Noten hin – ein Sturm ist über ihn gekommen. Eine Exaltation, eine Begeisterung reißt den armen Dilettanten hunderttausendfach über sein eigens Maß hinaus und schleudert ihn bis zu den Sternen.«

1795 wurde Rougets ›Exaltation‹ dann zur französischen Nationalhymne, das weitere Schicksal Luckners war dagegen weniger erfolgreich, ja tragisch: Da die französische Regierung ihm den Sold nicht auszahlte, begab er sich zum Protest nach Paris, landete in den Fängen Robespierres und wurde als ›Royalist‹ am 4. Januar 1794 hingerichtet.

Der Luckner-Brunnen in Cham

Im Tal des Regen

Der Regen ist einer der schönsten Flüsse des Bayerischen Waldes. Dank seiner Wildwasserstrecken wie zum Beispiel in ›Bayerisch Kanada‹ vor Teisnach ist er besonders bei Kanufahrern sehr beliebt. Zu den interessantesten Abschnitten des knapp 170 Kilometer langen Flusses, gehört aber auch die Regentalaue zwischen Cham und Pösing. Hier weitet sich das Tal des aus Böhmen kommenden Gebirgsflusses plötzlich und er beginnt, in weiten Schleifen durch die Cham-Further Senke zu mäandern. In den Auen, seit 1974 Naturschutzgebiet, wachsen Erlen und Weiden– so ist ein Biotop für brütende Vögel entstanden. Da das Wasser des Regen sehr sauber ist, kommen aber auch Angler auf ihre Kosten, selbst die ansonsten seltenen Waller und Quappen sollen hier schon gefangen worden sein.

Walderbach

Wer an einem heißen Sommernachmittag keine Lust auf eine Bergwanderung oder eine Stadtbesichtigung hat, sollte nach Walderbach fahren. Denn dort, 20 Kilometer westlich von Cham, kann man die Zeit auf die unterschiedlichste Art und Weise verbringen: am Ufer des Regen sitzen, im Fluss baden oder von der schattigen Terrasse des Hotels Rückerl auf ihn hinab blicken. Im weitläufigen Garten des Klosters spazieren und sich über Heilkräuter und Duftpflanzen informieren. Oder die uralte romanische Klosterkirche besuchen, deren bunte Gewölbebögen im hellen Sonnenlicht des Hochsommers besonders plastisch wirken. Etwas Vergleichbares gibt es in Bayern nur ganz selten.

Es war Burggraf Otto I. von Regensburg, der 1130 das **Augustiner-Chorherrenstift** gründete, seine Grabplatte findet sich am östlichen Ende des Hauptschiffs. Nach Ottos Tod 1143 übernahmen die Zisterzienser das Kloster. Auf die Mönche dieses Ordens, wahre Meister in der mittelalterlichen Architektur, geht auch der romanische Kirchbau zurück. Obwohl Walderbach in der Barockzeit umgestaltet wurde, blieb die ursprüngliche Hallenkirche mit ihren drei gleich

Regental

In der Klosterkirche von Walderbach

hohen Schiffen weitgehend erhalten. Aus der Zeit der Klostergründung stammt so zum Beispiel das Rundbogenportal: Drei Mönchsköpfe am rechten Kapitel sollen jeden Besucher daran erinnern, dass dies ein heiliger Ort ist. Im Kircheninneren überrascht das rot-graue Gewölbe, die Malereien waren jahrhundertelang verdeckt und wurden erst 1888 freigelegt. Die Netz- und Flechtbänder sollten dem mittelalterlichen Glauben nach Unheil abwenden. Eine ähnliche Bedeutung schreibt man auch einem Tier mit lang gestrecktem Körper und Hasenkopf am Kreuzungspunkt der Gewölberippen des siebten Jochs zu.

Bei der Renovierung 1997 wurde unter der Orgelempore eine weitere romanische Malerei entdeckt, deren Bedeutung jedoch bis heute nicht endgültig entschlüsselt werden konnte: Zwei Löwen und zwei Basilisken – Drachen mit langem Schwanz und Vogelbeinen – reihen sich um einen Seilring, der wiederum von einem Querriegel geteilt wird. Die Tiere symbolisieren das Böse, ihre Verbindung durch das Seil könnte jedoch für den Bruch ihrer unheilvollen Kraft stehen.

1748 ließ der damalige Abt des Klosters den romanischen Chor abtragen und einen neuen, sehr viel helleren Chorraum errichten. Das Altarbild zeigt den heiligen Nikolaus, das Leben dieses Patrons der Kaufleute und Seefahrer ist auf den Sockelreliefs der Altarsäulen dargestellt. Unter dem ›Auge Gottes‹ ist ein von Putten getragenes Schriftband mit dem Motto des Heiligen ›Reichlich gibt er den Armen‹ zu sehen.

Ausdrucksvolle Mimik und Gestik ganz im Sinne der von Gefahren erfüllten Barockzeit zeigen die Darstellungen des Bernhard von Clairvaux und der Luitgard von Tongern: Christus neigt sich vom Kreuz zu den Heiligen herab und gibt sein bzw. empfängt ihr Herz. Der Höhepunkt der gesamten Komposition des Hochaltars ist jedoch die ausufernde Tabernakelanlage mit all ihren Engeln –typisch für die Zeit des Rokoko nicht nur, aber vor allem im Bayerischen Wald. In Kloster Walderbach lebten die Zisterzienser bis zur Säkularisation 1803, mit

Im Klostergarten von Walderbach

▲ Karte S. 91

einer Unterbrechung in den Jahren 1557 bis 1669, als auch in der Oberpfalz die Reformation siegte. Im 19. Jahrhundert wurde in den Klostergebäuden Bier gebraut, heute beherbergt es neben dem erwähnten Hotel Rückerl das Museum des Landkreises Cham.

Kloster Reichenbach

Nur zwei Kilometer westlich von Walderbach liegt das Benediktinerkloster Reichenbach, das 1118 mit dem Ziel der Missionierung des Bayerischen Waldes gegründet wurde. Reichenbach zählte zu den sogenannten Reformklöstern, die sich während des Investiturstreits im 12. Jahrhundert nicht dem Kaiser unterstellten und dem Papst treu blieben. Dies war der Grund dafür, dass Reichenbach so reich und mächtig wurde, um weitere Klöster - wie zum Beispiel Kloster Ettal bei Oberammergau - gründen zu können. In der Zeit der Reformation fand diese Macht ihr Ende: Reichenbach wurde geplündert, die letzten Mönche vertrieben. Erst nach dem Dreißigjährigen Krieg zogen wieder Mönche ein, nun begann eine zweite Blütezeit. Das Kloster mit seinen beiden weithin sichtbaren romanischen Türmen wirkt fast wie ein Schloss. Die Säkularisation 1803 bedeutete dann auch für Reichenbach das Aus. Heute befindet sich im Kloster ein Heim für Behinderte, das vom Orden der Barmherzigen Brüder geführt wird.

Während die Klosterkirche Walderbach außen barock und innen romanisch ist, verhält es sich in Reichenbach genau umgekehrt: Besonders die beiden romanischen Türme beeindrucken mit ihren wuchtigen Quadersteinen. Im Inneren dagegen überwältigen die leuchtenden Farben der barocken Deckengemälde des Regensburger Künstlers Andreas Gebhardt aus der Mitte des 18. Jahr-

Die imposante Klosterkirche Reichenbach

hunderts: im Chor Maria Reinigung und Christi Darstellung im Tempel, im Langhaus Christi Geburt, Anbetung der Hirten und der Dreikönigstag. Die Fresken unter den Obergaden zeigen Ereignisse aus der Geschichte des Klosters. Der Hochaltar mit einer Darstellung Maria Himmelfahrts wurde dem Altar in Osterhofen nachempfunden. Sehenswert außerdem zwei Marienfiguren von 1420 und 1460.

Eine Besonderheit bietet die Grabkapelle links des Hochaltars. Hier wurden acht Mitglieder der Diepoldinger beigesetzt, einer Adelsfamilie, die das gesamte Gebiet zwischen Cham und Eger beherrschte. Diepold III. gründete neben Reichenbach auch das Oberpfälzer Kloster Waldsassen. Die beeindruckendste Grabplatte gehört jedoch dem Wittelsbacher Domprobst Johann von Mosbach, der 1486 bei einer Pilgerreise ins Heilige Land in Jerusalem starb. Das Epithaph zeigt den halbverwesten Leichnam, nach dessen Füßen die Mächte der Unterwelt greifen.

Roding

Das 12 000 Einwohner zählende Roding ist einen Abstecher wert. Zwar gibt es hier – von einer Ausnahme abgesehen – keine bedeutenderen Sehenswürdigkeiten, doch verfügt die Stadt am Regen über eine gute Infrastruktur und ein belebtes Zentrum. Erstmals erwähnt wurde Roding 844 in einer Urkunde des ostfränkischen Königs Ludwig des Deutschen, der durch das Regental gegen Rotislav von Böhmen zog. Auf diesen Feldzug geht der Legende nach auch der Name Roding zurück: Ludwig traf auf einige Fischer, die im Regen Rotaugen gefangen hatten und diese dem König gegenüber als ›Rotding‹ bezeichneten. Wahr ist daran wohl nur soviel: Tatsächlich ist der Regen ein Paradis für Angler, neben Rotaugen gibt es Aale, Hechte, Waller, Karpfen, Schleien und verschiedene Weißfischarten.

Bereits im 7. oder 8. Jahrhundert war in Roding eine einstöckige **romanische Rotunde** entstanden, die eine der ältesten

Die romanische Rotunde in Roding

▲ Karte S. 91

Deutschlands ist. Der anfängliche Zweck des runden Baus ist nicht ganz geklärt, es könnte sich um eine Friedhofs- oder um eine Taufkapelle gehandelt haben. Im 13. oder 14. Jahrhundert erhielt diese dem heiligen Joseph geweihte Kapelle ein zweites Stockwerk, wohl aus der gleichen Zeit stammen die Fresken, welche Heilige, Apostel, den Kampf des heiligen Georg mit dem Drachen, Johannes den Täufer und einen überlebensgroßen Christopherus zeigen.

Die sich anschließende **Annakapelle** wurde erstmals 1580 erwähnt, nach Zerstörungen musste sie jedoch zweimal – 1660 und 1700 – wieder aufgebaut werden. Bei Renovierungsarbeiten 1949/50 wurde hier eines der bedeutendsten Kunstwerke des Bayerischen Waldes entdeckt: Ein **Totentanzfresko**, das vermutlich aus der 2. Hälfte des 17. Jahrhunderts stammt.

Früheste Darstellungen von Totentänzen finden sich ab der Mitte des 14. Jahrhunderts in Frankreich und waren eine Reaktion auf die unzähligen Toten, die die damaligen Pestepidemien forderten. Wie bei der Legende von den ›Drei Lebenden und drei Toten‹ (→ S. 88) ist das Thema des Totentanzes die Endlichkeit des Lebens, das man auch mit noch so vielen Reichtümern nicht bewahren kann. Geistliche und weltliche Würdenträger – vom Papst über den Kaiser bis zum Amtmann – tanzen einen Reigen mit Skeletten, und ein Gerippe spielt zum Tanz auf.

Das Rodinger Totentanzbild zeigt in zwei Reihen Lebende, unter die sich immer wieder ein Toter gemischt hat, besonders ungewöhnlich ist die Darstellung des Friedhofs mit seinen gestrichelten Gräbern und Kreuzen. Darüber steht breitbeinig der Tod mit einer Armbrust und zielt auf die Lebenden. Anführer der Prozession ist ein Tod mit Laute, neben ihm schreitet der Papst mit Tiara. Kaum mehr zu entziffern sind die Worte des Schriftfelds: »Schonet keinerlei Person, einerlei ob arm, ob reich, schonet nicht Mitra oder Kron, Fürst und Bischof gilt ihm gleich«. Weniger gut erhalten ist das anschließende Fresko des Jüngsten Gerichts, das dem gleichen Barockkünstler zugerechnet wird. Für eine Besichtigung der Kapellen muss man sich an das Pfarrbüro (chammünster@bistum-regensburg.de) oder die Tourismusinformation wenden, feste Öffnungszeiten gibt es nicht.

Burg Falkenstein

15 Kilometer südlich von Roding thront auf einem 60 Meter hohen Granitkegel Burg Falkenstein. Die ehemals imposante Anlage wurde bereits 1074 erstmals als Lehen der Regensburger Bischöfe erwähnt, Lehnsherren waren die Grafen von Bogen. Am Bergfried, der aus romanischer Zeit stammt und bis zu drei Meter dicke Mauern hat, verteidigten die Frauen von Falkenstein den Ort im 15. Jahrhundert gegen die Hussiten – daher auch der Name ›Weiberwehr‹. Nachdem die Burg im Dreißigjährigen Krieg niedergebrannt wurde, entstand 1664 die bis heute erhaltene Schlosskapelle. Andere Teile der Anlage verfielen jedoch, da man sie seit dem 18. Jahrhundert nur noch zeitweise bewohnte. 1976 übernahm die Gemeinde Falkenstein die Anlage, gemeinsam mit dem Bayerischen Landesamt für Denkmalpflege und der Initiative ›Rettet die Burg‹ setzt man sich seitdem für die Sanierung ein. 1976 fanden so die ersten Burghoffestspiele statt, für die die zweistöckigen Renaissancearkaden eine schöne Umgebung bilden (www.burghofspiele-falkenstein.eu). Es ein Wild- und Jagdmuseum sowie geführte Wanderungen durch den Falkensteiner Naturpark mit seinen Wollsackverwitterungen – Felsformationen, die Namen wie Froschmaul oder Steinernes Gässchen tragen.

Roding

PLZ: 93426

Tourismusbüro Roding, Schulstr. 15, Tel. 09461/9418927, www.roding.de; www.urlaubsland-am-regen.de. Mo–Mi 7.30–12 Uhr und 13–16 Uhr, Do 7.30 Uhr–12 Uhr und 13–18 Uhr, Fr. 7.30 Uhr–12.30 Uhr.

Hotel Lobmeyer, Marktplatz 6, 93426 Roding, Tel. 09461/913406, www.hotel-lobmeyer.de. DZ ab 80 €. Hotel-Garni mit großen, hellen Zimmern direkt im Zentrum, zum Teil mit Einbauküche.

d'Weiberwirtschaft, Kalsing 16, Tel. 09467/711409, Do+Fr ab 15 Uhr, Sa, So + Feiertage ab 10 Uhr, www.dweiberwirtschaft.de. Im Stadtteil Kalsing bietet Monika Stangl oberpfälzische Hausmannskost vom Besten. Die Töchter machen je nach Lust und Zeit Musik dazu.

Kreismuseum Walderbach im Kloster Walderbach, Tel. 0946/41491, www.landkreis-cham.de; April–Okt. Sa, So und Feiertags 14–17 Uhr. Führungen durch Kirche, Museum und Festsaal für Gruppen nach Vereinbarung (z.Zt. wegen Umbau geschlossen, Wiedereröffnung voraussichtlich 2021).

Museum Jagd und Wild auf Burg Falkenstein, Burgstr. 10–12, 93167 Falkenstein, Tel. 09462/942220, www.markt-falkenstein.eu, 1. Juli–3. Okt. tägl. 11–18 Uhr, ansonsten Do–So 11–18 Uhr.

Roding international, ein alle drei Jahre am ersten Augustwochenende stattfindendes Altstadtfest mit wechselnden Themen wie ›Inselwelten‹ oder ›Das waren noch Zeiten‹. Der nächste Termin liegt im Jahr 2022, www.rodinginternational.de.

EXTRA

Fernwanderwege

Genaue Beschreibungen der Etappen und des Höhenprofils aller Fernwanderwege findet man unter www.wanderkompass.de.

Von der Ostsee bis an die Adria führt der **Europäische Fernwanderweg E6**. Die Oberpfalz erreicht er bei Waldmünchen und läuft entlang der deutsch-tschechischen Grenze bis zum Dreisesselberg. Von dort aus geht es hinab ins Donautal und weiter in die Wachau. Im Bayerischen Wald verläuft der Weg über 160 Kilometer unter dem Zeichen des Grünen Dreiecks. Die Strecke ist in neun Tagesetappen gegliedert und sehr anspruchsvoll, da man alle großen Gipfel des Bayerischen Waldes überquert.

Als einer der schönsten Wanderwege Deutschlands gilt der **Pandurensteig**, auf dem man auf den Spuren des Freiherrn von der Trenck von Waldmünchen in der Oberpfalz den Pfahl entlang nach Passau wandern kann. Acht Tage sollte man schon für die 170 Kilometer einplanen, die nicht über die höchsten Gipfel, sondern unter dem Zeichen eines Schwertes durch romantische Bergbachtäler und ausgedehnte Wälder führen.

Ein grenzüberschreitender Wanderweg ist der **Böhmweg**, auf dem jahrhundertelang Kaufleute und Krieger von der Donau nach Böhmen zogen. Er ist knapp 50 Kilometer lang und dank guter Wege auch für Familien geeignet. Start ist in Deggendorf, unter dem Zeichen eines Rades geht es über Zwiesel weiter bis Železná Ruda.

Auch der **Baierweg** verbindet Bayern mit Tschechien, führt nach einem Besuch in Domažlice jedoch zurück nach Deutschland. Auf dem 130 Kilometer langen Weg, den man in sieben Tagen zurücklegen kann, gibt es viele Sehenswürdigkeiten wie die Wolframslinde, aber auch ehemals von Sudetendeutschen bewohnte Dörfer. Start ist Straubing, Ziel Furth im Wald, als Markierung dient die weißblaue bayerische Raute.

Der **Gunthersteig** zeichnet den Weg des Volksheiligen in die Einsamkeit nach. Von Kloster Niederaltaich drang er immer tiefer in den Wald vor und starb schließlich in seiner Klause in Dobrá Voda. Der Weg misst 85 Kilometer und ist sehr steil. Als Zeichen dient eine Rodungshacke.

Immer wichtiger werden in den letzten Jahren die Pilgerwege. So führt der **Ostbayerische Jakobsweg** von der tschechischen Grenze bei Všeruby/Eschlkamm über Bad Kötzting und Regensburg weiter Richtung Donaudurchbruch bei Kloster Weltenburg und endet in Donauwörth. Bis Santiago de Compostela, dem Ziel aller Jakobspilger, fehlen dann nur noch 2700 Kilometer.

Der bekannteste Weg zwischen Bayern und Böhmen ist der **Goldene Steig** (→ S. 35), der alte Pfad der Salzhändler. Allerdings ist die Orientierung für Wanderer heute nicht so einfach wie für die Säumer, denn inzwischen sind aus Marketinggründen mehrere Haupt- und Nebenstrecken entstanden. Die ›originale‹ Route von Passau über Waldkirchen nach Prachatice hat eine Länge von 80 Kilometern, dabei kommt man auch durch das verlassene Dorf Leopoldsreut (→ S. 183). Quer durch den Bayerischen Wald führt dagegen der **Qualitätsweg Goldsteig** mit einem gesamten Wegenetz von über 1200 Kilometern, wozu Pauschalreisen und weiterer Service wie Wandern ohne Gepäck angeboten wird (www.goldsteig-wandern.de).

Furth im Wald

Wer den Wechsel von flachen Flusstälern und steilen Bergen mag, der ist in Furth im Wald genau richtig. Denn hier endet die Cham-Further Senke, die von Regen und Chamb durchflossen wird, und es beginnt das Waldgebirge mit dem steil aufragenden Hohen Bogen. Und so müsste Furth im Wald eigentlich besser Furth am Wald heißen.

Der Drachenstich

Jedes Jahr im August verwandelt sich der Stadtplatz von Furth im Wald in eine große Bühne. Es ist die Zeit des ›Drachenstichs‹, des ältesten Volksschauspiels in Deutschland, welches die 9000 Einwohner zählende Stadt weit über die Grenzen des Bayerischen Waldes hinaus bekannt gemacht hat. Der Inhalt der Legende, an deren Inszenierung halb Furth beteiligt ist, lässt sich etwa so zusammenfassen: In einer Zeit, in der Not und Elend herrschen, steigt ein Drache aus den Wäldern empor. Er will die Bürger Furths nur dann verschonen, wenn ein von jeder Sünde freier Mensch sich ihm freiwillig opfert. Eine Jungfrau ist dazu bereit. Rechtzeitig aber kehrt der bereits tot geglaubte Ritter Udo nach Hause zurück und tötet den Drachen, das Symbol für Unheil, Hass und Verderben.
So kurz, so banal, könnte man meinen. Tatsächlich jedoch wurde der ›Drachenstich‹ im Laufe der Jahrhunderte stets im Sinne der gerade herrschenden Zeiten interpretiert.
Erstmals erwähnt wird das Volksschauspiel im Further Ratsbuch von 1590. Wie alt die Tradition jedoch wirklich ist, lässt sich nach Ansicht der Stadthistoriker nicht mehr feststellen. Ursprünglich wurde das Stück während der Fronleichnamsprozession aufgeführt. Besonders in der Barockzeit traf dabei die Freude an pompösen Inszenierungen zusammen mit dem Ziel, die vom rechten Glauben abgefallen Protestanten wieder heim in den Schoß der katholischen Kirche zu holen. Zugleich galt das beim ›Drachenstich‹ vergossene Drachenblut als ›wunderwirkend‹ und Pilger aus Böhmen und Bayern tränkten damit ihre Taschentücher. Vom Einfluss der Kirche befreien konnte sich der ›Drachenstich‹ erst 1879. Vorausgegangen war ein Jahrhundert der Auseinandersetzungen um den religiösen Inhalt, den immer mehr Further ablehnten. Stattdessen ließen sie den Drachen nach attraktiven Zuschauerinnen schnappen und von einem angeheiterten Ritter erschießen.
Vor den beiden Weltkriegen wurde der Ton des Stücks politischer und war bestimmt von der eindringlich präsentier-

Der Drachen ist überall

ten Notwendigkeit, Russland und Frankreich als Verkörperungen des Bösen zu besiegen. Im Kalten Krieg war der Drache schließlich das Symbol für die kommunistische Bedrohung aus dem Osten. Den neuen Text schrieb damals der Taufkirchner Schriftsteller Josef Martin Bauer, besser bekannt als Autor des mehrmals verfilmten Nachkriegsromans ›So weit die Füße tragen‹. Das 1951 verfasst Schauspiel war bei den Einheimischen jedoch erneut umstritten, lieber hätten sie wieder eine unpolitische Tragikomödie um Liebe und Tod gehabt. Bauers Stück wurde dennoch mehr als fünf Jahrzehnte und damit auch noch nach Öffnung der Grenzen gespielt – wenngleich mit kleinen Textkorrekturen.

Der heutige ›Drachenstich‹ stammt von Regisseur Alexander Etzel-Ragusa und wurde 2006 erstmals aufgeführt. Im Mittelpunkt steht nun der Kampf des Deutschen Ritterordens gegen die Hussiten im böhmischen Domažlice an einem Augustsonntag des Jahres 1431: Mit viel Pyro- und sonstiger Technik wird der ewige Kampf des Menschen gegen das Böse inszeniert. Jeder Mord, jedes Unrecht des Krieges lässt das jahrhundertelang schlummernde Untier, den Drachen, zu neuem Leben erwachen. Besiegt werden kann er ganz im Sinn der ursprünglichen Legende natürlich nur von dem furchtlosen Ritter Udo und der ebenso schönen wie jungen Schlossherrin von Furth. Die alljährliche Auswahl dieses Paares ist das

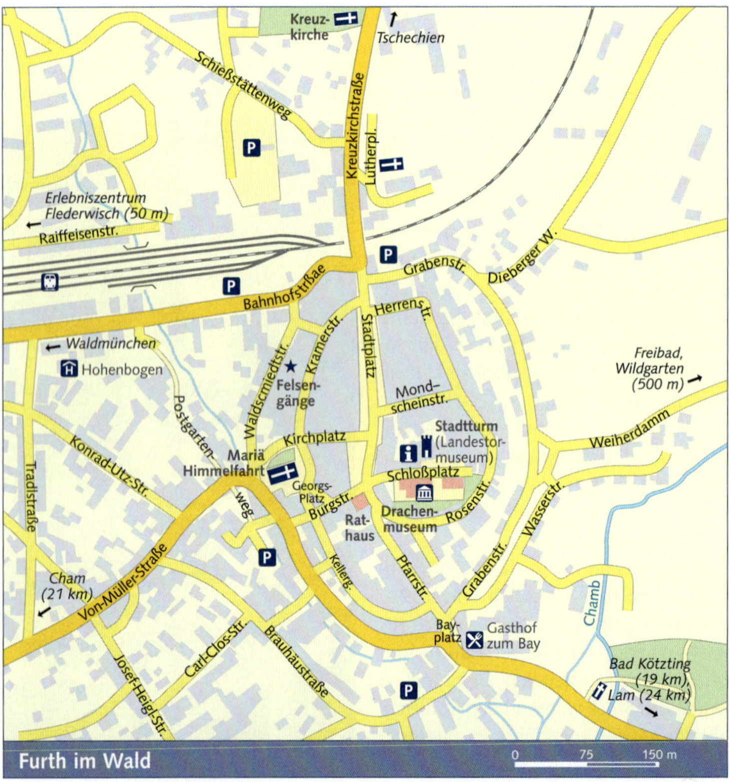

gesellschaftliche Ereignis der Stadt. Über die Hobbys und den beruflichen Werdegang des aktuellen Udo und seines Schlossfräuleins informiert das Internet unter www.drachenstich.de. Dort findet sich auch eine ansehnliche Bildergalerie aller Ritterpaare seit 1900.

Die Hauptfigur des Stücks, den Drachen, kann man sich in seiner Höhle am Volksfestplatz und im Drachenmuseum von Furth am Schlossplatz ansehen. Tatsächlich sind es mehrere Drachen, denn so wie das Stück hat sich auch das Untier im Laufe der Jahrhunderte verändert. Seit 2010 ist ein High-Tech-Monster im Einsatz, an dem mehr als 20 Firmen und Institutionen, darunter auch Fachleute aus Hollywood und das Deutsche Zentrum für Luft- und Raumfahrttechnik mitwirkten. Der neue Drache mit den Namen Tradinno – eine Zusammenballung von Tradition und Innovation – wurde mit Mitteln der EU gefördert, ist knapp 16 Meter lang und hat eine Flügelspannweite von 12 Metern. Für die notwendigen Spezialeffekte sorgen 80 Liter Kunstblut und 11 Kilogramm Flüssiggas.

Der neogotische Stadtturm

Stadtgeschichte

Noch einmal 500 Jahre älter als der ›Drachenstich‹ ist Furth im Wald selbst. Bereits 1086 wird erstmals ein Dorf namens ›Vurte‹ erwähnt, das der Salierkaiser Heinrich IV. dem Regensburger Domvogt für seine Verdienste im Investiturstreit schenkte und das am wichtigen Handelsweg von Regensburg nach Prag lag. 1301 taucht Furth in Dokumenten als Zollstätte auf, 1470 wird eine Grenzhauptmannschaft gegründet, es beginnt der Aufbau der ›Grenzfahne‹, der ältesten bayerischen Landwehr. Noch heute gibt es einen Förderverein ›Grenzfähnlein e.V.‹. Auch für die Bundeswehr war Furth im Wald im Kalten Krieg ein wichtiger Standort: Auf dem Hausberg, dem Hohen Bogen, befand sich bis 2004 eine NATO-Abhöranlage.

In anderer Weise profitiert Furth auch heute von seiner grenznahen Lage. Mehrere internationale Speditionen, der Reifengroßhändler Semex und Wolff-Ost-Reisen, einer der Marktführer für Reisen nach Tschechien, haben hier ihren Sitz.

Stadtrundgang

1633 wurde Furth durch die Schweden zerstört, 1703 im Spanischen Erbfolgekrieg geplündert, 1863 vernichtete ein Stadtbrand die ganze östliche Stadthälfte. Am deutlichsten zeigt sich dies am neogotischen **Stadtturm** beim Marktplatz, der drei Jahre nach dem Brand entstand und mit seinen Zinnen und einem braunroten Anstrich an die Backsteingotik der Ostsee erinnert. 37 Meter hoch ist der Turm, von dem man einen schönen Blick zum Hohen Bogen und nach Böhmen hat.

Vor dem Stadtbrand stand auf dem Schlossplatz die Further Burg, heute das Gebäude des Amtsgerichts mit seinem berühmten **Glockenspiel**: 23 Glocken, ein Geschenk von Vertriebenen aus dem Sudetenland, spielen jeden Tag um 11 und 18 Uhr die Melodie ›Es war im Böhmerwald, wo meine Wiege stand‹. Der Text dieses sicher bekanntesten Heimatliedes der Böhmerwälder stammt von Maximilian Schmidt, der im Nachbarort Eschelkam geboren wurde (→ S. 68).

Die **Stadtpfarrkirche Mariä Himmelfahrt** entstand in der zweiten Hälfte des 15. Jahrhunderts. Obwohl gerade in der Oberpfalz in der Zeit der Reformation viele Pfarreien evangelisch wurden, blieb Furth stets katholisch, allerdings hatte man lange Zeit Probleme, überhaupt einen Pfarrer für den Ort zu finden. Da die Stadt immer weiter wuchs, wurde ab Beginn des 18. Jahrhunderts Mariä Himmelfahrt erweitert und barockisiert. Zu einer Erneuerung der Inneneinrichtung kam es in der Mitte des 19. Jahrhunderts, aus dieser Zeit stammt auch das Hochaltar-Bild ›Maria Himmelfahrt‹ sowie der Kreuzweg. Der nächste Umbau erfolgte dann schon von 1890 bis 1893: Das Presbyterium wurde erweitert, außerdem entstand eine neogotische Krypta mit Kreuzgratgewölbe und Lourdes-Grotte. Die Figuren des Altars im linken Seitenschiff dieser ›Unterkirche‹ wurden bereits 1590 erwähnt.

Sehenswert ist auch die schlichte **Kreuzkirche** beim Friedhof, die im 17. Jahrhundert entstand und für Reisende nach Böhmen ein wichtiges Wallfahrtsziel war. Die Kreuzigungsgruppe stammt aus dem späten 14. Jahrhundert und ist vermutlich ein Werk der Regensburger Dombauhütte.

Unter der Stadt laden die **Further Felsengänge**, ein weit verzweigtes Labyrinth aus Kellern und Gängen, zu einem Besuch ein. Sie wurden jahrhundertelang als Lagerräume für Bier oder Kartoffeln, in Kriegszeiten aber auch für den Schutz der Bevölkerung genutzt.

Eine Attraktion besonders für Kinder ist der sogenannte **Flederwisch**: In einem aufgegebenen Industriegebäude direkt am Bahnhof wird über alte Handwerkskunst wie das Schöpfen von Papier oder das Schmieden von Eisen informiert. Man kann sein Glück beim Goldwaschen versuchen, und natürlich gibt es auch einen Laden mit allem, was man braucht, um einen Drachen zu erlegen.

Furth im Wald

PLZ: 09973

Touristinformation, Schlossplatz 1, Tel. 09973/50982, www.furth.de; Mai Mo–Do 8–12 und 13–17 Uhr, Fr 8–13 Uhr, Sa, So und Feiertage 10–12 Uhr; Juni-Sept. Mo–Fr 8–17 Uhr, Sa, So und Feiertage 10–12 Uhr, Okt.-April Mo–Do 8–12 und 13–17 Uhr, Fr 8–13 Uhr

Der **Chodenexpress** startet um 9 Uhr zu einem Ausflug ins tschechische Domažlice, der Parterstadt von Furth. Rückkehr 16.20 Uhr, Kosten inkl. Mittagessen und Stadtführung 28 €. Fahrkarten bei mehreren Tourist-Infos der Region, www.choden-express.eu.

Hotel Hohenbogen, Bahnhofstr. 25, Tel. 09973/99731509, www.hotel-hohenbogen.de; DZ ab 112 €. Neogotischer Bau in der Nähe des Bahnhofs mit Blick auf den Hohen Bogen. Mittelalterliches Rittermahl für Gruppen, Steaks vom ›Heißen Stein‹.

Natur-Wohlfühlhotel Brunner Hof, Kirchgasse 13, 93473 Arnschwang, Tel. 09977/257, www.brunner-hof.de; DZ ab 180 €. 3 km südlich von Furth, sehr idyllisch gelegenes Wellnesshotel mit etwas kitschig eingerich-

Karte S. 98

teten Zimmern. Jeden 2. Fr im Monat (außer Juli und Aug.) Musikantenstadl mit G'stanzlsängern und Kabarettisten.

Gasthof zum Bay, Bayplatz 5, Tel. 09973/4334, www.zumbay.de. Großer Gasthof mit schattigem Biergarten und Bar am Ring um die Altstadt. Bayerische, aber auch internationale Schmankerl. 2019 zählte es die Zeitschrift ›falstaff‹ zu den 500 besten Gasthäusern Deutschlands.

Drachenstich-Festspiele, Stadtplatz 4, Tel. 09973/50970, www.drachenstich.de; jedes Jahr im Aug., Tickets zwischen 22 und 29 €.

Leonhardiritt am Ostermontag mit rund 300 Reitern.

Erstes Deutsches Drachenmuseum, Schlossplatz 1, Tel. 09973/802585, www.further-drache.de; wg. Umbau wie auch das Landestormuseum voraussichtlich bis Ende 2020 geschlossen.

Landestormuseum, Schlossplatz 4, Tel. 09973/50980. www.landestormuseum.byseum.de

Wildgarten-Unterwasserbeobachtungsstation, Dabergerstr., Tel. 09973/2933, www.wildgarten-furth.de; ganzjährig geöffnet. Gute Möglichkeit, einheimische Fische zu beobachten und Wildkräuter kennenzulernen. Führungen Mai–Okt Di, Do, So 14 Uhr und nach Voranmeldung

Japanischer Garten, (Restaurant Siegls) tägl. 10–17 Uhr, 800 qm großer Zen-Garten.

Drachensee-Freibad, Dabergerstr. 31, Tel. 09973/801007, www.stadtwerke-furth.de; Mai 10–19 Uhr, Juni und Aug. 9–20 Uhr, Sept. 10–19 Uhr. 50-Meter-Becken, 44-Meter-Wasserrutsche und natürlich ein wasserspeiender Drachen.

Further Erlebniswelt Flederwisch, Am Lagerplatz 5, Tel. 09973/1229, www.drachenschmiede-flederwisch-furth.de; Apr.– 3. Nov Mo–So 10–17 Uhr. Im Winter ist nur der Drachenladen geöffnet: Mo–Fr 10–17. Kunst- und Handwerkermarkt Mitte Juni–Mitte Sep. 10–17 Uhr.

Further Felsengänge, Kramerstr., Tel. 09973/1229, Mai–5. Nov. 13–16 Uhr, Führungen ganzjährig Mo 14 Uhr, Mi 11 Uhr, Fr 11 Uhr, So 11+ 14 Uhr.

Die besten **Sportanlagen** Furths (18-Lochgolfplatz, Lifte, 70 km gespurte Loipen, Eisstockschießen, Pferdeschlitten) liegen in der Urlaubsregion Gibacht-Voithenberg, 2 km nordwestlich.

Waldmünchen

›Monacum ante nemus Bohemorum‹ (München vor dem Böhmerwald) – so lautete der ursprüngliche Name der heute knapp 7000 Einwohner zählenden Stadt Waldmünchen. Und tatsächlich waren es Mönche aus dem Kloster Walderbach, die sich seit dem 10. Jahrhundert um die ersten Bewohner einer Grenzfeste zwischen Oberpfalz und Böhmen kümmerten. Bis zur tschechischen Grenze sind es lediglich fünf Kilometer, und so konnte es im Laufe der Jahrhunderte vorkommen, dass bayerische Dörfer sich plötzlich östlich der Grenze wiederfanden, nur weil es dem jeweiligen Herrscher gerade so gefiel. Dies gilt zum Beispiel für die Orte Haselbach und Grafenried, die zu Beginn des 18. Jahrhunderts Böhmen zugeschlagen wurden. Heute heißen sie Liskova und Lučina.

Während des österreichischen Erbfolgekrieges stand im Jahr 1742 der Pandurenoberst Franz Freiherr von der Trenck vor Waldmünchen (→ S. 69). Einem reichen Braumeister, einer Bürgerstochter, dem Stadtpfarrer und einigen Schulkinder gelang es jedoch, die Stadt vor

Das Hotel Wutzschleife in Rötz

der Plünderung zu bewahren. Für den genauen Hergang dieser Rettung gibt es die verschiedensten Versionen, vermutlich jedoch konnten die Waldmünchner sich ganz einfach freikaufen. Da ähnliches Glück anderen Städten versagt blieb, wurde die Rettung vor dem grausamen Oberst schon 1950 zum Thema der jetzt jedes Jahr im Juli und August stattfindenden Trenckfestspiele. Und natürlich gibt es auch ein Grenzland- und Trenckmuseum, das sich im früheren Schloss der Grafen von Leuchtenberg befindet. Die nächsten Heere, die durch Waldmünchen zogen, waren zu Beginn des 18. Jahrhunderts die napoleonischen, Hunderte verwundete Soldaten wurden damals in den Ställen gepflegt. Und auch Napoleons Gegner, Russlands Zar Alexander I., reiste durch Waldmünchen und bedankte sich für die gute Beherbergung mit mehreren Fuhren Getreide.

Ein anderer berühmter Gast der Stadt war der französische Politiker und Schriftsteller François-René Chateaubriand, der im Mai 1833 in der Posthalterei am Marktplatz 11 übernachtete, da er die Grenze nach Böhmen mangels der hierfür notwendigen Dokumente nicht überschreiten durfte. In seinen Memoiren hat Chateaubriand Waldmünchen immerhin fast 20 Seiten gewidmet. Und: Der regionale Schnapsproduzent Schlicker stellt nicht nur einen ›Pandurentropfen‹, sondern auch einen Brandy-Liqueur namens Chateaubriand her.

Einen schönen Blick auf Waldmünchen und das bayerisch-böhmische Grenzland hat man vom 44 Meter hohen **Turm der Stadtparrkirche**, der im 15. Jahrhundert als Feuerwache entstand. Der letzte Turmwächter stellte seine Arbeit 1923 ein, Turm und Türmerzimmer können auf Anfrage besichtigt werden (Tel. 09972/30725). Die **Kirche St. Stephan** geht auf einen gotischen Bau zurück, wurde jedoch mehrmals zerstört und erhielt ihr heutiges Aussehen 1872 und bei einer Renovierung vor wenigen Jahren. Interessant ist die dabei entstandene Farbgebung der Decke, die von rot am Eingang über braun bis zu hellem Gelb geht und den Weg des Menschen von Freude und Leid bis zur Gemeinschaft mit Gott zeigen soll. Die bemalten Gurtbögen über dem Altar symbolisieren die Elemente Erde, Wasser, Feuer und Luft.

Sterneküche

Zwischen Waldmünchen und Neunburg vorm Wald gibt es gleich zwei der ansonsten so seltenen Sterne-Restaurants der Region. Im ›Gregor's Fine Dining‹ in Rötz bietet Küchenchef und Inhaber Gregor Hauer ›emotionale Küche‹, und die kann sowohl französisch wie bayerisch sein, auf jeden Fall aber ungewöhnlich. Auch im ›Eisvogel‹ in Neunburg verwendet Chefkoch Hubert Oberndorfer erlesene Zutaten für seine köstlichen Menüs. Das Ganze hat seinen Preis: Ein Fünf-Gänge-Menü kostetzwischen 120 und 145 Euro.

▲ Karte vordere Umschlagklappe

Waldmünchen

PLZ: 93449
Tourismusbüro Waldmünchen, Marktplatz 16, Tel. 09972/30724, www.bayerischer-wald-ganz-oben.de; Mo–Do 9–17 Uhr, Fr 9–13 Uhr, Juli–Aug. Fr 9–16 Uhr, Sa 10–12 Uhr, Sep Fr 9–15 Uhr, Sa 10–12 Uhr.

Hotel Frankenschleif, Heinzgrün 4, Waldmünchen Tel. 09972/8515, www.frankenschleif.de; in einer renovierten Glashütte, Suiten aus Schlaf- und Wohnzimmer, eigne Sauna, DZ ab 82 €
Gasthaus zur Waldesruh, Obernried 19, 93494 Waffenbrunn, Tel. 09975/258, www.gasthaus-hausner.de; traditioneller Familienbetrieb 15 km von Waldmünchen entfernt, DZ ab 56 €.
Sonnenhotel Bayerischer Hof, Torweiherweg 5, Tel. 09972/950001, www.sonnenhotels.de; DZ ab 110 €. Großes Familienhotel im Zentrum mit Badelandschaft, Sauna und Kinder-Club.
Ressort Die Wutzschleife, Hillstett 40, 92444 Rötz, Tel. 09976/180, www.wutzschleife.de; DZ ab 150 €, immer wieder sehr gute Pauschalangebote. Dieses Wellnesshotel hat sich auf Ayuverda spezialisiert, angeboten wird auch ›Ayuverda Fine dining‹. Daneben locken ein Hallenbad und ein 18-Loch-Golfplatz. Neben Gregor's Fine Dining (s.o.) wird auch regionale Küche angeboten - ausgezeichnet mit einem Michelin-Bib Gourmand.
Eisvogel, Hofenstetten 55, 92431 Neunburg vorm Wald, Tel. 09439/9500, www.landhotel-birkenhof.de; DZ mit HP ab 126 €, Panoramasuite mit Blick auf die Oberpfälzer Seenlandschaft und den Wald mit HP 200 €. Im Sterne-Restaurant – selbst ein 9-Gänge-Menü wird angeboten – setzt man auf Fisch und Meeresfrüchte, aber auch Fleisch von der Tegernseer Färse.

Trenck-Festspiele, Juli und Aug., www.trenckfestspiele.de. Jährliche Freilichtfestspiele.
Pferdewallfahrt, von der Stadtpfarrkirche St. Stephan zum Gnadenbild der Muttergottes in der Wallfahrtskirche Unserer Lieben Frau in Ast, 2. So im Sept.

Grenzland- und Trenckmuseum, Schlossplatz 4, Tel. 09972/903274, 15. März–31. Okt. und 15. Dez.–15. Jan. Di, Sa, So und Feiertags 14–17 Uhr.
Turm der Stadtpfarrkirche mit **Uhrenmuseum** und Turmwächterstube, jeden Do 14–16 Uhr.

Pandurensteig, 173 km bis ins Ilztal (→ S. 96).

Erlebnisbad Aquafit, Dr.-Matthias-Lechnerstr. 4, Tel. 09972/4119, www.erlebnisbad-aquafit.de; 15.Juli–31.Aug Mo–Sa 10–20 Uhr (Fr bis 23, Sa bis 19 Uhr), So 9–19 Uhr, im Winter 14–21 Uhr, Fr bis 23 Uhr, So ab 9 Uhr, Sa und So bis 19 Uhr, Sonderöffnungszeiten an Feiertagen. Hallenbad mit Außenbecken, Sprungturm, Rutsche, Wellness und Sportangeboten.

Mountainbike im Waldmünchner Urlaubsland, Netz von 700 km Länge und 15 Touren z. B. zu den ›verschwundenen Dörfern in Böhmen‹. Bergradlkarte im Tourismusbüro oder auf der Website des Tourismusbüros.
Fahrrad-, E-Bikeund Roller-Verleih Autohaus Wagner, Bahnhofstraße 41–47, 93449 Waldmünchen, Tel. 09972/90060, www.wagnertec.de.

Perlsee, 70 ha großer Stausee an der Schwarzach zwischen Waldmünchen und tschechischer Grenze, Beachvolleyballplatz, Campingplatz, Ferienhäuser, www.campingplatz-waldmuenchen.de, Tel. 09972/1469.

Neukirchen beim Heiligen Blut

Auch wenn man nichts für Wallfahrtsorte und noch weniger für barocke Kirchen übrig hat, an Neukirchen beim Heiligen Blut sollte man nicht vorbeifahren. Oder besser wandern. Vom Hohen Bogen aus, einem langgezogenen Bergrücken, erreicht man ein weites, offenes Tal mit Bergwiesen wie aus dem Bilderbuch. Schon von ferne ist der Kirchturm von Mariä Geburt sichtbar. Nicht nur ein Kreuzweg mit naiven Darstellungen im Bauernbarock, sondern auch ein moderner Klangweg mit Xylophon und Trommeln begleitet den Weg. Neukirchen ist zweifellos einer der am schönsten gelegenen Wallfahrtsorte ganz Bayerns. Es war im Jahre 1420, als eine fromme Bauersfrau die Marienstatue des böhmischen Dorfes Loučim vor den heranstürmenden Truppen der Hussiten bewahrte und nach Neukirchen brachte. Doch auch dort war Maria vor den Ungläubigen nicht sicher. »Verführerisches Weib« nannte sie ein hussitischer Soldat und hatte kein anderes Ziel, als die Figur zu zerstören. Nicht nur einmal, nein, gleich dreimal warf er sie in einen Brunnen, doch »die Marianische Bild-Säulen stand gleich wieder auf dem Altar«. Als der »Bösewicht dies sah, entblößet er seinen Säbel und führet den Streich in die Bild-Säulen, der er das Haupt getroffen und mit Spaltung des ganzen Angesichts ein tödliche Wunden gesetzet«.

Aus dem gespaltenen Haupt der Maria aber floss Blut. Zwar versuchte der Hussit zu fliehen, doch sein Pferd rührte sich nicht von der Stelle und zwar solange – man ahnt es –, bis er sich zum wahren Glauben bekannte.

Die Kirche Mariä Geburt in Neukirchen

Karte S. 108

Soweit die Legende, die der Franziskanerbruder Fortunatus Hueber Mitte des 17. Jahrhunderts aufschrieb, und die die Grundlage bildete für die Entstehung einer der bedeutendsten Wallfahrtsstätten des Landes. Jeden Freitag nach Christi Himmelfahrt macht sich – um nur ein Beispiel anzuführen – eine Gruppe von Gläubigen aus Ruhmansfelden auf, um nach einem Segen um 4 Uhr morgens ins immerhin 50 Kilometer entfernte Neukirchen zu pilgern. Zum ersten Mal hatten ihre Vorfahren dies wohl 1580 getan, und die Gebete, die heute während der Wallfahrt gesprochen werden, stammen zum Teil noch aus dieser Zeit. Bis heute hat sich auch die Bitte erhalten »Wennst auf Neikiacha kimmst, lasst für mi aa a Paterl fallen.« Was übersetzt bedeutet, dass der Wallfahrer eine Perle (Paterl) seines Rosenkranzes für den Bittsteller beten soll. Während der Hauptwallfahrtstage im Marienmonat Mai weilten nicht selten bis zu 70 000 Pilger in Neukirchen. Doch nicht nur aus Bayern kamen und kommen sie, sondern auch aus dem einst hussitischen Böhmen. Höhepunkt des Jahres ist die Wallfahrt der Choden, eines tschechischen Volksstammes, den die böhmischen Herrscher im 11. Jahrhundert bei Domažlice ansiedelten, um die Grenze nach Bayern zu bewachen. Da die Choden für diese Dienste mit einer Reihe von Privilegien ausgestattet wurden und stets auf ihre Unabhängigkeit bedacht waren, erhielt sich im Chodenland das traditionelle Brauchtum länger als in anderen Teilen Tschechiens. Und so ziehen die Wallfahrer auch heute noch in ihren traditionellen Trachten nach Neukirchen und singen ein Kirchenlied, das zwischen Deutsch, Tschechisch und Lateinisch hin und her wechselt. Wer Domažlice kennenlernen möchte, kann von Furth im Wald mit dem ›Chodenexpress‹ (→ S. 100) dorthin fahren.

In der Klosterkirche

Pilgern auf dem ostbayerischen Jakobsweg

Nachdem seit der zweiten Hälfte des 19. Jahrhunderts die Zahl der Wallfahrer zurückgegangen war – man lag zu weit weg von der Eisenbahnlinie –, nimmt sie inzwischen wieder zu. Was die Neukirchner auch mit Harpe Kerkelings Buch ›Ich bin dann mal weg‹ erklären, in dem der TV-Star seine Pilgerreise auf den Spuren des heiligen Jakob ins spanische Santiago de Compostela beschreibt. Der ostbayerische Jakobsweg führt über Neukirchen, Jakobspilger können sich hier per Stempel bestätigen lassen, dass sie ein Stück auf diesem europäischen Pilgerweg unterwegs waren.

Zentrum der nur 3000 Einwohner zählenden Gemeinde Neukirchen mit ihren 31 Ortsteilen ist natürlich die **Wallfahrtskirche Mariä Geburt** sowie das sie umgebende Kloster der Franziskaner. Auf den Orden geht auch der ungewöhnliche Altar der Kirche zurück: Nachdem die Mönche sich 1656 am Fuße des Hohen Bogens niedergelassen hatten, ordneten sie an, die Ostwand der alten Wallfahrtskirche abzureißen, um hinter dem Gnadenbild der Maria ihren eigenen Chor errichten zu können. 1721 wurde der heutige Bau geweiht, der 1753 fertiggestellte Hochaltar hat zwei Seiten – vier Heilige wenden sich nach Westen, zwei nach Osten. Im Franzikanerkloster leben nur noch wenige Mönche, doch entstand 2003 im ehemaligen Nordflügel der barocken Anlage ein ›Grenzüberschreitendes Wallfahrts-, Begegnungs- und Umweltbildungszentrum‹. In dem modern gestalteten Bau ist es möglich zu übernachten, sich selbst zu versorgen und Kontakte zu anderen Pilgern zu knüpfen. Zu Einzelexerzitien zurückziehen können sich Männer und Frauen im ›Haus zur Aussaat‹. Angeboten werden Führungen, in deren Rahmen man auch den Klostergarten besucht. Was dort an Kräutern und Beeren wächst, wird zu Likör verarbeitet, der im kleinen Klosterladen zu kaufen ist. Werktags findet um 7.30 Uhr das Morgenlob Laudes, in der Fastenzeit jeden Freitag um 16.30 Uhr eine Kreuzwegandacht statt. Dank seiner schönen Lage und zahlreichen Hotels und Pensionen ist Neukirchen belebter als manch andere größere Ort im Bayerischen Wald.

Auf den Hohen Bogen

Beliebtestes Ausflugsziel Neukirchens ist der Hohe Bogen mit seinen 1079 Metern, der fast wie ein Monolith aus dem weiten Tal der Chamb herausragt. Die östlichen Ausläufer tragen den Namen Schwarz- und Ahornriegel, der westliche heißt Burgstall. Da der Bayerische Rundfunk hier eine Sendestation hat, kann man mit dem Auto über das Rasthaus Diensthütte fast bis zum Gipfel fahren, ein Sessellift führt von Neukirchen-Hohenwarth aus in einer 17-minütigen Fahrt auf den Ahornriegel. Vom Burgstall aus bieten sich wunderbare Ausblicke nach Tschechien, an klaren Tagen kann man jenseits der Donauebene sogar die Alpen sehen.

Neukirchen beim Heiligen Blut

PLZ: 93453

Tourist-Info, Marktplatz 10, Tel. 09947/940821, www.neukirchen.bayern; Mo–Fr 9–12 und 13–17 Uhr, Sa, So 10–12 und 13–16 Uhr. Nov/Dez. eingeschränkte Öffnungszeiten.

Franziskanerkloster, Kirchstraße 8, Tel. 09947/902885, www.haus-zur-aussaat.de.

Hotel Klosterhof, Marktstr. 49, Tel.0180/5600696 (zentrale Reservierungsstelle), www.donna-hotels.de; DZ ab 85 Euro, sehr günstige Pauschalangebote. Beliebtes, familienfreundliches Wellnesshotel direkt beim Kloster.

Hotel-Gasthof Zur Linde, Marktplatz 9, Tel. 09947/902485, www.gasthof-linde-neukirchen.de; 3 ÜN mit Halbpension p.P. 165 €, Ostern und Weihnachten mit ›Genusshalbpension‹. Traditions-Gasthof mit Wellnessbereich und Kräutergarten.

Wallfahrtsmuseum, Marktplatz 10, Tel. 09947/940823; Mo 9–13, Di–Fr 9–12 u. 13–17 Uhr, Sa, So 10–12 u. 13–16 Uhr.

Klostergarten, Führungen Mai bis Anfang Okt. Do, So 16 Uhr.

Hausberg Neukirchens ist der **Hohe Bogen** mit seinen 1079 m. Außerdem liegt Neukirchen am Randes des **ostbayerischen Jakobswegs**, der vom Grenzübergang Všeruby/Eschelkam nach Regensburg führt, www.jakobus-franken.de.

Mountainbiking im bayerisch-böhmischen Grenzgebiet Hohenbogen-Čerkov.

▶ Karte S. 108

Lamer Winkel

Lamer Winkel ist der Name eines ehemals sehr abgeschiedenen Tals des Bayerischen Waldes, das gleich von mehreren ›Eintausendern‹ wie dem Hohen Bogen, dem Großem und Kleinem Osser, Arber und Kaitersberg eingerahmt wird. Da dieses Tal aber auch zu den landschaftlich schönsten des gesamten Waldes gehört, ist es inzwischen für den Tourismus gut erschlossen. Gern bezeichnet sich der Lamer Winkel als ›Modellprojekt Ökoregion Arrach-Lam-Lohberg‹, dessen Ziel die Erhaltung bzw. Wiederherstellung der traditionellen Kulturlandschaft sei. Tatsächlich existiert hier weiterhin eine Beweidung der Bergwiesen durch Kühe und Schafe, ein Lehrpfad in Lambach informiert über Holzwirtschaft, und eine Rundwanderung bei Lam führt zu alten Einödhöfen.

Lam

Größte Gemeinde im Lamer Winkel ist mit knapp 2600 Einwohnern der Luftkurort Lam. Seine Geschichte beginnt Mitte des 13. Jahrhunderts, als der Regensburger Bischof dem Kloster Rott am Inn das Land am Fuße des Großen Osser schenkte. Die ersten Siedler kamen vermutlich aus Tirol und tatsächlich hat man beim Besuch von Lam auch heute noch den Eindruck ein paar Hundert Kilometer weiter südlich in den Alpen zu sein: Bauernhöfe mit mächtigen hölzernen Balkonen, Stadthäuser mit oberbayerischer Lüftlmalerei, wie man es sonst im Bayerischen Wald nicht findet.

Für die wirtschaftliche Entwicklung Lams bedeutsam war die Entdeckung von Silbererzvorkommen. Knapp 500 Jahre lang, von 1463 bis 1962, wurden hier Silber, Eisenerz, Kupfer, Quarz und Flussspat abgebaut. Nur der nach dem Zweiten Weltkrieg unternommene Versuch,

Der schöne Marktplatz von Lam

Uran zu fördern, verlief ohne Erfolg. Inzwischen ist das **Bergwerk Fürstenzeche** für Besucher zugänglich.

Das Zentrum von Lam bildet der ruhige, dreieckige Marktplatz mit mehreren schönen Gasthöfen, Maibaum und Mariensäule. Die **Pfarrkirche St. Ulrich** mit ihrem mächtigen Zwiebelturm stammt aus der Mitte des 18. Jahrhunderts, eine Besonderheit sind die spätnazarenischen Fresken vom Beginn des 20. Jahrhunderts, die das Leben des heiligen Ulrich zum Thema haben. Die Nazarener waren eine Gruppe von süddeutschen und italienischen Künstlern, die sich Anfang des 19. Jahrhunderts an antiken Vorbildern orientierten. Ihr Ziel war eine ›neue Renaissance‹ bei der klassische Schönheit, deutsche Innigkeit und ›wahres‹ Christentum verbunden werden sollten. Der heilige Ulrich war im 10. Jahrhundert Bischof von Augsburg und entscheidend am Sieg über die Ungarn bei der Schlacht auf dem Lechfeld im Jahre 955 beteiligt. Noch ruhiger als in Lam geht es im benachbarten Lohberg zu: Es gibt mehrere

kleine Pensionen, hier hat die Brauerei Osser ihren Sitz, der ehemalige Brauereigasthof befand sich in einem traditionellen Flachsatteldachbau aus dem 17. Jahrhundert.

Übers Himmelreich auf den Großen Osser

Der Osser mit seinen beiden Gipfeln, dem Kleinen Osser (1266 m) und dem Großen Osser (1293 m), wird auch als das Matterhorn des Bayerischen Waldes bezeichnet. Dies ist natürlich eine mehr als nur kleine Übertreibung der Einheimischen, und doch unterscheidet sich der Osser von anderen Bergen der Region. Er ist fast ausschließlich aus Glimmerschiefern aufgebaut, die im Bereich der Gipfel zu bizarren Felsformationen verwittert sind. Da auf den steinigen Halden zudem wenig Bäume wachsen, bieten sich immer wieder wunderbare Ausblicke – manchmal sogar bis zu den Alpen sowie ins benachbarte Tschechien. Die Grenze verläuft direkt über den Gipfel, die Tschechen bezeichnen den › Maly‹ und den ›Velký Ostrý‹ als ›Brüste der Mutter Gottes‹. Über den Osser werden zahlreiche Sagen erzählt – so zum Beispiel vom dritten Ossergipfel, der mitsamt einer Burg und einem gewaltigen Schatz versank, weil der Burgherr es wagte, im Streit um die Erbin des anderen Gipfels gegen die Himmelsmächte zu wettern. Der Osser gehört zum sogenannten Künischen Gebirge, einer Region, die wohl schon der böhmische Herzog Břetislav im 11. Jahrhundert mit bayerischen Bauern besiedeln ließ und ihnen besondere Rechte verlieh. So waren die künischen – die königlichen – Freibauern keine Leibeigenen und hatten ihre eigenen Gerichte. Im Gegenzug waren sie dazu verpflichtet, die Grenze zu sichern und zu verteidigen. Ihr Wahlspruch lautete »Niemands Herr und niemands Knecht, das ist künisch Bauernrecht!«. Nach der Aufhebung der Leibeigenschaft in Österreich 1848 verloren auch die künischen Freibauern ihre Privilegien. Nach 1945 wurden sie wie die anderen deutschen Bewohner des Böhmerwalds vertrieben, ihre Höfe verfielen oder wurden dem Erdboden gleichgemacht. Erhalten blieb wenig, so zum Beispiel in Svatá Kateřina, wenige Kilometer hinter der Grenze bei Rittsteig. Das Dorf bestand einst aus fast 100 Häusern und hatte eine 1604 geweihte Kirche mit Friedhof, eine Schule und eine Zollstation. Nach der Öffnung der Grenzen begannen Vertriebene, sich um den Friedhof mit den Gräbern ihrer Familien zu kümmern. In der Gemeinde und ihrer Umgebung sind inzwischen einige kleine Pensionen eröffnet worden (Informationen über die ›verschwundenen Dörfer‹ mit vielen historischen Aufnahmen findet man auch auf deutsch unter www.zanikleobce.cz).

Rundwanderung auf den Osser

Eine beliebte, gut fünfstündige Rundwanderung auf den Osser, bei der ein Höhenunterschied von knapp 800 Metern überwunden werden muss, beginnt auf dem **Marktplatz von Lam**. Wer die Strecke abkürzen möchte, fährt zum Parkplatz ›Auf dem Sattel‹, den man zu Fuß nach ungefähr anderthalb Stunden erreicht hat.

Vom Lamer Marktplatz folgt man den Hinweisschildern mit der Bezeichnung **L1**. Der Weg führt vorbei am sogenannten **Himmelreich** und traditionellen Totenbrettern (→ S. 72) steil hinauf zur **Wallfahrtskiche Maria Hilf**. Weiter geht es zu mehreren Hirtensteinen, die an die Weidegründe der Waldbauern erinnern, zum **Teufelstritt** und einem kleinen Kapellchen. Hier kann man nun einen kurzen Abstecher zum ruhigen **Gipfel des Kleinen Osser** machen oder gleich auf den Großen Osser steigen. Nach dreieinhalb Stunden ist er erreicht. Im **Osser-Schutzhaus** kann man einkehren und auch übernachten.

Der kürzeste Abstieg führt über **Silbersbach** und **Thürnstein** und den Markierungen **LO1** und **LO2** zurück nach **Lam**.

Rundwanderweg Einödhöfe

Am **Marktplatz von Lam** beginnt eine Rundwanderung, die den Namen ›Zu den Einödhöfen‹ trägt. Unter der Kennzeichnung **L7** führt sie in gut drei Stunden zu vier alten Waldbauernhöfen, die in den letzten Jahren modernisiert und teilweise zu Gasthöfen umgestaltet wurden. Man darf daher nicht erwarten, uralte, einsame Bauernhäuser des Bayerischen Waldes zu finden, vielmehr sind die Höfe auch gut mit dem Auto zu erreichen. Trotzdem lohnt sich die Wanderung besonders im Frühling und Spätherbst, da ein Teil des Weges nicht durch den Wald, sondern über sonnige Wiesen führt. Immer wieder eröffnen sich schöne Ausblicke auf Osser, Hohen Bogen und Kaitersberg. Sehenswert ist die barocke Hauskapelle des Bauernhofs der Familie Greil bei **Trailling**. Beim Ödbauernhof in **Vorderöd**, der schon seit 1540 existiert, und beim Veitsbauernhof in **Hinteröd** kann man einkehren. In **Hinterwaldeck** gibt es einen Bauernhof mit Wildgehege und Dammhirschen.

Wanderwegmarkierung am Osser

Lohberg am Osser im Winter

Lam

PLZ: 93462

Tourist-Info Lam, Marktplatz 1, Tel. 09943/777, www.lamer-winkel.bayern/de/; Mo-Do 8–12 u. 13–17 Uhr, Fr 8–12 Uhr, Sa 10–12 Uhr, Ende Juli–Anf. Aug auch So u. Feiertags 10–12 Uhr.

Hotel zur Post, Marktplatz 6, Tel. 09943/94190, www.hotel-post.de; DZ ab 75 €, günstige Pauschalangebote. Kleines Hotel direkt am schönen Marktplatz, Zimmer und Apartments teilweise mit Balkonen und Blick zum Osser. Wildspezialitäten.

Zum Kirchenwirt, Marktplatz 14, Tel. 09943/1345, www.gasthof-kirchenwirt.de; DZ ab 72 €. Einfacher, ›motorradfreundlicher Gasthof‹ gegenüber dem Postwirt am Marktplatz. Schweinebraten aus dem Holzofen, Salatbar.

Berghotel Mooshütte, Mooshütte 3, 93470 Lohberg-Mooshütte, Tel. 09943/905030, www.berghotel-mooshuette.de; 2 ÜN mit HP p.P. 112 €. Einfaches, aber angenehmes, ruhig gelegenes Haus am Fuß des Großen Arber.

Besucherbergwerk Fürstenzeche, Zechenstr. 16, www.fuerstenzeche.de; derzeit geschl., soll 2020 wieder eröffnet werden.

Kaitersberg-Kammwanderung: Der 14 km lange Panoramaweg ist Teil des Fernwanderwegs E6 und führt von Arrach über die Rauchröhren (→ Bad Kötzting S. 111) und Eck zurück nach Arrach.

Zweitageswanderung zu zwölf ›Eintausendern‹ → Zellertal S. 139.

Geführte Erlebniswanderung über die Wiesen der Ökoregion, Information im Tourismusbüro.

Osserbad, Ginglmühlerweg 25, Tel.09943/2882, www.lamer-winkel.bayern/de/; Mo–Fr 10–21 Uhr, Sa und So 10–19 Uhr. Großes Spaßbad mit vier Außenbecken und Saunalandschaft, günstige Eintrittspreise für Familien und Jugendliche.

Bayerwald Tierpark, Schwarzenbacher Straße 1A, Lohberg, Tel. 09943/8145, www.bayerwald-tierpark.de; April- Okt. 9–1Uhr, Nov.- März 10–17 Uhr. Über 400 Tiere, darunter Wölfe, Luchse, Wisente und Elche.

Wintersportzentrum Eck, mehrere Abfahrten und Langlaufloipen zwischen Arrach und Arnbruck am Osthang des Kaitersbergs, Nachtskifahren, Snowboard-Funpark, Skiverleih und Skischule, www.skieck.de.

Glashütte Alte Kirche, Brennesstr. 1, 93470 Lohberg, Tel. 0151/61115715, www.glashuette-alte-kirche.de; Mo–Fr 10–17 Uhr, Sa 10–16 Uhr.

Karte S. 108

Bad Kötzting

Jedes Jahr an Pfingsten findet in Bad Kötzting eine der größten Reiterprozessionen der Welt statt. Hunderte Reiter versammeln sich am Pfingstmontag schon vor acht Uhr morgens, um angeführt von Fanfarenbläsern und unter der Obhut eines ›Geistlichen Offiziators‹ vom Zentrum der Stadt hinauszuziehen zur Nikolauskirche im sieben Kilometer entfernt liegenden Dorf Steinbühl. Auf dem Weg durch das Zellertal kommen immer weitere Reiter dazu, bis zu 1000 sind es am Ende, Pferdeliebhaber und Bauern der ganzen Gegend. Reich geschmückt mit Bändern und Blumen haben sie Mähne und Schweif ihrer Gäule, der Phantasie sind hier keine Grenzen gesetzt.

Grund für den gewaltigen Aufwand ist natürlich auch in diesem Fall eine Legende, die im Unterschied zu Neukirchen beim Heiligen Blut jedoch bereits vor den Hussitenkriegen spielt. Demnach bat in eben jenem Dorf Steinbühl im Jahr 1412 ein Mann um die Sterbesakramente. Ohne Schutz wollte der Kötztinger Pfarrer aber nicht dorthin gehen, deshalb begleiteten ihn die jungen Männer der Gemeinde auf ihren Pferden. Nach der glücklichen Rückkehr gelobten sie, diesen Ritt jedes Jahr zu wiederholen.

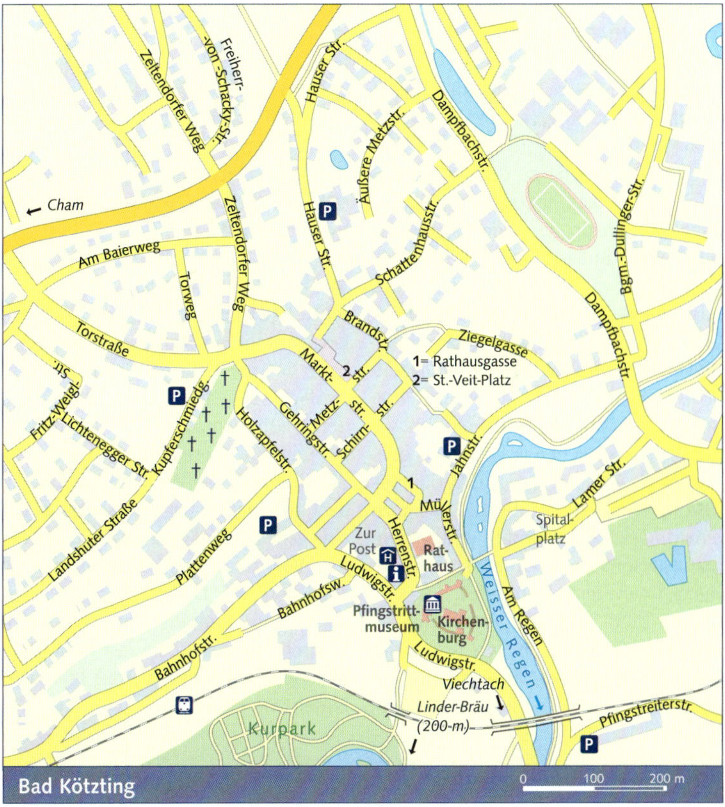

Für die gut 7500 Bad Kötztinger ist die uralte Geschichte willkommener Anlass für eine Vielzahl von Festen und Aktivitäten: So findet während der ganzen Pfingstwoche ein Volksfest statt, es gibt einen Fackelzug und eine Zugleistungsprüfung für Pferde. Auf dem Rathausplatz wird ein religiöses Pfingstspiel aufgeführt und am Ende der Bittprozession am Pfingstmontag wird ein ›Pfingstbräutigam‹ für seine Tapferkeit mit einem ›Tugendkranzel‹ ausgezeichnet. Keine Frage, dass am Nachmittag die Pfingsthochzeit gefeiert wird. Auch dies ein uralter Brauch, über den man sich im **Pfingstrittmuseum** von Bad Kötzting informieren kann.

Sehenswürdigkeiten im Kneippkurort

2005 wurde Kötzting mit dem Prädikat Kneipp-Heilbad ausgezeichnet und wurde damit der 15. Kneippkurort in Bayern. Eine direkte Verbindung zu dem im schwäbischen Stephansried geborenen Pfarrer Sebastian Kneipp, der seine Tuberkulose durch Bäder in der eiskalten Donau heilte, gibt es zwar nicht. Doch vermarktet das ›einzige Heilbad in der Oberpfalz‹ unter dem Stichwort der ›Gesundheitsprävention‹ geschickt Kneipps ganzheitliche Theorie der ›fünf Säulen‹: gesunde Ernährung und Lebensrhythmus, Bewegung, Heilkräuter und Wasseranwendungen. Nach Anmeldung bei IGM-Campus bekommt man einen Internet-Zugang zu einem ›Gesundheitsportal‹ und seinem ›ganz persönlichen Gesundheitsmanagement‹ (www.igm-campus.de).

Bereits 1991 entstand in Kötzting eine Klinik für Traditionelle Chinesische Medizin, die mit der Universität Peking kooperiert. Am Regen legte man einen weitläufigen geschmackvollen **Kurpark** an, ein Wassertretbecken und ein Wasserlehrpfad kamen hinzu. Es gibt mehrere Kur- und Wellnesshotels sowie Rehabilitationszentren. Schließlich öffneten auch die Badewelt Aqacur und eine Spielbank ihre Pforten.

Gleich neben dem Kurpark beeindruckt das historische Zentrum der bereits im 11. Jahrhundert entstandenen Gemeinde: die von einer mächtigen Wehrmauer geschützte **Kirchenburg**. Hier befand sich einst der Stammsitz der Chamer Chostinger, von ihnen leitet sich vermutlich der Name Kötzting ab. Umgeben von Burggraben und innerem Wehrring steht die barocke Stadtpfarrkirche Maria Himmelfahrt, die ihr heutiges Aussehen in der Mitte des 18. Jahrhunderts erhielt. Für Kunstliebhaber interessanter ist die daneben stehende kleine Annakapelle: Hier stehen ein Taufstein aus Granit aus dem 13. Jahrhundert und eine Darstellung der Anna Selbdritt (Maria mit ihrer Mutter Anna und dem Christuskind) von 1526.

Wolframslinde und Rauchröhren

Eine ganz andere Sehenswürdigkeit gibt es im Ortsteil Ried, vier Kilometer nordwestlich: Hier steht eine der ältesten Linden Deutschlands. Die Wolframslinde ist rund 800 Jahre alt und wurde nach dem Minnesänger Wolfram von Eschenbach benannt. In seinem Parzival taucht eine geheimnisvolle Marktgräfin auf, deren Wohnsitz vermutlich die nahe Burg Haidstein war. Die Wolframslinde hat einen Stammumfang von 13 Metern, in ihrem Inneren ist sie fast hohl. Dennoch lebt sie und trägt jedes Jahr neue Blüten und Blätter.

▶ Karte S. 111

Im Kurpark Bad Kötzting

Die Kirchenburg

Ein beliebtes Klettergebiet sind die Rauchröhren am **Kaitersberg**, dem Hausberg von Kötzting. Der ungewöhnliche Name hat einen historischen Hintergrund: Als um das Jahr 1633 die Schweden einfielen, flüchteten die Bewohner in die dichten Wälder. Viele versteckten sich bei einem Felsgebirge auf einem Bergkamm zwischen Kaitersberg und Eck, denn ein weit überhängender Fels bot ihnen Schutz vor Regen und Schnee. Zwischen zwei Felsen war eine 1,5 Meter breite und 10 Meter hohe Spalte, in der sie bei Nacht ein Feuer entzünden konnten, ohne dass dieses von den Feinden gesehen werden konnte.

▲ Karte S. 111

Weißenregen

Südlich von Bad Kötzting, auf einer Anhöhe über dem Zusammenfluss von Schwarzem und Weißem Regen, steht die 1765 geweihte **Rokokowallfahrtskirche** von Weißenregen. Hier findet sich eines der berühmtesten und ungewöhnlichsten Kunstwerke des Bayerischen Waldes: die **Fischerkanzel** des Johann Paul Hager. Entstanden ist sie in den 50er Jahren des 18. Jahrhunderts, sein Thema fand der ins Detail verliebte Regensburger Künstler im Evangelium des Lukas: Die Kirche wird dort als Schiff, die Jünger als Menschenfischer beschrieben. Und so hieven in Weißenregen die Menschenfischer ein aus echten Seilen geknüpftes Netz mit unsterblichen Seelen an Bord. Unter der Kanzel spuckt der biblische Walfisch den Propheten Jonas aus, am Kanzelaufgang zeigt ein Engel die Zehn Gebote. Die Unterseite des Schalldeckels leuchtet in himmlischem Blau, fest in der Hand hält Gottvater den Schiffsmast. Zur Wallfahrtskirche gehört natürlich eine Wallfahrtsgaststätte, wo in einem schattigen Biergarten das berühmte Augustiner aus München ausgeschenkt wird.

Die Fischerkanzel in der Wallfahrtskirche Weißenregen

Bad Kötzting

PLZ: 93444
Kur- und Gästeservice, Bahnhofstr. 15, Bad Kötzting, Tel.09941/40032150, www.bad-koetzting.de; Mo–Fr 8–12 und 13–17 Uhr, Fr nur bis 16 Uhr, Sa 10–12 Uhr, Juli–Sept. durchgehend geöffnet, So 10–12 Uhr.

Zur Post, Herrenstr. 10, Tel. 09941/6628, www.posthotel-bad-koetzting.de; DZ ab 92 €. Schon im 17. Jh. entstandener Brauerei-Gasthof im Zentrum. Nach Einstellung des Braubetriebs begann man 2011 wieder in kleinerem Maßstab das traditionelle ›Rittergold‹, ein Weiß- und ein Dunkelbier zu brauen. Im Restaurant locken Grießnockerlsuppe, Zander und Kalbstafelspitz. 7-Gänge-Candlelight Dinner und eine verführerische Dessertkarte.
Wellnesshotel Bayerwaldhof, Liebenstein 25, Tel. 09941/94800, www.bayerwald hof.de; DZ ab 150 €. Großes Hotel 6 km außerhalb Kötztings mit Blick auf den Hohen Bogen. Etwas pompöse Einrichtung, mehrere Saunen und Dampfbäder, großes Fitnessstudio, vielfältiges Beauty- und Massageangebot, Reitunterricht und Ponyreiten für Kinder.
Brauerei-Gasthof Lindner, Weißenregener Straße 4, Tel. 09941/1429, www.lindner-bier.de. Letzte der einst sechs Brauereien Kötztings. Das Wasser für die sehr malzbetonten Starkbiere stammt aus der eigenen Quelle, dazu passen – falls gerade hergestellt– die hausgemachten Bratwürste mit Sauerkraut.

Camping aquahema, Oberes Dorf 7, 93476 Blaibach/Kreuzbach, Tel. 09941/4128, www.kanuverleih-camping-bayern.de. Großes Gelände direkt am Regen, mit Kanuverleih (s.u.) und Ferienhütten.

Pfingstritt, Pfingstmontag ab 8 Uhr. Rückkehr der Reiter in die Stadt gegen 12 Uhr. **Waldfestspiele** im Juli und Aug., Theaterklassiker auf Bairisch mit einem fantastischen Laienensemble, www.wald festspiele.de.

Pfingstrittmuseum, Herrenstr. 11, Tel. 09941/602150, So und feiertags 10–12 und 14–16 Uhr.

Klettergebiet Rauchröhren am Kaitersberg-Kammweg. Senkrechte Türme aus Gneis, die Übung und Ausrüstung erfordern. Anfahrt über Arrach zum Gut Echlsaign. Von dort 40-minütiger Aufstieg bis zu den Rauchröhren.

AQACUR, Bgm.-Seidl-Platz 1, Tel. 09941/94750, www.aqacur.de; Freibad bei schönem Wetter im Sommer tgl. von 10–20 Uhr, Hallenbad Mo 13–22 Uhr, Di–Do 11–22 Uhr, Fr 11–24 Uhr, Wochenende, Feiertage und Ferien 10–22 Uhr. Badewelt mit Wellenfreibad, Soledampfbad, Sauna und breitem Wellnessangebot.

Am **See von Blaibach**, wo das Wasser des Regen aufgestaut wurde, beginnt eine der schönsten Kanustrecken Bayerns, außerdem kann man hier baden und angeln; im Winter gibt es Eisstockschießen. Kanuverleih: www.kanuverleih-camping-bayern.de.

Spirituosen-Spezialitäten Liebl, Jahnstr. 11–15, Tel. 09941/1321, www.spirituosen-edelbraende.de; World Spirits Award 2019 u.a. für Mirabellen- und Vogelkirschbrand.
Bärwurz-Schnapsbrennerei Drexler, Pfingstreiterstr. 44, Tel. 09941/3251, www.baerwurzquelle.de. Schaubrennerei, Schnapsmuseum, Probierstube, über 80 verschiedene Sorten, die man vor Ort kaufen oder im Internet bestellen kann.

O gäbe man nur Freiheit mir
Und kecken Burschensinn,
Wie zög' ich froh durchs Waldrevier,
Durchs nachtumhüllte, hin!

›Sommernacht‹, Emerenz Meier (1874–1928)

Am Kleinen Arbersee

DER MITTLERE BAYERISCHE WALD

Von der Rückkehr der verlorenen Natur

Zwischen Viechtach, Zwiesel und Frauenau treffen die Gegensätze des Bayerischen Waldes aufeinander. Denn im mittleren Teil des Waldes erhebt sich mit dem Großen Arber sein höchster Berg, und so hat sich hier auch der moderne Massentourismus breit gemacht. Überdimensionierte Hotelbauten und Sportanlagen haben das Aussehen jahrhundertealter Dörfer zwar nicht zerstört, aber doch entscheidend verändert. Verschlimmernd kommt hinzu, dass viele der damaligen Investitionen sich nur für kurze Zeit rentierten und die Gebäude nun – da sich die Ansprüche an den Tourismus gewandelt haben – leer stehen und langsam verfallen. Einige Gemeinden haben daraus Konsequenzen gezogen und versuchen, sich neu zu orientieren. Ein Beispiel dafür ist Frauenau, wo in einem modernen Museum gezeigt wird, wie vielfältig das wichtigste Produkt des Bayerwaldes, das Glas, sein kann. Andere, wie Bayerisch Eisenstein, haben selbst von der Öffnung nach Tschechien kaum profitiert. Wie hier geht auch in anderen Gemeinden der Region die Einwohnerzahl zurück.

Für einen anderen, sanften Tourismus setzt man sich im Nationalpark Bayerischer Wald ein. 1997 wurde der bereits 1970 im unteren Bayerischen Wald gegründete Park um die Region am Falkenstein bei Zwiesel erweitert. Im ›Haus der Wildnis‹ demonstrieren die Ranger, wie der Wald sich verändert, wenn man ihn sich selbst überlässt. Was die Besucher nicht nur in der Theorie, sondern am Falkenstein auch in der Praxis nachvollziehen können: Bäume, zerstört vom Borkenkäfer und überzogen von Pilzen, doch Schutz bietend für neue Bäume, einen neuen Wald. Der Nationalpark will kein Park sein, sondern Natur.

Beim Falkenstein blieben zudem einige der traditionellen Schachten erhalten – hochgelegene, einsame Almen, auf die die Bauern in früheren Zeiten ihre Rinder trieben. Wer sie sehen möchte, muss jedoch bereit sein für eine lange Wanderung. Mit dem Auto sind sie nicht zu erreichen.

Im Tal des Regen, dort, wo der vordere in den hinteren Bayerischen Wald übergeht, verläuft die bedeutendste geologische Sehenswürdigkeit der Region: die Gesteinsformation des Pfahls (→ S. 23). Bei der Burgruine Weißenstein unweit der Kreisstadt Regen und bei Viechtach tritt der weißgraue Quarz besonders eindrucksvoll zu Tage.

Winter auf dem Gipfel des Falkenstein

▲ Karte vordere Umschlagklappe

Viechtach

In einem weiten, offenen Tal des Schwarzen Regen liegt Viechtach. Diese gut 8500 Einwohner zählende Stadt ist nicht nur das ökonomische Zentrum der Region, sondern auch berühmt für ihr mildes Klima: Die umliegenden Berge halten, obwohl sie nur selten 1000 Meter erreichen, Schnee, Regen und Nebel ab. Wer die Hompage der Stadtverwaltung anklickt, wird beeindruckt sein von der Vielzahl der Aktivitäten, die die Tourismusgemeinschaft ›Viechtacher Land‹ ihren Besuchern anbietet: von Kanutouren durch ›Bayerisch-Kanada‹ und Survival Trainings in einem Naturcamp über geführte Mountainbike-Ausflüge bis zum Angeln von Huchen und Aalen. Doch auch bei weniger gutem Wetter dürfte es den Besuchern nicht langweilig werden, denn in der Stadt gibt es nicht weniger als zehn Museen – für Kristalle und Fischleder, alte Handwerksgeräte und Motorräder und natürlich auch zur Geschichte der Stadt (→ S. 123).

Stadtgeschichte

Die Geschichte von Viechtach beginnt im 9. Jahrhundert, als der Abt des Donauklosters Metten hier die ersten Wälder roden lässt. 1104 wird der Ort erstmals erwähnt, als Besitz der Grafen von Bogen. Als diese Familie Mitte des 13. Jahrhunderts ausstirbt, fällt Viechtach an die Wittelsbacher, Ende des 13. Jahrhunderts erhält es vermutlich Marktrechte. Unter der Familie der Nußberger, die die Stadt als ›Pfleger‹ von den bayerischen Herzögen bekommen, blüht Viechtach im 14. Jahrhundert auf, ein Spital entsteht und die Marktrechte werden bestätigt. Von nun ab ging es jedoch bergab: In den diversen Kriegen, die die Wittelsbacher im 15. Jahrhundert gegen aufständische Adelige führten, im Dreißigjährigen Krieg sowie im Spanischen und im Österreichischen Erbfolgekrieg wird die Stadt zerstört. Hinzu kommen vier große Brände, im Jahr 1729 geht auch die Pfarrkirche in Flammen auf.

Andererseits entstehen in diesem 18. Jahrhundert auch die ersten Webereien, und daher bildet der Handel mit Leinwand und Garn eine der Grundlagen für das erneute wirtschaftliche Aufblühen Viechtachs. So lieferte die Firma Schmaus & Co das Leinen für alle bayerischen Garnisonen. Stadtrechte erhielt Viechtach erst 1953, heute zählt die zum Landkreis Regen gehörende Gemeinde mit einer Arbeitslosenquote unter drei Prozent zu den wirtschaftlich stärksten Regionen Bayerns.

Altstadt

Das Zentrum des Ortes befindet sich zugleich an seiner höchsten Stelle: der weite, belebte Stadtplatz mit vielen Cafés, Restaurants und der mächtigen **Stadtpfarrkirche St. Augustinus**. Die Viechtacher nennen sie gern ›Dom des Bayerwaldes‹, allerdings beanspruchen auch Waldkirchen und Zwiesel für ihre Kirchen diesen Titel. St. Augustinus beeindruckt durch seinen lichtdurchfluteten Chor und die Weite des Raumes, bis zu 5000 Gläubige können hier Platz finden. Ein erster Bau entstand bereits 1415, doch brannte diese gotische Kirche 1472 ab. Im 16. Jahrhundert errichtete man dann eine Marienkirche, die 1622 im Renaissancestil umgebaut wurde. Doch ebenso wie der erste wurde auch der zweite und schließlich sogar der dritte Kirchenbau zerstört. Nach dem großen Stadtbrand von 1729 brauchte man über 100 Jahre, bevor die vierte Kirche schließlich 1841 vollendet und dem Kirchenlehrer Augustinus geweiht werden konnte.

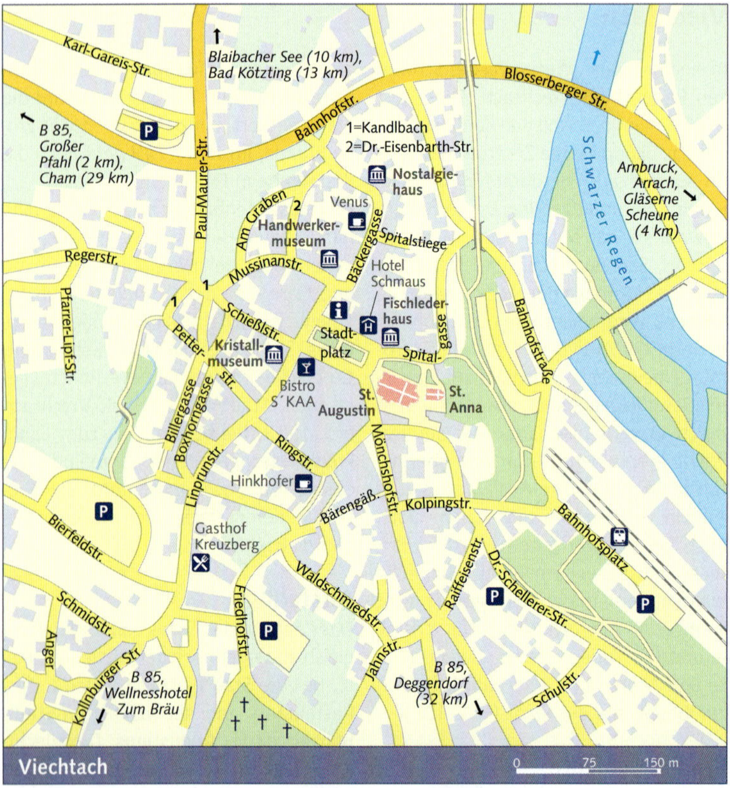

Nach dem Ersten Weltkrieg erhielt die Stadtpfarrkirche ihre heutige Ausstattung im Neo-Rokokostil, unzählige feine Rocailles - muschelförmige Ornamente - und Girlanden bedecken die weiß leuchtenden Wände und das Gewölbe. Aus dem 20. Jahrhundert stammen auch die Altäre, wobei man hier die erhalten gebliebenen Figuren aus dem 18. Jahrhundert verwenden konnte.

Die ehemalige **Friedhofskapelle St. Anna** östlich des Chores von St. Augustinus kann mit zwei besonderen Kostbarkeiten aufweisen: einem spätgotischen Altar und in der Gruft den Resten eines **Totentanzfreskos** aus dem Frühbarock (→ Roding S. 94). Von Kunsthistorikern wurden die farbigen Malereien auf das beginnende 17. Jahrhundert datiert, etwa zwischen 1607 und 1618. Allerdings wütete die Pest, meist Anlass solcher Totentanzzyklen, erst 1626 in Viechtach. Die Gruft hat ein Tonnengewölbe, in deren Mitte ein Ornamentband verläuft. An der nördlichen Wand führt der Papst den Tanz mit dem Tod an. Die deutschen Texte sind vierzeilig, jedoch nicht mehr ganz erhalten. Bei den Fresken fehlt fast jede räumliche Darstellung, es gibt auch keine Landschaftsmalereien, dafür sind die einzelnen Figuren sehr bewegt und ausdrucksstark gezeichnet. Entdeckt und freigelegt wurden sie übrigens erst 1988.

Bereits ein Jahrzehnt zuvor hatte man in der Südwestecke der Kapelle einen unterirdischen Karner mit den Gebeinen von 300 Toten entdeckt, der vermutlich in der ersten Hälfte des 18. Jahrhunderts entstanden war. Wer die Kapelle besichtigen möchte, wendet sich an das Pfarramt (Tel. 09942/ 5061) oder das Tourismusbüro.

Weitere Sehenswürdigkeiten

Die ungewöhnlichste Ausstellung Viechtachs beherbergt die **Gläserne Scheune**, wo der Glaskünstler Rudolf Schmid Sagen und Mythen des Bayerischen Waldes auf gewaltige Glasflächen gemalt hat. Die bekannteste Geschichte ist sicher die des Propheten Mühlhiasl, der wie kein anderer die Krisen der modernen Welt - Krieg und Umweltverschmutzung - vorhersah (→ S. 126). Eine weitere Glaswand erzählt vom Räuber Heigl, einem Bauernknecht, der als ›Robin Hood des Bayerwaldes‹ in die Geschichte des 19. Jahrhunderts einging. Wer mehr über ihn wissen möchte, sollte den 2008 geschriebenen historischen Roman lesen, den der bei Grafenau lebende Autor Manfred Böckl verfasste.

Volksfest in Viechtach

Die Gläserne Scheune

Doch nicht nur Rudolf Schmid, sondern auch Sohn Reinhard ›macht‹ in Glas. Nachdem sein ›Gewölbe der Geheimnisse‹ im ehemaligen Bürgerspital aus dem Jahr 1432 wegen Baufälligkeit geschlossen werden musste, eröffnete er mit seiner Frau das **Ferien- und Wochenendcafé Venus**, wo einige seiner Werke zu sehen sind. Hierzu gehört zum Beispiel die ›Venusmaschine‹, die sich unter anderem Agnes Bernauer (→ S. 37) widmet.

Ein anderer beliebter Veranstaltungsort ist das **Café Hinkofer**. Das 1717 erstmals erwähnte Gebäude gehörte stets den Honoratioren der Stadt, so zunächst dem Mitbegründer der Bayerischen Akademie der Wissenschaften, Johann Dominicus von Linprun. 1914 entstand ein Café mit Konditorei, es gab jedoch auch Gastzimmer, in denen unter anderem der Schauspieler Gert Fröbe übernachtete. Seinen ersten öffentlichen Auftritt im Hinkofer hatte der spätere ›Fastenprediger‹ auf dem Münchner Nockherberg, der Kabarettist Django Asül.

Pfahl und Höllensteinsee

Verlässt man Viechtach auf der B 85 Richtung Cham, kommt man kurz hinter einer hohen Talbrücke zu einem großen Parkplatz. Von Mitte Mai bis Oktober beginnen hier jeden Dienstag um 15 Uhr einstündige Führungen zum **Naturschutzgebiet ›Großer Pfahl‹** (Anmeldung im Tourismusbüro). Da es viele informative Schautafeln gibt, kann man die beiden Rundwege von einem bzw. drei Kilometer auch allein zurücklegen. Themen sind unter anderem Quarzabbau, Schmiedkunst – und wie eine Tafel verrät: »a gescheide Schinderei war's halt«.

Eine andere Sehenswürdigkeit ist **Altnußberg**, südöstlich von Viechtach bei Geiersthal, die größte und älteste Burganlage des Bayerischen Waldes. Bereits 882 bestätigte Kaiser Karl III. die Schenkung an das Kloster Metten, ab dem 12. Jahrhundert ist eine Familie zu Nussberg belegt. Der befestigte Wohnturm entstand in der Mitte des 15. Jahrhunderts, schon wenig später beteiligten sich die Nussberger am Aufstand gegen den Wittelsbacher Herzog. So wurde die gesamte Burganlage geschliffen, und erst 1983 begann man mit umfassenden Ausgrabungsarbeiten.

Im nahen, etwas nördlicher gelegenen Neunußberg, einer Burganlage der Nußberger aus dem 14. Jahrhundert, finden jeden Sommer Burgfestspiele statt, die die Unterwerfung der Adelsfamilie durch die Wittelsbacher thematisieren (→ Geschichte S. 37).

Beliebtestes Ausflugsziel der Region besonders an heißen Tagen ist der **Höllensteinsee** zwischen Bad Kötzting und Viechtach. Hier hat man 1923 das Wasser des Schwarzen Regens aufgestaut, um Strom zu gewinnen. Inmitten von Wäldern gelegen, erinnert der mehrere Kilometer lange See manche Besucher an einen Fjord in Skandinavien, was natürlich leicht übertrieben ist. Doch soll es hier kapitale Aale und Hechte geben, man kann Ruderboote ausleihen, und hoch über dem See lädt ein Ausflugsrestaurant zu üppigen Sahnekuchen ein.

Der Höllensteinsee

▲ Karte S. 120

Viechtach

PLZ: 94234

Tourist-Info, Stadtplatz 1, Tel. 09942/ 1661, www.viechtacher-land.de; 1. Mai-31. Okt. Mo-Fr 9-17 Uhr, Sa 10-13 Uhr, 1. Juni-30. Sept. zusätzlich 10-12 Uhr, 1. Nov.-30. April Mo-Fr 9-16 Uhr..

Hotel Schmaus, Stadtplatz 5, Tel. 09942/ 94160, www.hotel-schmaus.de; DZ ab 93 €. Schönes Haus mit Hallenbad direkt im Zentrum, seit 13 Generationen im Besitz der Familie Schmaus, Anton Schmaus leitet das Einsternerestaurant Storstad in Regensburg. Restaurant mit bayerischer Küche.

Wellnesshotel Zum Bräu, Viechtacher Str. 6, 94262 Kollnburg, Tel. 09942/94850, www.zum-braeu.de. DZ ab 180 €. Modernes Viersternehaus im sechs Kilometer entfernten Kollnburg. Außenpool mit Super-Blick auf die Berge.

Brauerei Gasthof Kreutzberg, Linprunstr. 21, Tel. 09942/801609, www.gasthof-kreutzberg.de. Schon zu Beginn des 16. Jh. entstanden, Karmeliter-Bier, günstige Tagesgerichte und Brotzeit unter einer alten Linde.

Adventure Camp, Schnitzmühle 1, Tel. 09942/94810, www.schnitzmuehle.com. Direkt am Schwarzen Regen liegt dieses Naturcamp, zu dem auch ein Wellnessbereich und ein gutes Restaurant gehören. In einer ›Hacienda‹ kann man Zimmer mieten, Kanutouren und Reitstunden sind nur ein Teil des großen Freizeitprogramms.

KultUrCafé Hinkofer, Ringstr. 7, Tel. 09942/8812, www.cafe-hinkofer.de.

Café Venus, Bäckergasse 3, Tel. 09942/ 801638, www.venusmaschine.com.

Gläserne Scheune, Rauhbühl 3, Tel. 09942/8147, Apr.+ Okt. 10-16 Uhr, Mai- Sept. 10-17 Uhr. 4 km nordöstl. von Viechtach.

Kristallmuseum, Linprunstr. 4, Tel. 09942/ 5497, www.kristallmuseum.bayerwald-media.de. Mo-Fr 9-18 Uhr, Sa 9-16 Uhr, So 10-16 Uhr. Nov. und Feb. So geschl.

Nostalgiehaus, Bäckergasse 18, Tel. 09942/ 2431, www.nostalgie-haus.de; Spielzeug, Schnitzkunstwerke und eine alte Druckerei. Feb.-Mai So-Fr 10-14 Uhr, Juni-Okt. So-Fr 10-15 Uhr

Haus des Handwerks, Stadtplatz 20, Tel. 09942/2664, www.webmuseum.de; Mi 9-12 Uhr.

Anatol Donkan, Tel. 09942/809671, Bilergasse 8, www.anatol-donkan.com; Galerie des ostrussischen Fischlederkünstlers. Mo-Sa 9-13 Uhr.

Motorradmuseum, Sedlhoferstr. 20, Kollnburg, www.motorradsammlung-kollnburg.de. April-Okt. Mi-Sa 13-16 Uhr. Sonst nur bei Anmeldung unter 09942/5636.

Viechtacher Volksfest, jedes Jahr Mitte Aug., nicht nur Volksmusik, sondern auch Kabarett.

Burgfestspiele Neunußberg, jedes Jahr in den Sommermonaten, www.burgfest spiele-neunussberg.de.

Vit & Fun-Kanuverleih, Stadtplatz 1, Tel. 09942/90446, www.bayerisch-kanada.de.

Angeln kann man im Schwarzen Regen ab Rugenmühlbrücke sowie im Höllensteinsee, Erlaubnisscheine bei der Touristinformation, Tageskarte 15 €, www. bezirksfischereiverein-viechtach.de.

Das wichtigste Skigebiet Viechtachs liegt rund um den 1048 m hohen **Pröller**, hier gibt es 13 Skilifte und Abfahrten bis 2,5 km Länge, Langlaufloipen bis zu 16 km Länge; www.proeller-skidreieck.de.

Sankt Englmar

Als Mitte der 1950er Jahre ein Reiseführer über die Wallfahrtsorte Bayerns erschien, da hieß es über St. Englmar: »Es liegt fern von den Straßen, die den Bayerischen Wald durchziehen in einem einsamen Hochtal mit dämmerigen Waldschluchten.«

Daran hat sich bis heute fast alles geändert. Denn zwanzig Jahre später begann man, das Dorf mit seinen 1900 Einwohnern zum wichtigsten Wintersportzentrum des vorderen Bayerischen Waldes auszubauen. Auf einer Höhe von 900 Metern entstanden 440 Apartments, Hotels, Einkaufspassagen, Skilifte und Sportanlagen. Über die Schönheit dieser gewaltigen Anlage kann gestritten werden. Die Einheimischen sprachen schlicht vom ›Schachterldorf‹, manchen Kunsthistorikern galt dagegen besonders das Hotel Predigstuhl als einziges Beispiel moderner Architektur im Bayerischen Wald. Im Sinne von Le Corbusier hätte man versucht, durch die Staffelung der Gebäude die Zersiedlung der Landschaft in Grenzen zu halten. 1980 hatte St. Englmar jedenfalls eine Bettenkapazität von über 3000 Betten und zählte knapp 490 000 Übernachtungen pro Jahr, 2015 waren es etwa 2000 Betten und 341 000 Übernachtungen.

Trotz aller Neubauten hat sich St. Englmar einen Teil seiner dörflichen Idylle bewahrt. Rund um den **Kirchplatz** gibt es eine Anzahl von stattlichen Gastwirtschaften, besonders schön sitzt man im Biergarten des ›Unterwirts‹, wo nicht nur Touristen, sondern auch Einheimische ihre Weißwürste essen. Weniger typisch ist dagegen der Erlebnishof Alte Mühle im **Kurpark** von St. Englmar. Denn die Mühle stammt aus dem Tiroler Pustertal und wurde aus einem Freilichtmuseum hierher versetzt.

Englmari-Suchen

Der Name des Ortes geht auf den Einsiedler Engelmarus zurück, der vor rund 900 Jahren hier oben im Vorwald lebte. Jeden Tag musste sein Diener ihm das Essen aus dem Donautal herauftragen, was diesen natürlich verdross: »Und so erschlug er den betenden Englmar an einem Dreikönigstag und versteckte den Leichnam unter Schnee und Reisig. Erst Wochen später, in den Tagen nach Pfingsten, kam ein Pfarrer durch den Wald und sah in einem Gebüsch hellen Lichterglanz. Unter den Zweigen fand er den Einsiedler unversehrt, als sei er gerade erst gestorben. Der Graf von Bogen wollte Englmar mit seinem Gefährt zur Kirche von Bogenberg bringen. Aber als der Wagen an die Stelle kam, wo heute die Pfarrkirche von Sankt Englmar steht, hielten die Ochsen an. Da ließ der Graf den Einsiedler dort beerdigen und baute über seinem Grab eine Kapelle und man glaubte über ihr des Nachts ein Leuchten zu sehen.« So berichtet es die Legende. 1188 wurde Englmar selig gesprochen, schon Ende des 13. Jahrhunderts war das Dorf ein viel besuchter Wallfahrtsort. Das ›Englmari-Suchen‹ ist seit etwa

Die Figur des heiligen Englmar

▲ Karte vordere Umschlagklappe

1850 das wichtigste Fest der Gemeinde, die heute auch anerkannter Luftkurort ist. Am Pfingstmontag suchen die Gläubigen die lebensgroße hölzerne Figur des Heiligen in den Wäldern, um ihn nach einer Feldmesse auf einem Wagen, der der Tradition nach keinen einzigen Nagel haben darf und von zwei ungezähmten Ochsen gezogen werden muss, zum Kirchplatz zu bringen. Dort segnet der Pfarrer dann alle: »Mensch und Vieh und die steinigen Äcker, die hinübergehen bis zu den Bergen Pröller und Predigtstuhl und die endlosen Wälder.«

Der Reliquienschrein des Heiligen befindet sich heute hinter dem Bild des Hochaltars in der **Pfarrkirche St. Eglmar**. Diese wurde nach der Zerstörung eines spätgotischen Bauwerks durch die Schweden im Dreißigjährigen Krieg im Jahr 1656 errichtet. Von der Legende des Heiligen erzählen sechs Tafelbilder. Wer noch mehr über den Ortsheiligen und Schutzpatron der Tiere erfahren möchte, kann dies in einer Kapelle auf dem Friedhof tun. Dort wird auch die hölzerne Figur Englmars – also die, die man jedes Jahr aufs Neue versteckt – aufbewahrt.

Sankt Englmar

PLZ: 94379

Touristinformation, Rathausstr. 6, Tel. 09965/840320, www.urlaubsregion-sankt-englmar.de; Mo, Di, Do, Fr 9–16 Uhr, Mi 9–12 Uhr, in den Hauptferienzeiten auch Sa 9–12 Uhr.

Angerhof, Am Anger 38, Tel. 09965/1860, www.angerhof.de; DZ ab 192 €. Eines der teuersten Hotels der Region, hoch über dem Dorf mit riesigem Wellness- und Sportangebot wie Solegrotte und Kneippanlage.

Predigtstuhl Ressort, Am Predigtstuhl 2, Tel. 09965/981, www.predigtstuhlresort.de. Größtes Hotel im Bayerischen Wald mit 440 Apartments und Ferienwohnungen (→ S. 122). Apartment mit 33 qm für 3 Personen ab 55 Euro/Tag.

Gut Schmelmerhof, Rettenbach 24, Tel. 09965/1890, www.gut-schmelmerhof.de; DZ ab 150 €, Kochkurse, Gesundheitsprogramm Aeropolis. Wer nicht in eines der großen Wellnesshotels am Predigtstuhl möchte, kann sich für das ruhig gelegene Gut mit Galloway-Aufzucht im Ortsteil Rettenbach entscheiden. Das Fleisch der Tiere gibt es im historischen Gewölbekeller, die Zimmer selbst sind ganz im Sinne von ›Romantik auf dem Land‹ ausgestattet. Suiten der Luxusklasse haben einen eigenen Wellnessbereich.

Berggasthof Menauer, Grandsberg 6, 94374 Schwarzach, Tel. 09962/632, www.grandsberg.de; DZ ab 80 €.

Mehrere geführte Touren auf dem **Goldsteig**, durch Oberpfälzer und Bayerischen Wald. Mai–Okt. 9.30 Uhr, 10–15 km, ab Touristinformation.

Waldwipfelweg, 370 m langer Weg mit Ausblick auf das Donautal und den Bayerischen Wald, für Kinderwagen geeignet. Naturerlebnispfad mit 25 Stationen auf einer Länge von 2 km. www.waldwipfelweg.de; April–Sept. 9–19 Uhr, Nov.–Jan. 9–16 Uhr, Feb., März, Okt. 9–17 Uhr

Rodelparadies Egidi, Sankt Englmar, die längste Sommerrodelbahn des Waldes, www.sommerrodeln.de. Eine Woche vor Ostern bis November 9–18 Uhr, Mitte Juli–Ende Aug. bis 19 Uhr.

Kletterwald St.Englmar, www.kletterwald-englmar.de

Lifte an den Hängen der rund 1000 m hohen Berge **Pröller** und **Predigtstuhl**, teilweise mit Flutlicht und Kunstschnee. **Ausrüstung**: Sport Bugl, Glashütterstr. 6, Tel. 09965/282 und Mode u. Sport Hofmann, Rathausstr. 17, Tel. 09965/252, www.sport-mode-hofmann.de.

EXTRA

Die Prophezeiungen des Mühlhiasl

Hat ein Müllerssohn aus Hundersdorf bei Straubing im 18. Jahrhundert die Krise des Euro vorausgesehen? Diese Frage stellt sich unweigerlich, wenn man einige der Prophezeiungen des Matthäus Lang, genannt ›Mühlhiasl‹ liest: »Einerlei Geld kommt auf, so viel wird davon gemacht, dass man's gar nimmer kennen kann. Die Menschen kriegen nicht genug davon. Auf einmal gibt' keines mehr‹.« Ende der 1920er Jahre haben diejenigen, die versuchten, Mühlhiasls Zukunftsvisonen zu deuten, diese Worte mit der Inflation von 1923 in Verbindung gebracht. Von der Finanz- und Schuldenkrise konnten sie noch nichts ahnen, und doch scheint gerade das »einerlei Geld« auf den Euro zuzutreffen.

Mühlhiasl gilt als *der* Prophet des Bayerischen Waldes, allerdings ist mehr über seine vielfältigen Prophezeiungen als über sein wirkliches Leben bekannt. Geboren wurde er vermutlich 1753, als sein Todesjahr gilt 1805. Obwohl es immer wieder Zweifel daran gibt, ob er überhaupt lebte, hat er in letzter Zeit neue Popularität erlangt, was nicht zuletzt mit zwei seiner erstaunlichsten Visionen zusammen hängt: »Wenn der Hochwald aussieht wie der Bettelmann sein Rock«, lautet die eine. »Wenn man Sommer und Winter nimmer auseinander kennt«, die andere. Sollte der Mann mit den – wie es heißt – weißen und klaren Augen also Waldsterben und Klimaveränderung vorhergesehen haben? Tatsächlich haben zwei der Visionen des Waldpropheten sich inzwischen bewahrheitet. Lang prophezeite »fünf- und sechsstöckige Häuser« und eine »schwarze, eiserne Straß'«, die ins Böhmische hinein verlaufe.

Am meisten beschäftigen sich die Interpreten des Mühlhiasl mit seiner Beschreibung des »Bankabräumens«, womit der Waldprophet nichts weniger als der Untergang unserer Welt meinte. Nach einem Krieg würden die Steuern immer höher werden und das Volk »aufstehen gegen die reichen und noblen Leut«. Später kämen die »Roten« aus dem Böhmischen nach Straubing, für die wenigen Überlebenden aber würde die Zeit der »Glaubensprediger« beginnen. Wann jedoch könnte dieses Bankabräumen stattfinden? Hierzu gibt es folgende Prophezeiung des Matthäus Lang: »Wenn der Johanni- und der Fronleichnamstag zusammen fallen«. Dies wird am 24. Juni 2038 wieder so sein ...

Der Bayerische Wald ist voller Legenden

Rund um den Großen Arber

Bodenmais

Wie St. Englmar wurde auch das etwa 30 Minuten entfernte Bodenmais in den 1970er Jahren zu einem Wintersportzentrum ausgebaut. Allerdings liegt Bodenmais nicht mehr im vorderen, sondern bereits im hinteren Bayerischen Wald, die Berge sind höher, die Schneesicherheit ist größer. Einer der Hausberge von Bodenmais ist der Große Arber, der immerhin knapp 1500 Meter erreicht und jenseits der Alpen der höchste Berg Bayerns ist. Weshalb in der 3500-Einwohner-Gemeinde öfter mal Abfahrtsrennen des FIS-Weltcups stattfinden.

Diese fast alpine Umgebung hat wohl auch dazu geführt, dass einige Hotel- und Gaststättenbesitzer ihre Häuser gern wie in Oberbayern ausschmücken. Es gibt ein Hotel Hofbräuhaus, Lüftlmalerei, das für den Bayerischen Wald bisher völlig untypische Schuhplattln, und auch Margot Hellwig darf nicht fehlen. Jahrelang fand eine sogenannte Race-Night statt, bei der die Skifahrer auf Kunstschnee mitten durch den Ort bretterten. Doch trotz vielen Zuschauern ging das Geld aus. Stattdessen lockt nun das Skilanglauffestival Skadi Loppet mit rund 2000 Teilnehmern. In der zweiten Augusthälfte verwandelt sich der Marktplatz in einen bayerischen Biergarten, nirgendwo sonst im Bayerischen Wald sind die blau-weißen Rauten der bayerischen Flagge so häufig zu sehen wie hier.

Stadtgeschichte

Zum ersten Mal erwähnt wurde Bodenmais um das Jahr 1300 in einem Grundbuch der bayerischen Herzöge als »Item das Goldwerch ze Pabenmaiz«. Gold wurde vermutlich im Moosbach unterhalb des Ortsteils Mooshof gefunden und gewaschen. Zweihundert Jahre später waren es dann Silber und Erz, die in den Gruben am Berg Bischofshaube abgebaut wurden und dem Ort die besonderen Privilegien einer freien Bergbaustadt einbrachten. Insgesamt, so heißt es heute auf der Internetseite des Bergwerks, könne man im Silberberg über 60 verschiedene Erze und Mineralien finden. Doch schon in der Mitte des 16. Jahrhunderts waren die Vorkommen so sehr erschöpft, dass man nur noch Vitriol gewinnen konnte, ein Oxidationsprodukt aus Erzlagerstätten, das damals zum Färben von Stoffen verwendet wurde.

Eine wirtschaftliche Blüte erlebte Bodenmais von 1870 bis 1914, als man aus Eisenoxid das zum Schleifen und Polieren von Gläsern benötigte Polierrot herstellte und dies in die ganze Welt exportierte. Damals entstand auch ein Knappschaftsverein, der sich um die sozialen Belange der Mitglieder vor allem bei Krankheit oder Tod kümmerte. Die synthetische Herstellung von Polierrot führte nach dem Zweiten Weltkrieg dann jedoch zu einem schnellen Niedergang des Bergwerks, das schließlich 1962 geschlossen wurde.

Dennoch ist der Bergbau heute eine der Hauptattraktionen von Bodenmais. Der Knappschaftsverein wurde 1970 neu gegründet, und so prägen die schwarzen Bergmannsuniformen jedes Volksfest von Bodenmais. 1998 erwarben sechs ehemalige Beschäftigte das Werk und eröffneten das **Historische Besucherbergwerk im Silberberg**. Neben Führungen durch den 600 Meter langen Barbarastollen zum Barbaraverhau mit alten Maschinen und Förderbändern gibt es auf der 955 Meter hohen Bischofshaube eine Sommerrodelbahn und ein großes Ausflugsrestaurant. Die Silberberg-Klinik bietet Therapien zur Behandlung von Bronchitis

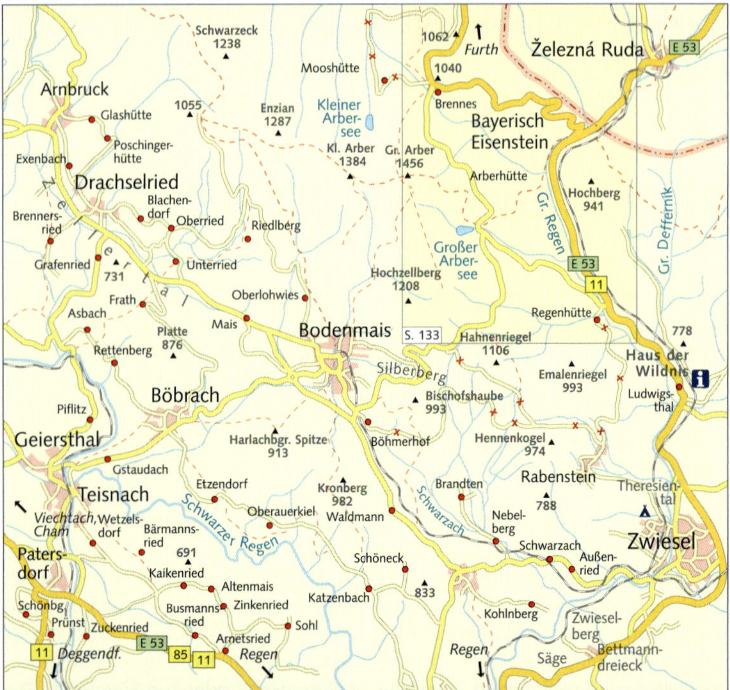

Rund um Bodenmais

und Asthma im Bergwerkstollen an (Tel. 09924/7710). Von Bodenmais aus führt der Rundweg Nr. 1 zum Bergwerk, man kann aber auch die Bergbahn nehmen. Der Tourismus in Bodenmais kann auf eine ziemlich lange Tradition zurückblicken. 1883 entstand hier die Idee zur Gründung des Bayerischen Waldvereins, dessen Ziel die Schaffung eines dichten Wanderwegenetzes durch den Wald war, heute 22 000 Mitglieder zählt und viele Schutzhütten auf den Bergen betreibt. Fünfzig Jahre später waren es dann die Nationalsozialisten und ihre Urlaubsorganisation ›Kraft durch Freude‹, die den Fremdenverkehr in der ›Ostmark‹ propagierten. Zwischen 1933 und 1938 stieg die Zahl der Übernachtungen in Bodenmais von 4200 auf 38 000.

Diese Dimensionen hat der Ort inzwischen lange hinter sich gelassen. 1995 zählte man knapp eine Million Übernachtungen, eine Zahl, die sich inzwischen auf 750 000 reduziert hat. Was freilich nicht so sehr an der Zahl der Gäste, sondern der Dauer ihres Aufenthalts liegt. Blieb man früher knapp zehn Tage in Bodenmais, so sind es heutzutage nur noch fünf bis sechs.

In die Schlagzeilen kam Bodenmais im Jahr 2008. Damals wurde mit gerade einmal 23 Jahren der Student der Politikwissenschaft Michael Adam zum neuen und damals jüngsten Bürgermeister ganz Deutschlands gewählt. Und dies war nicht nur wegen seines Alters eine Sensation: Denn Adam ist auch evangelisch, schwul und Sozialdemokrat, wobei nicht ganz klar wurde, welche dieser Eigenarten die Bodenmaiser am meisten überzeugt hat. Der Ort stand damals infolge hoher Schulden kurz vor der Zwangsverwaltung - ein Umstand, den man dem seit 18 Jahren amtierenden CSU-Bürgermeister anlastete. Inzwischen freilich hat die Nachwuchshoffnung der bayerischen SPD das Bürgermeisteramt schon wieder aufgegeben. Von 2011–2017 war er Landrat von Regen - und in Bodenmais regierte wieder die CSU.

Sehenswürdigkeiten

Da die alte Kirche von Bodenmais Ende des 18. Jahrhunderts so baufällig geworden war, dass die Gläubigen beim Beten durch das Dach direkt in den Himmel schauen konnten, entschlossen sich Pfarrei und Bergamt gemeinsam, ein neues Gotteshaus zu errichten. 1806 wurde **Mariä Himmelfahrt** fertiggestellt und in den 1950er Jahren des vergangenen Jahrhunderts noch einmal um ein Oktogon erweitert. Anders als allgemein üblich weist der Chor nicht nach Osten, sondern nach Westen - zum Silberbergwerk, der wichtigsten Einnahmequelle der Gemeinde.

Die zweite Besonderheit der Pfarrkirche ist ihr Hochaltar, der um 1730 entstand

Die Seilbahn auf den Arber

Wintersport am Großen Arber

und aus der abgerissenen Klosterkirche von Oberaltaich stammt: Sechs Säulen tragen den Aufbau mit einer **Nachbildung der Schwarzen Muttergottes von Loreto**. Zwischen vielen Wolken und Engelsköpfen öffnet sich der der Himmel für Gottvater und die Taube des Heiligen Geistes. Das Tabernakel ist geschmückt mit Ranken und Blättern des Distelgewächses Akanthus. Solche ausladenden Akanthusaltäre sind typisch für die Region, als ihre eigentliche Heimat gilt jedoch Böhmen, wo zwischen 1690 und 1725 mehr als 200 solcher Altäre entstanden. Die Loreto-Statue stand ursprünglich in der Kirche von Maisried und wurde am 16. Juni 1705 mit einer feierlichen Prozession nach Bodenmais gebracht. Da es den ganzen Tag geregnet hatte, nun jedoch plötzlich die Wolken aufrissen und die Sonne hervor kam, war dieses ›Wetterwunder‹ Anlass für das von nun an jährlich an diesem Tag stattfindende Benno-Fest. Denn der heilige Benno war genau an diesem Tag, wenn auch 599 Jahre zuvor, im sächsischen Meißen gestorben. Das Deckenfresko im Hauptschiff, eine Arbeit des Münchner Malers Josef Wittmann von 1924, erzählt von diesem Ereignis: Vier Mädchen tragen die Statue, umgeben von Gläubigen in der Tracht des Bayerischen Waldes. Aber auch die örtlichen Beamten und die Bergleute vom Silberberg fehlen nicht.

Die zweite architektonische Sehenswürdigkeit von Bodenmais ist das **Alte Rathaus**, ein traditionelles Bayerwaldhaus aus dem Jahre 1795. Lange Jahre hatte die Gemeinde diskutiert, ob man das ehemalige Gasthaus mit seinem ausufernden Schopfwalmdach nicht besser abreißen sollte. Schließlich war sein ursprüngliches Aussehen durch die verschiedene Nutzung – auch als Schulhaus hatte es gedient – weitgehend zerstört worden. »Wenn der Sitzungssaal im ersten Stock gut besucht war, haben sich unten in der Verwaltung die Balken gebogen«, erinnert sich ein Gemeinderatsmitglied. Schließlich jedoch entschied der Gemeinderat, das Alte Rathaus nicht nur zu erhalten, sondern sogar seinen ursprünglichen Zustand wiederherzustellen. Dabei entdeckte man alte Steinböden und Holzbalken und auch einen Ofen mit von Hand bemalten Kacheln. Heute finden im Alten Rathaus Konzerte, Diavorträge und Ausstellungen statt. Es gibt einen Leseraum mit Tageszeitungen und natürlich auch eine Internetecke.

Auf der Suche nach neuen Tourismusangeboten setzt man inzwischen auch auf Glas, obwohl es in der Marktgemeinde im Unterschied zu Frauenau oder Zwiesel keine jahrhundertelange Tradition der Glasherstellung gibt. Erst 1960 gründete Josef Kagerbauer einen Ein-Mann-Glasbetrieb, den er nach den Anfangsbuchstaben seines Namens Joska nannte. Heute ist Joska Kristall mit seiner Werbung im ganzen Bayerischen Wald präsent. Man fertigt Kristalllüster und die Pokale, die bei wichtigen Sportwettbewerben wie der Vier-Schanzen-Tournee verliehen werden. 850 000 Besucher zählten die **Joska Erlebniswelten** mit Glasbläserei, Restaurant und Abenteuerspielplatz jedes Jahr. Josef Kagerbauer junior beschäftigt inzwischen 180 Mitarbeiter und ist einer der größten Arbeitgeber des Landkreises Regen. Die Straßen von Bischofsmais säumen moderne Glaskunstwerke, die die Autofahrer zur Reduzierung ihres Tempos zwingen – selbst wenn man diesem Zentrum des modernen Fremdenverkehrs möglichst schnell entfliehen möchte.

▲ Karte S. 128

Bodenmais ist ein Zentrum des Fremdenverkehrs

Bodenmais

PLZ: 94249

Bodenmais Tourismus, Bahnhofstraße 56, Tel. 09924/778135, www.bodenmais.de; Mo–Fr 8.30–17 Uhr, Sa, So und feiertags 8.30–12 Uhr.

Hotel Riederin, Riederin 1, Tel. 09924/ 7760, www.riederin.de; DZ ab 190 €. Vier-Sterne-Hotel inmitten eines Parks mit Blick über Bodenmais. Neben Wellness- und Sportangebot gibt es auch einen beheizten Außenpool. Drei verschiedene, etwas zu pompös eingerichtete Restaurants.

Mooshof, Mooshof 7, Tel. 09924/7750, www.hotel-mooshof.de; DZ ab 234 €. Traditionsreiches Hotel im Ortsteil Mooshof mit edel ausgestatteten Zimmern, Suiten, Apartments und 2400 qm Wellness-Bereich. Auf der Speisekarte mehrere Fischgerichte.

Gästehaus Vogl, Mais 4, Tel. 09924/341, www.vogl-gaestehaus.de; DZ ab 54 €. Einfache Pension im Ortsteil Mais.

Ferienwohnung Am Sonnenhang, Am Sonnenhang 1, Tel. 09924/7603, www.am-sonnenhang.de; ab 45 €/Tag oder 260 €/Woche. Moderne, mit viel Holz ›ökologisch‹ gestaltete Wohnung..

Adam-Bräu, Bahnhofstr. 49, Tel. 09924/ 94000, www.adam-braeu.de. Hauseigenes Bier wie das Bodenmaiser Dunkel. Große Frühstückskarte, bayerische Küche, Steaks und Burger direkt im Zentrum.

Kulturzentrum Altes Rathaus, Bergknappenstr. 10, Tel. 09924/778135, www.bodenmais.de.

Wolfauslassen im November → S. 76.

Historisches Besucherbergwerk, Am Silberberg 28, Tel. 09924/304, www.silberberg-online.de. Östl. des Zentrums an der Mittelstation der Silberberg-Bergbahn. Führungen 1.–12. Apr. 11–15 Uhr, 1. Juli–31. Aug. 10–16.45 Uhr, 1. Sept.–31. Okt. 10–16 Uhr. Öffnungszeiten Winter auf der Homepage.

Bergbahn auf den Silberberg, Barbarastr. 1, Tel. 09924/94140, www.silberberg-bahn.de. Anfang April–30. Juni 9.30–17 Uhr, 1. Juli–31. Aug. 9.30–17.45 Uhr, 1. Sept.–31. Okt. 9.30–17 Uhr.

Winterrodelbahn je nach Schneelage.

Silberberg Bade- und Saunapark, Finkenweg, Tel.09924/91914, ww.bodenmais.de; tägl. 14–20 Uhr, Mo 10–20 Uhr, Di, Fr 14-21 Uhr, Mi, Do, Sa 14–20 Uhr, So 14–20 Uhr. Freibadbetrieb Ende Mai–Mitte Sept. 9–19 Uhr, am Do nur Frauensauna.

Wintersport-Region Großer Arber → S. 134, 136.

Skiarena Silberberg: Alpin, Snowboard, Winterrodelbahn, Schlittenfahrten, www.silberberg-online.de.

Langlaufzentrum Bretterschachten, 7 km nordwestl. auf dem Weg zum Großen Arbersee: 200 km Loipen auf einer Höhe von 1120 m. Skibusse vom Zentrum, Wärme- und Umkleideräume, www.aktivzentrum-bodenmais.de.

Skiverleih und Langlaufschule Weinberger, Jahnstr. 20, Tel. 09924/902273, und 0151/70137622, www.sport-weinberger.de.

Joska Glasparadies Erlebniswelten, Am Moosbach 1, Tel. 09924/7790, www.joska.com, Mo–Fr 9.30–18 Uhr, Sa 9.30–17 Uhr, So und Feiertage 10–17 Uhr, Einkaufen, Glasblasen, Glasschleifen, Essen und Kinderspielplatz – alles unter einem Dach.

›Herrgottschnitzer von Bodenmais‹, Dreifaltigkeitsplatz 11, Tel. 09924/393, www.herrgottschnitzer.de; Mo–Fr 9–18 Uhr, Sa 9–15 Uhr. Engel, Heilige, Masken, Weihnachtskrippen und vieles andere mehr, aber auch Schnitzkurse.

Großer Arber

Großer Arbersee, vorletzter Sonntag im August: Schon am frühen Morgen herrscht auf der Arberseestraße dichter Verkehr. Die Parkplätze am See füllen sich rasch, doch für den Bergsee hat heute kaum einer ein Auge übrig. Denn das Ziel ist nun der Gipfel des Großen Arber, und dieses möchte man möglichst früh erreichen. Nur dann hat man eine Chance, ein schattiges Plätzchen mit Blick auf die Arberkapelle zu finden. Dort wird für 10.30 Uhr die Prozession mit Fahnenträgern und Blasmusik erwartet. Es ist der Tag der Arberwallfahrt, und natürlich könnte man auch mit der Gondelbahn auf den Gipfel zur Bergmesse fahren. Doch eine richtige Wallfahrt ist eine solche Auffahrt so ganz ohne Schweiß und Mühen natürlich nicht. Schon vor über 150 Jahren begannen die Waldler zur Kirchweih der kleinen Bergkapelle unterhalb des Arbergipfels zu pilgern. Der jetzige Bau wurde am 25. August 1957 eingesegnet und ist eine Stiftung von Fürst Friedrich Wilhelm von Hohenzollern. Seiner Familie gehören nicht nur die Wälder am Arber, sondern auch die Bergbahn. Seit 1965 findet die Arberwallfahrt stets am Sonntag vor oder am Sonntag nach dem 24. August, dem Namenstag des heiligen Bartholomäus statt, und in jedem Sommer erklimmen Hunderte den Gipfel. Schließlich ist auch nach der Bergmesse einiges geboten: Beim Arberschutzhaus wird aufgespielt, gesungen und getanzt, und das Bier der Dampfbierbrauerei aus Zwiesel schmeckt nun natürlich besonders gut. Oft auch schon vor der Messe.

Die Radaranlagen auf dem großen Arber

Wallfahrt auf den Arber

Der Große Arber mit seinen 1456 Metern wird gern auch als ›König der Bayerwaldberge‹ bezeichnet, tatsächlich ist der Gipfel stets leicht zu erkennen. Was jedoch nicht nur an seiner Höhe, sondern auch seinen Radarstationen liegt. Die weißen, ballonartigen Türme sind ein Relikt des Kalten Krieges, vom Arber aus überwachte die Nato den Luftraum des Ostblocks. Als die unförmigen Radoms 1982 errichtet wurden, gab es verständlicherweise heftige Proteste von Naturfreunden und Umweltschützern.

Für den Massentourismus erschlossen wurde der Arber, als man 1949 den ersten Sessellift des Bayerischen Waldes in Betrieb nahm. Heute bringt eine 6er-Gondelbahn, die pro Stunde 2000 Besucher befördern kann, die Touristen in nicht einmal fünf Minuten zur Berg-

▲ Karte S. 133

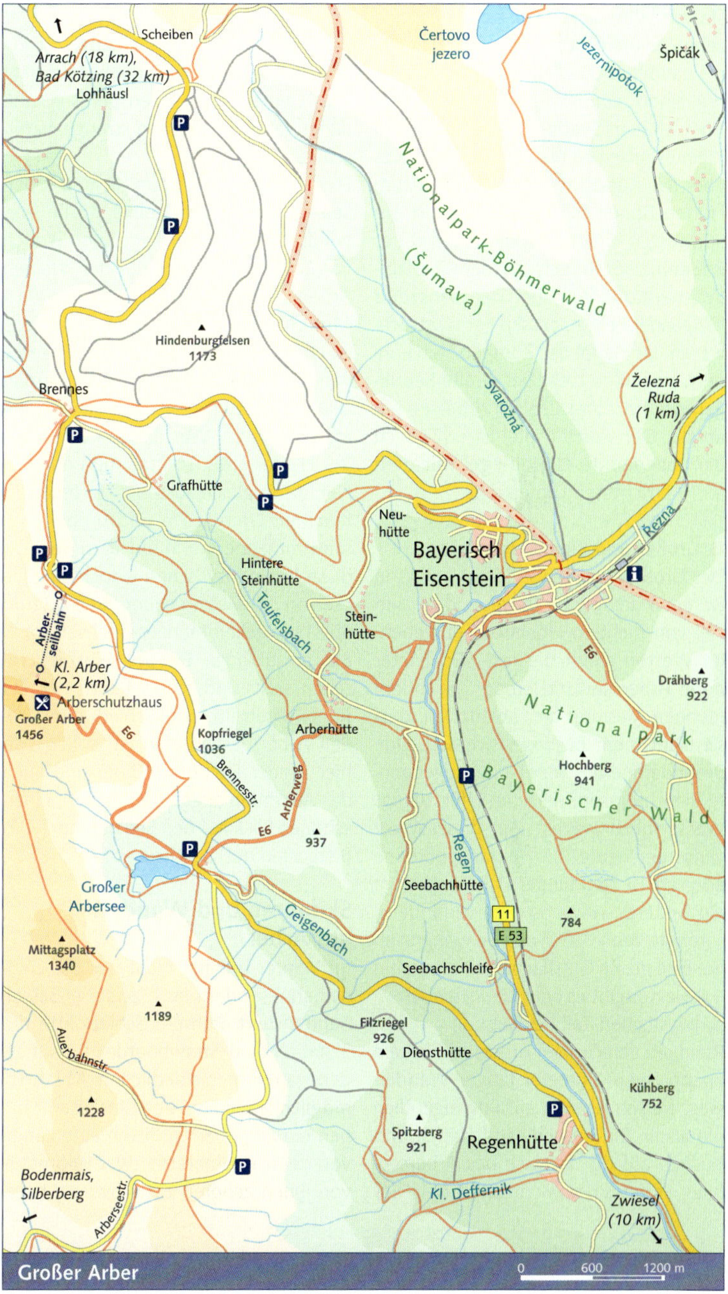
Scheiben
Arrach (18 km),
Bad Kötzing (32 km)
Lohhäusl
Čertovo jezero
Jezernipotok
Špičák
Nationalpark-Böhmerwald (Šumava)
Hindenburgfelsen 1173
Brennes
Svarožná
Železná Ruda (1 km)
Grafhütte
Neuhütte
Bayerisch Eisenstein
Řezná
Hintere Steinhütte
Teufelsbach
Steinhütte
E6
Drähberg 922
Arberseilbahn
Kl. Arber (2,2 km)
Arberschutzhaus
Großer Arber 1456
E6
Kopfriegel 1036
Arberhütte
Nationalpark Bayerischer Wald
Hochberg 941
Brennesstr.
Arberweg
E6
937
Regen
Großer Arbersee
Seebachhütte
11
E 53
784
Geigenbach
Mittagsplatz 1340
Seebachschleife
1189
Filzriegel 926
Diensthütte
Auerbahnstr.
Kühberg 752
1228
Spitzberg 921
Regenhütte
Bodenmais, Silberberg
Kl. Deffernik
Zwiesel (10 km)
Arberseestr.
Großer Arber
0 600 1200 m

station, von dort sind es dann noch zehn Minuten bis zum Gipfelkreuz. Dabei hat der Große Arber eigentlich nicht nur einen, sondern gleich vier Gipfel: Vom **Kleinen Seeriegel** hoch über dem Kleinen Arbersee blickt man westwärts über das Künische Gebirge bis hin zum Hohen Bogen bei Furth im Wald. Im Südwesten erhebt sich der Felsgrat des **Bodenmaiser Riegels** mit dem Richard-Wagner-Kopf, ein über dem Abgrund hängender Felsen, dessen Form tatsächlich an das Haupt des Komponisten erinnert. Im Süden steht der **Große Seeriegel,** der steil zum Großen Arbersee hin abfällt. Der vierte Gipfel ist schließlich der sogenannte **Gipfelriegel** mit dem 1913 errichteten Gipfelkreuz.

Großer und Kleiner Arbersee

Der **Große Arbersee** (950 m) entstand während der letzten Eiszeit und ist zum Teil von dichtem Hochwald umgeben. Im Westen steigt die fast 400 Meter hohe Arberseewand empor. Nachdem mehrere Kletterer hier abstürzten, darf sie nicht mehr bestiegen werden. Eine Besonderheit des Sees ist der sogenannte Schwingrasen, der vom Ufer aus ins Wasser hineinwächst. Auf diese Weise verlor der heute 7,7 Hektar große See allein im 19. Jahrhundert 1,5 Hektar. Um ein weiteres Zuwachsen zu verhindern, sprengte man 1899 den Schwingrasen ab. Eine große Grasfläche von immerhin 1,4 Hektar gibt es heute jedoch noch im südwestlichen Teil des Sees.

Rund um den Großen Arbersee führt ein knapp zwei Kilometer langer Wanderweg, freilich ist man auf ihm eigentlich nie allein. Ein Besuch samt Kaffee und Kuchen auf der Terrasse des Arberseehaus ist eines der wichtigsten Ziele des Bustourismus im Bayerischen Wald. Jedes Jahr kommen bis zu einer halben Million Besucher – unter ihnen auch viele Biker – an den einst so stillen Bergsee, und daher gelten inzwischen strenge Naturschutzregeln.

Etwas ruhiger geht es am **Kleinen Arbersee** zu, da an ihm keine Straße vorbeiführt. Inzwischen kann man jedoch von Lohberghütte aus mit der ›Kleinen Arberseebahn‹ auf die Höhe von 915 Metern fahren. Der Kleine Arberseee ist ebenfalls ein Relikt der Eiszeit, seine heutige Größe erhielt er 1885, als man sein Wasser zum Triften von Baumstämmen aufstaute. War der See zuvor nur 2,9 Hektar groß, so maß man nun 9,6 Hektar. Zugleich lösten sich Teile der feuchten Uferwiesen und trieben wie schwimmende Inseln auf dem See. Da diese Inseln inzwischen jedoch eine Dicke von 3,5 Metern haben, sind sie zum Stillstand gekommen, es wachsen sogar Bäume auf ihnen. Der See selbst ist zwischen sechs und zehn Metern tief. Da Bootsfahren im Unterschied zum Großen Arbersee verboten ist, sollen sich hier wieder Fischotter, Biber und auch das Auerhuhn angesiedelt haben. Einen schönen Blick auf den See hat man vom Biergarten des Gasthauses Seehäusl.

Skifahren und Wandern am Arber

Im Winter bringen nicht nur die Gondelbahn, sondern auch zwei 6er-Sesselbahnen und mehrere Schlepplifte die Skifahrer und Snowboarder hinauf zu den ganz unterschiedlichen **Abfahrtsmöglichkeiten** am Arber. Insgesamt haben die präparierten Pisten eine Länge von zehn Kilometern, zwei Kilometer von ihnen gehören zur schweren Kate-

▶ Karte S. 133

Blick vom Arber nach Süden

gorie und liegen am Osthang, wo auch die Wettbewerbe des Weltcups ausgetragen werden. Die blauen Pisten für Einsteiger befinden sich am Westhang, die vier Pisten für Fortgeschrittene am südlichen Sonnenhang. Für Kinder gibt es an der Talstation der Thurnhoflifte ein ›ArBär Kinderland‹ mit leichten Abfahrten. Zahlreiche Skischulen und Skiverleihstationen bieten ihre Dienste an. Das **Langlaufzentrum** befindet sich in Lohberg-Scheiben in einer Höhe von 1050 bis 1200 Metern mit Loipen mit einer Gesamtlänge von 23 Kilometern.

Zahlreiche **Wanderwege** ganz unterschiedlicher Länge führen auf den Gipfel des Großen Arber. Von Bodenmais aus erreicht man ihn in guten drei Stunden, dabei kommt man an den beeindruckenden **Rieslochwasserfällen** vorbei, der zu bewältigende Höhenunterschied beträgt jedoch immerhin 750 Meter. Schneller geht es vom Parkplatz am Großen Arbersee, dann hat man nur noch 500 Höhenmeter und fünf Kilometer vor sich.

Von Bayerisch Eisenstein führt eine gut siebenstündige Rundwanderung über den **Brennessattel** zum Gipfel und zurück über den Kleinen Arber (1384 m) und den Kleinen Arbersee. Der Höhenunterschied beträgt hier knapp 700 Meter. Wer es kürzer mag, fährt mit dem Auto bis zum Brennessattel auf 1030 Meter Höhe. Auf dem Gipfelplateau gibt es einen einstündigen Wanderweg mit Schautafeln zu Flora und Fauna am Großen Arber. Zudem liegt der Arber am Europäischen **Fernwanderweg E6**, der von der Ostsee an die Adria führt. Schlägt man diesen in westlicher Richtung ein, kann man auf dem Weg nach Bad Kötzting in zwei Tagen gleich zwölf ›Tausender‹ ersteigen (→ S. 140).

Aber auch eine Wanderung im Winter hat ihren ganz besonderen Reiz. Wenn der kalte Böhmwind den Schnee über den fast kahlen Gipfel treibt, erstarren Bergfichten und Latschen zu skurrilen Gestalten, den ›Arbermandln‹. Zuflucht bietet dann das **Arberschutzhaus** – gleich bei der Bergstation der Gondelbahn. Als einfache Hütte war es bereits 1884 vom Bayerischen Wald-Verein errichtet und danach immer weiter vergrößert worden. Heute kann man hier nicht nur typisch bayerisch einkehren, sondern auch übernachten.

i Arberregion

Alles über Wetter, Schneelage, Betriebszeiten der Bergbahnen unter www.arber.de.

Arber Bergbahn, Talstation Großer Arber 1, 94252 Bayerisch Eisenstein. Tel. 09925/94140. Anfahrt zur Talstation von Bayerisch Eisenstein und Bodenmais aus Richtung Großer Arbersee, von Lam aus Richtung Brennessattel. Große Parkplätze. Betriebszeiten der Bergbahnen und Schlepplifte in der Wintersaison 8.30–16 Uhr, Flutlichtbetrieb Mi und Fr 18–21 Uhr, im Sommer 9–16.30 Uhr.

Arberschutzhaus, an der Bergstation der Gondelbahn, Arbersteig 4, 94252 Bayerisch Eisenstein, Tel. 09925/941423, www.arberschutzhaus.de; 12 Zi. mit 41 Betten, Vierbett-, aber auch Einzelzi., Übernachtung ab 40 €/Person, Anmeldungen bis 16 Uhr.

Seehäusl, Kleiner Arbersee 1, 93470 Lohberg, Tel. 09943/1385, www.seehaeusl-kleinerarbersee.de; von Gründonnerstag bis Ende Okt.

Bayerisch Eisenstein

Bayerisch Eisenstein ist neben Bodenmais der zweite wichtige Standort für einen Urlaub in der Arber-Region: Es gibt viele kleine, günstige Pensionen, und der höchste Berg des Bayerischen Waldes ist von hier, vom Norden aus, eindrucksvoller als vom Süden.

▲ Karte S. 133

Der Bahnhof von Bayerisch Eisenstein

Die Gemeinde mit ihren gut 1000 Einwohnern liegt direkt an der Grenze zu Tschechien, wovon sie allerding nicht gerade profitiert. Seit dem Wegfall der Grenzkontrollen fahren viele Gäste durch den bayerischen Teil Eisensteins hindurch, um im tschechischen Teil, in Železná Ruda (Markt Eisenstein), Mittag zu essen, einzukaufen oder zu tanken.
Über Eisenstein führt auch die Straße von München nach Prag, ebenso fahren die Züge von der bayerischen in die tschechische Hauptstadt über dieses Grenzdorf. Daher ist der **Bahnhof** von Bayerisch Eisenstein dann auch die Sehenswürdigkeit, die es weit über den Bayerischen Wald hinaus bekannt gemacht hat. Und dies nicht erst in der heutigen Zeit. Als 1878 der Grenzbahnhof eröffnet wurde, hatte er die unglaubliche Zahl von 11 Gleisen. Ein ankommender Reisegast stellte beim Anblick des mit mehreren hundert Glasflammen beleuchteten Gebäudes fest: »Ein Prachtbau, der jeder größeren Stadt Zierde wäre.«
Doch mitten durch den Bahnhof verlief und verläuft bis heute die deutsch-tschechische Grenze, und so wurde mit Beginn des Kalten Krieges der Zugverkehr eingestellt, der Bahnhof durch eine Mauer geteilt, an den Gleisen ein Bretterzaun hochgezogen. Die kommunistische Führung in Prag erklärte Železná Ruda zum militärischen Sperrgebiet. Gewinner dieses Mauerbaus war allein die Natur: Zwischen den Gleisen grünte und blühte es. Am 3. Februar 1990, wenige Wochen nach der Samtenen Revolution in der Tschechoslowakei, bildeten 70 000 Menschen eine Kette zwischen dem deutschen und dem tschechischen Teil Eisensteins, um an die jahrhundertelange gemeinsame Geschichte zu erinnern. Nur wenig später wurde die Mauer durch den Bahnhof abgerissen und 1991 der regelmäßige Bahnverkehr wieder aufgenommen. Besonders viele Züge nach Tschechien verkehren zwar auch weiterhin nicht, was für Einheimische und Besucher jedoch zählt, ist das Symbol. Reizvoll ist die Fahrt bis zum nahen **Bahnhof Špičák** (Spitzberg). Auf dem Weg dorthin durchquert der Zug Tschechiens zweitlängsten Eisenbahntunnel, der 1747 Meter misst. Die bedeutendsten Ziele auf dem 1202 Meter hohen **Spitzberg** sind zwei Gletscherseen, der Černé jezero und der Čertovo jezero. Der **Böhmerwaldcourier** bietet von Mai bis Oktober jeden Mittwoch eine geführte Tagestour mit Mittagessen in das etwa eine Zugstunde entfernte Klatovy an, eine bereits im 13. Jahrhundert entstandene, lebendige Stadt mit vielen historischen Sehenswürdigkeiten: www.bohmerwaldcourier3.webnode.cz (→ S. 249).
Im **Grenzbahnhof** selbst bietet der Nationalpark ganz verschiedene Ausstellungen u.a. über Fledermäuse oder den Kalten Krieg an. Im ehemaligen Ringlokschuppen gibt es ein Lokalbahnmuseum mit rund 20 historischen Fahrzeugen.
Die meisten Besucher zieht es jedoch in die nahe **Grenzglashütte**. Hier kann man beim Glasblasen zuschauen, modischen Glasschmuck kaufen und auch gut essen.

Stadtgeschichte

Die Glasherstellung hat in Eisenstein keine so lange Tradition wie in anderen Gemeinden der Region. Erst in den 20er Jahren des 17. Jahrhunderts wurde eine erste Hütte gegründet, damals existierte der Ort wohl schon 100 Jahre. Zu Beginn des 16. Jahrhunderts hatte man in dem Tal zwischen Arber und Spitzberg beachtliche Eisenerzvorkommen entdeckt und mit ihrem Abbau begonnen – auf diese Eisenerze geht der Ortsname zurück.

Wie im bayerisch-böhmischen Grenzgebiet üblich, wechselten die Dörfer zwischen den beiden Staaten hin und her. So gehörte ab 1700 das gesamte Eisensteiner Tal zu Böhmen, die Grenze verlief damals über den Großen Arber. Dann jedoch gab Kaiserin Maria Theresia 1764 den südlichen Teil des Tals ›unter dem Arwa‹ an Bayern zurück. Die endgültige Grenzziehung erfolgte 1784 mit der Unterzeichnung eines Staatsvertrags zwischen Österreich und Bayern. Hatte es bisher auf bayerischer Seite nur ein paar Bauernhäuser gegeben, entwickelte sich nun ein neuer Ort, der zunächst

Blick von Bayerisch Eisenstein zum Arber

Karte S. 128

›Bayerisch Häusl‹ hieß. Hier entstanden Zollabfertigung, Lagerräume und natürlich auch Gasthöfe für die Reisenden. Für die Bewohner änderte sich freilich wenig. Sowohl im bayerischen wie im böhmischen Teil Eisensteins lebten überwiegend Deutsche.

1938 holte Adolf Hitler mit dem Münchner Abkommen das Sudetenland »heim ins Reich«, Markt Eisenstein wurde von Soldaten der Wehrmacht besetzt. Am Ende des Zweiten Weltkrieges war die Eisenbahnstrecke über Eisenstein die einzig sichere Verbindung von Berlin in die Alpen, was nicht nur das Militär, sondern auch Hermann Göring und Vertreter der Reichsbank nutzten. Am 23. April 1945 besetzte die US-Armee nach der Stadt Regen auch Eisenstein, besonders umkämpft war dabei natürlich die Eisenbahnlinie.

Wer heute nach Eisenstein kommt, egal ob in den tschechischen oder den bayerischen Teil, hat den Eindruck, dass hier eine lange Geschichte zu Ende geht. Wie in allen deutsch-tschechischen Grenzorten haben sich auch in **Železna Ruda** Bordelle und billige Souvenirshops angesiedelt. Die Hotels und Restaurants sind heruntergekommen, die Zeit, als der Ort für die Tschechen ein begehrtes Ferienziel war, sind lange vorbei. Allein der mächtige Zwiebelturm der barocken **Pfarrkirche Mariä Hilf** erinnert an bessere Tage. Doch auch auf bayerischer Seite sieht es kaum besser aus. In den Gasthäusern und Biergärten wartet man oft vergeblich auf Gäste. Die Gebäude der ehemaligen Grenzstation, die langsam immer weiter herunterkommen, verstärken dieses Gefühl der Trostlosigkeit noch. 1950 zählte Bayerisch Eisenstein noch fast 3000 Einwohner, heute sind es nur etwas über 1000.

Vielleicht finden die fehlenden Zukunftsaussichten ja in überraschenden

Musiker auf der Arberwallfahrt

politischen Entscheidungen ein Ventil. Zumindest hat Eisenstein ebenso wie Bodenmais sich für einen Bürgermeister mit ungewöhnlicher Laufbahn entschieden. 12 Jahre lang, bis 2014, war Bankkaufmann Thomas Müller Bürgermeister von Eisenstein. Gewählt zunächst für die CSU, doch 2010 trat er für die Grünen an – und gewann. Zugleich engagiert sich Müller auch für die Genießerbewegung Slow Food – weshalb man ihn auch den ›kochenden Bürgermeister‹ nannte.

Bayerisch Eisenstein

PLZ: 94252

Tourist Info Bayerisch Eisenstein, Schulbergstr. 1, Tel. 09925/9019001, www.bayerisch-eisenstein.de; Mo–Do 9–16 Uhr, Fr 9–12.30 Uhr, Sa 10–12 Uhr.

Bayerisch-Böhmisches Informationszentrum für Natur- und Nationalparke, Bahnhofstr. 54, Tel. 09925/902430, www.naturparkwelten.de, Mi–So 9.30–16.30 Uhr. Juli–Okt. täglich, Nov.–24. Dez. geschlossen.

Lokalbahnmuseum u. Dampflockfahrten, Bahnhofstr. 44, Tel. 09925/1376, www.lokalbahnverein.de. Fahrtzeiten und Öffnungszeiten auf der Homepage.

Waldhotel Seebachschleife, Seebachschleife 2, Tel. 09925/1000, www.seebachschleife.de; DZ ab 93 €. Mittelklassehotel etwa 3 km südl. von Bayerisch Eisenstein mit Hallenbad und Sauna.

Pension Bergblick, Am Buchenacker 9, Tel. 09925/1024, DZ ab 58 €. Sauna und Solarium. Drei Ferienwohnungen.

Grenzglashütte, Bahnhofstr. 48, Tel. 09925/903302, www.grenzglashuette.info, Mo–So 10.30–18 Uhr. Gasthaus mit Biergarten und innovativen Gerichten – so z. B. eigenem Holzofenbrot mit verschiedenen, auch vegetarischen ›Auflagen‹. Schauglashütte und Bärwurzerei.

Im Zellertal

Zwischen Bad Kötzting im Westen und Bodenmais im Osten liegt das Zellertal mit den beiden Hauptorten Arnbruck und Drachselried. Das Tal, das im Norden von Kaitersberg und Arberkamm begrenzt wird, wurde schon vor über 1000 Jahren besiedelt, dennoch zählen die beiden größten Orte gerade mal gute 2000 Einwohner. **Arnbruck** machte sich in den letzten Jahren durch das viel besuchte ›Glasdorf Weinfurter‹ einen

Namen, ein ländliches Einkaufszentrum, das Kritiker als Disneyland der Glaskunst bezeichnen. Wer es etwas ruhiger – und anspruchsvoller – mag, fährt zur **Glasgalerie Herrmann** in **Drachselried**. Schon vor über 40 Jahren begannen die Besitzer zeitgenössische Glaskunst zu sammeln. Heute sind hier 150 Künstler aus 30 Nationen vertreten, es ist eine der besten Adressen für gläserne Kunstwerke in Deutschland.

Bekannt ist das Zellertal jedoch auch für seine Vielzahl an **Wanderwegen**: vom einfachen Naturlehrpfad in Arnbruck über den Kapellenwanderweg zu 30 Kapellen und Kirchen bis hin zur **Goldsteig-Route**, bei der man gleich acht ›Eintausender‹ besteigen kann. Ausgangspunkt für diese nicht ganz einfache Wanderung über den langgezogenen Arberkamm ist Eck an der Passstraße zwischen Zellertal und Lamer Winkel. Von dort geht es auf Mühlriegel, Ödriegel, Schwarzeck, Reischflecksattel, Heugstatt und Enzian, Kleinen und Großen Arber. Die Tour ist mit gut 15 Kilometern zwar nicht allzu lang, doch anstrengend, schließlich geht es ständig rauf und runter. Sechs Stunden sollte man dafür schon einplanen. Wer will, kann die Wanderung, die Teil des Fernwanderwegs E6 ist, bereits in Bad Kötzting beginnen, dann hat man zwölf ›Eintausender‹ und 30 Kilometer vor sich. Eine genaue Beschreibung der Bergwanderung, die als eine der schönsten und anspruchsvollsten des Bayerischen Waldes gilt, gibt es samt Höhenprofil und Übernachtungsmöglichkeiten unter www.bayerischer-wald-verein.de.

Zellertal

Touristinformation Arnbruck, Gemeindezentrum 1, 93471 Arnbruck, Tel. 09945/941016, www.zellertal-online.de. Mo–Do 7.30–12 Uhr, 13–17 Uhr, Fr 7.30–12 Uhr. **Drachselried**: Zellertalstr. 1, Tel. 09945/905033, Mo–Do 8–12 und 13–16 Uhr, Fr 8–12.30 Uhr, Sa 10–11 Uhr

Hotel & Restaurant Falter, Zellertalstr. 6, 94256 Drachselried, Tel. 09945/94020, www.falter-hotel.de; DZ ab 144 € inkl. 3/4 Genießerpension. Modernes Familienhotel, das seit dem Generationswechsel 2017 auf Crossover-Küche setzt.

Glasgalerie Herrmann, Poschinger Straße 12, 94256 Drachselried, Tel. 09945/395, www.glasgalerie-herrmann.de; tägl. 9–12 Uhr, auf Wunsch werden auch Führungen durchgeführt.

Sporthaus Weinberger: Jahnstr. 20, 94249 Bodenmais, Tel. 09924/902273, www.sport-weinberger.de. Im Winter Skischule und Verleih.

Panoramabad Arnbruck, Gemeindezentrum 2, 93471 Arnbruck, Tel. 09945/941020, www.zellertal-online.de; Di–Fr 14–21 Uhr, Sa, So 14–19 Uhr. Hallenbad mit Außenbereich und mehreren Saunen.

Zwischen dem Skizentrum Eck-Riedelstein und den Bretterschachten am Großen Arber verläuft die **Auerhahn-Höhenloipe**. Es gibt auch zwei Skilifte: www.skieck.de.

Weinfurtner – Das Glasdorf, Zellertalstr. 4A, 93471 Arnbruck, Tel. 09945/94110, www.weinfurtner.de; Mo–Fr 9–18 Uhr, Sa 9–17 Uhr, von April–Dez. auch am So von 10–17 Uhr. Traditions- und Innovationsglashütte, Ausstellung von Kronleuchtern und Pokalen, Gläser und Porzellan für drinnen und draußen und vieles andere mehr, mit Bistro und Wirtshaus.

▶ Karte S. 128

Zwiesel

Die Orientierung in Zwiesel fällt leicht: Die Silhouette der Stadt wird dominiert von St. Nikolaus, der Kirche mit dem höchsten Kirchturm des Bayerischen Waldes. Sie markiert zugleich den oberen Abschluss des schönen Stadtplatzes, der sich vom Kurpark am Regen langsam immer höher schraubt und das belebte Zentrum der 9400 Einwohner zählenden Gemeinde bildet. Zwiesel ist ein guter Ausgangsort für Ausflüge in die Arberregion und den neuen Teil des Nationalparks Bayerischer Wald unterhalb des Falkensteins. Zwiesel ist aber auch einer der wichtigsten Standorte für die Glasproduktion der Region. Rund um den 965 Meter hohen Hennenkobel, den Hausberg von Zwiesel, gab es einst beträchtliche Quarzvorkommen, und so entstand bereits 1421 im heutigen Ortsteil Rabenstein eine erste Glashütte. Momentan verdienen knapp 2000 Menschen mit der Glasherstellung ihren Lebensunterhalt. Es gibt rund 10 Glasbläsereien, Galerien und Studios.

Industriegeschichte: Schott-Zwiesel

Die Glasstadt Zwiesel ist natürlich vor allem mit einem Namen verbunden: Schott-Zwiesel. Dabei beginnt die Geschichte des weltweit führenden Weinglasherstellers mit einer kleinen Tafelglashütte, die der Fuhrunternehmer Anton Müller im November 1872 gründete. Müller stellte sein Glas nicht mehr mit der Glasblase, sondern industriell her. Und so konnte er seine vergleichsweise billigen Produkte gleich kistenweise verkaufen.

1884 übernahmen die Kölner Gustav und Theodor Tasche die Glashütte Müllers für 36 000 Goldmark und erweiterten sie zur Zwieseler Farbglashütten AG mit einem Aktienkapital von über einer halben Million Mark. Noch vor dem Ersten Weltkrieg konnte ein Glaswerk im sächsischen Pirna bei Dresden erworben werden, doch 1929 war Schluss mit der ›Tascherl-Hütte‹, wie man sie in Zwiesel nannte: Die Kristallglas AG wurde von der Firma Schott & Gen aus Jena aufgekauft. Nach dem Zweiten Weltkrieg und dem Verlust der Produktionsstätte in der sowjetischen Besatzungszone erfolgte die Neugründung der Schott-Zentrale in Mainz. In Zwiesel stellte man von nun an optisches Glas, vor allem aber edles Kristallglas her.

Wichtiger wurde jedoch die maschinelle Produktion von Kelchgläsern zu Beginn der 1960er Jahre. Innerhalb von zwanzig Jahren verdreifachte man nun den Umsatz von 46 auf 120 Millionen Mark. In der ganzen Welt wurde kein Glas öfter verkauft als das Kelchglas der Serie ›Neckar‹. Eine Pyramide aus 93 000 dieser Gläser erinnert vor dem Werk in Zwiesel an den damaligen Erfolg.

Der Niedergang begann mit der Öffnung der Grenzen und der Verlagerung der Produktion nach Osteuropa. 2001 war die Zahl der Arbeitsplätze auf knapp 600 gesunken. Um den Betrieb vor der Schließung zu bewahren, erwarben ihn zwei seiner Manager. Von nun an hieß das Unternehmen Zwiesel Kristallglas AG und begann, sich auf hochwertiges, künstlerisches Kristallglas zu konzentrieren. So konnten mehrere Innovations- und Nachhaltigkeitspreise gewonnen werden, zum Beispiel gelang es, durch spezielle Schmelzwannen den Energieverbrauch um 30 Prozent zu senken. Heute sind in der Zwieseler AG weltweit knapp 900 Mitarbeiter beschäftigt, der Umsatz liegt bei 100 Millionen Euro. 2010 wurde Schott-Zwiesel von der Initiative ›Deutsche Standards‹ als ›Marke des Jahrhunderts‹ ausgezeichnet.

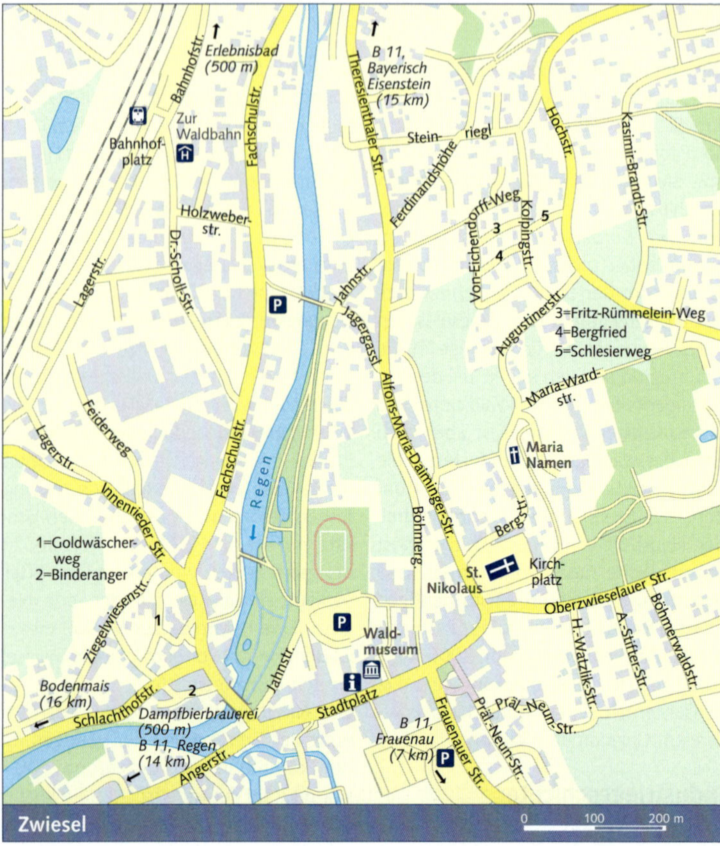

Stadtrundgang

Der Legende nach waren die ersten Bewohner des ›zwisl‹ – dem Dreieck zwischen dem Großen und dem Kleinen Regen – Goldwäscher. Erstmals erwähnt wurde der Ort 1255, schon wenige Jahre später galt er als wichtiger Umschlagplatz für den Handel mit Böhmen, schließlich sind es bis zur Grenze nur gute zehn Kilometer.

Nach dem Aufschwung folgte der Niedergang: 1431 waren es die Hussiten, 1468 der Böcklerkrieg, 1633 der Dreißigjährige Krieg und 1741 schließlich die Panduren – immer wieder wurde Zwiesel zerstört. Hinzu kamen Stadtbrände, allein im 19. Jahrhundert zählte man sechs schwere Brände.

So verwundert es nicht, dass auch das wichtigste Bauwerk der Stadt, die **Pfarrkirche St. Nikolaus**, auf einen großen Brand zurückgeht. Nachdem 1876 der Marktplatz erneut in Flammen aufgegangen war, beschloss man, die Pfarrkirche an höherer Stelle neu zu bauen. Zwiesel war damals mit 6700 Einwohnern die zweitgrößte Gemeinde in der Diözese Passau, es war klar, dass hier ein wahrer Dom des Bayerwaldes entstehen musste. Johann Baptist Schott, der wichtigste neogotische Architekt der Region (→ S. 62) wurde mit dem Bau beauftragt. Tatsächlich realisierte er eine Kirche, die mit 68 Meter Länge die nur ein paar Jahre früher errichtete Pfarrkirche von Waldkirchen noch einmal um vier Meter übertraf. Mit ihrer Backsteingotik und der Westfassade mit einem und nicht zwei Türmen erinnert sie an Kirchen im Ostseeraum. Darüber hinaus ist auch dieser 86 Meter hohe Turm höher als der von Waldkirchen – und zwar ganze 19 Meter.

Im Inneren des Gotteshauses beeindrucken in der Glasstadt Zwiesel natürlich vor allem die leuchtenden Glasfenster aus den Jahren 1894 bis 1913. Sie wurden aus Spenden der Bevölkerung finanziert und stammen von Glaskünstlern der sogenannten ›Münchner Richtung‹. Deren Ziel war es transluzente – also lichtdurchlässige – Bilder zu schaffen, daher wirkt das Kircheninnere im Unterschied zu gotischen Kathedralen hell und weit. Der Hochaltar –mit 13 Metern Höhe ebenfalls von gewaltiger Dimension –

Die imposante Pfarrkirche St. Nikolaus

Glasfenster in der St. Nikolaus-Kirche

orientiert sich an spätgotischen Flügelaltären. Im Zentrum steht der Kirchenpatron Nikolaus, begleitet von kleineren Skulpturen der Heiligen Nepomuk und Florian. Die Altarflügel rechts und links des Tabernakels zeigen Mariä Verkündigung und die Geburt Christi, die Ölgemälde auf der Altarrückseite schließlich Dornenkrönung und Geißelung. Aus früheren Zeiten blieb die Statue des gefesselten Heilands aus dem Jahre 1730 und eine Pietà aus der Mitte des 16. Jahrhunderts erhalten. Die feine Silbertreibarbeit des heiligen Nikolaus am rechten Choraufgang ist eine Leihgabe der Stadt Zwiesel.

Etwa 200 Meter oberhalb der Stadtpfarrkirche steht die kleine **Bergkirche Maria Namen** mit Fresken von Franz Anton Rauscher, dem bekanntesten Barockmaler des Bayerischen Waldes. Die Heilige Dreifaltigkeit stellte er als Figur mit drei Köpfen dar, was der Papst 1628 eigentlich verboten hatte. Dennoch finden sich solche ›unkatholischen‹ Darstellungen der Trinität häufig in der Volkskunst.

Das Totenbrett für Paul Friedl

Neben der früheren Wallfahrtskapelle steht ein Totenbrett für Paul Friedl. 1989 war der Journalist, Volksmusiker, Schriftsteller und Heimatforscher im Alter von 86 Jahren gestorben. In Zwiesel hatte er seine Kindheit verbracht und war nach dem Zweiten Weltkrieg hierher zurückgekehrt. Dennoch streiten auch andere Gemeinden des Bayerischen Waldes um das Erbe des ›Baumsteftenlenz‹ – ein Name, der auf den Hof seines Großvaters in Spiegelau zurückgeht. Denn wie kein anderer hat sich Paul Friedl um die Erhaltung des Brauchtums des Bayerischen Waldes gekümmert. Er wollte zeigen, dass die Niederbayern keine ›niederen Bayern‹ sind. Hierfür sammelte er Lieder und Musikstücke, was schließlich zur Gründung des Volksliederarchivs in Zwiesel führte. Und er verfasste die unglaubliche Zahl von 32 Heimatromanen, für den 1967 erschienen ›Veit Armeis‹ erhielt er den Preis der Deutschen Schillerstiftung. Auf Friedl geht auch der Zwieseler Fink, der bedeutendste Volksmusikpreis Bayerns, zurück.

▲ Karte S. 142

Geheime Gänge

Wie in anderen Gemeinden des Bayerischen Waldes, deren Einwohner so viele Kriege er- und überleben mussten, gibt es auch in Zwiesel unterirdische Gänge. Diese wurden seit dem Mittelalter in Gneis und Granit, das im Lauf der Jahrmillionen verwittert und weich geworden war, geschlagen. Um Lebensmittelvorräte zu lagern, entstand ein ausgeklügeltes System von Be- und Entlüftung, was eine konstante Temperatur von sechs Grad Celsius ermöglichte. Daher konnte man sogar Vieh in den Kellern halten.
Bei der touristischen Nutzung der Gänge kam es in Zwiesel freilich zum Streit. Aus diesem Grund gibt es ein städtisches Underground-Projekt und einen privaten Verein, die beide Führungen durch die unterirdischen Gänge anbieten.

Byzantinisches Ludwigsthal

Ein kunstgeschichtliches Highlight des Bayerischen Waldes bietet der alte Glashüttenort Ludwigsthal zwischen Zwiesel und Bayerisch Eisenstein. Dort entstand Ende des 19. Jahrhunderts eine Kirche im seltenen neoromanischen Stil, ein Werk des Münchner Architekten Johann Baptist Schott. Zwar wirkt das Äußere der **Herz-Jesu-Kirche** mit seinen Rundbogenfenstern und Friesen bescheiden und so unauffällig, dass man leicht an ihr vorbeifährt. Doch bereits das aus zwei Rundtürmen gestaltetet Portal lässt Größeres ahnen. Durch dieses betritt man einen kaum erleuchteten und daher geheimnisvoll wirkenden Raum, dessen Wände und Decke vollkommen mit Malereien bedeckt sind. Ähnliches gibt es im deutschsprachigen Raum nur selten – abgesehen von den Kirchen aus der Zeit des Jugendstils.
Ausgemalt wurden Schiff und Chor im Laufe von sechs Jahren von dem ebenfalls aus München stammenden Maler

Franz Hofstötter. Das Bildprogramm konzipierte jedoch nicht er, sondern der Passauer ›Friedenspfarrer‹ Johann Baptist Wolfgruber, der sich in der Zwischenkriegszeit für Abrüstung engagierte. Thema der Malereien, die Neobyzantinisches und Jugendstil mischen, ist das ›Herz-Jesu‹-Motiv. Dabei symbolisiert das ›Sacré Coeur‹ die Liebe Christi zu den Menschen, zugleich ist das Herz des Gekreuzigten im Verständis der Katholiken Quelle der Sakramente der Kirche. Die Verehrung des Herzen Jesu war seit der Aufklärung als zu spirituell bekämpft worden, hatte sich jedoch in der Volksfrömmigkeit erhalten. Als der Inhalt der Malereien in Passau bekannt wurde, sorgte das damals für ziemliche Aufregung.
Außergewöhnlich schön gestaltet sind auch der Reliquienschrein des Hochaltars mit einer überlebensgroßen Christusstatue - auch sie mit Herz - sowie der gewaltige Rundleuchter, dessen zwölf elektrische ›Kerzen‹ das himmlische Jerusalem symbolisieren. Führungen durch die Kirche bietet der Verein ›Unterirdisches Zwiesel‹ an.

Haus der Wildnis

Der Nationalpark Bayerischer Wald (→ S. 175) hat zwei Informationszentren. Das Hans-Eisenmann-Haus befindet sich bei bei Neuschönau, am Fuße von Rachel und Lusen (→ S. 178), das Haus der Wildnis zwischen Zwiesel und Bayerisch Eisenstein. Wie in Neuschönau gibt es auch hier ein **Tierfreigelände** und eine mit viel Mühe und Informationstechnologie gestaltete **Ausstellung über die Natur des Bayerischen Waldes**.
Bester Ausgangspunkt für Wanderungen in diesen Teil des Nationalparks ist der kleine Ort **Zwieseler Waldhaus**. Die schönste, aber auch längste Wanderung führt dabei zu mehreren Schachten, alten Weidegründen der Bergbauern, ins Urwaldgebiet Höllbachgespreng und schließlich auf den 1315 Meter hohen **Falkenstein**. Die Markierung ist das Grüne Dreieck, Zeichen des Europäischen Fernwanderwegs E6, für den Aufstieg muss man gut vier Stunden rechnen. Auf einem kürzeren Weg unter dem Zeichen des Eibblattes erreicht man in gut 2,5 Stunden den Berggipfel. Bei beiden Wanderungen muss ein Höhenunterschied von 600–650 Metern überwunden werden. Der **Urwalderlebnisweg ›Watzlawik Hain‹** führt auf einer Länge von rund 500 Metern durch ein Gebiet mit alten Baumriesen. Ausgangspunkt hierfür ist der Parkplatz Nr. 2 in Zwieseler Waldhaus, von dort empfiehlt sich ein Weg unter dem Zeichen ›Schwarzstorch‹ zur beliebten Ausflugsgaststätte **Schwellhäus'l**, einer ehemaligen Trifter-Klause. Ein zweiter, leicht begehbarer und auch mit dem Kinderwagen zu befahrender Weg führt unter dem Zeichen ›Käfer‹ in das **Urwaldgebiet Mittelsteighütte**.

Zwiesel

PLZ: 94227

Touristinfo, Stadtplatz 27, Tel. 09922/840523; Juli/Aug. und Ferien Mo–Do 8.30–12/13–16.30 Uhr, Fr. 8.30–12, Sa 9–12 Uhr. Sonst Mo–Fr 9–12/13–16 Uhr (außer Fr). www.zwiesel.de

Hotel Zur Waldbahn, Bahnhofsplatz 2, Tel. 09922/8570, www.zurwaldbahn.de; DZ ab 123 €. Große Zimmer mit massiven Holzmöbeln. Blick auf die Stadt und den Falkenstein. Das Restaurant bietet regionale Küche und gilt als eines der besten der Region.

Zwieseler Waldhaus, Zwieselerwaldhaus 28, 94227 Lindberg, Tel. 09925/902020, www.zwieselerwaldhaus.de; DZ ab 100 €. Unterhalb des Falkensteins gelegenes traditionsreiches und ruhiges Hotel mit schönem Biergarten. Es ist ein beliebter Ausgangspunkt für viele Wanderungen in diesen Teil des Nationalparks.

Ferienpark Arber, Waldesruhweg 34, Tel. 09922/80295, www.ferienpark-arber.de. Großzügiger Platz mit eigenem Familien-, Ruhe- und Hundebereich. Chaletvermietung, Fahrradverleih, im Sommer Animation für Kinder.

Schwellhäus'l Trifter-Klause, Schwellhäusl 310, 94252 Bayerisch Eisenstein, Tel. 09925/460, www.schwellhaeusl.de. Ende des 18. Jh. entstand hier eine Stauanlage zum Triften von Holz, die heute ein viel besuchtes Ausflugsziel ist. Es gibt einen Abenteuerspielplatz, eine Felsen-Sonnenuhr und natürlich einen schönen Biergarten, in dem klassische bayerische Brotzeiten serviert werden.

NaturVision Filmtage im Eisenmann-Haus im Okt., www.neuschoenau. de.

Grenzlandfest,traditionsreiches, neuntägiges Volksfest Mitte Juli mit Oldtimertreffen am 1. Sonntag.

Zwieseler Glastage, seit 1987 von Aug.–Anfang Okt., Ausstellungen zum Thema Glas mit Rahmenprogramm.

Zwieseler Fink, Volksmusik-Preis am ersten Wochenende im November

Bayerisch-Böhmisches Bierfestival, Ende Mai/Anf. Juni

Waldmuseum, Kirchplatz 29, Tel.09922/503706, www.waldmuseum.zwiesel.de; täglich außer Di, Mi 10–16 Uhr. Große Ausstellung zu Flora und Fauna, Glasherstellung, Brauchtum und Alltag des Bayerischen Waldes.

Glasmuseum und Werksverkauf Theresienthal, Theresienthal 15, Tel. 09922/500930, www.theresienthal.de; Mo–Fr 10–17 Uhr, Sa 10–16 Uhr (Museum bis 14 Uhr, Sa geschl.). Im ehemaligen Herrenhaus der Familie Poschinger. Gläser aus der Zeit zwischen 1800 und 1930, von denen viele an die Fürstenhöfe in ganz Europa geliefert wurden.

Erste Dampfbierbrauerei Zwiesel, Regener Straße Regener Straße 9, Tel. 09922/84660, www.dampfbier.de; Erlebnisgaststätte: Di–Fr (außer Mi) 13–16 Uhr, Führungen Di, Do und Fr 14 Uhr.

Unterirdische Gänge, städtische Führungen unter www.zwiesel.de; private Führungen unter www.unterirdisches-zwiesel.eu.

Besucherzentrum Haus der Wildnis, 94227 Ludwigsthal-Lindberg, Tel. 09922/50020, www.nationalpark-bayerischerwald.bayern.de; 26. Dez.–30.April 9–17 Uhr, 1. Mai bis 8. Nov. 9.–18 Uhr. Übrige Zeit geschl. Sehr gutes Restaurant mit regionalen Bio-Produkten.

Erholungsbad ZEB, Badstr. 4, Tel. 09922/501040, www.erholungsbad.zwiesel.de; Mo geschl., Di (nur bei Schulferien) 11–20 Uhr, Mi–Fr 12.30–20 Uhr, Sa +So 11–18 Uhr. Sportbecken, Warmwassermassagen, Außenbecken mit Strömungskanal, Dampfbad und vieles mehr.

Rund 60 km Loipen der leichten und mittleren Klasse, vor allem bei Zwieseler Waldhaus und Rabenstein. Der 16 km lange Skiwanderweg nach Bayerisch Eisenstein ist Teil der Bayerwaldloipe von Lohberg nach Neureichenau. Skibus mit mehreren Haltestellen in Zwiesel.

Zwiesel Kristallglas Werksverkauf, Dr.-Schott-Str. 35, Tel. 09922/98249, shop.zwiesel-kristallglas.com, Mo–Fr 9–18 Uhr, Sa 9–16 Uhr, So teilweise in der Saison.

Bärwurzerei Hieke, Frauenauer Straße 80–82, Tel. 09922/84330, www.shop.baerwurzerei-hieke.de; Mo–Fr 8–18 Uhr, Sa 9.30–16 Uhr, Juni–Okt. auch an So und Feiertagen.

▶ Karte S. 142

Frauenau

Frauenau bezeichnet sich selbst gern als das ›Gläserne Herz‹ des Bayerischen Waldes. Tatsächlich bestimmt die Herstellung von Glas nicht nur die Geschichte, sondern auch die Gegenwart der Gemeinde mit ihren 2700 Einwohnern. Zwei der besten Glashütten der Region – Poschinger und Eisch – stellen hier weiterhin Glas her, es gibt ein modernes Glasmuseum und mehrere kleine Studios. Dennoch stehen auch in Fraue-nau mehrere Geschäfte leer, geht die Einwohnerzahl seit Jahrzehnten zurück. Erstaunlich schwach ist in Frauenau zudem die CSU. Bei den Kommunalwahlen 2014 konnte sie nur 3 von 14 Sitzen gewinnen, ein Sozialdemokrat wurde Bürgermeister. Doch vielleicht ist dies auch gar nicht so erstaunlich. Denn schon früh hatten sich die Arbeiter der Glashütten gewerkschaftlich organisiert, daher hielt die SPD seit Bestehen der Bundesrepublik hier die absolute Mehrheit.

Wilde Au

Die erste Siedlung ›Im Tal der wilden Au‹ war zu Beginn des 14. Jahrhunderts entstanden, als der Laienbruder Hermann vom Kloster Niederaltaich aus über Rinchnach an die Ufer der Flanitz kam und mit Rodungen begann. Als Gründungsdatum von Frauenau gilt das Jahr 1324, nur wenige Jahre später, 1331, errichtete die mächtige Adelsfamilie von Degenberg hier eine hölzerne Kapelle für eine Pietà, eine Schmerzhafte Muttergottes, der man wundertätige Wirkung zuschrieb. So wurde aus der ›Wilden Au‹ die ›Frauen Au‹ und die Kirche eine bedeutende Wallfahrtsstätte. Der Rokokobau mit seinem schönen Zwiebelturm und Malereien von Franz Anton Rauscher bildet noch immer das Zentrum der Gemeinde.

Die erste Glashütte in Frauenau ist für das Jahr 1420 belegt, doch vermutlich wurde schon seit der Gründung des Ortes Glas geblasen. Frauenau ist somit einer der ältesten Glashüttenstandorte des Bayerischen Waldes, hier produziert auch die älteste in Familienbesitz befindliche Glashütte der Welt: die Glasmanufaktur der Freiherrn von Poschinger.

Industriegeschichte: Die Poschingers

1568 kaufte ein Joachim Poschinger das Glashüttengut Zadlershütte in Zwieselau. Laut Erbrechtsbrief schien dieses sehr heruntergekommen gewesen zu sein, doch

Das Glasmuseum in Frauenau

Die Kirche Mariä Himmelfahrt in Frauenau

die Poschingers bewirtschafteten es so erfolgreich, dass bereits ein gutes Jahrzehnt später eine zweite Hütte gebaut werden konnte. Die Familie stellte Spiegel-, Fenster-, Brillen- und Hohlglas her und bestimmte nebenbei auch noch die Politik der Gemeinde – dies kann man noch heute auf dem Friedhof der Pfarrkirche sehen, den Poschingers gebührten auch hier die besten Plätze. 1790 hatte Bayerns Kurfürst die Familie in den Adelsstand erhoben und ihr die Herrschaftsrechte über Frauenau übertragen. Johann Michael von Poschinger gründete 1848 die bis heute existierende Moosauhütte, deren Tafelglas schon wenige Jahre später auf der Ersten Allgemeinen Deutschen Industrieausstellung in München ausgezeichnet wurde. So konnte Poschinger sich von der böhmischen Konkurrenz absetzen und die Grundlage für den Erhalt der Poschingerhütte schaffen. Poschinger war Hoflieferant des bayerischen und französischen Königs, auch am Hof des Zaren trank man aus Gläsern des Bayerischen Waldes.

Der 1971 geborene Benedikt Freiherr Poschinger von Frauenau betreibt die Glasmanufaktur nun in 15. Generation. In **Oberfrauenau,** zwei Kilometer nordöstlich des Zentrums, liegt das ehemalige Herrenhaus der Familie mit großer Streuobstwiese, Falknerei und einem Gestüt mit Islandpferden. Hauptanziehungspunk für Wanderer in dieser an Idylle kaum zu übertreffenden Gegend ist der **Gutsgasthof** mit seiner traditionellen bayerischen Küche.

Einen der wenigen Sitze der CSU in Gemeinderat hatte – wen wundert's – 32 Jahre lang Stephan Freiherr von Poschinger inne. In Frauenau nannten sie ihn nur den ›Glasbaron‹. 2018 starb er im Alter von 79 Jahren, in der Pfarrkirche würdigte man ihn mit einem Requiem.

Von der Glashütte der Poschingers führt ein **Skulpturenpark** mit modernen Glaskunstwerken internationaler Künstler zum Glasmuseum und weiter zum Betrieb der anderen großen Glasfamilie von Frauenau.

In der Glashütte Poschinger

▲ Karte vordere Umschlagklappe

Industriegeschichte: Die Eischs

Die zweite wichtige Glasmanufaktur befindet sich ebenfalls in Familienbesitz: Die Tradition der Familie Eisch lässt sich bis ins Jahr 1689 zurückverfolgen, damals taucht ein Mathias Alesch im Verzeichnis der Arbeiter einer Glashütte auf. Valentin Eisch gründete 1946 mit seiner Frau Theresa einen Betrieb zur Veredelung von Glas, der jedoch von den alteingesessenen Produzenten boykottiert wurde: Sie lieferten Eisch einfach kein Rohglas. Daher musste die Familie ihre eigene Glasherstellung aufbauen – so entstand die jüngste und kleinste Glashütte Bayerns.

Der 1927 geborene Erwin Eisch gilt als Wegbereiter der internationalen Studioglas-Bewegung, die in den 1960er Jahren entstand (→ S. 151), seine Werke stehen in den Museen von Paris, Yokohama und New York.

Erwin Eisch ist ein Gegner der für die Touristen geschaffenen Glasstraße und der Schauglashütten, wie sie in letzter Zeit immer zahlreicher im Bayerischen Wald entstehen. Hier würden die Glasbläser und ihre harte Arbeit als Werbeobjekte für Waren missbraucht, die gar nicht aus dem Bayerischen Wald, sondern zum Beispiel aus Portugal komme. Stattdessen organisiert Eisch die Sommerakademie ›Bild-Werk Frauenau‹, bei der sich junge Leute aus der ganzen Welt treffen, um über Malerei, Bildhauerei und natürlich Glaskunst zu diskutieren. Und Eisch beteiligte sich am Konzept des 2005 neu eröffneten Glasmuseums von Frauenau, das von seiner Tochter, der Ethnologin Katharina Eisch, erstellt wurde. Das Museum, das vielen als das beste Glasmuseum der Region gilt, stellt – ganz im Sinne der Eischs – die Arbeit der Glasbläser in den Mittelpunkt. Zugleich verfügt es aber auch über eine beachtenswerte Sammlung von Glaskunstwerken. Streit gab es allerdings über die wachsenden Kosten des immerhin 6,5 Millionen Euro teuren Unternehmens. Daher gab Erwin Eisch der Gemeinde Frauenau enttäuscht 2009 seine Ehrenbürgerwürde zurück.

Bei Weinliebhabern aus aller Welt bekannt wurde die Glashütte Eisch mit ihren ›atmenden Gläsern‹. Sie sollen es ermöglichen, Bukett eines Weines besser und schneller wahrzunehmen. Ursache dafür ist ein spezielles Oxigenierungsverfahren, deren Details natürlich geheim sind. Wer es nicht glaubt, muss es selbst ausprobieren: Bei Eischs kann man die atmenden Gläser auch einzeln erwerben (Details unter ›Atemberauschender‹ bei legourmand.de).

Wanderung zu Filzen und Schachten

Filze, so heißen im Bayerischen Wald die Moore; Schachten, das sind die früheren Bergweiden, die man in den Alpen Almen nennt (→ Flora und Fauna S. 26). Bei Frauenau gibt es die Möglichkeit, beides auf engstem Raum bei einer Wanderung von nur knapp drei Kilometern zu erleben. Ausgangspunkt ist der **Parkplatz** bei der **Talsperre Frauenau**, die die Region mit Trinkwasser versorgt. Von dort führt der Wanderweg mit der Markierung ›Borstengras‹ zunächst zum **Großen Schachten**, wo sich auch ein Stellplatz für Fahrräder befindet. Denn von nun an müssen auch die Radfahrer zu Fuß gehen. Vom oberen Rand der Großen Schachten hat man einen schönen Blick hinüber zum Arber, es gibt noch einige Buchen und Ahornbäume, die aber eigentlich schon überaltert sind.

Der Rundweg ›Wolf‹ durchquert den **Latschenfilz** mit dem Latschensee und geht über die **Kohlschachten** zurück zum **Großen Schachten**. Viele Weiden liegen auf einer Höhe von über 1100 Metern, in diesem rauen Klima entwickelten die als Handelsware begehrten Zugochsen ihre Ausdauer und Härte.

Beliebtes Souvenir: Glaskugeln für den Garten

Frauenau

PLZ: 94258

Touristinformation, Am Museumspark 1, Tel. 09926/94100, www.frauenau.de; Mo–Fr 9–12/ 13–17 Uhr, Sa 10.30–12 Uhr.

St. Florian, Althüttenstr. 22, Tel. 09926/9520, www.st.-florian.de; DZ ab 130 €. Wellness- und Romantikhotel mit sehr gutem Restaurant und Außenpool.

Wellnesshotel Eibel-Brunner, Hauptstr. 18, Tel. 09926/9510, www.eibl-brunner.de; DZ ab 215 €. 2011 renoviertes Vier-Sterne-Wellnesshotel mit drei Saunas und Dampfbad, Schwimmbad mit beheiztem Außenpool.

Campingplatz Green Village, Zwieselau 13, Tel. 09922/6475, www.camping-bayrischerwald.de. Kleiner, neuer Platz, dessen Energieversorgung zu 100 Prozent aus Wasserkraft kommt.

Glasmuseum Frauenau, Am Museumspark 1, 94258 Frauenau, Tel. 09926/941020, www.glasmuseum-frauenau.de; Di–So 9–17 Uhr.

Bild-Werk Frauenau, International Summer Academy für Glaskunst, Malerei, Photographie, Gesang und vieles andere mehr von Juni– Sept., www.bild-werk-frauenau.de.

Golfpark Oberzwieselau, 18 Lochplatz rund um ein klassizistisches Schloss, Tel. 09922/80113, www.golfpark-oberzwieselau.de

Waldschrat's Adventure Company, Flanitzmühle 9, Tel. 09926/731, www.waldschrat-adventure.de. Huskyfahrten und -schule.

Glashütte Valentin Eisch GmbH, Althüttenstr.28, Tel. 09926/189253, www.eisch.de; Nov.–Apr. Mo–Fr 10–17 Uhr, Sa 9–16 Uhr, Mai-Okt. Mo–Fr bis 18 Uhr. Sa 10–16 Uhr, So und Feiertags 11–16 Uhr.

Glasmanufaktur Freiherr von Poschinger, Moosauhütte 14, Tel. 09926/94010, www.poschinger.de; Mo–Fr 10–17 Uhr, Sa 11–15 Uhr, Besichtigung Mo–Fr von 10–14 Uhr, Sa 11–13 Uhr zu jeder vollen Stunde. Gäste können ihre eigenen Blumenkugeln blasen. Online-Shop und Glas-Sonderanfertigungen.

▲ Karte vordere Umschlagklappe

Die Studioglas-Bewegung

Es war vor ziemlich genau 50 Jahren, als sich Künstler und Glasliebhaber in Toledo im US-Bundesstaat Ohio in einer Garage trafen, um an einem selbst gebastelten Ofen Glas zu blasen. Die ersten Resultate waren zwar ziemlich kümmerlich, doch konnte man den kleinen Ofen so weit verbessern, dass es möglich wurde, eines zu zeigen: Unabhängig von großen Glasmanufakturen können Künstler ihre individuellen Vorstellungen realisieren. Damit begann die sogenannte Studioglas-Bewegung der USA, die schnell Anhänger in der ganzen Welt fand. Ihr Ziel war es, Glas nicht länger nach den Prinzipien von Funktionalität und anerkannten Formen herzustellen, sondern wie Stein, Holz oder Metall als Material für Kunst zu sehen. Nicht am Tisch der Designer, sondern bei der Arbeit am Ofen sollten die Kunstwerke entstehen.

Als ›Vater‹ der Studioglas-Bewegung gilt der US-amerikanische Designprofessor Harvey Littleton, der 1963 an der University von Wisconsin einen ersten Studiengang für Glas einführte. Bereits ein Jahr zuvor war Littleton zu alten Glasmanufakturen in den Bayerischen Wald gereist, wo ihn eine Vase des Frauenauer Glaskünstlers Erwin Eisch begeisterte. Die Begegnung der beiden führte zur Einladung von Eisch zu einem Weltkongress von Handwerkern im Jahre 1964 in New York. Ein Jahr später baute Eisch in der Glashütte seiner Eltern einen kleinen Ofen, den er und andere Glaskünstler der Region für ihre Ideen nutzten.

Ihre Werke kann man heute im Glasmuseum von Frauenau und natürlich auch in der Glashütte Eisch besichtigen. Doch die Revolution, die die individuelle Gestaltung von Glas damals bedeutete, ist heute oft nur noch schwer nachzuvollziehen. Vielmehr scheinen die Möglichkeiten, Glas zu gestalten, eher eingeschränkt. Dennoch war diese aus den USA kommende Bewegung für die Menschen im Bayerischen Wald der 1960er Jahre etwas Außergewöhnliches und gab Anlass zu viel Streit und Diskussionen.

Wer sich heute für die Kunst der Studioglas-Bewegung interessiert, findet besonders viele Galerien und Studios in Zwiesel sowie Frauenau und sollte nach den Werken folgender Künstler fragen:

Karl Berg: Schleift aus Glasblöcken futuristische Skulpturen.

Franz X. Hoeller: Der Graveur widmet sich der Polarität, Leben und Tod, Tag und Nacht.

Theodor G. Sellner: Sein Thema sind mythologische Gestalten.

Helmut Köhler: Graviert phantasievolle Figuren auf bizarr geformten Glasscheiben.

Ursula Merker: Meisterin der gläsernen Schmetterlinge.

Manfred Thomczyk: Massive Gefäße und kubistische Objekte aus geklebtem Flachglas.

Glaskunst

EXTRA

Regen

Kleine Stadt mit unbekannten Namen,
in die selten fremde Menschen kamen -
Giebeldächer, Erker, enge Gassen,
Heiliger auf der Brücke, weltverlassen ...

So beginnt ein Gedicht, das der aus dem Baltikum stammende Schriftsteller Siegfried von Vegesack über seine zweite Heimat, die Stadt Regen, schrieb. Als Vegesack sich 1918 im Bayerischen Wald niederließ, war Regen noch keine Kreisstadt mit knapp 11 000 Einwohnern, sondern ein beschaulicher Marktflecken mit kaum 3000 Bewohnern. Die Veränderungen der modernen Zeit, sie kämen, so der Dichter, in Regen immer etwas später an als in anderen Orten des Bayerischen Waldes. Ja, es gäbe dort sogar zwei Zeiten, die der Kirchturm- und die der Bahnhofsuhr, und erstere sei der Normalzeit mit Absicht immer ein bisschen voraus: damit kein Regener zu spät zum Zuge käme.

Stadtgeschichte

Urkundlich erwähnt wurde Regen erstmals 1149, 1270 erfolgte dann die Erhebung zum Markt, was sich erst 650 Jahre später ändern sollte. Denn erst 1932 wurde die Gemeinde am Schwarzen Regen zur Stadt erhoben. Und auch dafür hatte der Schriftsteller eine Erklärung: »Als in Regen eine Glasfabrik eröffnet

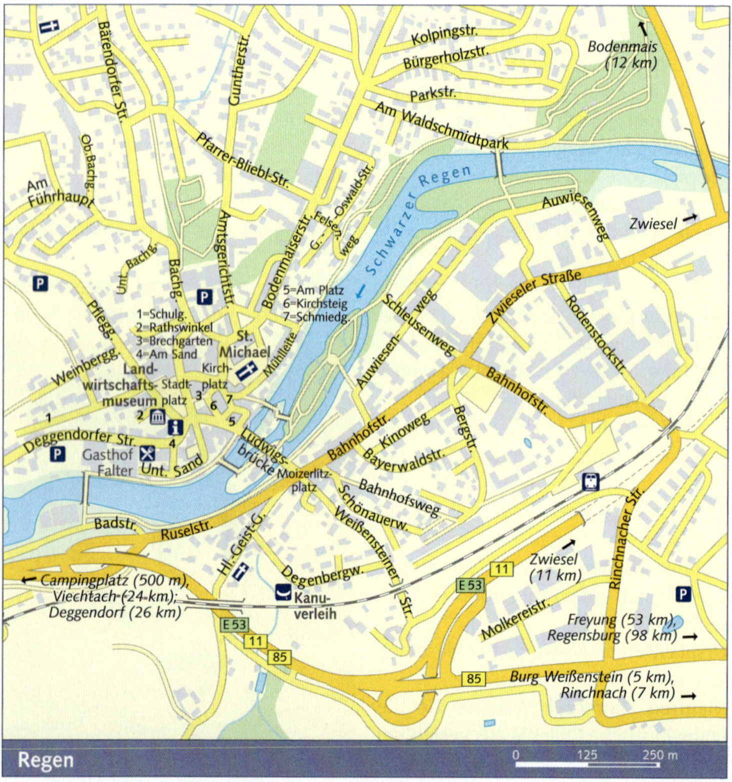

Pferdewallfahrt in Regen

werden sollte, lehnte man ab, auch eine Papierfabrik wollte man nicht. Und den Bahnhof baute man möglichst weit außerhalb. Die fremden Industriearbeiter würden der Moral der Einheimischen schaden, so hieß es zur Begründung.«

Im Dreißigjährigen Krieg wurde Regen nicht nur ein-, sondern gleich dreimal von den Schweden zerstört, das letzte Mal nur wenige Wochen vor Friedenschluss im September 1648. Ein Abt des Klosters Oberaltaich hielt fest: »Man sah Eltern ohne Kinder, Kinder ohne Eltern. Mütter, die ihre Säuglinge auf dem Rücken trugen, Greise, auf ihren Wanderstab gestützt, halbnackte Menschen, Schwerverwundete oder Verstümmelte von einem Ort zum anderen laufen. Viele schleppten ihre Gerätschaften auf den Schultern oder auf Karren tief in die Waldungen hinein und verbargen sich dort in den Höhlen.«

Doch nicht nur die Schweden, auch die Hussiten und Panduren zerstörten Regen, den Rest besorgten Stadtbrände und so ist kaum ein altes Haus erhalten geblieben. Allerdings gab es noch in der Mitte des 19. Jahrhunderts für 1500 Einwohner 14 Brauereien und 28 Gasthäuser und einen Wanderverein, der freilich keine Wanderungen unternahm, sondern von einem Wirtshaus zum nächsten zog.

Feiern kann man in Regen auch heute ganz gut, selbst wenn es mit dem Brauhaus Falter nur noch eine einzige große städtische Brauerei gibt. So zum Beispiel beim **Pichelsteinerfest**, bei dem nicht nur der berühmte Eintopf (→ S. 77) serviert wird, sondern Einheimische und Touristen sich ganze sechs Tage lang mit Feuerwerk und Wasserspielen, Gondelfahrten und Festumzügen amüsieren. Oder bei der **Pferdewallfahrt** am Ostermontag, an der edle Rassetiere genauso teilnehmen wie schwere Brauereigäule und ungeduldige Ponys.

Und auch Johannes von Nepomuk, der Heilige auf der Brücke, von dem Vegesack in seinem Gedicht schrieb, gibt es noch. Nur dass bei der Brücke über den Schwarzen Regen heute kein Mauthäuschen mehr steht, sondern der Betonbau der Sparkasse.

Überhaupt sind der **Kurpark** und die **Promenade am Fluss** eigentlich die schönsten Orte in dieser Stadt, die noch immer den Eindruck erweckt, lieber in der Vergangenheit leben zu wollen. An langen Spätsommernachmittagen scheint im Zentrum der Kreisstadt die Zeit still zu stehen.

Sehenswürdigkeiten

Hauptanziehungspunkt in Regen ist das **Niederbayerische Landwirtschaftsmuseum** in einem schönen Jugendstilhaus beim Stadtplatz. Bereits in den 1930er Jahren hatten die Bürger begonnen, für dieses Museumsprojekt Ausstellungsstücke zu sammeln, und dabei kamen durchaus ungewöhnliche Gerätschaften

Blick auf die Stadt vom Fluss

wie eine Leinsamenklapper, ein Baumheber oder Strohseilmaschinen zusammen. Den Initiatoren ging es aber nicht nur um das ›alte Handwerkszeugs‹, sondern auch um das Leben der Bauern im 18. und 19. Jahrhundert vor der Industrialisierung der Landwirtschaft. Bis heute ist das Museum in Regen das einzige, das sich der Agrargeschichte Niederbayerns widmet.

Ebenso alt wie die Gemeinde ist die **Kirche St. Michael**, der erste Bau stammt wohl schon aus dem Jahre 1035 und war noch aus Holz errichtet worden. Um 1270 folgte dann eine romanische Steinkirche, von ihr blieb der kleine Kirchturm erhalten. Der mächtige Westturm von St. Michael stand dagegen früher frei, es war ein Wehrturm, der erst Ende des 15. Jahrhunderts mit der nun entstehenden gotischen Kirche verbunden wurde. Aus dieser Zeit stammt auch die Christusfigur über dem Hochaltar. Im Dreißigjährigen Krieg wurde die Pfarrkirche von den Schweden niedergebrannt, doch ab 1655 wieder aufgebaut. Mehrmals verlängert wurde das Langhaus, mehrfach umgestaltet die Inneneinrichtung. Der letzte Umbau erfolgte erst 2001 bis 2003, damals setzte man die Altarinsel aus dem Zentrum der Kirche an die Ostwand und gab ihr einen modernen Hintergrund mit Motiven aus dem Sonnengesang des heiligen Franz von Assisi.

Das Fressende Haus

Da Siegfried von Vegesack nach dem Ersten Weltkrieg nicht ins Baltikum zurückkehren wollte, suchte er zunächst in Schweden und in Berlin eine neue Heimat, entschied sich schließlich aus gesundheitlichen Gründen jedoch für Bayern. Gemeinsam mit seiner Frau, der schwedischen Dichterin Clara Nordström, kaufte er ›für ein Butterbrot‹ einen ehemaligen Getreidespeicher der Burg Weißenstein, unweit von Regen. Da der Umbau der Kornkammer zu einem Wohnturm immer mehr Geld verschlang, gab Vegesack ihm den Namen ›Fressendes Haus‹ und schrieb auch gleich noch einen Roman mit diesem Titel.

Im Dorf Weißenstein galt der Dichter vielen als Spinner und Aussteiger, andere wiederum bezeugten ihren »sehr großen Respekt vor dem Herrn Baron«.

▶ Karte S. 152

Tatsächlich war der Deutsch-Balte eine auffällige Erscheinung: hochgewachsen, mit einem Monokel im Auge und einem gelben Schal um den Hals. So machte er auch seine Spaziergänge durch Regen und den Bayerischen Wald, über den er schrieb: »Wer aber einmal den Rhythmus dieser Wald- und Berglandlinien aufgenommen hat, dem wird die verhaltene Schönheit dieser unaufdringlichen Landschaft fester ans Herz wachsen als irgend eine andere. Er wird ihr verfallen.«
Am 12. März 1933 wurde Vegesack in Regen inhaftiert. Eine Woche zuvor hatten Nationalsozialisten auf der Burgruine eine Hakenkreuzfahne gehisst. Dies ärgerte den Schriftsteller so sehr, dass er die Landespolizei herbeirief, die die Fahne dann auch prompt herunterholen ließ. In Regen, so der Wachmeister, seien die Fahnen weiß-blau. Diese bayerische Idylle währte freilich nur kurz. Vegesack kam in Schutzhaft, und auch an Regen ging der Zweite Weltkrieg nicht spurlos vorbei. Zwar hatten Bürgermeister und örtliche Parteiführung beschlossen, die Stadt nicht zu verteidigen, die Heeresleitung sah dies jedoch etwas anders. Die Rückzugstraße aus Böhmen nach Deggendorf müsse unbedingt gehalten werden. »So setzte am 23.April 1945 zwischen acht und zehn Uhr eine unglaubliche Völkerwanderung ein, zahllose Frauen mit ihren Kindern in Kinderwägelchen, Herren und Frauen in hohem Alter, schnaufende Asthmatiker, Schubkarren, Ochsenwagen voll hochaufgetürmt mit Koffern, Schachteln und Kisten, so wälzte sich ein breiter Strom auf allen Straßen hin, die in die Wälder führten...«, berichtet ein Augenzeuge (www.ahnenforschung-benz.de).

Das ›Fressende Haus‹ in Weißenstein

Der ›Gläserne Wald‹

Während die US-Armee auf die friedliche Übergabe der Stadt wartete, sprengten Pioniere der Wehrmacht die wichtigen Brücken in die Luft. Zweieinhalb Stunden dauerte der Kampf um die Stadt, wobei 50 Menschen getötet und 30 Häuser zerstört wurden. Danach war Regen endlich in der Hand der Amerikaner.
Vegesack starb 1974 in Weißenstein, fünf Jahre später sanierte die Stadt das Fressende Haus und machte aus ihm eine Gedenkstätte für das Schriftstellerpaar: mit seinen Möbeln, seinen Pfeifen und

alten Schnupftabakgläsern. Lohnenswert ist auch der Aufstieg auf den **Bergfried der Burgruine Weißenstein**, die hoch auf dem Pfahl thront. Weißenstein war zu Beginn des 12. Jahrhunderts unter den Grafen von Bogen zum Schutz des Handelsplatzes am Regen erbaut worden. Zerstört wurde die - damals allerdings bereits aufgegebene Anlage - 1742 von den Panduren. Vor dem Fressenden Haus steht der **Gläserne Wald**: 25 Glaskunstwerke, die die Formen und Farben des Waldes nachbilden.

Rinchnach

Gleich drei große Gasthöfe gibt es rund um den Hauptplatz von Rinchnach, ganz so wie dies in vielen Orten des Bayerischen Waldes früher üblich war. Die Gemeinde an der Rinchnacher Ohe gehört mit ihren 3000 Einwohnern eher zu den kleineren der Region, doch gilt ihre ehemalige Klosterkirche als schönste Barockkirche des Waldes und auch alte Bräuche, wie das Wolfauslassen (→ S. 76) oder die Fuhrleute-Gedächtnisfahrt mit 60 Kutschen, ziehen viele Besucher an. Die Johannes dem Täufer geweihte **Kirche von Rinchnach** ist eine der ältesten des Bayerischen Waldes. Ihre Gründung geht bis auf den hl. Gunther zurück. Zu Beginn des 11. Jahrhunderts hatte der Einsiedler, dem es im Kloster Niederaltaich nicht ruhig genug war, hier zunächst in einer Eremitenzelle gelebt, 1040 ordnete sein Abt dann jedoch die Gründung eines Klosters an. Als man das Benediktinerstift 1803 säkularisierte, wurde die Klosterkirche zur Pfarrkirche. 1727–29 hatte Johann Michael Fischer, einer der bedeutendsten Barockarchitekten der Region, sie umgebaut und gemeinsam mit den führenden Künstlern seiner Zeit dabei etwas geschaffen, was man wohl tatsächlich als ›Bayerwald-Wunder‹ bezeichnen muss. Den rechteckigen gotischen Raum verwandelte Fischer in ein Oval, wobei er die Ecken durch Nischen auflöste und mit einer

In Rinchnach

Barocke Kanzel in der Klosterkirche

▲ Karte vordere Umschlagklappe

Kuppel krönte. Für Bewegung sorgen die schräg gestellten Pilaster und das umlaufende Gebälk, ganz so wie es typisch für das Hochbarock ist. Noch beeindruckender ist die Ausstattung: Das gesamte Gewölbe ist bedeckt mit Fresken und Stuckaturen in vielfältigen Formen und hellen Farben. Die Fresken stammen von dem österreichischen Künstler Andreas Haindl und zeigen in der Kuppel die Verherrlichung des Kreuzes, im Chor die Aufnahme Marias in den Himmel und im Langhaus Szenen aus dem Leben des Kirchenpatrons und des Klostergründers. Die Stuckaturen könnten auf Johann Baptist Modler zurückgehen, der auch die Klöster in Aldersbach und Fürstenzell gestaltete - genau weiß man dies aber nicht. Franz Anton Rauscher, ein Schüler der Asam-Brüder, schuf 1770 das Gemälde ›Taufe Christi‹ am gewaltigen Hochaltar. Immer neue Details kann man an den reich verzierten Seitenaltären und der goldenen Kanzel entdecken, hier kommen die Fans dieses Baustils ganz auf ihre Kosten.

Regen

PLZ: 94209
Tourist-Info Regen, Schulgasse 2, Tel. 09921/60426, www.regen.de; Mo–Fr 8–17 Uhr, Sa, So und feiertags 10–17 Uhr.

Brauereigasthof Falter, Am Sand 14, Tel. 09921/9603377, www.brauereigasthof-regen.de; DZ 72 €. Traditionsreicher Gasthof mit ›musikantenfreundlichem‹ Restaurant (→ S. 72), in dem das hauseigene Falterbier ausgeschenkt wird.
Tigerhill Ranch, Dürlau 4, 94269 Rinchnach, Tel. 0160/7818694, www.tigerhillranch-norikerhof.de. Eine Woche Reiturlaub mit HP ab 550 €, DZ 90 €..
Berggasthof Hinhart, Hinhart 18, Tel. 09921/94340, www.berggasthof.de. Hoch über Regen mit altem Biergarten. Passable Hausmannskost. DZ ab 75 €.

Regental Aktiv Camping, Badstr. 18, Tel.0921/9603470, www.regental-aktiv-camping.de. Direkt am Fluss Regen, fünf Gehminuten vom Zentrum der Stadt Regen entfernt. Einige Blockbohlenhäuschen, Kanuverleih, Fischereikartenverkauf, Fahrradverleih.

ButterBoyz, Stadtplatz 21. Fünf Sorten hausgemachte Butter und andere Spezialitäten. www.butterboyz.de

Osterritt der Landjugend mit rund 500 Reitern am Ostermontag.
Pichelsteinerfest (→ S. 77), sechstägiges Volksfest Ende Juli.
Volksmusikfestival ›drumherum‹ mit 50 000 Besuchern, alle zwei Jahre an Pfingsten, das nächste Mal 2020.
Mittelalterfest mit Ritterspektakel alle zwei Jahre im Juni in Weißenstein, nächster Termin Ende Juni 2021.
Wolfauslassen, jedes Jahr am 10. Nov. in Rinchnach.
Rauhnacht, Ende Dez. in unregelmäßigen Abständen in Rinchnach, aktuelle Termine unter www.rinchnach.de.

Niederbayerisches Landwirtschaftsmuseum Regen, Schulgasse 2, Tel. 09921/60485, www.regen.de; Mo–Fr 8–17 Uhr, Sa, So und feiertags 10–17 Uhr.
Fressendes Haus in Weißenstein, Tel. 09921/5106, www.regen.de; 5. Mai–18. Sept. 10–16.30 Uhr, -6. Nov. nur am Wochenende oder Feiertagen, sonst geschlossen.
Burgruine Weißenstein, Tel. 09921/60449, www.burgverein-weissenstein.de; 1. April–31.Okt. Di–So 10–16.30 Uhr. Mo und bei Regenwetter geschlossen..

KanuverleihHölzl,Oleumhütte9a,Tel.0176/96849092, www.kanutouren-regen.de.

durchsichtig und zerbrechlich
gut beschriftet in regalen und vitrinen
unsere enkel werden sie einst
wieder hervorholen.

*›glasmuseum‹, Friedrich Brandl (*1946)*

DER UNTERE BAYERISCHE WALD

Glaskunst der Schauglasbläserei Scherben Köck in St. Oswald-Riedlhütte

Im Land der Burgen und Dichter

Auf dem Dreisesselberg, so erzählt die Legende, trafen sich einst die Herrscher Bayerns, Böhmens und Österreichs, um Rat zu halten über die Geschicke ihrer Länder. Bis heute verläuft über den gut 1300 Meter hohen Berg bei Niederschönau die Grenze zwischen Deutschland, Tschechien und Österreich. Seitdem sich der Eiserne Vorhang am Dreiländereck hob, kann sie von Wanderern problemlos überschritten werden.

Überhaupt locken im unteren Teil des Bayerischen Waldes immer wieder Ausflüge in den Böhmerwald. Von der kleinen Gemeinde Finsterau aus kann man zur Quelle der Warmen Moldau wandern, jenseits des Dreisesselbergs erreicht man auf den Spuren Adalbert Stifters den Moldaustausee Lipno mit dem Geburtshaus des Dichters.

In diesem südöstlichen Teil der Gebirgskammes blieben rund um den Rachelsee einige der letzten Urwaldriesen erhalten. Der Große Rachel ist mit seinen 1453 Metern der zweithöchste Berg des Bayerischen Waldes. Der dritte bedeutende Berg des unteren Bayerischen Waldes ist der Lusen, zu dessen Gipfel in 1373 Meter Höhe eine ›Himmelsleiter‹ hinaufführt. An seinem Fuß, in Neuschönau, befindet sich eines der beiden Informationszentren des Nationalparks Bayerischer Wald mit dem Tierfreigelände und einer der neusten Attraktionen des Waldes: der Baumwipfelpfad, der in der Architektur der Kuppel des Berliner Reichstages ähnelt. An klaren Tagen sind von hier aus die Alpen sichtbar, doch auch der Blick über die Wipfel des Waldes ist grandios. Wer von Passau aus nicht so weit in den Bayerischen Wald hineinfahren möchte, kann einen anderen Höhepunkt ansteuern: das Dreiburgenland mit dem Museumsdorf bei Tittling.

▲ Karte S. 161

Blick vom Dreisesselberg auf den Bayerischen Wald

Dreiburgenland

Unzählige Burgen gibt es im Bayerischen Wald, da sich einst zahlreiche Adelige die Herrschaft über ihn teilten. Aber nirgendwo sind die alten Adelssitze so eindrucksvoll wie im Dreiburgenland bei Tittling, rund 20 Kilometer nördlich von Passau. Schon von weitem sichtbar stehen sie stolz auf steilen Bergen. Die Innenräume der drei Burgen sind zwar nur bei besonderen Anlässen wie Gemeindefesten zugänglich, doch dafür bietet die Region eine Vielzahl von Freizeitmöglichkeiten. Es gibt den Dreiburgensee mit alten Bauernhäusern, Badeplatz, Ausflugsgaststätten und Rundwanderweg. Ein anderes Ziel ist der Eginger See mit der Westernstadt Pullmann City. Jedes Jahr im Juli findet der Dreiburgenland-Marathon statt, der mit seinen ständigen Aufstiegen zu den schwersten seiner Art gehört. Ein knapp 50 Kilometer langer Radweg führt von Hengersberg bei Deggendorf auf einer ehemaligen, leicht zu befahrenden Bahntrasse durch das Dreiburgenland ins Tal der Ilz.

Fürstenstein

Die erste Burg, die man von Passau aus erreicht, ist Fürstenstein. Wie ein Märchenschloss thront sie auf einem fast 600 Meter hohen Felsrücken. Wann genau die Burg errichtet wurde, weiß man nicht, allerdings kennt man das Jahr ihrer ersten Zerstörung: 1332. Als früheste Besitzer werden die ziemlich mächtigen Grafen von Hals bei Passau genannt, später wanderte der Besitz von Hand zu Hand, auch dem Herzog von Bayern gehörte sie zeitweise. 1742 wurde Fürstenstein von den Panduren (→ S. 69) verwüstet, 1848 brannte die Anlage ab. Nach dem Wiederaufbau aus Geldern des Passauer Bistums wenige Jahre später erhielt sie der

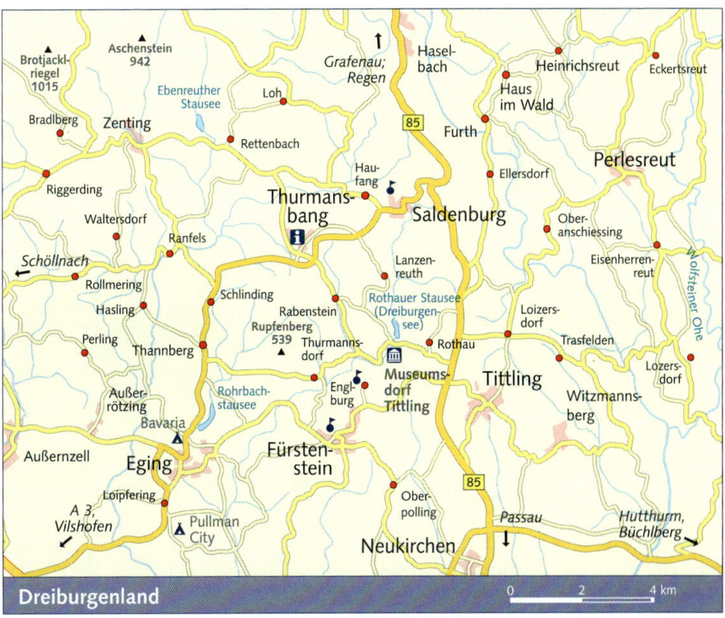

Dreiburgenland

Am Dreiburgensee

Orden der Maria-Ward-Schwestern, die verschiedene soziale Einrichtungen wie zum Beispiel eine ›Anstalt für verwahrloste Kinder‹ einrichteten. Seit 2007 befindet sich das Schloss in Privatbesitz, ab und zu finden im Burghof jedoch Feste der Gemeinde Fürstenberg statt.

Zugänglich ist die 1629 erstmals errichtete **Schlosskapelle** mit ihren zwei Türmen und dem ungewöhnlichen achteckigen Chor. Es handelt sich um den ältesten und originalgetreusten Nachbau der Gnadenkapelle von Altötting, zu dem sich die Herren von Fürstenstein entschieden, weil sie im Dreißigjährigen Krieg den Gläubigen den gefährlichen Weg in das Zentrum der bayerischen Marienverehrung nicht zumuten wollten. 2004 wurde die heutige Pfarrkirche renoviert und erhielt einen modernen, frei stehenden Altar aus Granit und Bronze, das Oktogon wurde in leuchtendem Orange ausgemalt. Jedes Jahr im Oktober findet die Wallfahrt zur Schwarzen Madonna von Fürstenstein statt.

Englburg

Nur wenige Kilometer nördlich von Fürstenstein steht die Englburg, die 1396 unter Wilhelm von Puchberg errichtet wurde. Auch sie wechselte mehrmals den Besitzer und wurde von den Panduren zum Teil zerstört. Entscheidend für das heutige Aussehen waren die baulichen Veränderungen im 17. Jahrhundert, als die Burgtürme ihre charakteristischen Zwiebelkuppeln erhielten und im Südtrakt eine Brauerei entstand. 1774 erbaute der Passauer Hofmaurermeister Anton Gärtler ein prächtiges Treppenhaus sowie den Dienerschaftsflügel. 1950 wurde auf der Englburg der Beitritt der Bundesrepublik zur Genfer Flüchtlingskonvention unterzeichnet, mehrmals machte Bundespräsident Theodor Heuss hier Urlaub. Bis 2005 existierte auf der Burg ein Erholungsheim der Englischen Fräulein, 2010 ging sie in Privatbesitz über und wird seitdem umfassend saniert. Englburg ist die Heimat des 1926 geborenen Bildhauers und Eisenkünstlers Karl Mader, seine phantasievollen Werke können im **Ausstellungsraum** Englburg 52 (Tel. 0850/44156) besichtigt werden.

Saldenburg

Die dritte im Bunde der Burgen ist die Saldenburg. Da bei ihr der hintere Bayerische Wald beginnt, sie weithin sichtbar ist und die Form eines Würfels hat, wird sie auch als ›Waldlaterne‹ bezeichnet.

Burg Fürstenstein

▲ Karte S. 161

Im Museumsdorf Tittling

Errichtet wurde die Saldenburg 1368 unter Heinrich Tuschl von Söldenau im Auftrag der Grafen von Hals. Während des Zweiten Weltkriegs wurden hier Kinder slowenischer Widerstandskämpfer festgehalten, heute dient die Burg als Jugendherberge. Rittersaal, Hauskapelle und Gesindekuchl sind daher nur mit Sonderführungen zu besichtigen. Ende November findet eine mittelalterliche Burgweihnacht statt.

Museumsdorf Tittling

Unweit von Tittling mit seinen 3600 Einwohnern liegen der Dreiburgensee und das wichtigste Museumsdorf des Bayerischen Waldes. Die Geschichte dieses Museums beginnt im Jahr 1993, als der Unternehmer Georg Höltl am Dreiburgensee ein neues Hotel bauen ließ und dabei auf die 500 Jahre alte Rothausmühle aufmerksam wurde. Die Mühle sollte abgerissen werden, doch der Hotelier entschied, sie zu restaurieren und zum ersten Objekt eines Freilichtmuseums zu machen. In den folgenden Jahren wurden weiter Objekte aufgekauft, nicht nur traditionelle Waldlerhäuser aus den verschiedensten Jahrhunderten, sondern auch ein Feuerwehrhaus, die älteste Volksschule Deutschlands, landwirtschaftliche Geräte und bäuerlicher Hausrat. Heute ist das Museumsdorf Tittling eines der größten Freilichtmuseen Europas mit mehr als 150 Gebäuden. Die Ausstellungen zu Alltagsleben und Religion wirken etwas veraltet, doch werden sie ergänzt mit Vorführungen alter Handwerkstechniken, wobei dann auch die Alte Schmiede mit ihren riesigen Mühlrädern wieder in Betrieb gesetzt wird. Besonders sehenswert: die hölzerne Kegelbahn im Gasthaus Mühlhiasl, von dessen Terrasse man einen schönen Blick über die gesamte Anlage hat.

Besuch beim Wackelstein

Der Wackelstein ist ein etwa 50 Tonnen schwerer, über drei Meter breiter Granitblock, der auf einer fast ebenen Felsplatte aufliegt. Trotz seines hohen Gewichts kann er problemlos zum Schaukeln gebracht werden – was Besucher natürlich auch immer wieder tun ...

Geologen führen das Phänomen dieses Naturdenkmals auf die unterschiedlichen Verwitterungsformen der Hauptbestandteile des Granits, Quarz, Feldspat und Glimmer, zurück. An ihren Kanten würden Steine schneller verwittern, die Auflagefläche zu anderen Steinen also immer kleiner werden. Aus einer Gesteinsplatte würde in Jahrmillionen daher ein runder Block werden. Und: Bei geeigneten Voraussetzungen könnte sich die Gleichgewichtslage so verändern, dass der Block zwar immer noch sicher auf seiner Unterlage liege, nun jedoch schon geringste Kräfte ausreichten, um ihn um seinen Schwerpunkt zum Pendeln zu bringen. Soweit die Geologen.

Die Anthropologin Heide Göttner-Abendroth ist dagegen ganz anderer Ansicht. Der Wackelstein bei Loh sei teilweise von Menschenhand geformt worden, und zwar so, dass er als große Wiege diene, man könne sich auf ihn legen und in Trance wiegen lassen. Daher handele es sich um einen Kultstein ersten Ranges, obwohl unklar sei, welche Zeremonien mit dem Wiegen verbunden waren. Tatsächlich gibt es Wackelsteine in vielen Ländern auf der ganzen Welt, fast immer werden sie als religiöse, mystische Orte verehrt. Wissenschaftlern zufolge legen sich bis heute Angehörige von Urvölkern auf die Steine und lassen sich in Trance wiegen. Um sich auf dem bayerischen Wackelstein wiegen zu lassen, muss man jedoch wohl eine Leiter mitbringen. Denn so einfach hinaufsteigen kann man auf den Stein nicht.

In der Nähe des Wackelsteins verzeichnen manche Wanderkarten eine **Kapelle**, doch als Wanderer wird man diese zunächst vergeblich suchen. Mit dem Symbol gemeint ist eine halbkugelförmige Ansammlung von mehreren verwitterten Felsblöcken und Platten, die einen Raum bilden, den man auch betreten kann. Der Wissenschaftlerin Göttner-Abendroth zufolge könnte es sich um ein Sonnenobservatorium der Jungsteinzeit handeln, ihr zufolge wurden die Steine behauen und womöglich zur heutigen Form zusammengestellt. Tatsächlich stehen gleich vier paarweise angeordnete steinerne Türme am Südosthang, also der Sonnenseite. Wer weitere Interpretationen der Felsformation rund um das ›Steinere Kirchlein‹, in der ein Kriegsheimkehrer ein Kreuz anbringen ließ, sucht, findet diese unter www.godeweg.de und www.goettner-abendroth.de. Ausgangspunkt für den nur eine Viertelstunde dauernden Spaziergang zum Wackelstein ist der **Wanderparkplatz von Loh bei Solla** (Wanderweg Nummer 61). Ein fünf Kilometer langer Rundweg führt vom Wackelstein weiter zum ›Steinernen Kirchlein‹ und über Entschenreuth zurück nach Loh.

Dreiburgenland

Tourismusstelle Ilztal & Dreiburgenland, Rathausplatz 1, 94116 Hutthurm, Tel. 08505/900145, www.lztal.de. Mo, Di 8–12, 14–16 Uhr, Mi 8–12, Do 8–12 und 14–17.30 Uhr, Fr 8–13 Uhr.

Restaurant Seehof Tauer, Seestr. 20, 94104 Tittling, Tel. 08504/760, www.seehof-tauer.de. DZ mit HP ab 64 Euro. Direkt am Dreiburgensee gelegen, frisch renovierte Zimmer und neuer Außenpool.

Zur Post, Marktplatz 6, 94124 Büchlberg, Tel. 08505/1210, www.zurpost-hotel.de; DZ ab 70 €. Einfaches Hotel mit schönem Biergarten und Biker-Service, ca. 10 km östlich von Neukirchen.

bavaria Kur-Sport Camping Park, Grafenauer Str. 31, 94535 Eging am See, Tel. 08544/8089, www.bavaria-camping.de. Großer Platz mit vielen Dauercampern, 600 Meter vom See entfernt. Freibad, Tennis, Minigolf.

Pullman City, Ruberting 30, 94535 Eging am See, Tel. 08544/97490, www.pullmancity.de; Mitte April – Ende Okt. täglich ab 10 Uhr, ab 17 Uhr ist der Eintritt frei. Westernstadt mit Showprogramm sowie Ferienblockhütten und Campingplatz.

Gasthaus Mühlhiasl, alter Gasthof im Museumsdorf, Mitte April – Ende Okt. 10–18 Uhr, Tel. 08504/8334.

Museumsdorf Bayerischer Wald, Am Dreiburgensee, 94104 Tittling, Tel. 08504/8482, www.museumsdorf.com, Mitte April bis Ende Oktober 9–17 Uhr. Außenbesichtigung auch im Winter.

Naturbadesee Dreiburgenland und Naturbadesee in Eging am See (www.eging.de).

Karte S. 161

Der Marktplatz von Schönberg

Schönberg

2012 stand Schönberg ganz im Zeichen seiner 750-Jahr-Feier: Bereits 1262 hatte die Gemeinde am Südosthang des Kadernbergs von den Grafen von Hals das Marktrecht erhalten. Verkehrsgünstig an der wichtigen Ost-Westverbindung durch den hinteren Bayerischen Wald gelegen, entwickelte es sich schnell zu einem Handelsplatz vor allem für Rinder und Ochsen, die von hier bis nach Nürnberg und Augsburg getrieben wurden. Der Brunnen am oberen Ende des Marktplatzes erinnert heute an diese Viehmärkte.

Die zentrale Lage war jedoch auch der Grund dafür, dass Schönberg im Dreißigjährigen Krieg von den Schweden und 1742 von den Panduren geplündert wurde. Auch der Zweite Weltkrieg hat seine Spuren hinterlassen: Am 25. April 1945 zerstörten amerikanische Truppen bei Kämpfen mit Truppen des Reichsarbeitsdienstes drei Viertel des Marktes. Nur drei Wochen zuvor hatte die SS in zwei Schulen 66 Häftlinge eingesperrt, darunter der französische Sozialist und mehrmalige Ministerpräsident Frankreichs Leon Blum und der Widerstandskämpfer Dietrich Bonhoeffer. Bonhoeffer wurde von Schönberg aus ins KZ Flossenbürg gebracht, wo man ihn hinrichtete. Die evangelische Kirche und die Schule tragen heute den Namen des Pastors. Der Franzose Blum dagegen war vom Bayerischen Wald aus in eine Außenstelle des KZ Dachau nach Südtirol gebracht worden, das nach der Flucht der SS von Angehörigen der Wehrmacht befreit wurde.

Heute wird Schönberg mit seinen knapp 4000 Einwohnern gern als ›Meran des Bayerischen Waldes‹ bezeichnet, was nicht nur mit seiner Lage auf dem sonnigen Bergrücken, sondern auch mit der Bauweise der Häuser zusammenhängt.

Am Kreuzweg auf den Kadernberg

Mit ihren geraden Fassadenabschlüssen und flachen Satteldächern erinnern sie an Städte am Inn und in Tirol, und wirklich bezeichnet man diese Bauweise auch als Inn-Salzach-Stil. Besonders schön sitzt man in den Straßencafés am langgezogenen Marktplatz mit seinen Kastanienbäumen. Hier steht auch die **Pfarrkirche Sankt Margaretha**, die ursprünglich aus dem 13. Jahrhundert stammt, jedoch mehrmals zerstört und nach dem Zweiten Weltkrieg im neogotischen Stil des 19. Jahrhunderts wiederaufgebaut wurde.

Einen besonders guten Blick auf Schönberg und den Bayerischen Wald hat man vom Aussichtsturm auf dem 700 Meter hohen **Kadernberg**, diesen erreicht man über einen aus Glas und Granit gestalteten **Kreuzweg** durch den Wald.

Daneben ist Schönberg ein **Anziehungspunkt für Angler**. Sowohl in der Ilz, die wegen ihres dunklen Wassers auch die ›Schwarze Perle des Bayerischen Waldes‹ genannt wird, wie auch im mit Seerosen bedeckten Rötzer Weiher können Barsche, Schleien, Karpfen, Bachforellen und Saiblinge gefangen werden. Und in der Mitternacher Ohe, einem Nebenfluss der Ilz, lebt inzwischen wieder der seltene Huchen. Ein Fisch, der wie Forelle oder Saibling zur Familie der Salmoniden gehört und rund 160 Zentimeter lang werden kann. Tageskarten und auch einen Angelruten-Verleih gibt es beim Sportgeschäft Perl (www.angelsport-perl.de). Doch auch für Nicht-Angler ist die Ilz eines der schönsten Ziele bei Schönberg. So beginnt beim Sportplatz Eberhardtsreuth der mit einer Zwei gekennzeichnete, gut vier Kilometer lange **Ilztalrundweg**. Durch die Ilzauen führt er zur Ettlmühle, die als älteste und schönste Mühle des Waldes gilt, zurück zum Ausgangpunkt. Wer es anspruchsvoller mag: Der Ilztalwanderweg, den der Bayerische Rundfunk einst als ›Traumpfad‹ beschrieb, führt auf einer Länge von 65 Kilometern bis nach Passau.

Schönberg

PLZ: 94513

Tourismusinformation Schönberg und Eppenschlag, Marktplatz 16, Tel. 08554/960442, www.schoenberg-bayerwald.de; Mo–Fr 8–12, Mi 13–16 Uhr.

Best Western Hotel Antoniushof, Unterer Marktplatz 12, Tel. 08554/9449890, www.hotel-antoniushof.de; DZ ab 117 €. Direkt im Zentrum, Zimmer teilweise mit Südbalkon. Gutes Restaurant, österreichische Küche, großer Wellnessbereich, kinderfreies Hotel.

Steakhouse Zum Fernblick, Kirchberg 94, Tel. 08554/9422419, http://fernblick.bayern. Rustikales Restaurant mit Blick auf Schönberg und die Berge Rachel und Lusen. Im Sommer gibt's am Wochenende frisch gegrillten Steckerlfisch.

▲ Karte vordere Umschlagklappe

Grafenau

Grafenau ist Sitz der Nationalparkverwaltung Bayerischer Wald und mit seinen 8300 Einwohnern die wohl lebendigste Stadt des Landkreises Freyung-Grafenau. Zugleich ist sie auch die älteste Stadt des Waldes, bereits 1376 erhielt Grafenau von Karl IV. Stadtrecht und damit die Erlaubnis, eine Stadtmauer zu errichten. Der Kaiser wollte sich so eine wichtige Station an der ›Guldenen Strass‹ sichern, die von Schärding über Vilshofen und Grafenau ins böhmische Bergreichenstein (Kašperské hory), der heutigen Partnerstadt von Grafenau, führte. Die Guldene Strass war so etwas wie der Konkurrent zum Salzhandelsweg Goldener Steig, die das fürstbischöfliche Passau mied und allein auf herzoglichem Gebiet verlief.

Als der Salzhandel im Dreißigjährigen Krieg zurückging und die Habsburger schließlich den Import bayerischen Salzes nach Böhmen ganz verboten, verlor auch Grafenau an Bedeutung. Doch bis heute erinnert das Anfang August stattfindende **Säumerfest** an die Salzhändler.

Zwischen dem 16. und 19. Jahrhundert wurde Grafenau acht Mal durch Brände zerstört, im Gegensatz zur Nachbargemeinde Schönberg gab es hier am Ende des Zweiten Weltkriegs keine Kämpfe.

Mit der Waldbahn hat man von Grafenau Anschluss an den **Böhmerwaldcourier**, der von Bayerisch-Eisenstein in den Sommermonaten ins tschechische Klatovy und seit Neuem auch nach Pilsen fährt (→ S. 137).

Sehenswürdigkeiten

Zentrum der Stadt ist der **Stadtplatz**, um den sich – wie auch in Schönberg – Häuser im Inn-Salzach-Stil reihen. Jeden Freitagvormittag findet hier ein bunter Wochenmarkt statt.

Die **Stadtpfarrkirche Mariä Himmelfahrt** geht auf das 15. Jahrhundert zurück, wurde bei Bränden jedoch mehrmals zerstört. Der heutige Bau stammt zum Teil aus dem 18. Jahrhundert, zu Beginn des 20. Jahrhunderts wurde er nach Plänen des Augsburger Architekten Michael Kurz zu einer dreischiffigen Kirche im neobarocken Stil erweitert.

Für Spaziergänge bietet sich der weitläufige **Kurpark** im Süden der Stadt an. Empfehlenswert ist eine Wanderung auf den **Schwaimberg**, von dem aus man an klaren Tagen bis zu den Alpen sehen kann. Hier gibt es auch einen einfachen Übungshang für Skifahrer.

Schnupftabak

Wie und wo Schnupftabak genau entstanden ist, weiß man nicht. Es existiert jedoch der Bericht eines Mönchs, der Kolumbus auf einer seiner Reisen begleitete und aus Haiti Folgendes zu berichten hatte: »Immer wenn die Könige ihre Götter um Rat fragten, schnupften sie in ihren Tempeln das Kraut in ihre Nasenlöcher. Das Pulver ist von solcher Kraft, dass es einem völlig den Verstand raubt.«

Als eine der berühmtesten Schnupferinnen der Welt gilt die französische Königin Katharina von Medici, die zerstoßene Tabakblätter gegen ihre Migräne einnahm. In den Bayerischen Wald kam der Schnupftabak Ende des 19. Jahrhunderts. Damals gründete Anton Bogenstätter in Perlesreut, einer Nachbargemeinde von Grafenau, eine Tabakfabrik, in der der Tabak noch mit Muskelkraft in tönernen Gefäßen zerrieben wurde. Zwar wurde die Produktion dort schon 1917 wieder eingestellt, doch noch heute findet in Perlesreut Ende Juli ein Schmalzlerfest mit einem Schnupferwettbewerb statt. »Wenn i an Schmai häd schnupfad ihn«, sagt der Waldler, denn im Bayerischen Wald heißt der Schnupftabak ›Schmai‹. Man spricht aber auch vom ›Schmalzler‹, weil der Tabak früher mit Butterschmalz angerieben wurde. Heute verwendet man dafür ätherische Öle. Der – nach eigenen Angaben – weltgrößte Schnupftabakhersteller ist Pöschl Tabak, der Anton Bogenstätters Firma aufkaufte und heute bei Landshut unter anderem den Schmalzler ›Perlesreuter Waldler Fresko‹ herstellt.

Die Bogenstätter Maschinen bildeten auch die Grundlage für das 1981 eröffnete **Schnupftabakmuseum** von Grafenau. Es befindet sich im ehemaligen Spital, in dem seit dem 15. Jahrhundert die Armen und Kranken gepflegt wurden. Zu sehen sind rund 1500 Schnupftabakgläser, nicht nur aus Bayern, sondern auch aus China und Afrika. Gezeigt werden aber auch die verschiedenen Schnupftabaksorten und ihre Herstellung. Hauptattraktion ist der vermutlich weltgrößte Schnupftabakbehälter, der ein Gewicht von 32 Kilogramm hat.

Stadtmuseum im Spital

Im Spitalgebäude ist das Stadtmuseum untergebracht. Eine alte Apotheke und ein Krämerladen wurden hier wiederaufgebaut. Aus dem 18. Jahrhundert stammt die **Spitalkirche zur Heiligen Dreifaltigkei**t. Sehenswert ist vor allem der Kreuzgang mit seinen auf Zinkblech gemalten farbenfrohen Darstellungen, die durch Zufall 1951 auf einem Dachboden gefunden wurden.

Nur wenige Schritte vom Spital entfernt liegt beim Eingang des Kurparks das **Bauernmöbelmuseum**, wo in zwei Bauernhäusern Möbel aus dem 18. und 19. Jahrhundert sowie alte bäuerliche Geräte gezeigt werden.

Grafenau

Touristinformation Grafenau, Rathausgasse 1, 94481 Grafenau, Tel. 08552/962343, www.grafenau.de; Mo–Do 8–17 Uhr, Fr 8–13 Uhr, Sa 10–11.30 und 15–17 Uhr, So und feiertags 9.30–11.30 Uhr.

Nationalparkverwaltung Bayerischer Wald, Freyunger Straße 2, 94481 Grafenau, Tel. 08552/96000, www.nationalpark-bayerischer-wald.bayern.de.

Hotel Gasthaus zum Kellermann, Stadtplatz 8, 94481 Grafenau, Tel. 08552/96710, www.hotel-zum-kellermann.de; DZ ab 82 €. Kleiner, alteingesessener Gasthof direkt im Zentrum, regionale Küche.

Das Reiners, Grüb 20, 94481 Grafenau, Tel. 08552/96490, www.dasreiners.de. DZ ab 108 €. Großer Wellnessbereich, Genießer-HP, Candle-Light-Dinner am Samstagabend. Sehr gute Weinkarte.

Landgasthof Lusenblick, Grüb 17, 94481 Grafenau, www.lusenblick.de, Tel. 08552/96510. DZ ab 68 €. Kleines, familiäres Hotel mit schönem Blick über Wiesen und Wälder.

Schnupftabak- und Stadtmuseum, Spitalgasse 1, 94481 Grafenau, Tel. 08552/962343; Di–Do 10–13 Uhr, Fr–So 14–17 Uhr 1. Nov.–24. Dez. und 1. März–Gründonnerstag geschl.

Bauernmöbelmuseum, Parkweg 6, 94481 Grafenau, Tel. 08552/3318; Di–Do 10–13 Uhr, Fr–So 14–17 Uhr, 1. Nov.–24. Dez. und 1. März–Gründonnerstag geschl.

natur-sport-zentrum am Nationalpark Bayerischer Wald in Rosenau, gemeinsames Zentrum von Grafenau, Neuschönau und St. Oswald-Riedlhütte mit Angeboten zum Radfahren, Reiten, Ski-Langlauf, Nordic Walking, Golf und Bogenschießen, www.natur-sport-zentrum.de.

Karte S. 170

Die Glasdörfer

Jahrhundertelang lebten die Menschen in Spiegelau und St. Oswald-Riedlhütte von der Glasherstellung - woran auch die Namen der Orte erinnern. Dann jedoch kam 1989 die Öffnung der Grenzen, und der wachsenden Konkurrenz aus dem Osten konnten viele Betriebe nicht standhalten. Die Glasmuanufakturen mussten schließen, doch versucht man, mit Themenwanderwegen an die alten Traditionen zu erinnern.

St. Oswald-Riedlhütte

Die 2900 Einwohner zählende Gemeinde am Fuße des Lusen verdankt ihren Doppelnamen dem bereits im 14. Jahrhundert gegründeten Kloster Sankt Oswald und der nur etwas jüngeren Glashütte Riedl. An diese jahrhundertelange Tradition erinnert heute freilich nur noch wenig: Das Kloster wurde im Zuge der Säkularisation 1803 aufgehoben und brannte 1876 ab. Der Nachfolger der Glasmanufaktur, Nachtmann Bleikristall, musste im Dezember 2009 und damit nach mehr als 550 Jahren die Produktion einstellen und wurde von der Firma Riedel übernommen. Trotz der Namensähnlichkeit stammt dieser wohl bekannteste österreichische Glashersteller nicht aus Riedlhütte, sondern aus dem böhmischen Teil Schlesiens. Obwohl die beiden Orte heute ›verwaltungstechnisch‹ eine Einheit bilden, trennt sie eine Talmulde mit einem der größten Moorgebiete des Waldes.

Der schönere Teil der Doppelgemeinde ist das ruhige **St. Oswald**, was vor allem an der wirklich idyllisch gelegenen barocken Klosterkirche mit ihrer - einfachen - Ausflugsgaststätte liegt. Zur Klosterkirche gehört die Bründlkapelle, in der die Pilger den Namenspatron der Gemeinde, den heiligen Oswald verehren. Oswald war ein englischer König, der im 7. Jahrhundert lebte und die britische Insel christianisierte. Mit seinem Leben sind unzählige Legenden verbunden, die bekannteste berichtet von seiner Krönung, bei der das Öl zur Salbung von einem Raben gebracht wurde. Ein Rabe war auch für den Austausch der Ringe zwischen Oswald und der Tochter eines heidnischen Königs verantwortlich - daher wird der Heilige heute meist mit einem Raben dargestellt. Eine fast lebensgroße Darstellung Oswalds - auch sie mit Ring und Rabe - steht auf dem Altar der Bründlkapelle. Nur wenige Schritte von der Kirche entfernt lohnt das Waldgeschichtliche Museum mit einer ganz neu konzipierten Aus-

Statue des heiligen Oswald in der Bründlkapelle

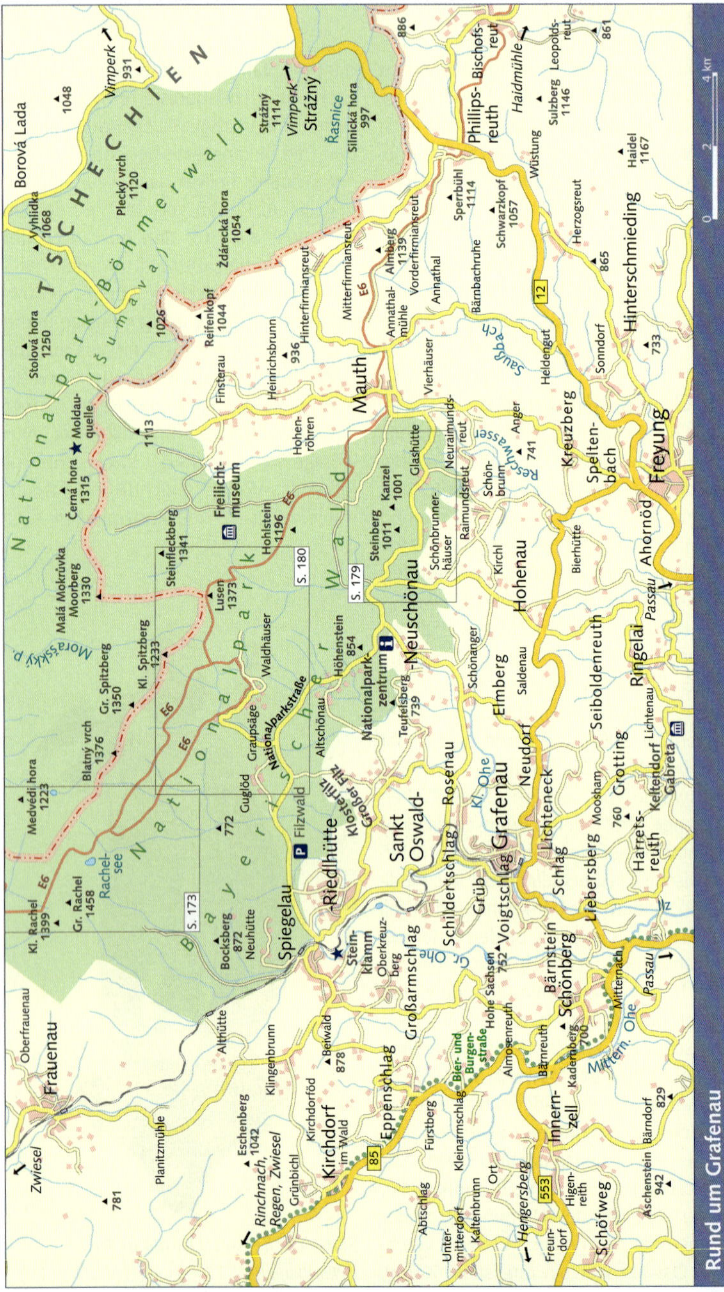

Rund um Grafenau

Eine moderne Darstellung des heiligen Oswald

stellung zur Ökologie des Waldes einen Besuch. In **Riedlhütte** geht es ein wenig geschäftiger zu, da viele Touristen im preisgünstigen Werksverkauf der ehemaligen Nachtmann Glaswerke und in der Schauglasbläserei Scherben Köck vorbeischauen. Wer sich auf die Spuren der frühen Besiedlung von St. Oswald-Riedlhütte machen möchte, kann den von der Gemeinde angelegten 17 Kilometer langen Rundweg nutzen, der zu mehreren nachgebauten traditionellen Arbeitsstätten wie etwa einer Pottaschesiederei führt. Dazu gehört auch ein historischer Goldwaschplatz, wo sich die Menschen einst dem Goldfieber hingaben. Das hiesige Tourismusbüro bietet ein zweistündiges Programm zum Goldschürfen an: Interessierte können selbst versuchen, den Sand des Flusses in traditionellen Goldwaschschüsseln zu sieben.

Mit Wasser hat auch eine andere Besonderheit des Ortes zu tun: Rechts und links der Ohe breiten sich zwei **Hochmoore** aus (→ S. 27), Klosterfilz und Großer Filz sind jeweils fast einen Quadratkilometer groß. Die eindrucksvollste Möglichkeit, sie kennenzulernen, bietet sich vom **Parkplatz Filzwald** bei der Nationalparkstraße drei Kilometer vor Spiegelau an. Zunächst durchquert man einen Buchenmischwald, der jedoch schnell von einem immer lichter werdenden Fichtenwald abgelöst wird. Am Boden wachsen Moose, Heidelbeersträucher und die Schnabelsegge – ein Sauergrasgewächs, dessen dreikantige Halme bis zu 80 Zentimetern hoch werden. An Stelle der Fichten treten nun Bergkiefern und ab und zu auch Birken, von einem Aussichtsturm kann man die Moore überblicken.

St. Oswald-Riedlhütte

Tourist-Info, Schulplatz 2, 94566 Riedlhütte, Tel. 08553/8919202, www.sankt-oswald-riedlhuette.com, Mo, Di, Do 9–12 und 14–17 Uhr, Mi, Fr 9–12 Uhr. Es wird Goldwaschen im Sommer und Schneeschuhtouren im Winter angeboten: jeden Do um 13 Uhr, Anmeldung unter 08000/776650.

Biohotel Pausnhof, Goldener Steig 7, 94568 St. Oswald, Tel. 08552/408860, www.pausnhof.de; DZ Vier-Gänge-Slow-Food-Menü am Abend 149 €. Das erste zertifizierte Biohotel Deutschlands inmitten eines Biobauernhofes. Saunen, warmer Salzwasserpool.

Hotel Zum Friedl, Kirchstraße 28, 94566 Riedlhütte, Tel. 08553/96680, www.zumfriedl.de; DZ ab 92 €. Familiäre Atmosphäre. Es gibt selbstgebackenes Biobrot und hausgemachte Marmeladen, vegane, laktose- und glutenfreie Speisen. Spezielles Wochenangebot für Großeltern mit Enkel.

Gästehaus am Goldberg, Herzogstr. 85, 94566 Riedlhütte, Tel. 08553/1200, www.gastehaus-am-goldberg. DZ ab 52 €. Sehr preisgünstige, kleine Pension in idyllischer Lage auf 820 Meter Höhe.

Waldgeschichtliches Museum, Klosterallee 4, 94568 St. Oswald, Tel. 08552/9748890, www.nationalpark-bayerischer-wald.bayern.de; Di–So 9–17 Uhr, 23.–25.12. geschl.

Glas Scherben Köck, Forsthausstr. 2, 94566 Riedlhütte, Tel. 08553/2334, www.glasscherben-koeck.de; Mai–Okt. Mo–Fr 10–18 Uhr, Sa 9–14 Uhr. Nov.–April Di–Fr 10–17 Uhr, Sa 9–12 Uhr. Mit kleinem Speise- und Getränkeangebot.

Glaskunst Wandtner, Riedlhütter Schleif 14, 94566 Riedlhütte, Tel. 08553/6082, www.josephshuette.de. Schauglasblasen.

Spiegelau

Viele werden den Namen Spiegelau vermutlich mehr mit einer Glasmarke und weniger mit einem Ort verbinden. Tatsächlich entstand hier am Fuße des Großen Rachels bereits zu Beginn des 16. Jahrhunderts eine erste Glasbläserei. Erstmals erwähnt wurde der Ort 1521, als Erasmus Moosburger seine ›Spiegelhütte‹ der Pfarrkirche von Grafenau vermachte. Im Jahre 1568 taucht ein ›Spiegelaw‹ in der ›Karte von Bayern‹ auf.

Glas wurde außerdem in den Nachbarorten Althütte, Neuhütte und Klingenbrunn hergestellt. Dort in Klingenbrunn, drei Kilometer nordwestlich, stand auch der Hof des Glashüttenbesitzers, der – wie damals üblich – zugleich eine Brauerei und Landwirtschaft betrieb.

Die Bezeichnung ›au‹ findet sich bei Gemeinden im Bayerischen Wald sehr häufig und steht stets für eine Rodungsinsel, eine Au an einem Fluss oder im Wald: Der Ort Spiegelau liegt am Zusammenfluss von Schwarzach und Großer Ohe und dort war einstmals tatsächlich tiefer Wald.

Dies hat sich heute leider geändert, auch ansonsten hat das 3800 Einwohner zählende Spiegelau viel von seinem Reiz verloren.

Seit der bekannteste Glashersteller, die Kristallglasfabrik Spiegelau GmbH, im Jahre 2008 von der Firma Riedl Glas übernommen und die Produktion eingestellt wurde, sucht man nach einer neuen ökonomischen Zukunft. Im Frühjahr 2011 entstand daher ein Technologietransferzentrum für die Erforschung von ›heißer Glastechnologie‹ sowie die Verbindung von Lasertechnik und Satellitenbau. Initiiert von der Fachhoch-

▸ Karte S. 170

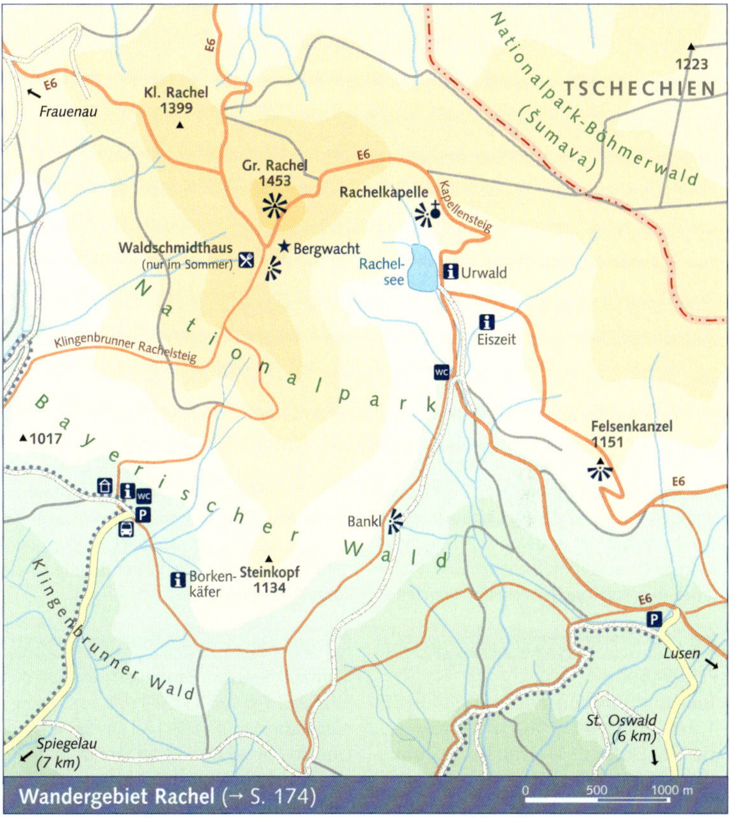

Wandergebiet Rachel (→ S. 174)

schule Deggendorf wird ein Konzept verfolgt, das weit über Spiegelau hinaus reicht: Mit einem knappen Dutzend solcher Zentren soll im Bayerischen Wald – im westlichen Cham ebenso wie im östlichen Freyung – so etwas wie eine Modellregion für Innovation entstehen, quasi eine Art Silicon Valley auf niederbayerisch.

Grundsätzlich geht es bei den Technologietransferzentren um die Zusammenarbeit von Wissenschaftlern und Existenzgründern und damit natürlich um viel Geld. So stellte die EU für die Glasforschung in Spiegelau von 2016 bis 2020 2,66 Mio € zur Verfügung.

Steinklamm

Im Süden von Spiegelau liegt die romantische Steinklamm, eine der eindrucksvollsten Natursehenswürdigkeiten Bayerns. Der Höhenunterschied zwischen dem Bachlauf mit seinen moosbewachsenen Steinen und dem Ufer beträgt bis zu 100 Meter. Von der Kraft des Wassers bei Schneeschmelze zeugen die Fließrinnen in den Steinen, beeindruckend sind auch die bis zu zwei Meter tiefen Strudellöcher. Ein sieben Kilometer langer, von einer Forelle gekennzeichneter Rundwanderweg mit vielen Infotafeln führt vom Parkplatz Steinklamm über den Stausee Großarmschlag zurück nach Spiegelau.

Wanderung auf den Rachel

Der höchste Gipfel im Nationalpark und der zweithöchste Berg im Bayerischen Wald ist der Große Rachel mit 1453 Metern. Von Spiegelau aus kann man ihn auf einem siebenstündigen **Rundwanderweg** besteigen, es ist sicher eine der schönsten und abwechslungsreichsten Wanderungen im Bayerischen Wald, Ausgangspunkt ist das **Waldspielgelände am westlichen Ortsrand**. Nur halb so lange dauert der Aufstieg vom **Parkplatz Gfäll**, den man mit den Igel-Bussen (→ S. 261) erreicht.

Unter der Kennzeichnung ›Ahornblatt‹ führt der Wanderweg zunächst durch den **Föhrau-Filz**, einen von Wollgras und Moosen bewachsenem Hochmoor. Ab der **Unterstellhütte Feistenberg** folgt man der Markierung ›Auerhahn‹. Nach rund zwei Stunden ist der stille **Rachelsee** erreicht, der 14 Meter tief und von mächtigen Urwaldriesen umgeben ist. Über viele Steine führt der nun beschwerlicher werdende Weg hinauf zur **Rachelkapelle**. Der Legende nach wurde sie von einem Forstmeister errichtet, aus Dankbarkeit dafür, dass ihn sein Pferd beim Ritt durch die dunklen Wälder vor einem Absturz über einen steilen Felsen bewahrte. Nach vier Stunden steht man dann unter dem **Gipfelkreuz des Großen Rachel**, von dem sich ein großartiger Blick in alle vier Himmelsrichtungen eröffnet. Wer jetzt Lust auf eine Brotzeit hat, erreicht nach zehn Minuten Abstieg das **Waldschmidthaus**, das meist von April/Mai bis Ende Oktober bewirtschaftet wird.

Nur wenige Minuten unterhalb gabelt sich der Weg: Der rechts abzweigende **Klingenbrunner Rachelsteig** führt zum Bahnhof Klingenbrunn und Spiegelau. Über den linken Weg erreicht man Gfäll und den **Seelensteig**, der auf 1,3 Kilometern durch ein ansonsten nur schwer zugängliches Stück Naturwald führt, in dem bereits vor 30 Jahren die Waldnutzung total eingestellt wurde.

Spiegelau

PLZ: 94518

Touristinformation, Konrad-Wilsdorf-Str. 1, Tel. 08553/8919110, www.spiegelau.de; Mo–Do 8.30–16, Fr 8.30–12.30 Uhr.

Familien- und Wellnesshotel Bayernstern, Klingenbrunn-Bahnhof 14, 74518 Spiegelau, Tel.08553/6630, www.bayernstern.de; DZ 80 €. In der Teilgemeinde Klingenbrunn, großzügige Zimmer, Sauna, Kinderspielplatz und Minigolf.

Landhotel Moorhof, Schönauerstr. 42, 94556 Altschönau, Tel. 08552/1833, www.hotelmoorhof.de. DZ ab 158 €. 10 km östlich von Spiegelau. Wild aus eigener Zucht, türkisches Bad, großer Außenpool, am Waldrand mit schönem Ausblick.

Waldschmidthaus, Tel. 08553/4689955 oder 0171/6346988, über Facebook. Gasthaus unterhalb des Rachelgipfels, das von April/Mai bis Okt./Nov. bewirtschaftet wird. 10–17 Uhr. Übernachtungen sind nicht mehr möglich.

Schnapsmuseum Penninger, Dr.Geiger-Straße 8, Tel. 08553/979101, www.penninger.de; Mo–Fr 10–17 Uhr, Sa 10–13 Uhr, So 13–16 Uhr. Penninger ist der bedeutendste Bär- und Blutwurzproduzent des Waldes. Zu sehen sind Destille, Reifefässer und Kräuterlabor, es gibt einen Museumsladen mit Graisverkostung und Ausstellungen heimischer Künstler.

G & S Schneesportschule und Verleih, Unterseilberg 21, 94143 Grainet, Tel. 0170/9367864, www.gs-schneesportschule.de.

Skilift Reichenberg, für Kinder und Anfänger, Skikurse und Skiverleih; Tel. 08553/553, www.sport-eichinger.de.

Glaszentrum Spiegelau, Hauptstr. 2–4, Tel. 08553/24192, www.spiegelau.com, Mo–Fr 10–18 Uhr, Sa 10–14 Uhr.

Karte S. 170, 173

Nationalpark Bayerischer Wald

Der Besuch im Nationalpark Bayerischer Wald ist sicher der Höhepunkt jeder Reise in den bayerischen Osten. Denn nur bei einem Besuch im Nationalpark wird wirklich deutlich, was die Besonderheit des Bayerischen Waldes ausmacht, wie dieser einst aussah und wie er einmal wieder aussehen könnte. Adalbert Stifters Hochwald, Urwaldriesen, Hochmoore und ausgestorben geglaubte Tiere – all dies findet der Besucher im höchsten Teil des Bayerischen Waldes direkt an der tschechischen Grenze.

Der Nationalpark Bayerischer Wald wurde am 7. Oktober 1970 als erster Nationalpark Deutschlands gegründet. Zunächst wurde damit eine Fläche von 140 Quadratkilometern geschützt, begrenzt etwa durch das Gebiet von Rachel und Lusen im Norden, den Orten Spiegelau und Mauth im Süden. 1997 entschloss die bayerische Staatsregierung sich dann zur Erweiterung des Nationalparks in nordwestlicher Richtung, hinzu kam das Gebiet rund um den Falkenstein bei Zwiesel. So hat der Nationalpark heute eine Gesamtfläche von rund 240 Quadratkilometern, allerdings gehören weder der Große Arber noch der Dreisesselberg dazu. Ganz im Unterschied zum Nationalpark Böhmerwald auf der anderen Seite der deutsch-tschechischen Grenze, wo auf einer Länge von 70 und einer Breite von bis zu 15 Kilometern alle wichtigen Berge unter besonderem Schutz stehen. Dennoch bilden die beiden Nationalparks das größte geschützte Waldgebiet Mitteleuropas. Es ist – wie EU-Politiker (und Touristikmanager) gern schwärmen – das ›Grüne Dach Europas‹.

Erste Forderungen nach der Gründung eines Nationalparks im Bayerischen Wald hatte es bereits 1911 gegeben, Ende der 1930er Jahre waren die organisatorischen Vorbereitungen weit fortgeschritten, dann jedoch begann der Zweite Weltkrieg. Erst zwanzig Jahre nach seinem Ende, im Jahre 1966, waren es der Verhaltensforscher Bernhard Grzimek und der Bund für Naturschutz Bayerns unter der Leitung von Hubert Weinzierl, die erneut die Einrichtung eines Parks forderten. Doch sowohl in der Staatsregierung wie auch in der einheimischen Bevölkerung gab es bereits damals viele Bedenken. Jahrhundertelang war der Wald eine wichtige Einnahmequelle gewesen, worauf man nun nicht einfach verzichten wollte. Dennoch verabschiedete der Bayerische Landtag im Juni 1969 einstimmig das Gesetz über die Einrichtung des Parks – mit einer Bedingung: Forstwirtschaft sollte weiter erlaubt sein.

Wasser im Nationalpark

Und zwar immerhin für ganze dreizehn Jahre. Erst 1983 wurde die ökonomische Nutzung des Waldes verboten, allerdings wieder nur in einem ›Reservat‹ von lediglich 6500 Hektar im inneren Teil des Nationalparks. Das endgültige Aus für den Holzschlag kam somit erst 1992, es fiel in eine politisch brisante Zeit.

Angriff der Borkenkäfer

Zwischen 1983 und 1990 hatten Wind und Wetter vier Mal für große Schäden im Nationalpark gesorgt, vier Mal war es in der Folge zu großangelegten Angriffen des Borkenkäfers auf die beschädigten Bäume gekommen. Und auch zwischen 1995 und 2005 befiel der Käfer, oder besser ein Mitglied seiner Familie, der sogenannte Buchdrucker, jedes Jahr zwischen 300 und 800 Hektar Fichtenwald. Dies war nicht zuletzt ein Ergebnis der Klimaveränderung. In den Monaten April und Mai war die Temperatur in diesen Jahren selbst in den Hochlagen auf über 20 Grad Celsius angestiegen, und so konnte der Buchdrucker bereits im Frühling ausschwärmen und bis zum Herbst gleich mehrere Generationen von Nachkommen zeugen. Der Borkenkäfer war zur Massenplage geworden.

Ausgerechnet im Jahr der ersten Käferplage 1983 hatte der für den Nationalpark zuständige Minister Hans Eisenmann ein neues Schutzkonzept verkündet. Von nun an ging es nicht nur darum, Natur zu bewahren, sondern sie neu entstehen zu lassen. Der Mensch dürfe in die Entwicklung des Waldes nicht mehr eingreifen, den Borkenkäfer nicht mehr bekämpfen, von Wind und Käfer gefällte Bäume nicht mehr entfernen. Kurz: Wald einfach Wald sein lassen. Oder wie Eisenmann es formulierte: Im Bayerischen Wald müsse wieder ein »Urwald entstehen, für unsere Kinder und Kindeskinder«.

Kein Wunder, dass nun die Debatte über Sinn und Unsinn des Nationalparks neu entflammte. Waldbesitzer fürchteten einen Übergriff des Borkenkäfers auf ihre Bäume, sollte dieser nicht bekämpft werden. Die Tourismusunternehmen und Gemeinden sahen ihr Bild von der schönen heilen Waldwelt bedroht, sollte man die toten Bäume nicht entfernen. Bei der Erweiterung des Nationalparks kam es zu Gegendemonstrationen und schließlich sogar zu einem Bürgerentscheid. Bei einer Beteiligung von 51 Prozent sprach sich die Gemeinde Frauenau zu über 83 Prozent gegen die Idee aus, Natur wieder Natur sein zu lassen. Was freilich keine konkreten politischen Folgen hatte, für die Erweiterung des Parks waren die Politiker in München und nicht die Menschen vor Ort zuständig.

Geschädigte Bäume im Nationalpark

▲ Karte vordere Umschlagklappe

Was ist ein schöner Wald?

Zeiten ändern sich, und im Nationalpark Bayerischer Wald ändern sie sich erstaunlicherweise besonders schnell. Es ist noch gar nicht so lange her, als Besucher des Parks beim Anblick der Bäume auf dem Lusen ihr Entsetzen kaum verbergen konnten. Graue Fichtenstämme mit abgestorbenen Zweigen ohne Nadeln - nicht nur einer, sondern hunderte. Vom Wind gefällte Waldriesen, die quer über dem Weg liegen und deren Wurzeln sich im Frühnebel wie Ungeheuer dem Wanderer entgegenstrecken. Verrottende Stämme, an denen Pilze in den seltsamsten Formen und Farben wachsen. Sollte so ein Nationalpark aussehen? Mit der in der Zeit der Romantik im 19. Jahrhundert geprägten Vorstellung von der Sehnsuchtslandschaft ›Deutscher Wald‹ hatte dies auf alle Fälle nichts zu tun.

Tatsächlich sieht das Konzept eines Nationalparks vor, dass nicht die Bedürfnisse des Menschen, sondern der Natur Vorrang haben. Bäume dürfen nicht gefällt, Bäche und Flüsse nicht reguliert, Tiere nicht gejagt werden. Doch in Bayern hatte man sich mit der Umsetzung dieser Prinzipien mit Rücksicht auf die Proteste der Bevölkerung etwas mehr Zeit gelassen.

Inzwischen jedoch ist die Verwaltung des Nationalparks dazu übergegangen, aktiv für ihre Politik zu werben. Selbst im Winter und auch für Kinder finden Führungen und Wanderungen statt, bei denen die Ranger erklären, was es heißt ›Natur Natur sein zu lassen‹. Außerdem gibt es am Fuße des Rachel und unterhalb des Lusen-Gipfels zwei Holzsteige, die durch Zonen führen, in denen man hautnah miterleben kann, wie zwischen den abgestorbenen Bäumen ein neuer Wald wächst. Inzwischen, so ein Ranger, seien die Besucher begeistert, von dieser Art von Wald, auch wenn dieser nicht ›ordentlich‹ sei. In einem Flyer der Nationalparkverwaltung heißt es: »Leben und Tod greifen ständig ineinander. Tod ist die Voraussetzung für neues Leben. Es ist ein ewiger Kreislauf.« Auch wenn wir Menschen dies nicht immer gern hören.

Und obwohl man im Bayerwald mit dem Borkenkäfer bereits umfassende Erfahrungen hatte, übertraf der Befall in den Jahren 2017–19 noch einmal alles. Zusammen mit Hitzewellen und sinnflutartigen Regenfällen führte dies zu einer solchen Steigerung des Schadholzes, dass der Markt dieses nicht mehr aufnehmen konnte. Vielen, gerade kleinen Waldbauern droht so der Ruin.

Wilde Natur

Nationalpark-Zentren

Die Verwaltung des Nationalparks informiert in zwei Zentren über ihre Ziele: im **Hans-Eisenmann-Haus** bei Neuschönau und im **Haus zur Wildnis** bei Zwiesel (→ S. 145). Beide Einrichtungen bieten modern aufbereitete Ausstellungen zur Ökologie des Waldes, mit Filmen, Diashows und viel Informationsmaterial zum Kaufen und Mitnehmen. Allerdings sollte man sich den Besuch besser für einen Schlechtwettertag aufheben, schließlich bietet der Nationalpark all das, was in den Infozentren in der Theorie gezeigt wird, gleich nebenan in der Praxis.

■ Hans-Eisenmann-Haus

Beim Eisenmann-Haus, das nach einem früheren bayerischen Landwirtschaftsminister benannt ist, gibt es ein **Tier-, ein Pflanzen- und Gesteinsfreigelände** sowie den neuen Baumwipfelpfad. Rund 300 Kilometer Wanderwege und 200 Kilometer Radwege führen zu den schönsten Stellen des Waldes. Dabei stehen gelbe Markierungen mit einem Tiersymbol für Rundwanderwege, weiße Markierungen mit einem Pflanzensymbol haben ein spezielles Ziel. Infoblätter über die Wandermöglichkeiten im Nationalpark gibt es im Eisenmann-Haus und im Haus der Wildnis. Als wertvollstes Naturerbe im Nationalpark und damit quasi als ›muss‹ für alle Besucher gelten die Reste des Urwalds am Steilhang hinter dem Rachelsee. Er konnte sich erhalten, weil hier das Schlagen und Transportieren des Holzes schon immer zu aufwendig war. Ein sieben Kilometer langer **Rundwanderweg**, der auch für Rollstuhlfahrer geeignet ist, führt durch das Tierfreigelände mit seinen 45 einheimischen bzw. ehemals einheimischen Tierarten. Vom Marder über Braunbär, Wolf und Luchs, bis hin zum Wisent, ist hier alles zu sehen. Oder besser: Sollte alles zu sehen sein. Denn viele Tiere sind eben ›nachtaktiv‹ und verstehen es, sich am Tag vor den Augen der Besucher zu verbergen. Es empfiehlt sich daher, ein Fernglas dabei zu haben.

Zweite Hauptattraktion beim Hans-Eisenmann-Haus ist seit einigen Jahren der **Baumwipfelpfad**. Auf einer Strecke von 1300 Metern steigen die Besucher langsam immer weiter nach oben und haben dabei im sogenannten Baumturm einen Blick auf uralte Tannen und Buchen. Auf einer Höhe von 44 Metern erreicht man schließlich eine Aussichtsplattform mit einem grandiosen Blick über den Bayerischen Wald, ganz besonders nah ist man hier dem Lusen. Der Weg ist barrierefrei, für Kinder warten unterwegs Erlebnisstationen wie Seil- und Wackelbrücken oder Balken, über die man balancieren kann.

▲ Karte S. 179

i Nationalpark Bayerischer Wald

Zentrum Lusen, Hans-Eisenmann-Haus, Böhmstr. 35, 94556 Neuschönau, Tel. 08558/96150, www.nationalpark-bayerischer-wald.bayern.de; 26.12.–30.4. 9–17 Uhr, 1.5.–8.11. 9–18 Uhr. 9.11.–25. 12. geschlossen. Mit Café und Nationalpark-Laden. Gebührenpflichtiger Parkplatz.

Landgasthof Euler, Kaiserstr. 10, 94556 Neuschönau, Tel. 08558/1007, www.landgasthof-euler.de; DZ ab 80 €, Halbpension ab 12 €. Sicher eine der besten Adressen im Wald mit wunderschönem Gastgarten, regionalen Bioprodukten und verhältnismäßig vielen vegetarischen Gerichten.

Baumwipfelpfad, beim Hans-Eisenmann-Haus, Böhmstraße 43, 94556 Neuschönau, Tel. 08558/974074, www.baumwipfelpfade.de; Erw. 9,50 €, Ki. 7,50 €. Nov.–März 9.30–16 Uhr, April 9.30–18 Uhr, Mai–Sept. 9.30–19 Uhr, Okt. 9.30–18 Uhr.

Das Felswandergebiet

Zwischen Neuschönau und Mauth beginnt beim **Parkplatz des Jugendwaldheims** ein gut fünf Kilometer langer Rundwanderweg, der in eines der urtümlichsten Gebiete des Nationalparks führt. Zu bizarren Formen verwitterte Steine und Felsen stehen zwischen Fichten, Tannen und Buchen, die mehrere hundert Jahre alt sind. Es ist alter Bergmischwald, der dank des für die Holzwirtschaft unwegsamen Geländes erhalten blieb. Die Markierung des Wegs ist das Haselhuhn, überwunden werden müssen circa 200 Meter Höhenunterschied. Dort, wo das Felswandergebiet beginnt, gibt es auf einer kleinen Waldlichtung einen **Rastplatz**.

Von dort ab geht es steil bergan, teilweise über Steintreppen, zur **Großen Aussicht auf den Rachel**. Höchster Punkt des Rundweges ist die **Kleine Kanzel** mit 1010 Metern. Immer wieder kommt man an gewaltigen Felsblöcken und umgestürzten Baumriesen vorbei, bis kurz vor dem Lusenblick aus dunklen Nischen das seltene Leuchtmoos schimmert. Von nun an führt der Weg wieder bergab, vorbei am **Blick auf Schönbrunn** zurück zum Parkplatz, wo es auch eine Igel-Bushaltestelle (→ S. 261) gibt.

Wanderung auf den Lusen (1373 m)

Ausgangspunkt dieser vierstündigen Wanderung sind Parkplatz oder Igel-Bus-Haltestelle **Fredenbrücke** nördlich des knapp 1000 Meter hoch liegenden Bergdorfes Waldhäuser. Gleich nach der Überquerung der **Kleinen Ohe** beginnt entlang der Markierung ›Zaunkönig‹ ein **Lehrpfad über Flora und Fauna** an diesem schnell fließenden Bergbach. Der Pfad führt hinauf zur **Martinsklause**, einen Stausee, der früher für die Holzdrift verwendet wurde. Unter dem Zeichen des Grünen Dreiecks geht es nun steil bergauf zum **Teufelsloch**: Tief unterhalb von Tausenden Granitblöcken rauscht die Kleine Ohe.

Zwischen Teufelsloch und **Himmelsleiter** – den Treppen auf den Gipfel – ging 2008

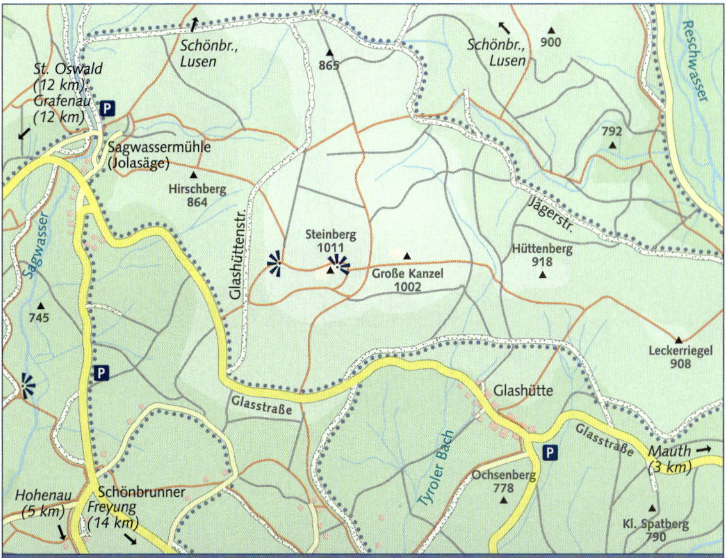

Felswandergebiet

Wandergebiet Lusen

eine **Glasarche** vor Anker. Das fünf Meter lange und aus 480 Glasplatten gefertigte Werk von Glaskünstlern aus Frauenau und Spiegelau soll ein Zeichen setzen für Frieden und Toleranz im Grenzgebiet. Von tschechischen Künstlern stammt daher auch die hölzerne Hand, die sich schützend um die Arche legt. Jahrelang ›fuhr‹ sie im Grenzgebiet von Ort zu Ort zu Veranstaltungen über die Beziehungen zwischen Deutschen und Tschechen (www.waldzeit.de).

Kurz bevor man über die steile Himmelsleiter den Gipfel des Lusen ersteigt, führt ein **Bohlenweg** in einen naturbelassenen Windwurf aus dem Jahre 1983. Hier wird die Theorie des Nationalparks zur Praxis: Deutlich kann man sehen, wie in einem von Wind und Borkenkäfig zerstörtem Hochwald neues Leben entsteht. Wenn man Glück hat, kann man vom Gipfel des Lusen aus die 150 Kilometer entfernten Alpen erkennen, doch auch die Aussicht auf das Waldgebirge ist grandios.

Brotzeit gibt es im **Lusenschutzhaus**, von dort führt der **Lusenwinterweg** mit der Markierung ›Luchs‹ zur Igel-Bushaltestelle ›Lusen‹. Unter dem Zeichen des Dreiecks kommt man über **Waldhäuser** zurück zur Fredenbrücke.

Wer nur einen kürzeren, etwa **2,5 Stunden langen Rundwanderweg** gehen möchte, kann diesen hier an der Bushaltestellen beginnen und über den Böhmweg unter dem Zeichen des Luchses zur Glasarche und weiter auf den Gipfel hinaufsteigen.

Lusenschutzhaus, normalerweise vor Ostern Fr–So 10–17, danach bis 31. Okt. täglich 10–18 Uhr, am besten jedoch vorher auf www.lusenwirt.de überprüfen. Tel. 08553/1212, www.lusenwirt.de, Übernachtungen ab 30 € p. P..

Berggasthof Lusen, Lusenstr. 17, 94556 Waldhäuser/Neuschönau, Tel. 08553/2665, www.berggasthof-lusen.de; DZ ab 78 €. Ausgesprochen günstige Pauschalangebote. Einfacher Gasthof mit 13 Zimmern.

Der Luchs ist ein Symbol des Nationalparks

Dörfer an der tschechischen Grenze

Die Entfernung zwischen Passau und der tschechischen Hauptstadt Prag beträgt 230 Kilometer. Bis zum Grenzübergang Philippsreut sind es von der Dreiflüssestadt aus gut 60 Kilometer, die letzte größere Stadt vor der Grenze, Freyung, ist jedoch bereits nach 30 Kilometern erreicht. Nördlich dieser Kreisstadt wird die Besiedlung immer dünner, auf einer Höhe von 1000 Metern liegen einige der wohl abgeschiedensten Dörfer des Bayerischen Waldes. Und auch diese würde es kaum geben, wenn nicht die Fürstbischöfe von Passau im 17. und 18. Jahrhundert das Grenzland gerodet und besiedelt hätten. An diese Geschichte erinnern bis heute die Namen der Dörfer: Bischofsreut, Mauth, Finsterau.

Gegründet worden war **Finsterau** 1704 von Fürstbischof Johann Philipp von Lamberg. Mit seinen damals zehn Anwesen ein klassisches Waldhufendorf – die Häuser standen in einer Reihe auf beiden Seiten der Straße, dahinter lagen dann die sogenannten ›Hufe‹, die Äcker des Hofes. Heute ist dies natürlich nur noch schwer nachzuvollziehen, doch wer einen Eindruck davon bekommen möchte, wie die Dörfer bis weit ins 20. Jahrhundert hinein aussahen, kann nach Leopoldsreut bei Bischofsreut östlich der B 12 fahren (→ S. 183) – in ein Dorf, das es eigentlich gar nicht mehr gibt.

Die Wildkräutergemeinde

Finsterau ist Teil der 2200 Einwohner zählenden Gemeinde Mauth, gemeinsam bezeichnet man sich als **Kräutergemeinde Mauth-Finsterau**. Angelegt wurden 17 Gärten für Wild-, Heil- und Gartenkräuter. Hexen- und Zauberkräutergarten heißt der eine, Färberkräutergarten ein anderer, und auch ein Garten für mediterrane Kräuter ist vorhanden. Auf einer Höhe von 1000 Metern ist die Vegetationsperiode kürzer, die Kräuter müssen sich schneller entwickeln und haben deshalb auch mehr Inhaltsstoffe. Bei Wildkräuterwanderungen erfährt man viel darüber, wie vermeintliches Unkraut wie Giersch, Schafgarbe oder Spitzwegerich in der Küche und bei Krankheiten eingesetzt werden kann. Ganz im Zeichen der Kräuter steht auch das Freilichtmuseum Finsterau am Rande des Dorfes, wo man die Pflanzen in der ›Kräuterey‹ weiterverarbeitet zu Essigen oder Gewürzsalzen kaufen kann.

Aufgebaut wurden im Freilichtmuseum ein knappes Dutzend Höfe, darunter der mächtige **Petzihof** aus Röhrnbach, ein geschlossener Vierseithof mit sieben Gebäuden aus dem 18. und 19. Jahrhundert. Der Petzihof ist einer der letzten großen Höfe des Bayerischen Waldes, der ohne größere Veränderungen erhalten geblieben ist. Dies liegt kurioserweise daran, dass der Besitzer sich weigerte, das Anwesen seiner Tochter zu übergeben, da diese nicht verheiratet war. Erst 1942, nach dem Tod des Vaters, konnte sie den

Alte Schule im aufgegebenen Dorf Leopoldsreut

▲ Karte vordere Umschlagklappe

Die Kirche in Leopoldsreut

Hof mit 44 Jahren übernehmen, doch für eine Modernisierung fehlte ihr nun die Kraft. Die Stallungen stammen aus dem frühen 18. Jahrhundert, bis in die 1980er Jahre wurde hier Vieh gehalten. Rechts des Tores liegt das Inhäusl, das als Austragshaus für die alten Bauersleute nach der Übernahme des Hofes durch den Sohn gedacht war, in dem meist jedoch die Knechte und Mägde wohnten. Eineinhalb Stockwerke höher als das Inhäusl ist das Wohnhaus aus dem Jahr 1704, dessen Erdgeschoss bereits aus Feldsteinen errichtet wurde.

Außerdem wurden im Freilichtmuseum eine Dorfschmiede, eine Flachsbrecherei, eine Köhlerei und natürlich auch ein altes Wirtshaus, in dem sich heute die Museumsgaststätte befindet, aufgebaut.

Zur Moldauquelle

Von Finsterau fahren die Igel-Busse des Nationalparks zu dem nur für Fußgänger und Radfahrer geöffneten **Grenzübergang Bučina**, dort beginnt eine gut zweistündige Wanderung, die zu einem der beiden Quellflüsse der Moldau, der Warmen Moldau, und zurück über die Reschbachklause führt. Seit 2012 besteht im Sommer zudem die Möglichkeit, am Grenzübergang in einen der grünen Busse des tschechischen Nationalparks Šumava zu wechseln. Diese fahren über Kvilda bis **Horská Kvilda** und damit in ein Gebiet mit vielen Hochmooren (→ S. 251).

Mauth und Finsterau verfügen mit gut 100 Kilometern über das **längste Loipennetz im Bayerischen Wald**, dank der Höhenlage zwischen 700 und 1000 Metern ist es sehr schneesicher und immer wieder Austragungsort von nationalen und internationalen Langlaufmeisterschaften. Als schönste Loipe des Bayerischen Waldes gilt die 20 Kilometer lange Dreikönigsloipe, die durch kalte Hochtäler verläuft und manchmal sogar bis Pfingsten befahren werden kann.

Leopoldsreut

Leopoldsreut war 1618 vom Passauer Fürstbischof Leopold V. auf einer Höhe von 1110 Metern gegründet worden. Seine Pfarrkirche St. Johannes Nepomuk war mit 1108 Metern die höchste im Bayerischen Wald. Zu seiner damaligen Bedeutung trug der Umstand bei, dass sich in Leopoldsreut die Mautstation am Salzhandelsweg Goldener Steig befand und Quarz für die Glasherstellung abgebaut wurde. Doch im Winter war der Ort oft wochenlang von dem nur fünf Kilometer entfernten Bischofsreut abgeschnitten. So verließen bereits in der Mitte des 19. Jahrhunderts die ersten Familien das Dorf, kurz vor Ende des Jahrhunderts zählte es noch 150 Einwohner.

Mit der Gründung der Tschechoslowakei und der völligen Schließung der Grenzen nach 1945 war der Niedergang nicht mehr zu stoppen. 1955 wurde die Schule geschlossen, 1963 verließen die letzten Bewohner Leopoldsreut, die Häuser wurden mit Ausnahme der Kirche und der

Schmiede im Freilichtmuseum Finsterau

Schule abgerissen. Seit einigen Jahren jedoch kehrt nun neues Leben zurück: Gefördert mit Mitteln der EU wurden Infotafeln über das Leben in der Grenzregion aufgestellt, 2007 entstand ein Dokumentarfilm über das Leben in Leopoldsreut, der seine Premiere 2008 vor der Dorfkirche hatte. Doch dies war nur der Anfang für weitere Aktionen: Der Förderverein Kulturlandschaftsmuseum richtete inzwischen fünf ›Steige‹ ein, auf denen über Kultur, Wirtschaft und Artenvielfalt der Grenzregion informiert wird. Und auch ein historisches Freilichtspiel ›Leopoldsreut‹ findet alle zwei Jahre statt. (www.kulturlandschaftsmuseum.de).

Mauth-Finsterau

Touristinfo Mauth, Mühlweg 2, 94151 Mauth, Tel. 08557/973838, www.ferienregion-nationalpark.de; Mo–Do 9–12 und 14–17 Uhr, Fr 9–12 Uhr, So 9–12 Uhr; Nov.– 4. Advent So geschlossen.

Landhotel Bärnriegel, Halbwaldtstr. 32, 94151 Finsterau, Tel. 08557/96020, www.landhotel-baernriegel.de; DZ mit HP ab 100 €. Schön gelegenes 48-Zimmer-Hotel mit eigenem Bauernhof (Rinder) und Kräutergarten. Selbstgemachte Brennessel-Nudeln und Willdkräutersalat. Motorradfahrer sind willlkommen.

Kräuterpension-Wirtshaus Säumerpfad, Hüttenbergweg 9, 94151 Mauth, Tel. 08557/1210, www.pension-saeumerpfad.de; DZ ab 84 €, 19 Zimmer. Hier wird ebenfalls auf frische Kräuter in der Küche Wert gelegt, experimentiert wird aber auch mit Rosenblättern.

Freilichtmuseum Finsterau, Museumstr. 51, 94151 Finsterau, Tel. 08557/96060, www.freilichtmuseum.de; 25.12.–Apr. 11–16 Uhr, Mai–Sept. 9–18 Uhr, Okt. 9–17 Uhr.

Skischule Mauth, Almbergweg 8, 94151 Mauth, Tel. 08557/316, www.skischule-mauth.de; Langlauf, Alpin und Snowboarding.

Skigebiet Mitterfirmiansreut, familienfreundliches Skigebiet um den 1139 m hohen Almberg mit mehreren Liften und insgesamt 10 km langen Abfahren. Der JuniorSkiZirkus wurde 2011 als bestes Angebot für Kinder unter 110 internationalen Skigebieten ausgezeichnet.

Angeln im Reschbachtal Mai–Sept. Angelscheine gibt es bei der Touristinfo Mauth.

▸ Karte vordere Umschlagklappe

Freyung

Mit 800 Metern ist Freyung die höchstgelegene Stadt des Bayrischen Waldes und ein guter Ausgangspunkt für eine Vielzahl von Ausflügen: zum Nationalpark und zum Dreisesselberg, nach Österreich und Tschechien. Die Passauer Bischöfe gewährten den Siedlern in diesem nordöstlichen Gebiet ihres Herrschaftsbereichs Steuerfreiheit – darauf geht der Name der Stadt zurück.
Freyung hat zwei kulturelle Zentren, eines davon ist die **Burg Wolfstein**, die die Bischöfe auf einem Riff des Pfahls bereits 1200 zur Sicherung des Goldenen Steigs nach Böhmen errichten ließen. Der Wolfstein wurde Ende des 16. Jahrhunderts zum Schloss umgebaut, heute beherbergt er neben dem Jagd- und Fischereimuseum die besuchenswerte Galerie für zeitgenössische bildende Kunst Ostbayerns. Hier präsentieren sich die Künstlervereinigungen ›Donau-Wald-Gruppe‹, ›Bayerwaldkreis‹ und ›Eule‹. Der Gründer der wichtigsten Vereinigung, der Donau-Wald-Gruppe, war der 1887 in Oschersleben in Sachsen-Anhalt geborene Reinhold Koeppel, der sich vor dem Ersten Weltkrieg im alten Schulhaus des Bergdorfes Waldhäuser niederließ und das Leben der Waldarbeiter zu seinem

Freyung

Hauptthema machte. In der Dauerausstellung werden rund 170 Arbeiten zu Malerei, Plastik und Grafik gezeigt.

In der 7200 Einwohner zählenden Stadt selbst haben nur wenige historische Gebäude den Brand von 1872 überstanden. Das schönste ›Überlebende‹ ist das zweite kulturelle Zentrum Freyungs, das **Schramlhaus**. Typisch für einen Hof des Bayerwaldes sind das weit heruntergezogene Walmdach und ein rundbogiger Eingang vom Anfang des 18. Jahrhunderts. Eigentlich plante der Gemeinderat hier den Bau eines Kaufhauses, ganz im Stil der 1970er-›Betonjahre‹. Doch dann entschied man sich stattdessen, den immerhin bis 1967 bewirtschafteten Bauern- und Handwerkerhof vor dem Verfall zu retten.

In den weitgehend original erhaltenen Innenräumen befindet sich das **Heimatmuseum** mit Ausstellungen zur bäuerlichen Wohnkultur, sakralen Volkskunst und Stadtgeschichte. Zu sehen sind Wohnstube, Kammer, Rauchkuchl und Schreinerei, Stall und Remise. Bei Freyunger Brautpaaren ist das Museum aus einem anderen Grund begehrt: In der guten Stube kann man sich das Jawort geben. Ein weiteres historisches Bauwerk steht am Stadtplatz: das **Wiesbauerhaus** mit seinem dreigeschossigen Satteldach. Attika und Torbogen stammt im Kern aus dem Jahre 1572, wurden jedoch Ende des 18. Jahrhunderts und auch noch in der heutigen Zeit modernisiert. Nach dem Stadtbrand errichtet wurde die neogotische Kirche **Maria Himmelfahrt**, die mit ihrem 56 m hohen Turm das Stadtbild beherrscht. Im Inneren blieben ein Holzkruzifix, eine Vespergruppe und Passionsbilder, alle aus der Zeit des Barock, erhalten.

Keltendorf Gabreta

Das Keltendorf Gabreta, acht Kilometer westlich von Freyung bei Ringelai, ist vor allem für Kinder eine Attraktion. Nachgebaute Häuser aus der Zeit zwischen 750 und 15 v. Chr. bilden die Kulisse für einen archäologischen Erlebnispark, in dem das Leben der Kelten dargestellt wird. Doch es geht nicht nur ums Zuschauen, sondern auch ums Mitmachen: An keltischen Festtagen lädt das Museumsdorf zum Erproben alter Handwerkstechniken ein, selbst neue Häuser werden gebaut. Ein- zweimal pro Woche wird der Backofen eingeheizt und Brot gebacken. Detaillierte Informationen über das Programm findet man auf der Homepage, Gruppen können spezielle Führungen bestellen. Gabreta war übrigens die griechische – und nicht wie oft angegeben die keltische – Bezeichnung für das böhmisch-bayerische Waldgebirge und stammt von dem griechischen Historeographen Claudius Ptolemäus.

Wanderung durch die Buchberger Leite

Die Buchberger Leite, eine Wildbachklamm, gehört zu den wichtigsten Geotopen Bayerns. Leite ist die Bezeichnung sowohl für einen steilen Hang wie auch für ein unruhiges Gewässer. Tatsächlich hat sich zwischen Freyung und Ringelai die **Wolfsteiner Ohe** bis zu hundert Meter tief in den Schieferstein gegraben. Bereits 1961 erklärte man die Buchberger Leite zum Landschaftsschutzgebiet. Neben Fichten, Tannen und Buchen finden sich hier auch die für den Bayerischen Wald eher seltenen Linden und Eschen sowie Ahornbäume und die stark bedrohten Bergulmen. Am Bachufer und auf den teilweise überfluteten Steingeröllbänken wachsen

Freyung, die höchste Stadt des Bayerischen Waldes

Bunter Eisenhut, Weiße Pestwurz, Gemeiner Baldrian und die Gemswurz. Alte Triften zum Transport von Holzstämmen, in den Feld gehauene Stollen und Kanäle, bei denen das Wasser scheinbar bergauf fließt, zeugen vom Wirken der Waldbewohner in der Leite. Allerdings ist das Geotop nicht mehr so unberührt, wie es sein sollte: Die Elektrizitätsgewinnung an den Flüssen hat seine Spuren hinterlassen. Für den **12 Kilometer langen Rundweg** von Freyung zur Buchberger Mühle und zurück braucht man knappe drei Stunden. Diejenigen, die nicht so weit laufen möchten, fahren zum Parkplatz an der Buchberger Mühle. Einen öffentlichen Parkplatz in **Freyung** findet man beim **TÜV**, dort und im Stadtzentrum beginnt der Wanderweg mit den Markierungen 1 bis 4. Zunächst ist dieser Weg freilich wenig romantisch: Eine Kaserne, das Klärwerk und auch die B 12 muss man erst hinter sich lassen. Dann jedoch taucht schon das Ufer des **Saußbach**s auf, dem man unter der ›3‹ bis zur ›Scher‹, dem Zusammenfluss mit dem aus dem Lusengebiet kommenden Reschbach folgt. Von nun an heißt der Fluss Wolfsteiner Ohe, es ist einer der Quellflüsse der Ilz. Entlang der Buchberger Leite führt der Weg unter der Markierung ›Silberdistel‹ bis zur **Buchberger Mühle**. Hier trifft der Wanderer erneut auf die wichtigste geologische Sehenswürdigkeit der Region, den **Pfahl**, der mit seinem harten Quarzgestein letztendlich die Ursache für die tief eingeschnittenen Flusstäler ist. Durch einen **30 Meter langen Tunnel** durchquert man eine Nebenlinie des Pfahls, oberhalb der Ohe tauchen die Reste von zwei mittelalterlichen Burgen, **Neubuchberg** und **Wildenstein**, auf.

Bei der Buchberger Mühle entstand Anfang des 20. Jahrhunderts ein Karbidwerk, das mit Wasserkraft betrieben und in den 1960er Jahren stillgelegt wurde. Nun hat man zwei Möglichkeiten: Man kann entlang der **Wolfsteiner Ohe** gute 2,5 Kilometer weiter bis **Ringelai** und dem **Keltendorf Gabreta** laufen oder über **Marchzipf** auf dem Wanderweg Nummer 3 zurück nach **Freyung**. Geführte Wanderungen durch die Buchberger Leite bietet das Tourismusbüro in Freyung an.

Freyung

PLZ: 94078

Touristinformation, Rathausplatz 2, Tel. 08551/588150, www.freyung.de; Mo–Do 8.30–12.30 und 13.30–17 Uhr, Fr 8.30–12.30 und 13.30–16 Uhr, Sa 10–12 Uhr, Anfang Nov.– Mitte Dez. Sa geschl.

Hotel & Landgasthof Hohenauerhof, Dorfplatz 18, 94545 Hohenau, Tel. 08558/1056, www.hohenauer-hof.de; DZ ab 84 €. Großes Dreisterne-Superior Hotel mit schönem Bergblick circa 7 km von Freyung entfernt, Hallenbad, Sauna.

Landgasthaus Schuster, Ort 19, Tel. 08551/7184, www.landgasthaus-schuster.de. Eines der besten Restaurants des Waldes. Leopold Schuster erhielt für seine › leichte und kreative Naturküche‹ viele Auszeichnungen und bietet auch Kochkurse an. Siebengangmenüs für 80–90 €. Neben regionalen Produkten wie Huchen auch Frischfisch aus der Nordsee.

Tafernwirtschaft Danibauer, Falkenbach 2, Tel. 08551/4283, www.danibauer.de. Im Ortsteil Falkenbach entstand in einem alten Bauernhaus aus dem 17. Jahrhundert diese Tafernwirtschaft – abgeleitet vom lateinischen ›taberna‹. Regionale Küche mit Pilzen und Beeren aus dem Wald. Vorher anrufen und nach freien Plätzen fragen. Es gibt auch einige wenige, schön gestaltete Zimmer zum Übernachten, DZ ab 80 €.

Jagd Land Fluss Museum und Galerie, im Schloss Wolfstein, Wolfkerstr. 3, Tel. 08551/57109, www.jagd-land-fluss.de; Di–So 10–16 Uhr, geschlossen Nov.–25. Dez. und Ende Januar bis Osterferien

▶ Karte S. 185

Galerie Wolfstein, Wolfkerstr. 3, Tel. 08551/57109, www.museen-in-bayern.de. Öffnungszeiten wie oben.
Heimatmuseum im Schramlhaus, Abteistr. 8, Tel. 08551/1276, www.freyung.de; 25.12.-14.5. Di, Do, Sa 13-16 Uhr. 15.5.-31.10. Di, Do, Sa 13-17 Uhr, 1.11.-25.12. geschl.
Keltendorf Gabreta, Lichtenau 1a, 94160 Ringelai, Tel. 08555/407310, keltendorf.com; von Ostern bis Anf. Nov. Do-So 10-18 Uhr, bis Anf. Dez. Sa und So 11-17 Uhr. Sonderöffnungen für Gruppen.

Langlaufzentrum Freyung-Kreuzberg: www.langlaufen-bayerischer-wald.de. 34 km Loipen zwischen 2,5 und 12,5 km Länge, eine Skatingloipe von 6,5 km Länge. Skibus startet im Zentrum von Freyung.
Ski- und Snowboard-Einsteigerzentrum mit Skischule in Freyung-Geyersberg: Drei Lifte, Übungskarussell, Verleih. www.skilifte-goettl.de

Kutsch- Schlittenfahrten Sammerhof, Winkelbrunn 24, Tel. 08551/1487, www.sammerhof.de. Auch Ferienwohnungen.
Pension-Pferdehof Haug, Falkenbach 18, Tel. 08551/910076, www.pension-pferdehof-haug.de. FeWo, Mithilfe im Stall, keine Ausritte.
Nordic Walking Park Freyung, 6 Strecken zwischen 3,7 und 11 km, www.nordicwalking-bayerischer-wald.de.

Historischer Glaswanderweg bei Grainet

Bei Grainet, einem idyllischen und etwas verschlafenen Dorf mit 2400 Einwohnern, beginnt der Historische Glashüttenwanderweg. Er ist 22 Kilometer lang und führt - unter der Markierung eines Trinkglases - an mehreren ehemaligen Hüttenstandorten vorbei. Ausgangspunkt ist der Parkplatz beim Skilift von Grainet, der an der Schwarzholzstraße Richtung Oberseilberg liegt. Hier am Glasbach, am Fuße des 1170 Meter hohen Berges Haidel, stand eine bereits für 1449 belegte Wanderglashütte: Da die Glasmacher Unmengen von Holz verbrauchten, zogen sie nach der Abholzung des einen Standortes zum nächsten weiter.

Entstanden ist Grainet jedoch nicht als Standort einer Glasbläserei, sondern um 1400 als Säumerdorf am Goldenen Steig, dem Handelsweg von Passau nach Prachatice in Böhmen. Bereits in den Anfangszeiten der Gemeinde entstand die kleine Nikolauskirche am großen Dorfplatz, die jedoch nach einem Brand 1911 neu aufgebaut werden musste.

Nächste Stationen auf dem Glaswanderweg sind **Hobelsberg**, wo von der ehemaligen Hütte jedoch nichts erhalten blieb, und danach die **Wallfahrtskapelle Kohlstattbrunn**. Einer Quelle an der Stelle eines früheren Kohlenmeilers sagte man Heilkraft bei Augenleiden nach. In **Bramandlwies**, einer typischen Rodungswiese im Wald, sind unter einem Erdhügel im Schatten eines riesigen Ahornbaums die Reste eines Glasofens zu erkennen. Entlang des Osterbachkanals, auf dem früher das geschlagene Holz zu Tal befördert wurde, geht es weiter zu den **Duschlberg-Glashütten**. Sie waren von 1677 bis 1758 in Betrieb. Über Gschendet, Althütte und vorbei an den Ruinen der ›Schwedenschanze‹, einer Befestigungsanlage aus dem Dreißigjährigen Krieg, erreicht man wieder Grainet.

Lohnenswert ist auch ein Besuch der 1766 errichteten, hölzernen **Dorfkapelle von Unterseilberg**, die in 23 Bildern die Heils- und Passionsgeschichte schildert.

Als eine der schönsten Aussichten auf den Bayerischen Wald gilt der Blick vom 35 Meter hohen **Aussichtsturm auf dem Haidel**.

Grainet

PLZ: 94143

Tourismusbüro, Obere Hauptstr. 21, Tel. 08585/960030, www.grainet.de; Mo-Do 8-12 und 13-16 Uhr, Fr 8-12 Uhr.

Göttlhof, Unterseilberg 21, Tel. 08585/497, www.goettlhof.de; Ferienwohnungen ab 25 €/Tag. Geführte Ausritte, Reitlehrer, Kutschfahrten.

Drachen- und Gleischirmfliegen, Herbert Frisch, Tel. 0170/3635004. Nur am Wochenende, Startplatz ist die Kapelle von Obergrainet.

Dreisesselberg

Der Dreisesselberg (1312 m) mit seinem grandiosen Blick ins Moldautal und über den Böhmerwald ist einer der am meisten besuchten Orte des Bayerischen Waldes. Nicht zuletzt deshalb, weil es möglich ist, mit dem Auto fast bis zum Gipfel zu fahren und sich so die Mühen des Aufstiegs zu ersparen. Vom gebührenpflichtigen Parkplatz aus braucht man dann nur noch fünfzehn Minuten bis zum Berggasthof Dreisesselhaus am Gipfel. Von hier aus sind zahlreiche gut ausgeschilderte Ziele wie der Plöckenstein oder das Steinerne Meer zu erreichen. Am beliebtesten ist das Dreiländereck, wo die Grenzen von Deutschland, Tschechien und Österreich aufeinander treffen. So schön der Dreisesselberg ist - viele Besucher sind entsetzt über die großen Flächen mit völlig abgestorbenem Bergfichtenwald. Bayern hat entschieden, nur einen Teil des vom Borkenkäfer befallenen Schadholzes zu entfernen. Denn Totholz, so die Förster, bilde die Grundlage für das Wachstum des neuen Waldes. Die tschechische Seite des Berges ist dagegen Teil des dortigen Nationalparks, hier überlässt man die Natur ganz sich selbst. Kahlschläge gab es so nur auf österreichischem Gebiet. Der unterschiedliche Umgang der drei Staaten mit dem toten Wald führt immer wieder zu Streitigkeiten. Die Besucher jedoch können bei ihrer Wanderung über den Bergrücken einen guten Eindruck davon gewinnen, welche Formen es im Kampf mit dem Borkenkäfer gibt. Unter der Rinde der Bäume ist übrigens zu erkennen, wie viele Borkenkäfer noch ›aktiv‹ sind und jederzeit wieder ausschwärmen können.

▲ Karte S. 192

Die Dreisesselsage

Drei Prinzen zogen aus, um sich neue Länder zu suchen. Sie fanden einen Berg, dessen Form drei Sesseln glich. Dort ließen sie sich nieder und als sie ringsum die herrlichen Wälder sahen und die saftigen Wiesen, hat es ihnen so gefallen, dass sie beschlossen, hier zu bleiben und das Land unter sich zu teilen. Der eine hat sich das Bayerland genommen, der andere das Böhmerland und der dritte Österreich. Aber sie hatten keine Kronen, und ohne Kronen wollten sie nicht regieren. So sind sie ratlos auf dem hohen Berg gesessen. Da kamen unversehens drei Prinzessinnen, die wegen ihrer außerordentlichen Hässlichkeit aus ihren Heimatländern verbannt worden waren. Jede von ihnen besaß eine Krone und die schenkten sie den Prinzen.In ihrer Freunde versprachen die jungen Könige den Jungfrauen, sie zu ihren Königinnen zu machen. Sie wurden aber bald wortbrüchig und verwünschten die Prinzessinnen in den Plöckensteinsee. Dort warten die Jungfrauen noch immer auf ihre Erlösung. In jeder Dreikönigsnacht kommen sie zum Dreisesselfelsen und klagen über ihre verlorenen Kronen.

Auf dem Dreisesselberg

Wandergebiet Dreisesselberg

Wanderung auf Stifters Spuren

Der siebenstündige Rundweg, bei dem 1000 Höhenmeter überwunden werden müssen, beginnt bei dem 1818 errichteten **Rosenberger Gut** in Lackenhäuser (850m), dort also, wo Adalbert Stifter sechs Sommer und einen schneereichen Winter verbrachte. Über diesen schrieb er: »In der Nacht von Sonntag auf Montag erhob sich ein Wind, der morgens zum Sturme wuchs. Als es morgens graute, sah ich, dass die Gegend mit Schnee bedeckt sei, und als die Tageshelle gekommen war, sah ich, dass es heftig schneite. Und von nun an erlebte ich ein Naturereignis, das ich nie gesehen, das ich nicht für möglich gehalten hätte, und das ich nicht vergessen werde, so lange ich lebe. Zweiundsiebzig Stunden dauerte die Erscheinung ununterbrochen

fort. Wir waren abgeschlossen, die ersten Bäume der Allee, zwanzig Schritte entfernt, waren nicht mehr sichtbar.«
Im **Rosenberger Gut**, das einst das Zentrum des Tourismus im Bayerischen Wald war, ist heute ein Seniorenheim untergebracht. Die Stifter-Gedenkräume ssind jedoch zugänglich und es gibt auch wieder ein einfaches Wirtshaus.
Auf dem schmalen **Witiko-Steig** erreicht man nach 2,5 Stunden den **Dreisesselberg** (1312 m). Einen besseren Blick nach Böhmen hat man jedoch vom nur wenige hundert Meter entfernten **Hochstein** (1332 m). Dieser Blick war auch der Grund dafür, dass der Böhmerwaldheimatkreis Prachatitz hier 1978 eine Kapelle errichten ließ. Anlass war die Heiligsprechung des aus dem heutigen Prachatice stammenden Bischof Johann Nepomuk Neumann. 1836 hatte Neumann Böhmen verlassen, um als Missionar in den USA zu arbeiten. Dort widmete er sich vor allem der Ausbildung von sozial Benachteiligten, legte den Grundstein für das heutige Pfarrschul-System und wurde 1852 Bischof von Philadelphia.
Vom Dreisesselberg führt nun der **Adalbert-Stifter-Steig** weiter über das **Steinerne Meer**, einer gewaltigen Fläche von Felsbrocken. Überhaupt ist der gesamte Bergrücken geprägt von sogenannten Blockburgen, gewaltigen, aufeinander getürmten Granitsteinen, Folgen der jahrtausendelangen Verwitterung. Stürzten die Blockburgen ein, entstanden Steinmeere wie hier am Dreisessel.
Ein schöner Granitstein steht auch am **Dreiländereck**, wo die Staatsgrenzen von Deutschland, Österreich und Tschechien aufeinander treffen. Das nächste Ziel liegt somit schon in Tschechien und ist der 1378 Meter hohe **Plöckenstein** mit dem **Stifter-Denkmal** und dem unterhalb liegenden **Plöckensteinsee** (1089 m, vier Stunden), einem der Lieblingsorte des Dichters. Stifter schrieb den Plöckenstein freilich noch mit einem ›B‹, so wie er auch nicht die Begriffe Osten oder Süden verwendete, sondern für die Himmelsrichtungen stets den Stand der Sonne angab: Morgen, Mittag, Abend und Mitternacht. Wer möchte, kann vom Plöckensteinsee weiter hinab ›ins Böhmische‹ wandern, ansonsten führt der Weg über das Dreiländereck und den Seesteig zurück zum Rosenberger Gut. **Einkehrmöglichkeiten** gibt es in Lackenhäuser und im Dreisesselhaus.

Dreisesselberg

1. Bier- und Wohlfühlhotel Gut Riedelsbach, Riedelsbach 12, 94089 Neureichenau, Tel. 08583/96040, www.gut-riedelsbach.de; DZ ab 152 €. Mit Gasthausbrauerei und Biermuseum. Helle, große Zimmer.
Berggasthof Dreisessel, 94089 Neureichenau, Tel. 08556/350, www.dreisessel.com. Einfaches Gasthaus ohne Übernachtungsmöglichkeiten, Schneeschuhtouren und- verleih. Nov.–Mitte Dez. geschl.

Adalberg-Stifter-Radweg, ca. 50 km zwischen Haidmühle und Fürsteneck. Bis Waldkirchen auf einer leicht abfallenden, gut ausgebauten Strecke auf einer ehemaligen Bahntrasse, die sich gut für Familien eignet. Anstrengender ist die zweite, ca. 22 km lange Strecke nach Fürsteneck, wo Steigungen von 500 m Höhenunterschied überwunden werden müssen.
Fahrrad- und E-Bikeverleih: Touristinfo Haidmühle, Tel. 08556/19433, www.haidmuehle.eu und bei Edeka in Neureichenau.

Knaus Campingpark Lackenhäuser, Lackenhäuser 127, 94089 Neureichenau, Tel. 08583/311, www.knauscamp.de. Sehr großer Platz mit Frei- und Hallenbad, Bungalows, SB-Markt. Fahrradverleih, Angel- und Reitangebote, Bastelkurse für Kinder.

Internationales Hundeschlittenrennen (auch WM) in Haidmühle im Februar, www.dreiländereck-bayerischer-wald.de.

EXTRA

Wie Stifter den Wald sah

Stifters ›Witiko‹, in der er Böhmens Geschichte des 12. Jahrhunderts beschreibt, beginnt mit dem Ritt des jungen Witiko von Passau über den Dreisesselberg nach Böhmen: »Mitternachtwärts von Passau steigt das Land staffelartig gegen jenen Wald empor, der der böhmisch-bayerische genannt wird. Er besteht aus vielen Berghalden, langgestreckten Rücken, manchen tiefen Rinnen und Kesseln, und obwohl er jetzt zum größten Teil mit Wiesen, Feldern und Wohnungen bedeckt ist, so gehört er doch dem Hauptwalde an, mit dem er vielleicht vor Jahren ununterbrochen bekleidet gewesen ist. (...) Dieser auch jetzt noch große Wald hat in seinen Niederungen vornehmlich die Buche, höher hinauf das Reich der Tanne und des ganzen Geschlechts der Nadelhölzer, und endlich auf dem Grat der Berge auch oft Knieholz, nicht der Berghöhe, sondern der kalten Winde wegen, die gerne und frei hier herrschen. Von der Schneide des Waldes sieht man ins Tal der Moldau hinab, welche in vielen Windungen und im moorigen Boden, der sich aus dem Walde herausgelöst hat, in die ferneren Gelände hinaus geht.«

Witiko trifft bei einer sonntäglichen Wanderung auf den Dreisesselberg das bayerische Mädchen Bertha, das er – man ahnt es – später heiraten wird. Und dies, obwohl sie von Böhmen so gar nicht begeistert ist: »Wenn ich von dem Steine der drei Sesseln oder von dem Blöckensteine gegen das Land von Böhmen blicke,« sagte Bertha, »so war es immer als sei es in jenen Gegenden nicht so licht, als auf unserer Seite der Berge.«

»Von dort blickt man in unser Land nach Mittag«, antwortete ihr Vater Heinrich, »und nach Mittag ist der Ausblick in allen Ländern freundlicher.« »Ich weiß nicht, ob ich in Böhmen wohnen möchte«, sagte Bertha.

»Am freiesten und hellsten wohnt es sich wohl auf der Höhe des Waldes«, sagte Witiko. Witiko kommt auch zum Plöckensteinsee, den Stifter wortreich und doch eindrucksvoll in seinem ›Hochwald‹ beschrieben hat: »Ein Gefühl der tiefsten Einsamkeit überkam mich jedesmal unbesieglich, sooft und -gern ich zu dem märchenhaften See hinaufstieg. Ein gespanntes Tuch ohne eine einzige Falte, liegt er weich zwischen dem harten Geklippe, gesäumt von einem dichten Fichtenbande, dunkel und ernst, daraus manch einzelner Urstamm den ästelosen Schaft emporstreckt, wie eine einzige altertümliche Säule. Gegenüber diesem Waldbande steigt ein Felsentheater lotrecht auf, wie eine graue Mauer (...). Man kann hier tagelang weilen und sinnen, und kein Laut stört die durch das Granit sinkenden Gedanken als etwa der Fall einer Tannenfrucht oder der kurze Schrei des Geiers.«

Adalbert Stifter

Waldkirchen

»aufwärts. himmelwärts.« – so lautete einst ein Werbeslogan von Waldkirchen, und tatsächlich muss man erst einmal einen ziemlichen Höhenunterschied überwinden, bevor man das Zentrum der Stadt erreicht hat. Dafür jedoch wird man entlohnt: Mit seinen gut 10 000 Einwohnern ist Waldkirchen eine der lebendigsten und auch schönsten Städte des Bayerischen Waldes.

Bei der Gründung im 11. Jahrhundert lag Waldkirchen noch tief im Wald, daher auch der Name. Aufstieg und Reichtum verdanken die Bürger den Fürstbischöfen von Passau, die Waldkirchen bereits im 13. Jahrhundert nicht nur Marktrecht, sondern auch das alleinige ›Niederlagsrecht‹ für Salz verliehen. Dies bedeutete, dass die Säumer nach einem Tagesmarsch von Passau in Waldkirchen Herberge nehmen mussten. Wovon nicht nur die Gastwirte, sondern auch die örtlichen Händler und Handwerker profitierten. Durch Waldkirchen führte zudem die sogenannte Klafferstraß, auf der aus Ungarn vielhundertköpfige Rinderherden bis nach Augsburg oder Nürnberg getrieben wurden.

Von der Bedeutung der Stadt zeugt die mächtige Ringmauer, die 1460 bis 1470 errichtet wurde, um Waldkirchen vor immer neuen Angriffen aus dem nahen Böhmen zu schützen. Einst hatte sie zwei Tore und zehn Wehrtürme, trotz sechs Stadtbränden ist sie besonders im Südwesten der Altstadt noch gut erhalten. Einer der Rundtürme wurde in das Museum Goldener Steig integriert, das über die Geschichte der Salzsäumer informiert.

Daneben hat Waldkirchen jedoch noch eine eher ungewöhnliche Attraktion: das **Modehaus Garhammer**. Auf einer Verkaufsfläche von 9000 Quadratmetern – immerhin ein 15 Prozent der Fläche des KaDeWe, und dort gibt es ja viel mehr als nur Kleidung – bietet dieses die bekanntesten nationalen und internationalen Labels. Bei einem Glas Sekt können die Kunden es sich in einer Sitzecke bequem machen und in aller Ruhe beraten lassen. Mit 500 Mitarbeitern gehört das mittelständische Familienunternehmen zu den größten Arbeitgebern der Region.

In Waldkirchen

Ein rund vier Kilometer langer **Rundgang durch Waldkirchen** führt vom Stadtpark zu den historischen Sehenswürdigkeiten sowie den Höhepunkten der Landesgartenschau 2007 und ist daher auch für Kinder unterhaltsam. Einen Flyer hierzu gibt es im Tourismusbüro.

Stadtrundgang

Wahrzeichen des Stadtparks ist ein zehn Meter hoher **Tannendom**, der über ein Seilgerüst erklettert werden kann. Außerdem gibt es einen Weiher mit Klanginseln, überdimensionale Glasblumen, ein Vogelguckhaus und einen Wasserspielplatz. Vom Wolkensteg, der längsten Parkbank Bayerns, hat man einen schönen Blick auf das nahe Waldgebirge.

Der Marktplatz und seine Figuren

Der leicht abfallende, langgezogene Marktplatz mit seinen vielen Straßencafés ist wegen seiner ›Radabweisersteine‹ berühmt: Steinsäulen aus Granit, die zum Schutz der Hausecken vor den Rädern der Ochsenfuhrwerke dienten. Der einheimische Steinmetz Matthias Hausbäck war es dann, der in der Mitte des 19. Jahrhunderts den Stein an der Zufahrt zum oberen Marktplatz zur Figur des **Ewigen Hochzeiters** umgestaltete. 1972, bei der Erhebung Waldkirchens zur Stadt, erhielt der Hochzeiter eine Hochzeiterin, die **Stoanerne Gretl** an der Ecke des Modehauses Garhammer. In den folgenden Jahrzehnten kamen immer neue Figuren hinzu. So am unteren Ende des Marktplatzes ein

Waldkirchen

Der ›Ewige Hochzeiter‹ von Waldkirchen

Gastwirt und ein Marktrichter, der daran erinnert, dass Waldkirchen seit dem 13. Jahrhundert eine eigene Gerichtsbarkeit hatte. An diese Tradition erinnern seit 1979 die Marktrichtertage Anfang Juli, eines der größten mittelalterlichen Spektakel des Waldes mit historischen Gerichtsverhandlungen und dem feierlichen Einzug des Fürstbischofs. In der Mitte des Marktplatzes steht die Figur der **Hackinger Marerl**, einer Marktfrau, die nicht auf den Mund gefallen war und bis in die 1980er Jahre hier ihr Obst und Gemüse verkaufte. Auch heute findet auf dem Marktplatz jeden Donnerstagvormittag der Wochenmarkt statt.

Rund um den Marktplatz gab es früher an die dreißig Gasthöfe, eine nahezu unglaubliche Zahl, in denen die Säumer auf ihrem Weg ins böhmische Prachatitz abstiegen. Da die Waren zum Schutz vor Dieben abgeladen werden mussten, verfügten die Häuser über große Keller, außerdem über Pferdeställe. Von diesen Wirtshäusern existiert heute keines mehr, 2014 musste das letzte den Betrieb aufgeben.Und auch den Bach, der einst den Marktplatz hinabfloss und als Tränke für Pferde und Rinder diente, gibt es nicht mehr. An ihn erinnert eine moderne Brunnenanlage.

■ Dom des Bayerwaldes

Die **Stadtpfarrkirche St. Peter und Paul** wird wegen ihrer Größe auch Bayerwalddom genannt und gehört mit ihrem 67 Meter hohen Turm, einer Länge von 64 und einer Breite von 34 Metern tatsächlich zu den größten Kirchen der Region. Nachdem die mittelalterliche Kirche für die Gemeinde zu klein geworden war, entstand zwischen 1857 und 1861 nach Plänen von Leonhard Schmidtner, einem der meist beschäftigten Architekten Bayerns, ein neogotisches Bauwerk: Tausend Gläubige finden darin Platz. Berühmt ist aber auch die 2007 von der Passauer Firma Eisenbarth gebaute Orgel mit ihren 51 Registern. Immer wieder finden hier Orgelkonzerte mit bekannten Organisten statt.

Nachdem der Dom in den letzten Tagen des Zweiten Weltkriegs zerstört worden war, erfolgte der Wiederaufbau 1947–48. Daher stammen der Hauptaltar, der Christus und die beiden Kirchenpatrone zeigt, sowie die Dreifaltigkeitsgruppe und die beiden Glasfenster neben dem Hauptaltar aus der Nachkriegszeit.

■ Kurpark und Zauberwald

Rund zwei Kilometer östlich des Zentrums liegt der Kurpark am Erlauzwieseler See mit Kneippanlage, einem Garten zum Thema Granit, Seebühne und Ausflugscafé. Hier beginnt auch der gut einstündige Weg in die ›grüne Hölle‹ der Saußbachklamm, einem der eindrucksvollsten Naturschutzgebiete Bayerns. Eine Attraktion für Kinder ist beim Badepark Karoli der Zauberwald, in dem sich Waldgeister tummeln, Steine summen und man auf Drachensuche gehen kann.

Waldkirchen

PLZ: 94065

Tourist Info, Marktplatz 17, Tel. 08581/ 19433, www.urlaub-in-waldkirchen.de; Mo–Fr 10–17 Uhr, Sa und feiertags 10–14 Uhr.

Michel & Friends Hotel, Hauzenberger Str. 48, Tel. 08581/2050, www.michel-hotels.de; DZ ab 93 €. Direkt am Kurpark, Doppelzimmer mit Terrasse oder Balkon. Familienzimmer für bis zu drei Kinder und 2 Erwachsene. Sauna, Pool und Fitnessraum.

Johanns, Marktplatz 24, Tel. 08581/ 2082000, www.restaurant-johanns.de. Neues, sehr stylisches Lokal mit moderner regionaler Küche. Kochkurse.

Museum Goldener Steig, Büchl 22, Tel. 08581/920551.www.bayerischer-wald.de; Mai–Okt. Sa und So 14–17 Uhr, 25. Dez.–6. Jan. und von Palmsonntag bis zum Weißen Sonntag, Di–So 14–16 Uhr.Themen sind der Salzhandel, das Abteiland und religiöse Volkskunst.

Emerenz-Meier-Haus, Dorfplatz 9, 94065 Waldkirchen-Schiefweg, Tel.08581/ 989190, www.born-in-schiefweg.de; www.wirtshaus-zur-emerenz.de; Mi–Fr 14–19 Uhr, Sa, So und Feiertage 11-20 Uhr. Im Geburtshaus der bedeutendsten Schriftstellerin des Waldes (→ Künstler S. 65) ist eine Ausstellung über die Heimatdichterin und über ihre Auswanderung in die USA zu sehen. In dem 300 Jahre alten Hof gibt es außerdem eine empfehlenswerte **Gaststätte**.

Karoli Badepark, Vdk-Heimstr. 1, Tel. 08581/986990, www.urlaub-in-waldkirchen.de; 10–20 Uhr, Di, Do bis 22 Uhr. Frei- und Hallenbad, Salzwasserbecken, Strömungskanal, Sauna, Riesenrutsche.

Rauhnacht, 5. Jan. ab 18.30 Uhr.

Marktrichtertage, jedes Jahr im Juli.

Golfplätze: 18-Lochplatz in Poppenreuth, 9-Lochplatz im Ortsteil Dom.

Paulson Rare Wine, Passauer Str. 27, Tel. 08581/910147, www.rare-wine.com. Eigentlich ein Internetshop für alte und seltene Weine aus aller Welt. Man kann diese aber auch direkt bei Familie Paulson abholen.

Hauzenberg

Wer einen Weihnachts- oder Osterurlaub in Passau (→ S. 234) verbringt und nur wenige Tage Zeit hat, sollte dennoch einen Ausflug ins nur 18 Kilometer nordöstlich liegende Hauzenberg machen. Denn die 11 500 Einwohner zählende Stadt im Vorwald bietet nicht nur gute Möglichkeiten zu Skilanglauf und Abfahrt, sondern mit den **Steinwelten** auch eines der modernsten Museen der Region. Hier bekommt man einen guten Einblick in einen der wichtigsten und doch unbekanntesten Wirtschaftszweige des Bayerischen Waldes: den Granitabbau (→ S. 53). Aus Hauzenberg kamen die Steine für das Pflaster von Großstädten, die Kirchen des Waldes und das Kaufhaus Wertheim in Berlin. Einer der Monolithe, die König Ludwig I. ursprünglich für die Befreiungshalle in Kelheim vorgesehen hatte, steht heute auf dem Parkplatz des Granitmuseums von Hauzenberg.

Zweiter wichtiger Rohstoff der Region ist Graphit, das bei Kropfmühl und Untergriesbach abgebaut wird. Graphit braucht man nicht nur für Bleistifte, es macht auch Tontöpfe wasserundurchlässig und kommt selbst in Atomkraftwerken zum Einsatz. In Kropfmühl gibt es einen 4,5 Kilometer langen **Geologielehrpfad** und Führungen durch das **Bergwerk**.

▲ Karte vordere Umschlagklappe

Wand im Granitzentrum

Entstanden ist Hauzenberg vermutlich schon im 8. Jahrhundert, als die keltischen Boier nach Bayern einwanderten. Erstmals urkundlich erwähnt wurde der Ort 1130, damals gehörte er bereits zum Abteiland der Passauer Bischöfe. Dies sollte sich erst über 650 Jahre später ändern, als mit der Säkularisation 1803 auch Hauzenberg an Bayern fiel. Die dem heiligen Veit geweihte **Stadtpfarrkirche** wurde erst in den 70er Jahren des 20. Jahrhunderts gebaut. Nur der Turm und der Chor sind älter, sie stammen aus dem 19. bzw. dem 15. Jahrhundert. Das bedeutendste Kunstwerk ist ein Altar aus der Kapelle der nahen Burg Freudensee, der einzig vollständig erhaltene spätgotische Flügelaltar des Bayerischen Waldes, den der Passauer Rueland Frühauf um 1490 schuf. Das zweite wichtige kunsthistorische Denkmal der Stadt steht in der Fußgängerzone: ein **Marienbrunnen** aus dem Jahre 1667, der bei den zahlreichen Stadtbränden immer wieder als Löschwasserreservoir diente.

Hauzenberg

PLZ: 94051

Tourismusbüro Hauzenberg, Marktplatz 10, Tel. 08586/3030, www.hauzenberg.de; Mo–Fr 8–12, Mo, Di 13–17 Uhr, Do 13–18 Uhr.

Natur-Hotel Gidibauer-Hof, Grub 7, Tel. 08586/96440, www.gidibauer.de; DZ ab 106 €. Inmitten von Wiesen gelegener Granit-Vierseitbauernhof mit modern gestalteten Zimmern und Räumen. Günstige Pauschalen mit Halbpension, was sich lohnt: ›Der Feinschmecker‹, Michelin und viele andere Gourmetführer sprechen Empfehlungen aus. Gut geeignet für Seminare.

Granitzentrum Bayerischer Wald, Passauer Straße 11, Tel. 08586/2266, www.granitzentrum.de; Jan.–April 10–16 Uhr, Mai–Okt. 10–18 Uhr, Nov. geschl., Dez. Do–So 14–20 Uhr gemeinsam mit ›Granitweihnacht‹ im Alten Steinbruch

Graphitbergwerk Kropfmühl, Langheinrichstr. 1, 94051 Hauzenberg-Kropfmühl, Tel. 08586/609147, www.graphit-bbw.de; April–Juni und Okt./Nov. Mi–So 10.30–16.30 Uhr, Juli–Sept. auch Di.

Schnapsmuseum Penninger, Industriestr. 18, 94501 Hauzenberg-Jahrdorf, Tel. 08586/961118, www.penninger.de. Mo–Fr 9–17 Uhr, Sa 9.30–12 Uhr, Okt.–April Sa nur bis 11 Uhr

Skizentrum am Geyersberg, 3 Schlepplifte, Beschneiungsanlage, Air- und Snowboarding, Schlittenpiste.

Langlaufzentrum Breitenberg: 4 Loipen mit Längen zwischen 2 und 8 km.

›Mei‹, hat der Waldler gsagt, ›ist die Welt groß!
Und hinter Straubing solls auch noch weitergehn‹.

Spruch aus dem Donautal

Blick über die Donau auf Passau

DIE DONAU ENTLANG

Von Regensburg nach Passau

Regensburg und Passau zählen zu den schönsten Städten Deutschlands – und sind deshalb ein Höhepunkt jeder Reise in den Bayerischen Wald. Dabei haben beide Orte einen ganz unterschiedlichen Charakter: Regensburg mit seinen romanischen und gotischen Kirchen und Bürgerhäusern vermittelt noch ganz den Eindruck einer mittelalterlichen Stadt. Man kann sich gut vorstellen, wie Adelige, Ritter und Klerus zum Reichstag zusammen kamen. Passau dagegen ist geprägt vom Barock und wirkt – obwohl es jahrhundertelang im Besitz der Fürstbischöfe war – weltoffen und fast italienisch. Doch auch zwischen Regensburg und Passau liegen rechts und links der Donau zahlreiche Sehenswürdigkeiten. Klöster wie Metten oder Niederaltaich, von denen einst die Besiedlung des Bayerischen Waldes ausging. Städte wie Straubing und Deggendorf mit ihren von stolzen Patrizierhäusern gesäumten riesigen Stadtplätzen. Und natürlich fasziniert immer wieder das breite Band der Donau, mit 2850 Kilometern Europas zweitlängster Fluss: ob am Strudel unter der Steinernen Brücke von Regensburg, in den Auwäldern vor Vilshofen oder am Dreiflüsseeck bei Passau, wo die aus dem Bayerischen Wald kommende Ilz und der Alpenfluss Inn in die Donau münden.

Karte hintere Umschlagklappe

▲ *Blick von der Donauinsel auf die Altstadt von Regensburg*

Regensburg

Wer wissen möchte, warum Regensburg jahrhundertelang eine der reichsten und politisch wichtigsten Städte des Heiligen Römischen Reiches Deutscher Nation war, muss nach Winzer hinaufsteigen. Dort, in dem alten Weinbauort, sieht man hinab auf die Donau und begreift, dass sie sich hier, an ihrem nördlichsten Punkt, von einem Fluss zu einem Strom verwandelt. Die Bergbäche aus dem Bayerischen Wald lassen das Wasser der Donau anschwellen, sie öffnet sich nach Südosten zum breiten Gäuboden, eine der fruchtbarsten Landschaften Deutschlands. Erst ab Regensburg ist die Donau für internationale Handelsschiffe befahrbar, deren Ziel Schwarzes Meer heißt.
Diese strategisch günstige Lage zwischen Waldgebirge und Flusstal war stets bestimmend für Regensburg: für römische und deutsche Kaiser, für Kreuzritter und Kaufleute und natürlich auch für fremde Heere. Heute ist Regensburg mit knapp 155 000 Einwohnern nach München, Nürnberg und Augsburg die viertgrößte Stadt Bayerns und seit der Ansiedelung von BMW, Siemens und Infineon auch eine, der es wirtschaftlich sehr gut geht. Mit Dom, Steinerner Brücke und Reichstagssaal zählt man seit 2006 zum UNESCO-Weltkulturerbe. In keiner anderen Stadt Deutschlands ist mehr mittelalterliche Bausubstanz erhalten. Regensburg ist Stein gewordene Geschichte.

Stadtgeschichte

Die Geschichte Regensburgs beginnt in Kumpfmühl. Dort, im Süden der heutigen Altstadt, stationierte die römische Armee um 80 n. Chr. gut 1500 Reiter und Fußsoldaten. Vorausgegangen war eine Schlacht in Böhmen, nun wollte man von hier aus den Donauübergang kontrollieren. Um das Lager herum entstanden zwei Siedlungen, die schon bald Ziel von Händlern wurden. Als die Markomannen diese um 160 niederbrannten, beschlossen die Römer unter Marc Aurel 179 ein sehr viel größeres Lager gegenüber der Regenmündung zu bauen, nun waren hier, in Castra Regina, 6000 Soldaten stationiert. Daher gilt 179 als Jahr der Gründung Regensburgs, 1979 feierte die Stadt ihren 1800. Geburtstag. Der Grundriss Castra Reginas ist heute im Stadtbild noch gut zu erkennen: eine rechtwinklige Anlage mit 540 Meter Länge und 450 Metern Breite zwischen der Donau im Norden und St. Emmeram im Süden. Noch zu Beginn des 19. Jahrhunderts beschränkte sich das Zentrum Regensburgs weitgehend auf das Gebiet dieses Römerlagers und so gilt sie auch als ›Stadt der kurzen Wege‹. Umgeben war das Lager der dritten römischen Legion von einer zehn Meter hohen Mauer, vier Toren und zahlreichen Türmen. Erhalten blieb freilich nur ein einziges Tor: Die nördliche Porta Praetoria beeindruckt mit ihren tonnenschweren Quadersteinen. Neben der Porta Nigra in Trier ist es das älteste derartige Baudenkmal in Deutschland.
Die nächste bedeutende Etappe in der Entwicklung Regensburgs begann in der Mitte des 6. Jahrhunderts: Nachdem die Römer sich nach Italien zurückgezogen hatten, gründeten die aus Burgund stammenden Agilofinger von Regensburg aus das Herzogtum Bayern und machten es so zur ersten Hauptstadt ihres Landes. Bereits 739 folgte die Erhebung zum Bischofssitz. Karl der Große hielt mehrere Reichstage ab, unter seinem Enkel, Ludwig dem Deutschen, entstand dann in der Mitte des 9. Jahrhunderts eine Pfalz des ostfränkischen Königsreiches. In dieser Zeit ließen sich aber auch die

Am Haidplatz in Regensburg

ersten Mönche nieder und gründeten unter anderem das Schottenkloster mit seiner außergewöhnlichen Darstellung des Jüngsten Gerichts.

Nach dem Bau der ersten steinernen Brücke über die Donau wurde Regensburg Ausgangspunkt für die Kreuzzüge von Konrad III. und Kaiser Friedrich Barbarossa. Zugleich entwickelte sich die Stadt in dieser Zeit zur größten und reichsten

Immer wieder wird die Stadt von der Donau bedroht

Deutschlands. Über die Donau kamen Waren aus Venedig und Paris, aber auch aus Byzanz und Kiew. Rund um das Rathaus bauten die wohlhabend gewordenen Kaufmannsfamilien Geschlechtertürme wie in Bologna oder der Toskana, sie bestimmen neben Dom, Rathaus und Kirchtürmen das Bild der Altstadt bis heute. Zum Reichtum der Stadt trugen auch jüdische Kaufleute bei, die in einem ummauerten Quartier am heutigen Neupfarrplatz lebten. 1245 wurde Regensburg Freie Reichsstadt und war damit nur noch dem Kaiser Untertan – was natürlich zu immer neuen Auseinandersetzungen mit Bischof und Herzog führte.

■ Jüdische Gemeinde

Der politische und wirtschaftliche Abstieg begann im 14. Jahrhundert. Die reichen Familien bekriegten sich im Kampf um die Vorherrschaft in der Stadt; Wien, Augsburg und Ulm wurden nun zu neuen Zentren des Fernhandels im Donauraum. 1519 wurde bei einem Pogrom die damals größte jüdische Gemeinde Deutschlands vertrieben, ihre Synagoge zerstört und durch die Wallfahrtskirche ›Zur schönen Maria‹ ersetzt. Die Grabsteine des zerstörten jüdischen Friedhofs ließen einige jener christlichen Handwerker, die das Pogrom initiiert hatten, in die Wände ihrer Häuser einmauern – nicht ohne sie mit Inschriften wie ›Ich war dabei‹ zu versehen. Solche Steine findet man heute noch am Krankenhaus am Emmeramsplatz oder in den Gassen Am Judenstein und Hinter der Grieb. Bei Grabungen am Neupfarrplatz entdeckte man 1995 Reste des alten Ghettos und der Synagoge, diese können mit einer Führung besichtigt werden (›document Neupfarrplatz‹). Ein Bodenrelief des israelischen Künstlers Dani Karavan zeichnet den Grundriss der Synagoge nach. Wiederaufgebaut wurde die in der Pog-

▲ Karte hintere Umschlagklappe

romnacht 1939 zerstörte Synagoge Am Brixener Hof, 100 Meter östlich. Vor dem Zweiten Weltkrieg hatten rund 500 Juden in Regensburg gelebt, heute zählt die Gemeinde durch die Zuwanderung aus Russland mehr als tausend Mitglieder.
Das Gotteshaus am ehemals jüdischen Neupfarrplatz erlebte allerdings auch nach seiner Umwandlung in eine christliche Kirche in den nächsten Jahrzehnten eine wechselvolle Geschichte. Als 1542 Stadtrat und Bürgerschaft das evangelische Glaubensbekenntnis annahmen, wurde die bisherige Wallfahrtskirche zur Mutterkirche der süddeutschen und auch österreichischen Protestanten. Zwar versuchte der Kaiser zunächst evangelische Gottesdienste zu verbieten, da er die Stadt jedoch auf seiner Seite halten wollte, ließ er ihr schließlich ihren neuen Glauben. Das Verhältnis zum katholischen bayerischen Herzog und den mächtigen Klöstern St. Emmeram, Nieder- und Obermünster wurde dadurch nicht einfacher.

Stadt der Reichstage

Ab 1594 wurden alle Reichstage im Rathaus von Regensburg abgehalten. Da zwischen 1663 und 1806 diese Ständevertretung des Deutschen Reiches wegen Dauerstreit zwischen Kaiser und Adel nicht mehr aufgelöst wurde, sprach man jetzt vom ›Immerwährenden Reichstag‹. Rund 70 Botschafter ausländischer Staaten ließen sich auf Dauer in Regensburg nieder, an diese Epoche erinnert noch heute die Gesandtenstraße mit einigen barocken Palais. Der Kaiser wurde von einem Prinzipialkommissar vertreten – als dieses Amt 1748 an den Fürsten von Thurn und Taxis fiel, verlegte die Adelsfamilie ihren Sitz von Frankfurt am Main nach Regensburg.
Mit der Auflösung des Deutschen Reiches verlor Regensburg 1810 seine Unabhängigkeit und fiel an das von Napoleon zum Königreich erhobene Bayern. Ein Jahr zuvor hatte der französische Kaiser bei der ›Schlacht von Regensburg‹ im Kampf gegen Österreich seine einzige Kriegsverletzung erlitten.
Die ehemals freie Reichsstadt war jetzt nur noch Bezirksamtsstadt, und so muss das 19. Jahrhundert erneut als eine Zeit des wirtschaftlichen Niedergangs gese-

Das Rathaus von Regensburg

Das Wahrzeichen der Stadt: die Steinerne Brücke

hen werden. Wie auch in anderen Teilen des Bayerischen Waldes siedelte sich nur langsam Industrie an, besser wurde die Lage erst mit dem Bau der Eisenbahnstrecken nach München und Nürnberg und der Eröffnung des Westhafens. Der Handel bestimmte weiterhin das Wirtschaftsleben, so wurde nun zum Beispiel Erdöl aus Rumänien importiert.

Neue alte Stadt

Die Machtübernahme durch die Nationalsozialisten führte in Regensburg zunächst zur Absetzung von Oberbürgermeister Otto Hipp, der zu Beginn der 1930er Jahre der NSDAP die Nutzung städtischer Gebäude untersagt hatte. Am 12. Mai 1933 brannten auf dem Neupfarrplatz, dem frühen jüdischen Viertel, die Bücher von Autoren ›undeutschen Geistes‹. 1943 starben bei einem Luftangriff der Alliierten über 400 Einwohner. Als kurz vor Kriegsende Regensburger Frauen für die kampflose Übergabe der Stadt demonstrierten, ließ Kreisleiter Wolfgang Weigert den beliebten Domprediger Johann Maier verhaften und bereits am nächsten Tag hinrichten. An ihn erinnert ein Denkmal an der Hinrichtungsstelle am Dachauplatz.

1946 lebten fast 35 000 Flüchtlinge vor allem aus der Tschechoslowakei in einer Stadt, die 1940 die Einwohnerzahl von 100 000 überschritten hatte und damit als Großstadt galt. Doch nach der Teilung Europas durch den kalten Krieg wurde diese Großstadt zu einer Stadt am Rande Deutschlands. Neue Entwicklungsmöglichkeiten brachte erst die Gründung der Universität Mitte der 1960er Jahre. An ihrer theologischen Fakultät lehrte ab 1969 Joseph Ratzinger, der spätere Papst Benedikt XVI., Dogmatik und Dogmengeschichte.

In den 1970er Jahren begann man, die im Laufe der Zeit ziemlich heruntergekommenen historischen Gebäude Schritt für Schritt zu renovieren. Als die mittelalterlichen Gassen zwischen Dom und Rathaus zur Fußgängerzone wurden, siedelten sich immer mehr schicke Geschäfte, Kneipen und Restaurants an. Regensburg, so heißt es heute, habe nach Berlin die höchste Kneipendichte Deutschlands.

Stadtrundgang

Einen Rundgang durch Regensburg beginnt man am besten auf der Steinernen Brücke. Denn hier zeigt sich die Stadt von ihrer besten Seite, mit einem nicht nur Fotografen begeisternden Blick auf ihre Tore und Türme. Zum anderen aber findet man im ruhigen Viertel Stadtamhof leichter einen Parkplatz als auf der Altstädter Donauseite, deren mittelalterliche Gassen weitgehend für Autos gesperrt sind. Von der Steinernen Brücke führt der Weg zum Rathaus, zum Dom, den Alten Kornmarkt bis zum Kloster St. Emmeram.

Das Bruckmandl

▲ Karte hintere Umschlagklappe

Von der Steinernen Brücke zeigt sich Regensburg von seiner besten Seite

Steinerne Brücke

Die **Steinerne Brücke** gilt als älteste Steinbrücke Deutschlands und war Vorbild für viele andere Flussbrücken, so zum Beispiel in Avignon oder Prag. Doch während man an der Karlsbrücke mehr als ein Jahrhundert baute, wurde die Steinerne Brücke mit ihren 336 Metern in nur elf Jahren, zwischen 1135 und 1146, errichtet. Kein Wunder also, dass mit ihr die verschiedensten Legenden verbunden sind. Die bekannteste handelt von einer Wette zwischen den Baumeistern des Doms und denen der Brücke, bei der es darum ging, wer mit seinem Werk zuerst fertig sein würde. Da der Dom schneller wuchs, schloss der Brückenbaumeister einen Pakt mit dem Teufel und versprach ihm die Seelen der ersten drei Menschen, die über die Brücke gehen würden. Woraufhin der Bau natürlich viel schneller vor sich ging. Um sein Versprechen nicht erfüllen zu müssen, riet ein Kapuzinermönch dem Architekten, zuerst Tiere über die Brücke zu schicken und so nahm man einen Hahn, eine Henne und einen Hund. Aus Wut schlug der Teufel ein Loch in die Brückenbrüstung, die den Gläubigen lange als Abschreckung gedient haben soll. Tatsächlich stimmt an dieser Sage nicht einmal der Anfang. Denn mit dem Bau des Domes begann man erst, als die Brücke schon fertig war. Ein Loch in der Brüstung existiert nicht – zumindest kein bedeutsames, und auch die Baumeister selbst sind unbekannt. Man weiß nicht, wer Dom und Steinere Brücke geschaffen hat.

Am Brückenscheitel steht oder besser sitzt das **Bruckmandl**, in dem die einen die Figur des Baumeisters sehen, andere es aber für ein Symbol der städtischen Freiheitsrechte halten..

Salz und Bratwürste

Ursprünglich verfügte die Brücke über drei Türme, von denen aber nur der südliche erhalten geblieben ist. Nebenan erhebt sich der **Salzstadel**, in dem das teure Handelsgut aus Bad Reichenhall gelagert wurde. Das mächtige Gebäude stammt vom Beginn des 17. Jahrhunderts und beherbergt heute das Informationszentrum des UNESCO-Kulturerbes.

Gleich daneben steht am Donauufer die 1378 gegründete **Historische Wurstkuchl**, in der schon die Steinmetze des Doms einkehrten. Die Frage, ob die Wurstküche an der Donau auch die älteste der Welt ist, führte im Jahr 2000 zum ›Bratwurstkrieg‹ mit Nürnberg, welches dieses Prädikat für eine seiner Würstchenbuden beanspruchte. Nach monatelangem Streit einigte man sich auf einem Kompromiss: Tatsächlich ist die Regensburger Wurstküche knapp 50 Jahre älter als die Nürnberger, in Franken jedoch wurde der Betrieb im Dreißigjährigen Krieg nicht unterbrochen. Die kleinen, dünnen Schweinswürstchen werden in der hauseigenen Metzgerei der Wurstkuchl nach altem, geheimem Rezept hergestellt und über offenem Holz-

Die Historische Wurstkuchl

kohlegrill gebraten. Serviert werden sie entweder auf Sauerkraut oder in einer Semmel, dazu gehört der süße Senf nach dem Rezept der Besitzerfamilie Schricker. Es gibt sie auch zum Mitnehmen.

■ Zum Rathaus

Von der Steinernen Brücke führen mehrere kurze Gassen in die Goliathstraße mit dem **Turmtheater im Goliathhaus** (Nr. 4). Auf der Fassade der ehemaligen Patrizierburg aus dem 13. Jahrhundert prangt ein Wandgemälde, das den Kampf zwischen David und Goliath zeigt. Der Hausname stammt aber wohl von den ›Goliarden‹, wie im Mittelalter Studenten und Kleriker auf Arbeitssuche genannt wurden. Seit 1990 befindet sich im sechsten Stock des Hauses das kleine Turmtheater, auf dessen Spielplan Komödien und Kabarett stehen. Hinter dem Goliathhaus liegt der Watmarkt, ebenfalls mit mehreren mächtigen Bürgerhäusern, darunter das **Baumburgerhaus** (Nr. 4) mit seinem 28 Meter hohen Geschlechterturm. In seinem Erdgeschoss findet sich ein weiteres traditionsreiches Gasthaus: der Dampfnudel-Uli, dem selbst Sternekoch Alfons Schubeck sein Lob zollt.

▲ Karte hintere Umschlagklappe

Nur wenige Schritte weiter erreicht man den **Kohlenmarkt**, wo früher tatsächlich Kohle verkauft wurde, es heute mehrere (Straßen)cafés gibt und man bereits das **Alte Rathaus** mit seinem mächtigen Turm und dem schönen Erker des Reichstagssaals erblickt. Zu Saal und Reichstagsmuseum führt ein Portal mit den allegorischen Darstellungen von Schutz und Trutz, an seiner linken Ecke sind die mittelalterlichen Handelsmaße Elle, Klafter und Schuch zu sehen. Im Reichstagssaal selbst spiegelt allein die Sitzordnung die Machtverhältnisse im Heiligen Römischen Reich Deutscher Nation wider. Auf einem vierstufigen, mit rotem Tuch bespannten Podest steht der thronartige Sitz des Kaisers. An seiner Seite, allerdings um zwei Stufen niedriger, nahmen die Kurfürsten Platz. Ihnen gegenüber, in der Mitte des Saals, saßen der niedrige Adel und die Vertreter der Freien Reichsstädte. An den Längsseiten stehen lange grüne Bänke, sie waren den Reichsfürsten vorbehalten. Wenn etwas ›auf die lange Bank geschoben wurde‹, war mit keinem schnellen Ergebnis der Verhandlungen zu rechnen. Und auch die Bezeichnung ›etwas am grünen Tisch

Eine der zahlreichen pittoresken Gassen

entscheiden‹ geht wohl auf Regensburg zurück. Im benachbarten Kurfürstenzimmer berieten die höchsten Adeligen des Landes an einem mit grünem Samt bezogenen Tisch. An einem anderen Tisch im Reichstagssaal selbst wurde das Protokoll der Besprechungen geschrieben, hinter den Schranken durften sich Sekretäre und andere Beamte aufhalten. Den Saal aus dem Jahr 1360 überwölbt eine Holzbalkendecke, die Wände bedecken Gobelins, die wohl in Regenburg selbst hergestellt wurden.

An den Rathausplatz schließt sich der **Haidplatz** an. Im siebenstöckigen **Geschlechterturm Goldenes Kreuz** ist heute ein Hotel untergebracht, das auf eine große Tradition zurückblicken kann. Schon Kaiser Karl V. übernachtete 1546 hier und dies nicht allein. Aus seinem Verhältnis mit der jungen Regensburgerin Barbara Blomberg ging ein Sohn hervor, der den poetischen Namen Don Juan de Austria trug und als Sieger über die Osmanen in der Seeschlacht von Lepanto 1571 in die Geschichte einging. Obwohl der damals 46-jährige Habsburger das Kind nicht anerkannte, ließ er es in seiner Heimat Spanien ausbilden.

Die ganze Ostseite des Haidplatzes nimmt die **Neue Waag** ein, eine rot verputzte Vierflügelanlage aus dem 13. Jahrhundert, in der sich später die städtische Waage und die Herrentrinkstube der Patrizier befanden. Und auch das Gespräch zwischen dem Reformator Philipp Melanchton und dem Theologieprofessor Johannes Eck über eine Einigung zwischen Katholiken und Protestanten fand hier im Jahre 1541 statt.

Alter Kornmarkt

Der Alte Kornmarkt, der sich an den Domplatz anschließt und auf dem bis ins 19. Jahrhundert mit Getreide gehandelt wurde, stellt ein juristisches Kuriosum

Am Neupfarrplatz

dar: Im Unterschied zum Rest der Freien Reichsstadt gehörte ein Teil des Platzes den bayerischen Herzögen, und so galt hier Landes- und nicht städtisches Recht. Tatsächlich hatten wohl schon die Agilofinger im 6. Jahrhundert hier in der Nordostecke des Römerlagers ihre Residenz, den genauen Ort kennt man aber nicht. Später errichteten dann die Wittelsbacher eine Burg mit seinem Bergfried, der fälschlicherweise als Römerturm bezeichnet wird. Im Norden des Kornmarktes steht im Hintergrund das ehemalige Frauenkloster Niedermünster, wo bei Ausgrabungen Reste des römischen Lagers freigelegt wurden. Weitere kirchliche Gebäude sind die barocke Karmeliterkirche und die Alte Kapelle, die an der Stelle eines heidnischen Tempels mit Steinen des Römerlagers errichtet wurde. In ihrem Vorgängerbau wurde vermutlich 616 der Agilofinger Theodo getauft, eine der beiden Portalfiguren soll Interpretationen von Kunsthistorikern zufolge diese Taufe zeigen. Rund um den Alten Kornmarkt finden sich somit die ältesten Spuren der Besiedlung Regensburgs – nur dass man darüber nicht allzu viel weiß.

Dom

Das ungewöhnlichste am Dom St. Peter ist seine Farbe: nicht grauschwarz wie die gotischen Kathedralen in Köln oder Prag, sondern weiß, hellgrau und sogar grün leuchten die Steine. Die Dombaumeister des Mittelalters verwendeten dafür den weichen, hellen Grünsandstein der Region, was für die heutigen Architekten keine Freude ist. Ständig sind sie damit beschäftigt, von Wind, Wetter und Auspuffgasen beschädigte Steine zu ersetzen. Drei Millionen Euro stellt der Freistaat Bayern jedes Jahr für Reparaturmaßnahmen am Dom zur Verfügung. Sogar die Helme der beiden Türme mussten erneuert werden. Mit ihren 105 Metern sind sie eines der Wahrzeichen von Regensburg.

Baugeschichte

Eine erste Kirche in der Nähe der römischen Porta Praetoria – und damit nordöstlich des heutigen Baus – ist bereits für die Zeit um 700 nachweisbar. Im ausgehenden 8. Jahrhundert entstand dann eine Bischofskirche, die zwei Jahrhunderte später erweitert wurde und deren Querhaus ungefähr halb so breit war wie das des heutigen Doms. Ein Zeuge des Vorgängerbaus ist der sogenannte Eselsturm an der Nordseite: Die stufenlose Rampe, die sich in seinem Inneren hinaufwindet, wird bei Renovierungen am Dom auch heute noch benutzt.

Der Dom hat 600 Jahre Bauzeit hinter sich

In der Mitte des 13. Jahrhunderts, als Regensburg zur Freien Reichsstadt und ihre Bürger immer reicher wurden, beschloss man, ein neues Gotteshaus im Stil der neuen Zeit, der Gotik, bauen zu lassen. Ab 1250 entstand zunächst der Chor, hundert Jahre später konnte man das dreiteilige Westportal vollenden. Weitere 50 Jahre später, in der Mitte des 15. Jahrhunderts, wurde schließlich Richtfest gefeiert, denn nun hatte man auch den Dachstuhl über dem Mittelschiff fertiggestellt.

Dann jedoch war erst einmal Schluss. Aufgrund des wirtschaftlichen Niedergangs der Stadt kamen die Arbeiten nicht mehr voran, der Dom blieb ein Torso. Teile des Mittelschiffs und vor allem die Vierungskuppel standen unvollendet. Doch dem nicht genug: In der ersten Hälfte des 17. Jahrhunderts wurde das unfertige Bauwerk im Barockstil umgestaltet, erhielt einen weißen Anstrich, und die Kapitelle der Säulen färbte man golden.

Von all dem ist heute – zum Glück – nichts mehr zu sehen, 1828 ordnete König Ludwig I. die Regotisierung des Doms an, denn nun galt die Gotik als ›rein‹, Barock dagegen als ›schwülstig‹. Die beiden Westtürme erhielten ihre durchbrochenen Spitzhelme, der Giebel des Querhauses und der Dachreiter über der Vierung entstanden. 1872, nach fast genau 600 Jahren Bauzeit, war der Dom St. Peter vollendet.

▲ Karte hintere Umschlagklappe

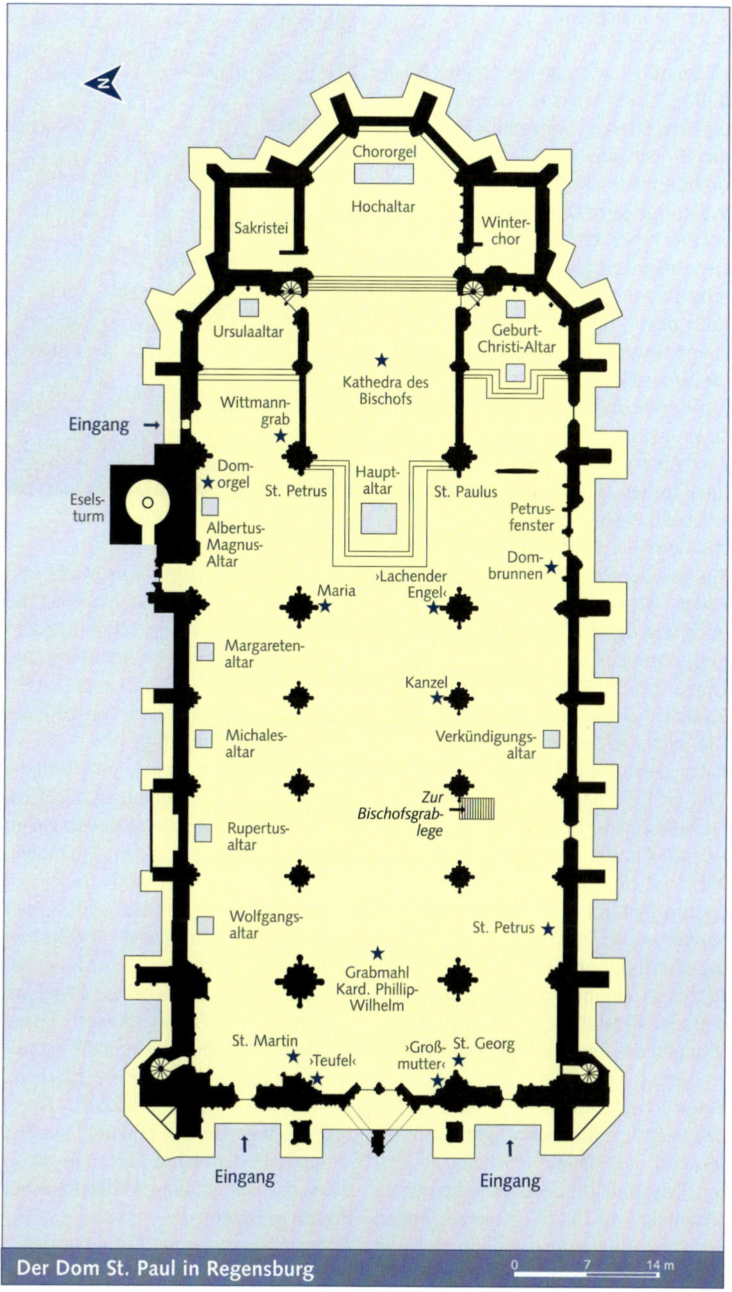

Der Dom St. Paul in Regensburg

Innenansichten

Die schönste Zeit für einen Dombesuch ist am frühen Morgen oder späten Nachmittag. Dann steht die Sonne niedrig, und ihre Strahlen bringen die Farben der meist noch aus dem Mittelalter stammenden Glasfenster zum Leuchten. Welch Gegensatz zu dem geheimnisvollen Dunkel des Innenraums.

Der Regensburger Dom hat im Unterschied zu den gotischen Kathedralen in Köln oder Prag einen sehr einfachen, klaren Grundriss: Es ist eine dreischiffige Pfeilerbasilika mit einem Querhaus, das nicht über die Seitenschiffe hinausragt, sowie einem kurzen Chor mit dreiseitigem Abschluss. Es fehlt also der Kranz der Kapellen, der Seitenschiffe und Chor wie beim Prager Dom umgibt. Und auch das Gewölbe, bei dem die Rippen keine Sterne oder Parallelen, sondern Kreuze bilden, ist überraschend einfach. Dennoch war der Kirchenbau zu seiner Zeit ein gewaltiges Unterfangen, mit einer Länge von 86 Metern, einer Breite von 35 Meter und einer Höhe von 32 Metern. Die damalige Bevölkerung Regensburgs hätte gleich dreimal darin Platz gehabt.

Wer sich die Mühe macht, die Petrus-Darstellungen in und am Dom zu zählen, wird auf fast einhundert kommen. Meist ist der Heilige an seinem wichtigsten Symbol, dem Schlüssel, zu erkennen – die Schlüssel bilden zugleich das Stadtwappen Regensburgs. Steht Petrus in einem Schiffchen, hat auch dies eine heraldische Bedeutung, da das Wappen des Regensburger Domkapitels so gestaltet ist.

Einen interessanten Gegensatz bilden das mächtige Bronzehochgrab im Westen und der silberne Hochaltar im Osten. Das Grab ließ der bayerische Herzog Maximilian I. 1611 für seinen Bruder, Fürstbischof Kardinal Philipp Wilhelm errichten. Die einzelnen Teile des Altars – silberne Büsten von Maria und Joseph, Petrus und Paulus, ein Relief des heiligen Nepomuk, ein Altarkreuz und sechs Silberleuchter – schufen Augsburger Künstler ab 1695 im Laufe von 90 Jahren. Erst 1785 wurden sie zu einer Einheit zusammengefügt.

Schlicht und schön: das Kirchenschiff

Eine Besonderheit von St. Peter sind die fünf sogenannten Ziboriumsaltäre: Dabei steht der Altar zwischen vier von einem Baldachin bedeckten Säulen. Ein moderner Altar aus dem Jahr 2004 findet sich dagegen im Chor des Südschiffes, hier werden viele Gottesdienste abgehalten.

Eines der bekanntesten Kunstwerke Regensburgs ist der ›Lächelnde Engel‹ an den westlichen Vierungspfeilern: Erzengel Gabriel verkündet Maria die Geburt eines Sohnes und freut sich sichtlich angesichts dieser frohen Botschaft. Die Arbeit des sogenannten Erminoldmeisters stammt aus dem Jahre 1280 und gilt als einer der Höhepunkte mittelalterlicher Plastik in Bayern.

Informationen zu den Öffnungszeiten, Führungen etc. → S. 216.

▲ Karte hintere Umschlagklappe

Kabarettisten aus dem Woid

Die Niederbayern haben in München nicht den besten Ruf. Sie gelten als, vorsichtig ausgedrückt, nicht besonders schnell. Umso erstaunlicher dürfte für die Münchner sein, dass immer mehr Kabarettisten aus Niederbayern und dem Bayerischen Wald die Bühnen und auch die TV-Kanäle erobern. Der bekannteste Kabarettist ist sicher Bruno Jonas, der mit den Bavarian City Preachers im Alter von 20 Jahren sein Debüt gab. Gemeinsam mit dem ebenfalls aus Passau stammenden Sigi Zimmerschied gründete er ›Die Verhohnepeopler‹. Ihr erstes Stück ›Himmelskonferenz‹, in dem Gottvater von Erzengel Michael entmachtet wird, sorgte 1975 für einen Skandal in der Bischofsstadt. In diesen Jahren entstand nicht nur das Passauer Scharfrichterhaus, sondern auch die Kleinkunstbühne Robinson in Roding-Vierau. Neugierig machen auch die Namen der wichtigsten Veranstaltungsorte in Regensburg: Sie heißen ›Leerer Beutel‹, ›Alte Mälzerei‹ und ›W1‹.

Jonas gilt als der erste ›nicht-konservative‹ Fastenprediger auf dem Münchner Nockherberg, bei dem jedes Jahr Politprominenz aus München und Berlin ›dableckt‹ wird. Sein Nachfolger wurde Django Asül, der eigentlich Uğur Bağışlayıcı heißt und in Hengersberg an der Donau aufwuchs. Der 1972 geborene Asül kümmert sich auf niederbayerisch um die Sorgen der Türken in Bayern, gab selbst jedoch seinen türkischen Pass zurück: »Bei mir hätte eigentlich nur ein bayerischer Pass Sinn gemacht«.

Als »vielversprechendste Newcomerin ganz Bayerns« wurde die 25-jährige Musikerin Karin Rabhansel gewürdigt, als sie 2012 ihre CD ›Mogst schmusn, mia wad's wurscht!‹ präsentierte. Dabei hatte die Bundesagentur für Arbeit auf ihre Berufsvorstellung ›Musikerin‹ so verständnislos reagiert, dass Rabhansel dies gleich zu einem Thema ihrer Songs machte.

Schon seit den 1980er Jahren steht Sissi Perlinger, die 1963 in Furth im Wald geboren wurde und in Frankreich eine Gesangsausbildung absolvierte, mit ihren Soloprogrammen auf der Bühne. Seit 1990 drehte die rothaarige Schauspielerin zudem fast jedes Jahr einen Film oder schrieb ein Buch. Gemeinsam mit Ottfried Fischer spielte sie in der Serie ›Der Bulle von Tölz‹. Der in Untergriesbach geborene Fischer ist überregional eher als Schauspieler bekannt, im Bayerischen Fernsehen moderierte er jedoch 150 Folgen der Kabarettsendung ›Ottis Schlachthof‹.

Zur jüngeren Generation gehören dagegen ›Da Huawa, da Meier und I‹, deren Songs nicht nur hintersinnig, sondern auch voller ›Gfui‹ sind. Gegründet im Jahre 2000 zogen sie zunächst als Geheimtipp in Niederbayern von Bühne zu Bühne, heute jedoch füllen sie in ganz Bayern große Hallen. Umlauten stehen sie skeptisch gegenüber: ja i kimm/und er kimmt/ausm scheena Bayernland wo madl so fesch san/und buama de san guad beinand/aa mia gfoit de gmiatlichkeit/dohoam is hoid einfach dahoam/wei wennst nua dahoam bist/donn konst aa moi fuatfoarn. Ein gemischtes Gesangs- und Kabarett-Trio bilden die aus Passau stammenden Geschwister Hiebe, die sich dem ›täglichen Wahnsinn‹ in Niederbayern widmen.

Wer die Komiker aus Niederbayern kennenlernen möchte: Sowohl im Kurhaus Freyung wie im Museumsdorf Tittling treten regelmäßig die bekanntesten Kabarettisten Bayerns auf. Der junge Nachwuchs kämpft dagegen jedes Jahr in Passau im Scharfrichterhaus um das begehrte Scharfrichterbeil.

Schloss und Kloster St. Emmeram

Das größte bewohnte Schloss Deutschlands geht auf einen der ältesten Klosterbauten des Landes zurück. Es gehört einer der bekanntesten Adelsfamilien Europas und birgt einige der bedeutendsten romanischen Kunstwerke. Nein, an Superlativen mangelt es der 500-Zimmer-Residenz der Fürsten von Thurn und Taxis gewiss nicht. Und auch seine Geschichte ist ungewöhnlich. Wo sonst hat sich ein Postmonopolist in der Nähe eines Nationalheiligen niedergelassen?

Bereits zu Beginn des 8. Jahrhunderts, vermutlich war es im Jahr 730, hatten Benediktinermönche beim Grab des Wanderpredigers Emmeram, der als erster ›Nationalheiliger‹ Bayerns gilt, ein Kloster gegründet. Seine Äbte waren in der Anfangszeit zunächst stets auch Bischöfe Regenburgs, 19 von ihnen liegen in St. Emmeram begraben. Doch das Kloster war nicht nur Zentrum kirchlicher Macht, sondern auch eines, in dem die Mönche Naturwissenschaft, Astronomie und die Kunst der Buchmalerei pflegten. Finanziert wurde Bau und Unterhalt der gewaltigen vierflügeligen Anlage über ausgedehnte Ländereien in der Oberpfalz. Dass das Kloster schließlich aufgehoben und zum Schloss umgebaut wurde, hängt mit der Säkularisation zu Beginn des 19. Jahrhunderts zusammen: 1812 ging die Anlage in den Besitz der Fürsten von Thurn und Taxis über.

Die Fürsten von Thurn und Taxis

Die Geschichte der Familie reicht bis ins 12. Jahrhundert zurück, als sie ihren Stammsitz im oberitalienischen Bergamo hatte. Damals hieß sie freilich noch Tasso, was zu Deutsch ›Dachs‹ bedeutet und woraus sich im Laufe der Zeit der Name Taxis entwickelte. Als die Familie zur Legitimierung ihres Aufstiegs nach weiteren Ahnen suchte, stießen Genealogen auf eine Familie ›de la Torre‹ aus der Lombardei. Aus *torre* wurde Turm und schließlich Thurn, ein Turm und ein Dachs zieren denn auch das Wappen der Familie. Nicht nur in Italien und Frankreich, sondern auch in Brüssel, in Frankfurt, Innsbruck und Augsburg waren die Thurn und Taxis ansässig.

Ende des 15. Jahrhunderts richtete ein Franz von Taxis für Kaiser Maximilian I. einen regelmäßigen Kurierdienst nach Italien ein, er gilt damit als der ›Erfinder‹ der Post. Vom Kaiser erhielt die Familie das Amt eines Reichsgeneralpostmeisters, das ab 1615 vererbt werden durfte und die eigentliche Ursache für Bedeutung und Reichtum der Familie war. 1695 wurde sie in den Reichsfürstenstand erhoben.

Der Umzug von Frankfurt nach Regensburg erfolgte, als Kaiser Franz I. 1748 Alexander Ferdinand von Thurn und Taxis zum Prinzipialkommissar ernannte. Dieses Amt des kaiserlichen Vertreters beim Reichstag behielt die Familie bis zur Auflösung des Deutschen Reiches 1806. Das Ende dieses Reiches bedeutete zugleich das Ende des Postmonopols, doch waren die Thurn und Taxis bis zur Gründung des Norddeutschen Bundes 1867 weiterhin für den Brieftransport in vielen deutschen Staaten zuständig.

Der 12. Fürst von Thurn und Taxis ist der 1983 geborene Albert II. Er studierte Volkswirtschaft und Theologie und liebt darüber hinaus schnelle Autos: 2010 war der Fürst Champion im ADAC GT Masters. Seine Mutter ist die 1960 in Stuttgart geborene Gloria von Schönburg-Glauchau, die das weitverzweigte Familienunternehmen mit Immobilien, Land- und Forstwirtschaft seit dem Tode ihres Mannes Johannes im Jahr 1990 leitet. Sie initiierte die Schlossfestspiele und den Weihnachtsmarkt, die jedes

▲ Karte hintere Umschlagklappe

Die Klosterkirche St. Emmeram wurde von den Gebrüdern Assam gestaltet

Schloss Emmeram

Jahr im Schlosshof stattfinden. Im früheren Marstall des Schlosses ist nun das Fürstliche Brauhaus untergebracht, in dem Gasthof mit seiner traditionellen bayerischen Küche werden drei Sorten selbst gebrautes Bier angeboten.

Die Repräsentationsräume des Schlosses sowie der romanisch-gotische Kreuzgang des Klosters können im Rahmen einer knapp 90-minütigen Führung besichtigt werden. Diese beginnt im marmornen Treppenhaus des Südflügels, das wie die gesamte Inneneinrichtung im Stil der Neorenanaissance des ausgehenden 19. Jahrhunderts gestaltet wurde.

■ Klosterkirche St. Emmeram

Will man nur die ehemalige Klosterkirche, nicht aber das Schloss besichtigen, so liegt der Eingang im Norden am Emmeramsplatz. Durch eine Portalwand mit einem schönen Arkadengeschoss und einem Renaissanceglockenturm kommt man zunächst in einen Vorhof mit einer kleinen Kirche aus der zweiten Hälfte des 11. Jahrhunderts, die dem Salzburger Bischof Rupert geweiht ist.

Aus der gleichen Zeit stammt die Vorhalle der Basilika mit einem Kalksteinrelief, das Christus, Emmeram und den heiligen Dionysius zeigt und als eines der ältesten Deutschlands gilt. Der rechte Eingang führt in das **westliche Querschiff**, auf dessen Holzdecke Benedikt von Nursia zu sehen ist, sowie in den Dionysiuschor mit der Wolfgangskrypta. Kaiser Heinrich III. und Papst Leo IX. waren anwesend, als der 994 verstorbene Bischof Wolfgang hier im Jahre 1052 eine neue Begräbnisstätte erhielt.

Fast 1000 Jahre ist sie also alt, diese westliche Seite von St. Emmeram und so ist man nicht wenig erstaunt, wenn man nun in das Langhaus tritt: einen hochbarocken Raum, der in Weiß und Gold leuchtet und 1731–33 von den berühmtesten Künstlern der Zeit, den Gebrüdern Asam (→ S. 63) gestaltet wurde. Das Bild des **Hochaltars** aus dem Jahr 1666 zeigt das Martyrium Emmerams und verbindet so die beiden Bildreihen an den Wänden, die Leben, Sterben und Verehrung des Heiligen darstellen. Zwischen diesen Bildern stehen zehn überlebensgroße Statuen, nicht nur Äbte und Heilige, sondern auch zwei Kaiser: Karl der Große und Heinrich der Heilige. Das Deckenfresko zeigt über dem Altarraum die missionarische Arbeit der Benediktiner sowie die Vergöttlichung des Ordensgründers, im Mittelschiff wird das Leiden, das Christen für ihren Glauben ertragen, thematisiert.

In die Romanik zurück kehrt man, wenn man beim Hochaltar hinabsteigt in die ringförmige **Krypta**, die im 8. Jahrhundert um das Grab Emmerams errichtet wurde. Von ihr aus gelangt man in die dritte der drei Klosterkrypten, die Ramwoldkrypta vom Ende des 10. Jahrhunderts mit dem Grab des 1001 gestorbenen Abtes Ramwold.

Überhaupt ist St. Emmeram auch eine Grablege mit **Grabsteinen** aus ganz unterschiedlichen Epochen. Zu den schönsten gehört im nördlichen Seitenschiff

▲ Karte hintere Umschlagklappe

die Büste der 876 gestorbenen Königin Hemma, Gemahlin Ludwigs des Deutschen, aus dem Jahre 1280. Ein anderes gehört Arnulf von Kärnten, einem Karolinger und ostfränkischen König, der von 894 bis zu seinem Tod 899 auch deutscher Kaiser war. Im Kirchenvorhof erinnert eine Grabplatte an Johannes Aventinus, den 1534 gestorbenen Hofhistoriker und Verfasser der ersten gedruckten Enzyklopädie.

Informationen zu Führungen → S. 216.

Regensburg

PLZ: 93047

Touristinformation, Altes Rathaus, Rathausplatz 4, Tel. 0941/5074410, www.tourismus.regensburg.de; Mo–Fr 10–18 Uhr, Sa 10–16 Uhr, So und feiertags 1. April–31.Okt. 10–16 Uhr, 1. Nov.–31. März 10–14.30 Uhr..

Dampferfahrten zum Donau-Strudel und donauabwärts zur Walhalla (→ S. 220) und nach Straubing (→ S. 221) und auch von Regensburg nach Kelheim und Riedenburg (nur Sa Juni–Sept.): Anlegestelle zwischen Steinerner und Eiserner Brücke, www.schifffahrtklinger.de.

Abfahrten zur Walhalla: April Sa u. So, Mai bis Oktober tgl. 10.30 u. 14 Uhr, Rückfahrt 12.30 u. 16 Uhr, Dauer ca. 1 Stunde; Hin- und Rückfahrt: Erw 14,80, Ki 6 €, Ermäßigung für Familien und Studenten.

Bischofshof am Dom, Krauterermarkt 3, Tel. 0941/58460, www.hotel-bischofshof.de; DZ ab 165 €, Domsuiten ab 200 €. Früher stiegen hier die Mitglieder des Reichstags ab. Es gibt Zimmer mit Blick auf den Dom, eine eigene Brauerei und einen schönen Biergarten im Innenhof.

Hotel Kaiserhof am Dom, Kramgasse 10–12, Tel. 0941/585350, www.kaiserhof-am-dom.de. DZ ab 105 €. Ein historisches Gebäude, ebenfalls direkt am Dom gelegen; der gotische Frühstücksraum ist sehr beindruckend.

Hotel und Restaurant Goliath am Dom, Goliathstr.10, Tel. 0941/2000900, www.hotel-goliath.de; DZ ab 170 €. Exklusives Hotel in einem der Geschlechtertürme. Auch Vegetarier kommen hier auf ihre Kosten. Frühstückservice rund um die Uhr. Kleiner Bruder ist das ebenfalls sehr schöne, aber etwas preisgünstigere Hotel David an der Donau.

Hotel Roter Hahn, Rote-Hahnen-Gasse 10, Tel. 0941/59509-0, www.roter-hahn.com; DZ ab 115 €. Ein uraltes Haus mit modernem Innenleben mitten in der Altstadt, freundlicher Service, sehr gutes – auch veganes – Restaurant. Die umliegenden Gassen mit ihren zahlreichen Lokalen sind vor allem in warmen Sommernächten gut frequentiert.

Eurostars Park Hotel, Maximilianstraße 28, Tel. 0180/5011910, www.www.eurostarshotels.de; DZ ab 116 €. Großes Viersternehotel in einem alten Stadtpalast am Schlosspark.

Hotel Lux, Stadtamhof 24, Tel. 0941/85724, www.hotel-lux.eu; DZ ab 90 €. Wenige, schlicht, aber sehr liebevoll und individuell eingerichtete Zimmer im historischen Gebäude eines alten Gasthofs, allerdings eher eine Pension als ein Hotel. Zu Fuß sind es über die Steinerne Brücke nur 10 min Fußweg bis ins Stadtzentrum.

Castle Hotel, St.-Peters-Weg 3, Tel. 0941/20919283. www.hotel-castle.de; DZ ab 91 €, 2018 renovierte Pension mit Blick auf das Schloss. Zum Frühstück Regensburger Produkte.

Leerer Beutel, Bertoldstr. 9, Tel. 0941/58997, leerer-beutel.de; östl. vom Alten Kornmarkt. Restaurant, Jazzclub, Galerie und Kino. Treffpunkt der Slow-Food-Bewegung. Vegane Gerichte, auch Desserts oder Salatdressing.

Storstad, Watmarkt 5, Tel. 0941/59993000, www.storstad.de. Der Name kommt aus dem Schwedischen und bedeutet Großstadt. Die Küche ist jedoch eher asiatisch: Tafelspitz vom Wagyu-Rind oder Wolfsbarsch mit Kokosnuss. Chef Anton Schmaus führt auch die Shusi-Bar Aska.

Brauereigaststätte Kneitinger, Arnulfsplatz 3, Tel. 0941/52455, www.reichinger.info. In Rathausnähe, preisgünstiger Gasthof, dessen Brauerei wohl schon 400 Jahre existiert, freitags Blasmusik. Mehrere Restaurants der Kette in Regensburg.

Brauereigaststätte Spitalgarten, St.-Katharinen-Platz, 93059 Regensburg, Tel. 0941/84774, www.spitalgarten.de. Auf der Donauinsel, ältester Biergarten der Stadt mit 750 Plätzen und Blick auf die Altstadt. Neben den geläufigen Gerichten gibt es hier auch vegetarisches Knödel-Dreierlei oder ›Saure Zipfel‹. Auch DZ ab 119 €.

Dicker Mann, Krebsgasse 6, Tel. 0941/58612428, www.dicker-mann.de. Biere der Weißbierbrauerei Kuchlbauer in einem Gasthof mit bayerisch-österreichischer Küche beim Haidplatz. In dem Haus befindet sich außerdem das **Vier-Zimmer-Hotel zum Blauen Krebs**.

Café Prinzess, Rathausplatz 2, Tel. 0941/595310, www.cafe-prinzess.de. 1686 gegründet, gilt das Prinzess als erstes Kaffeehaus Deutschlands. Große Auswahl von selbst hergestellten Pralinen, die schon Fürsten und Könige kosteten.

Musik im Dom St. Peter, Orgelkonzert Juni/Juli jeden Mittwoch 20 Uhr. An Sonn- und Feiertagen singen während der Messe um 10 Uhr die ›Regensburger Domspatzen‹, ein schon 975 von Bischof Wolfgang gegründeter Knaben-Chor. www.bistum-regensburg.de, www.domspatzen.de

Kulturzentrum Alte Mälzerei, Galgenbergstr. 20, 93053 Regensburg, Tel. 0941/7888120, www.maelze-regensburg.de; Rock, Ethno, Kabarett, Tanz, Bar, Diskussionen und mehr südlich des Bahnhofs.

Tage alter Musik, Konzerte an historischen Stätten, über Pfingsten.

Bürgerfest, alle zwei Jahre drei Tage Ende Juni mit über 300 Programmpunkten. Nächster Termin 2021

Thurn und Taxis Schlossfestspiele, 10 Tage im Juli mit internationalen Stars und bis zu 30 000 Besuchern.

Haus der Bayerischen Geschichte, Donaumarkt 1, Tel. 0941/598510, www.hdbg.de; tägl. außer Mo 9–18 Uhr. Führungen Sa und So 11, 14 und 16 Uhr.

Fürstliches Schloss und Kreuzgang St. Emmeram, Emmeramsplatz 5, Tel. 0941/5048133, www.thurnundtaxis.de. Das Schloss kann nur mit Führung besichtigt werden, zwischen 16. März und 10. Nov. tägl. 11.30, 13.30 und 15.30 Uhr. 16.Nov.–15.März Sa, So und feiertags 11.30 und 14.30 Uhr. 90minütige Premiumführungen siehe homepage.

Infozentrum Dom St. Peter, Domplatz 5, Tel. 0941/5971660, www.domplatz-5.de, 75-minütige Führung Apr.-Okt. Mo–Sa 10.30 und 14.30 Uhr, So/Feiertage 14.30 Uhr. Nov.–März Mo bis So/Feiertage 14.30 Uhr.

document Neupfarrplatz, Neupfarrplatz, Tickets Tabak Götz, Domplatz 6, www.regensburg.de. Zugang nur mit Führung Do–Sa 14.30 Uhr, Juli/Aug. auch So und Mo.

Domschatzmuseum, Krauterermarkt 3, Tel. 0941/5972575, www.regensburg.de; Mo-Sa 11–17 Uhr, So und Feiertage 12–17 Uhr: Goldschmiedekunst und Goldstickerei in der ehemaligen Bischofsresidenz

Document Kepler, Keplerstr. 5, Tel. 0941/5073442, www.regensburg.de; Sa, So und feiertags 10.30–16 Uhr. Führung 14.30 Uhr. Im Sterbehaus des Astronomen.

Metzgerei Dollmann, Wollwirkergasse 13, Tel. 0941/58060, www.metzgerei-dollmann.de. Original Regensburger und Steinbackofenschinken vom berühmtesten Metzger der Stadt.

▲ Karte hintere Umschlagklappe

Haus der Bayerischen Geschichte in Regensburg

Jahrzehntelang war der große, freie Platz hoch über der Donau, auf dem im Mittelalter der Galgen stand, eine Brache. Doch seit dem Sommer 2019 breitet sich am Marc-Aurel-Ufer nun ein graubrauner Kubus mit mutig geschwungener Dachkonstruktion aus: das Haus der Bayerischen Geschichte. Selten war ein Gebäude – Werk des Frankfurter Architekturbüros wtr – bei den Regensburgern umstrittener. Die Idee für den Bau eines Geschichtsmuseums, das sich der Zeit zwischen der Entstehung des Königreichs Bayern 1806 und der Gegenwart widmet, geht noch auf Ministerpräsident Horst Seehofer zurück. 48 Millionen Euro sollte es kosten, dass es 88 Millionen wurden, kann kaum überraschen.

Überraschend ist jedoch das Museum selbst, und dabei ist seine äußere Form fast noch das Beste, was sich über es sagen lässt. Empfangen werden die Besucher – von einem übermäßigen Andrang kann nicht die Rede sein – von einer lichtdurchfluteten Halle und einem Löwenbräulöwen, der in regelmäßigen Abständen einen Bierkrug stemmt. Eine Rolltreppe führt, begleitet vom Hufgeklapper der napoleonischen Kriege, zu den Ausstellungsräumen. Doch war es in der Eingangshalle zu hell, ist es jetzt zu dunkel. Nur mit Mühe sind viele der Erläuterungen zu lesen und nebst gutem Augenlicht sollte der Besucher gute körperliche Konstitution mitbringen, denn manch interessantes Dokument ist in Kniehöhe angebracht.

Gegliedert ist die Ausstellung in neun ›Generationen‹, so widmet sich Generation 3 dem ›Königsdrama Ludwig II.‹ und beherbergt als eindrucksvollstes Exponat dessen vergoldeten Nymphenschlitten. Generation 6 hat das Thema ›Diktatur – Katastrophe und Neubeginn von 1925-1950‹ und zeigt neben vielen aus anderen Ausstellungen bekannten Erinnerungsstücken die Lederhose Oskar Maria Grafs und den Aufruf des Schriftstellers an die Nazis ›Verbrennt mich!‹. Inhaltlich am meisten überrascht Generation 8, bei der es um die ›Wendejahre‹ 1975 bis 2000 geht. Natürlich nehmen die Erfolge des FC Bayern und die Olympischen Spiele 1972 viel Raum ein. Und natürlich ertönt immer wieder die Stimme von Franz-Josef Strauß. Zugleich jedoch ist den Protesten gegen die atomare Wiederaufbereitungsanlage in Wackersdorf viel Raum gewidmet.

Ergänzt werden die ›Generationen‹ von acht ›Kulturkabinetten‹, die sich Themen wie Dialekt, Religion oder Theater widmen. Immer wieder werden multimediale Techniken eingesetzt, doch mehr als ein erster Versuch ist daraus nicht geworden. So stehen im Kabinett der Dialekte nicht einmal eine Handvoll Lautsprecher zur Verfügung – hier erweist es sich als hilfreich, dass das Museum nicht allzu voll ist. Mehr Andrang hätte man sich dagegen für die Simulationen der Sitzungen des Bayerischen Landtags gewünscht, in dem die Besucher in die Rolle von Abgeordneten schlüpfen und zum Beispiel über die Kruzifix-Pflicht in bayerischen Klassenzimmern abstimmen können. So jedoch bleiben oft viele der historischen Bänke leer...

Wer sich nicht nur für die Neuzeit interessiert, kann zum Abschluss noch das ›360-Grad-Panorama‹ besuchen. Hier führt Schauspieler und Quer-Moderator Christoph Süß in 20 Minuten und 40 Rollen durch all das, was in den 2000 Jahren zuvor passierte. Man kann sich den Ort der Regenburger Reichstage aber auch selbst anschauen, er ist nur wenige Schritte vom Museum entfernt.

Der ›Olymp‹ der Deutschen: die Walhalla

Walhalla

Sie thront hoch über dem Donauufer: die Walhalla, die Bayerns König Ludwig I. für ›rühmlich ausgezeichnet Teutsche‹ 1830–1842 errichten ließ. Ludwig war ein Bewunderer Griechenlands, und so ist es kein Wunder, dass die Ruhmeshalle wie ein griechischer Tempel aussieht und ihr Vorbild der Parthenon in Athen war. Hofbaumeister Leo von Klenze errichtete aus Kelheimer Kalkstein das erste jener monumentalen Gedenkbauwerke, mit denen sich die Deutschen nach der Auflösung des Heiligen Römischen Reiches Deutscher Nation 1806 ihrer eigenen Größe versichern wollten. Später folgten das Denkmal für Hermann den Cherusker und die Völkerschlacht von Leipzig.

So widmet sich das nördliche Giebelfeld der Walhalla dann auch der Schlacht im Teutoburger Wald, von links stürmen die Germanen gegen die von rechts anrückenden Römer. Der Giebel im Süden stellt ›Teutschlands Befreiung 1814‹ dar: Deutsche Staaten huldigen Germania, darüber die Flüsse Rhein und Mosel. Im Inneren stehen heute 130 Statuen, außerdem gibt es 65 Gedenktafeln, von König Heinrich I. über Gutenberg und Goethe bis zu Kaiserin Maria Theresia. Der Reigen der ›Gefallenen teutscher Zunge beiderlei Geschlechts‹ ist damit allerdings nicht (ab)geschlossen. Wessen Büste in der Walhalla aufgestellt wird, entscheidet die bayerische Regierung alle paar Jahre. Vorschlagsrecht hat – ganz demokratisch – jeder Bürger und jede Bürgerin. Zuletzt wurden Sophie Scholl, Edith Stein und Heinrich Heine aufgenommen. Entscheidungen, die nicht unumstritten waren – Heine zum Beispiel hatte stets nur Spott für den Olymp der Deutschen übrig. Außerdem finden sich unter den 130 Büsten nur sechs Frauen.

i

Walhalla, Walhallastraße 48, 93093 Donaustauf, Tel. 09403/961680, www.schloesser.bayern.de;Apr.–Okt. 9–18 Uhr, Nov.–März 10–12 und 13–16 Uhr, 24., 25., 31.Dez. u. 1.Jan. sowie Faschingsdienstag geschlossen.

Schiffsverbindungen ab bis Regensburg: → S. 217.

▲ Karte vordere Umschlagklappe

Straubing

Straubing wird oft als das Tor zum Bayerischen Wald bezeichnet, doch damit wird man der Stadt mit ihren 48 000 Einwohnern kaum gerecht. Vielmehr ist Straubing nicht nur eine der schönsten, sondern auch eine der wirtschaftlich wichtigsten Donaustädte: An einer Furt über den inzwischen schon ziemlich breiten Strom kreuzte sich die Fernhandelsstraße, die vom Rom über den Brenner weiter nach Prag und an die Ostsee führte, mit jenem jahrhundertealten Handelsweg von Köln und Mainz auf den Balkan.

Und so trafen auf dem Stadtplatz von Straubing Welten aufeinander. Da gab es die einheimischen Kaufleute, die ihr Geld bis nach Lissabon verliehen und deren ganzer Stolz in den Patrizierhäusern mit ihren steil aufsteigenden Giebeln bis heute zum Ausdruck kommt. Und es gab die Weizen- und Zuckerrübenbauern des fruchtbaren Gäubodens, dessen Zentrum die Donaustadt war. Da gab es aber auch die Waldarbeiter, Köhler und Steinhauer, die aus Furth oder Viechtach heruntergekommen waren, um rund um den Stadtturm ihre Dienste anzubieten. Mindestens 17 und höchstens 50 Jahre alt durften die Tagelöhner sein, die sich auf diesem Gesindemarkt begutachten ließen. Erst in der Mitte des 20. Jahrhunderts fand dies ein Ende. Heute findet auf dem Stadtplatz nur noch der werktägliche Obst- und Gemüsemarkt statt.

Stadtgeschichte

Der Gäuboden, die Furt durch die Donau und der Donauabbruch – der steile Abfall des bayerischen Waldes zum Flusstal hin – sind verantwortlich dafür, dass das Straubinger Gebiet seit der Jungsteinzeit und damit seit beinahe 8000 Jahren ununterbrochen besiedelt war. Von besonderer Bedeutung war dabei die frühe Bronzezeit um 2000 v. Chr. Als man bei Ausgrabungen nahe der Ziegelei Ortler Gräber mit bronzenen Ringen und Nadeln fand, prägten die Historiker dafür den Namen ›Straubinger Kultur‹. Auch die Römer hinterließen nicht nur vier Kastelle, sondern ebenfalls einen Schatz, der in den 1950er Jahren entdeckt wurde und heute im Gäubodenmuseum ausgestellt ist.

Allerdings sind das damalige und das heutige Siedlungsgebiet nicht ganz identisch. Denn Ludwig der Kelheimer, der ›Städtegründer‹ unter den bayerischen Herzögen, ließ zu Beginn des 13. Jahrhunderts westlich des alten Kirchhügels von St. Peter eine neue Stadt anlegen.

Die Wittelsbacher machten Straubing Mitte des 14. Jahrhunderts für 75 Jahre zur Hauptstadt ihres Herzogtums Straubing-Holland, hielten sich jedoch meist in den aufmüpfigen Niederlanden auf. Das in dieser Zeit errichtete Herzogschloss war so nur selten Ort prunkvoller Feste, es wurde zur Kaserne und schließlich zum Finanzamt. Ein Fest findet hier jedoch weiterhin statt: Alle vier Jahre nimmt die ganze Stadt teil an den Agnes-Bernauer-

Der Marktplatz von Straubing

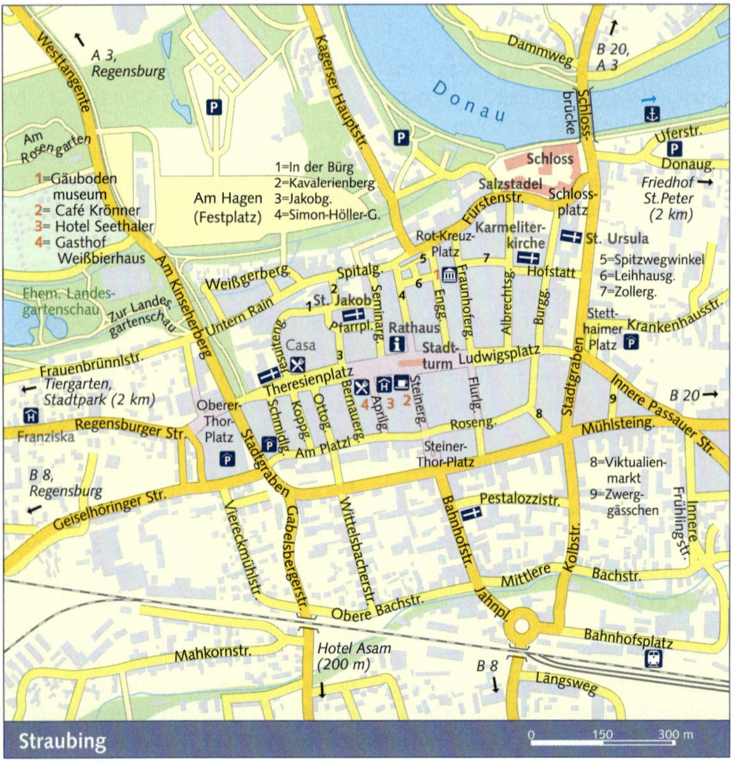

Festspielen, mit denen an das Schicksal jener Baderstochter erinnert wird, die für ihre Liebe zum Herzogssohn von dessen Vater mit dem Tode bestraft wurde (→ Geschichte S. 37).

Straubings Niedergang begann mit dem Dreißigjährigen Krieg und den Erbfolgekriegen der Spanier und Österreicher. Die Pest und der große Stadtbrand von 1780 kamen hinzu, die Einwohnerschaft halbierte sich von 4000 auf 1800 und schließlich musste man sogar Bankrott anmelden. Andererseits lebten in diesem 18. Jahrhundert drei der bekanntesten Straubinger: Mathias Obermayr schmückte Häuser und Kirchen mit schwungvollem Rokokostuck, Emanuel Schikanender schrieb das Libretto von Mozarts Zauberflöte und Joseph von Fraunhofer entwickelte optische Gläser von nie dagewesener Präzision.

Während Straubing beim Bau der Eisenbahn trotz heftiger Proteste zu kurz kam und die Strecke nach Tschechien über Deggendorf geführt wurde, brachte die Erweiterung des Donauhafens Sand mit einem heutigen Güterumschlag von knapp vier Millionen Tonnen pro Jahr neuen Aufschwung. Einen Namen macht man sich heute auch als ›Wissenschaftsstadt‹: Mit Beginn des 21. Jahrhunderts entstand ein Kompetenzzentrum für nachwachsende Rohstoffe mit einem eigenen Masterstudiengang. 2012 erhielt Straubing für das Projekt ›Wärme aus Abwasser‹ den Bayerischen Energiepreis.

Sehenswürdigkeiten in der Altstadt

Als 1812 das bayerische Thronfolgerpaar Straubing besucht, wird nicht nur das Gäubodenfest ins Leben gerufen, es werden auch die beiden Teile des Stadtplatzes in **Ludwigs- und Theresienplatz** umbenannt. Dieser Platz, die ›Gute Stube‹ Straubings, beeindruckt nicht nur durch seine Länge von 800 Metern, sondern auch durch die wie Perlen auf einer Kette aneinandergereihten Bürgerhäuser. Einst gab es in fast jedem dieser Häuser eine Herberge oder eine Brauerei, die durchreisenden Kaufleute mussten schließlich gut untergebracht und verköstigt werden. Und auch heute noch trifft man sich beim Seethaler oder im Gäubodenhof am Theresienplatz, selbst Angela Merkel und Nikolas Sarkozy kehrten hier ein: in dem 1462 gegründeten Gasthof ›Zur Geiß‹.

Die Fassaden der Häuser mit ihren Stufengiebeln stammen aus Barock, Rokoko oder Historismus. Im Kern freilich hat sich das gotische Mauerwerk erhalten, was besonders gut an den Fenster- und Türfassungen des Rathauses zu sehen ist.

Der Stadtturm in Straubing

In der Mitte des Platzes erhebt sich seit 1316 der 68 Meter hohe **Stadtturm** mit seinen fünf charakteristischen Turmspitzen. Es war die Aufgabe der Türmer, die Bürger vor Feuer oder anrückenden fremden Heeren zu warnen. Kam es dennoch zum Brand, holte man das Löschwasser aus den beiden Brunnen am Stadtplatz. Fielen die Truppen in die Stadt ein, versuchte man mit Gelübden das größte Unheil doch noch abzuwenden. Auf ein solches Gelübde geht die barocke **Dreifaltigkeitssäule** zurück, von dessen goldenen Figuren sich – so ein Stadtchronist – jeder Besucher ›beglücken‹ lässt.

St. Jakob

Eine der bedeutendsten Hallenkirchen Deutschlands ist die **Basilika St. Jakob**, ein Backsteinbau des Meisters von Burghausen (→ Architektur S. 58). Baubeginn war im Jahre 1395, doch erst 1512 konnte die 82 Meter lange und 21 Meter breite, dreischiffige Kirche beendet werden. Noch ein halbes Jahrhundert länger sollte man am Turm von St. Jakob bauen, der schließlich eine Höhe von 95 Meter erreichte. Alles andere als glücklich sind die Straubinger jedoch mit der Turmspitze, die nach dem Stadtbrand von 1780 aufgesetzt wurde: Es heißt, sie sehe wie eine Zuckerrübe aus.

Das Innere St. Jakobs fasziniert durch die Weite des Raums, der von zwanzig Säulen gegliedert wird. Für die Bedeutung der Stadtpfarrkirche sprechen die 20 Kapellen, die sowohl die Seitenschiffe wie den Chor umgeben, denn solche Chorumgänge gibt es sonst eigentlich nur in Kathedralen. Nicht in der Gotik, sondern erst 1738 entstanden die Malereien mit Szenen aus dem Leben Marias und der Passion Christ über den Kapellen.

Zu den beeindruckendsten Kunstwerken in der 1989 vom Papst zur Basilika erhobenen Kirche zählt die Grabplatte des Bürgermeisters Ulrich Kastenmayer aus dem Jahr 1431 hinter dem Hochaltar: Der Ratsherr ist in holländischer Tracht dargestellt, aus seinem Gesicht spricht tiefe Traurigkeit.

Im Zentrum des Hochalters vom Ende des 15. Jahrhunderts steht Maria mit dem Kind, die beiden Seitenflügel zeigen Szenen aus dem Leben Christi. Die Krönung Marias auf der rechten Innenseite wird von einigen Kunsthistorikern Michael Wolgemuth, einem Lehrer Dürers, zugeschrieben.

Die Reliefs und Stuckaturen der Rokokokanzel sind ein Werk des Straubingers Mathias Obermayr, als besonders gelungen gelten die Figur des heiligen Jakob am Schalldeckel sowie das Portal, das die Legende des heiligen Nepomuk zum Thema hat. Die Glasfenster stammen zum Teil noch aus dem Mittelalter, so zum Beispiel die Übergabe der Gesetzestafeln an Moses im südlichen Seitenschiff.

Im Stadtzentrum gibt es zwei weitere sehenswerte Kirchen: **St. Ursula**, das letzte gemeinsame Werk der Barockbaumeister Asam und die **Kirche der Karmeliter** aus dem 14. Jahrhundert.

Friedhof St. Peter

Der Friedhof von St. Peter ist eine der schönsten Grabstätten Deutschlands, es gibt kaum jemand, der bei seinem Besuch nicht ins Schwärmen gerät. »Es wäre müßig, über dies Paradiesgärtlein etwa zu sagen, denn wer es nicht gesehen hat, wird daran kaum glauben mögen. Und wer es gesehen, der weiß, dass man den Petersfriedhof, Straubings Schatzbehälter, nicht mit Worten beschreiben kann«, stellte der Kunsthistoriker Hans Karlinger fest. Und ein anderer Liebhaber der Stadt, Josef Martin Bauer, der Autor des Kriegsromans ›Soweit die Füße tragen‹, schrieb: »Der Friedhof ist im Sommer eine blühende Insel seeliger Toter mit geschmiedeten Grabkreuzen aus vielen Jahrhunderten. Ein Idyll für Seelige, innig eingehüllt in Busch und Baum.«

Das bekannteste Grabmal ist das der Agnes Bernauer – eine Kapelle, die Bayerns Herzog Ernst als Buße dafür, dass er die große Liebe seines Sohnes in der Donau ertränken ließ, errichtete. Die schöne Baderstochter hält einen Rosenkranz in der Hand, zu ihren Füßen sitzen zwei Hündchen – das Symbol der ehelichen Treue. Allerdings ist die Kapelle nur bei Führungen zugänglich. Diese organisiert das Tourismusbüro einmal monatlich.

Bei einer Renovierung von St. Peter 1974 legte man die Grundmauern einer 13,4 Meter langen karolingischen Saalkirche frei. Der heutige Bau stammt jedoch aus der zweiten Hälfte des 12. Jahrhunderts und blieb – dank der Verlagerung des Stadtzentrums im 13. Jahrhundert – im Kern erhalten. Besonders schön sind die runden Apsiden mit den spitz zulaufenden Kegeldächern. Das Südportal zeigt einen mit einem Löwen kämpfenden

Auf dem St.-Peters-Friedhof

▲ Karte S. 222

Portaltympanon der Kirche St. Peter

Greif, das Westportal einen Ritter im Kampf mit dem Drachen, der bereits ein Opfer verschlungen hat.
Das Kruzifix im Hauptchor entstand um 1200, die meisten der anderen Kunstwerke - wie ein Steinrelief der Kreuzigung, eine bemalte Holzfigur der heiligen Katharina und eine Pieta - stammen aus der ersten Hälfte des 15. Jahrhunderts. Die Kirche ist nur während der Gottesdienste (So 8.45, Mi und Fr 15.30 Uhr) geöffnet, Führungen bietet das Tourismusbüro Straubing an.

Bogen- und Windberg

Jedes Jahr zu Pfingsten wird von Holzkirchen eine etwa 50 Kilogramm schwere Kerze auf den Bogenberg getragen. Mit 75 Kilometern ist es eine der längsten Marienwallfahrten Bayerns (→ S. 75), da entlohnt nach dem steilen Aufstieg ein Besuch im Berggasthof ›Zur schönen Aussicht‹ mit seinem Blick ins Donautal. Die Kirche Maria Himmelfahrt entstand in der Mitte des 15. Jahrhundert, das Gnadenbild ist eine seltene ›Maria in der Hoffnung‹, welches das ungeborene Kind in ihrem Leib zeigt.
Die Stadt Bogen, 15 Kilometer von Straubing, nennt sich stolz ›Heimat des Bayerischen Rautenwappens‹ und feiert daher auch alljährlich seine ›Rautentage‹. Die Geschichte dazu ist schnell erzählt: 1204 heiratet Ludmila von Böhmen, Witwe des Grafen von Bogen, einen Wittelsbacher. Als ihr Sohn, der letzte Spross der mächtigen niederbayerischen Adelsfamilie, stirbt, fällt auch ihr Rautenwappen an die bayerischen Herrscher, die es zur Staatsflagge machen. Seitdem leuchtet Bayern weiß-blau ...
Sieben Kilometer nordöstlich liegt Windberg, ein Klosterdorf, das lange Jahre dem Verfall preisgegeben war. Dann jedoch entschieden Gemeinde und Kloster gemeinsam, den mittelalterlichen Baubestand zu sanieren und neu zu beleben. Das Amtshaus ist heute Gemeindezentrum, es entstanden eine Jugendbildungsstätte und ein Gästehaus, Gewinner mehrerer Architekturpreise. Zusammen mit einer Musikantenschänke und einem Klosterladen gewann das gut 1000 Einwohner zählende Windberg so neue Attraktivität. Die 1140–1230 errichtete Prämonstratenserkirche war im 18. Jahrhundert von Mathias Obermayr umgestaltet worden, besondere Originalität muss man dabei seinen vier Rokokoaltären bescheinigen: Die heilige Katharina,

Patronin der Philosophen, wird inmitten von Bücherschränken und einem Globus gezeigt. Hinter dem Märtyrer Sabinus, dem gleich die Hände mit einem Hackbeil abgeschlagen werden sollen, wuchert ein Dschungel. Der heilige Ägidius streichelt in einer Grotte eine Hirschkuh, die vom bösen Gotenkönig Wamba verfolgt wird. Die heilige Dorothea lässt im Winter Rosen und Äpfel wachsen.

Straubing

PLZ: 94315

Tourismusbüro Straubing, Fraunhoferstr. 27, Tel. 09421/94469199, www.straubing.de; Mo–Fr 9–17, Do bis 18 Uhr, Sa 10–14 Uhr, Nov.–März Sa 10–13 Uhr.

Franziska, Regensburger Straße 42, Tel. 09421/180480, www.hotel-franziska.de; DZ ab 95 €, einige Zimmer mit Küche. Kleines modernes Hotel, 5 Gehmin. vom Zentrum entfernt.

Seethaler, Theresienplatz 9, Tel. 09421/93950, www.hotel-seethaler.de; DZ ab 110 €, Vierbettzimmer ab 156 €. Direkt am Stadtplatz mit Zimmern auch zum Innenhof, Rad- und E-Bikeservice.

Asam, Wittelsbacher Höhe 1, Tel. 09421/788680, www.hotelasam.de; DZ ab 120 €, Deluxe-Suite 179 €. Elegantes Tagungshotel mit gutem Wellnessangebot. Restaurant mit mediterraner und auch bayerischer Küche. Biergarten unter alten Linden.

Erstes Straubinger Weißbierhaus, Theresienplatz 27, Tel. 09421/12858, www.straubinger-weissbierhaus.de. Eine Institution, in der es trotz der Größe nur manchmal hektisch zugeht. Spezialität ist die Schweinshaxe.

Landgasthof Murrer, Passauer Straße 1, 94330 Aiterhofen, Tel. 09421/99430, www.murrerhof.de. Einige Kilometer südöstlich Straubings liegt dieser Slow Food-Treffpunkt, wo es Gerichte vom bayerischen Ox, dem Schwäbisch-Hällischen-Schwein, Zander und Hecht aus der Donau gibt. DZ ab 95 €

Wenisch Genuss verbindet. Innere Passauer Str. 59. www.wenisch-straubing.de. Der Ochsenbrater vom Gäubodenfest betreibt neben einer Metzgerei in der Äußeren Passauer Str. 10 nun auch ein **Genusshotel mit Toni's Restaurant und Biergarten**. Cross-Over-Küche, Bowls, Burgers, Steaks, aber auch vegane und vegetarische Gerichte. ›Nose-to-tail‹-Philosophie. DZ ab 120 €.

Café und Konditorei Krönner, Theresienplatz 1, Tel. 09421/10994, ww.kroenner.de. Hier beim Stadtturm herrscht nicht nur fast so eine Atmosphäre wie in einem Wiener Kaffeehaus, es gibt auch die nussig-sahnige ›Agnes-Bernauer-Torte‹.

Gäubodenmuseum, Fraunhoferstraße 23, Tel. 09421/94463222, www.gaeubodenmuseum.de. Di–So 10–16 Uhr, Ausstellungen zur Geschichte von und Region.

Tierpark, Am Tiergarten 3, Tel 09421/94472222, www.tiergarten-straubing.de. März–Okt. 8.30–17.45 Uhr, Nov–Feb. 9–15.45 Uhr.

Gäubodenfest, Mitte Aug., nach dem Münchner Oktoberfest das zweitgrößte Volksfest Bayerns.

Agnes-Bernauer-Festspiele, alle vier Jahre (2019, 2023, ...)

Internationales Musikfestival für Blasinstrumente ›Bluval‹, Klassik, Jazz, geistliche Musik, jährlich im Sept.

Rivertone, Jazzfestival an der Donau, jedes Jahr vier Tage im Juli.

AQUAterm, Wittelsbacherhöhe 50/52, Tel. 09421/8640, www.stadtwerke-straubing.de. Thermalbad, Warmwasser-Freibecken, Dampfbad, Freibad mit 50m Becken und Kneippanlage.

Karte S. 222

Deggendorf

Als Tor zum Bayerischen Wald gilt neben Straubing auch Deggendorf. Wie in der Nachbargemeinde bildet auch hier ein langgezogener, von einem mächtigen Stadtturm geteilter Platz das belebte Zentrum. Im Unterschied zu Straubing blieben in Deggendorf jedoch nur wenige historische Häuser erhalten, im Österreichischen Erbfolgekrieg 1743 war fast der gesamte Ort abgebrannt. 2002 konnte Deggendorf seinen 1000. Geburtstag feiern, 1002 war der Ort in einer königlichen Urkunde erstmals erwähnt worden. Heute ist die Deggendorf mit seinen 34 000 Einwohnern ein wichtiger Industriestandort und Verkehrsknotenpunkt mit Freihafen, Zugverbindung in den Bayerischen Wald und Autobahn nach München.

Stadtgeschichte

Über die lange Geschichte Deggendorfs informiert das **Stadtmuseum** mit über 10 000 Exponaten, darunter eine Biedermeierapotheke und ein Tante-Emma-Laden. Das Museum ist Teil des neuen Kulturviertels östlich des ehemaligen Stadtgrabens, einem schönen Gebäudeensemble mit dem Veranstaltungsort ›Kapuzinerstadl‹, dem Handwerksmuseum und der Stadtbibliothek.

Das schönste Bauwerk der Stadt ist der schlanke Zwiebelturm der **Grabkirche**, ein Frühwerk des Barockarchitekten Johann Michael Fischer von 1728. Die Kirche hat allerdings eine schmachvolle Geschichte, denn an ihrer Stelle stand bis zur gewaltsamen Zerstörung 1338 eine Synagoge. Der Zerstörung vorausgegangen war die in ganz Europa immer wieder auftauchende Geschichte der ›Hostienschändung‹: Die Juden der Stadt sollen versucht haben, Hostien – den Leib Christi – zu verbrennen, was ihnen jedoch nicht gelang. Auch hätten sie beabsichtigt, mit den Hostien die Brunnen zu vergiften, und so wandte sich der Zorn der Christen gegen sie. Noch am gleichen Tag, an dem das Pogrom stattfand, begann die Gemeinde mit dem Bau der Grabkirche und verwendete dafür das Geld, das man zuvor den Juden abgenommen hatte.

Damit ist die Geschichte freilich noch nicht zu Ende: Bis in die 1960er Jahre fanden Wallfahrten zur ›Deggendorfer Gnad‹ statt, deren antisemitische Tendenzen kaum zu leugnen waren. Erst 1992 kam das päpstliche Verbot, und man begann die Geschichte der Verfolgung der Juden Deggendorfs im Stadtmuseum zu dokumentieren.

Knödelsagen

Eine etwas freundlichere Geschichte der Stadt spielte sich ein knappes Jahrhundert früher ab. 1266 zog der böhmische König mit seinem Heer durch den Bayerischen Wald und erreichte so auch das von Stadtgraben und doppeltem Mau-

Das Deggendorfer Rathaus

erring gut geschützte Deggendorf. Die Frauen der Stadt versorgten ihre zur Verteidigung bereitstehenden Männer mit Essen, daher dauerte die Belagerung der Stadt Wochen. Schließlich jedoch wurde das Essen knapp, was wohl auch die Böhmen ahnten und einen Spion ausschickten. Als dieser über die Stadtmauer klettern wollte, traf ihn ein Knödel, den eine Ehefrau aus den letzten Essensresten geformt hatte. Dies beeindruckte den in Knödeln ja nicht unerfahrenen böhmischen Späher sehr. Und so berichtete er seinem König, dass die Deggendorfer noch so viel Nahrung hätten, dass sie diese sogar zur Verteidigung benutzen könnten.

›Knödelstadt‹ heißt Deggendorf allerdings erst seit dem 19. Jahrhundert, als ein Reisender die Strafinstrumente am Rathauspranger mit Knödeln verglich. Heute erinnert ein Brunnen mit einer Knödelwerferin an die Sage und ein Konditor erfand eine Praline namens ›Deggendorfer Knödelchen‹.

Kloster Metten

Metten liegt vier Kilometer westlich Deggendorfs inmitten der Berge des Vorwaldes. Die Benediktinerabtei gehört zu den bedeutendsten Klöstern Süddeutschlands, vor allem durch ihre Bibliothek, deren üppige barocke Malereien, Möbel und allegorische Statu-

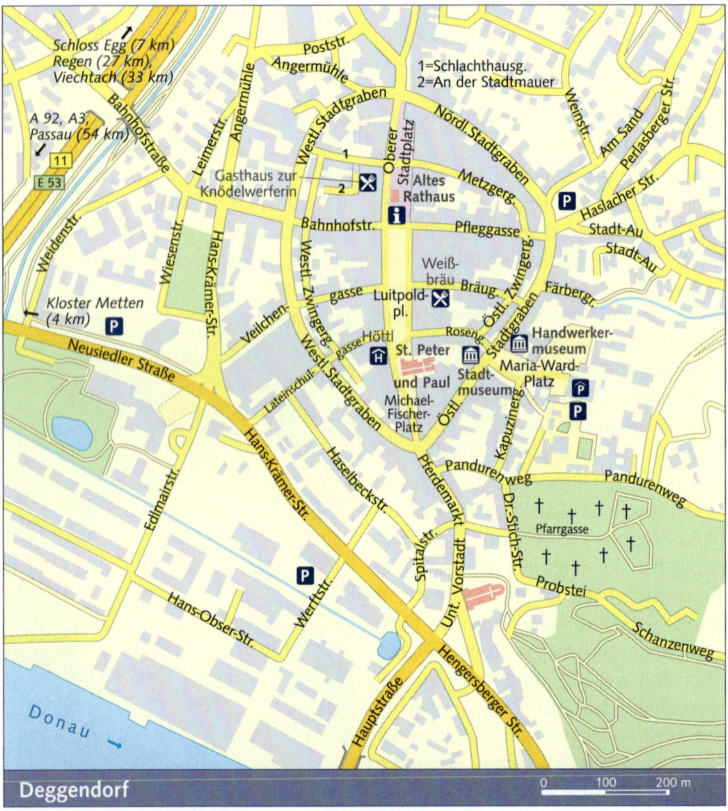

Schloss Egg bei Metten

en jedoch nur etwas für wirkliche Fans dieser Kunstrichtung ist.

Metten ist ein typisches Rodungskloster, schon 766 kamen Mönche von der Bodenseeinsel Reichenau in ein Tal, in dem es außer Sümpfen und Wäldern nicht viel gab. Die heutige Klosteranlage stammt aus dem Jahr 1272, die barocke Ausgestaltung erfolgte an der Wende vom 17. zum 18. Jahrhundert. Damals entstanden die Türme mit ihren markanten Zwiebelhauben. Cosmas Damian Asam malte das Hochaltarbild, das die Vertreibung der gefallenen Engel durch Kirchenpatron Michael zeigt und für das er – wie eine Quittung der Klosterbibliothek zeigt – 500 Gulden erhielt, was einer heutigen Kaufkraft von immerhin 25 000 Euro entsprach. Von dem Linzer Wolfgang Andreas Heindl stammen die Fresken des Gewölbes mit ihren historischen Szenen: In der Vorhalle trifft Karl der Große den ersten Abt Utto, im Hauptschiff der heilige Benedikt den Gotenkönig Totila. Über der Orgelempore sieht man König David beim Harfenspiel. Die Benediktiner betrieben ein Gymnasium und auch ein Jungeninternat, das wegen finanzieller und personeller Probleme inzwischen geschlossen wurde. Im Mittelpunkt der Klosterbibliothek mit heute 200 000 Bändern steht natürlich Theologie und Philosophie, umfangreich ist mit 10 000 Handschriften und Drucken aber auch die Notensammlung. Der Bestand kann inzwischen im Internet eingesehen werden, die historische Bibliothek und der Festsaal sind nur mit Führungen zugänglich (www.kloster-metten.de; Führungen Di–Sa 10 und 15 Uhr, So 15 Uhr, keine Führungen in Weihnachts- und Karwoche, Aschermittwoch-Samstag sowie an kirchlichen Feiertagen).

Schloss Egg

Wer die Neogotik dem Barock vorzieht, dem sei ein Abstecher zu Schloss Egg, sieben Kilometer nordwestlich, empfohlen. Gegründet im 13. Jahrhundert mit einem mächtigen Burgfried, in dem die Ritter viele ihrer Gegner verhungern ließen, entstand ab 1840 ein Schloss im Stil der phantasievollen Tudor-Gotik mit Türmchen, Stufengiebeln und Spitzbogenfenstern. Die Privatbesitzer bewerben es

Die Knödelwerferin von Deggendorf

Gut Aiderbichl: ein Gnadenhof für Tiere

als Niederbayerisches Traditionshotel mit Appartements, Hochzeits- und Märchenschloss – tatsächlich drehte man hier den Film ›Bibi Blocksberg‹ (über die aktuellen Führungen und Öffnungszeiten informiert die Homepage www.schloss-egg.de).

Acht Kilometer östlich von Deggendorf entstand ein Ableger des österreichischen **Guts Aiderbichl**, so etwas wie einem Altenheim für ›nutzlos‹ gewordene Tiere. Hier fand auch die Kuh ›Yvonne‹ eine neue Heimat, im Sommer 2011 hatte sie durch ihre Flucht vom heimischen Bauernhof in den Wald wochenlang die Presse in Aufregung versetzt (Eichberg 26, www.gut-aiderbichl.de).

Deggendorf

PLZ: 94469

Touristinformation, Pfleggasse 9, Tel. 0991/2960535, www.deggendorf.de; Mo–Fr 9–12, 13–17 Uhr, Sa 10–12 Uhr, Juni–Sept. ohne Pause, Sa 10–12 Uhr.

Höttl, Luitpoldplatz 22, Tel. 0991/3719960, www.hoettl.de; DZ ab 97 €. Direkt am Stadtplatz, dennoch ruhig.

Campingland Bernrieder Winkel, Grub 6, 94505 Bernried, Tel. 09905/8574, www.camping-bernried.de. Nördlich von Kloster Metten in der Nähe der Skigebiete von St. Englmar, mit Ferienwohnungen und Wirtshaus.

Landgasthof Buchner, Hauptstr. 20–22, 94559 Niederwinkling, Tel. 09962/2035107, www.buchners-hotel.de. 4 km südl. der A3-Ausfahrt Schwarzach. Seit 25 Jahren saisonale, asiatisch inspirierte Küche. Große Weinkarte. DZ ab 109 €.

Zum Weissbräu, Bräugasse 8, Tel. 0991/6784, www.weissbraeu-deggendorf.de. Hier wird das letzte der einheimischen Biere, das Weißbier ›Bayer‹, ausgeschenkt. Bayerische Küche, Biergarten.

Zur Knödelwerferin, Schlachthausgasse 1, Tel. 0991/4767, www.knoedelwerferin-deggendorf.de. Knödelwerfersalat mit Weißwurstradln, Milzwurst, Saures Lüngerl, Ofenkartoffeln u.v.m.

Stadtmuseum und Handwerksmuseum, Östlicher Stadtgraben 28 bzw. Maria-Ward-Platz 1, Tel. 0991/2960555, www.museen-deggendorf.de; Di–Sa 10–16 Uhr, So 10–17 Uhr.

Die älteste und beste Bärwurz-Destillerie ist aus Bayern weggezogen. Den **Bärwurz** gibt es weiterhin: www.waldmanufakturen.de.

▶ Karte S. 228

Zwischen Deggendorf und Passau

Zwischen Deggendorf und Passau führt die Bundesstraße 8 immer wieder an der Donau entlang, bei Osterhofen gibt es mit der Mühlhamer Schleife einen der letzten nicht regulierten Abschnitte des Flusses. Gleich hinter Deggendorf, in der Gemeinde Moos, liegt das Naturschutzgebiet Isarmündung mit einer als einzigartig geltenden Auenlandschaft. Insgesamt 35 Fischarten wurden bisher hier registriert, doch auch die Zahl an Wasserinsekten ist ziemlich hoch: 192 Arten sollen es sein. Durch das Schutzgebiet führen mehrere ›Erlebniswege‹, für Gruppen und Schulklassen werden auch Führungen angeboten (www.infohaus-isarmuendung.de).

Lallinger Winkel

Der Lallinger Winkel ist ein von Bergen geschütztes Hochtal, das auch als Obstschüssel des Bayerischen Waldes bezeichnet wird (→ Klima S. 24). Das **Dorf Lalling** wurde vom nahen Kloster Niederaltaich im 12. Jahrhundert gegründet, an diese Grundherren erinnert noch der Zehentstadel, in dem heute Veranstaltungen stattfinden. Wichtigste Ereignisse sind natürlich Baumblüte und Obsternte, doch auch ansonsten hat sich die Region jede Menge für ihre Gäste einfallen lassen. So gibt es einen **Feng-Shui-Kurpark** mit einem Lehrpfad für Wünschelrutengänger und einen **Streuobst-Erlebnisgarten** mit alten Apfelsorten. Gasthöfe laden ein zum Brotbacken oder einer Mondscheinsauna. Durch den Lallinger Winkel führen die **Fernwanderwege Gunter- und Goldener Steig** (→ Essay S. 35). Östlich von Lalling liegt der **Sonnenwald** mit dem 1016 Meter hohen Brotjacklriegel. Das **Langlaufgebiet Rusel-Oberreitenau** befindet sich einige Kilometer weiter nördlich Richtung Bischofsmais.

In **Kirchberg im Wald** halten Max und Ludwig Scherm auf ihrem Ökohof vom Aussterben bedrohte Nutztierrassen (www.landschweine.de).

i Lalling

PLZ: 94551

Tourist-Info Lallinger Winkel, Hauptstraße 17, Tel. 09904/374, www.lallinger winkel.de; Mo, Fr und Sa 9–12 Uhr, Di und Do 9–15 Uhr.

Thula Wellnesshotel, Ranzingerberg 91, Tel. 09904/8110990, www.thula-land hotel.de; DZ mit HP ab 150 €, auch Suiten mit eigenem Whirlpool, Panorama-Spa, 24-Stunden Pool. Vegetarisches Menü.

Zur Linde, 94551 Euschertsfurth 25, Tel. 09904/295, geöffnet nur Do–So. Der Gasthof gilt als der älteste erhaltene im Lallinger Winkel, 1242 wurde er erstmals erwähnt, auch die Linde ist wohl 800 Jahre alt. Später war es eine Poststation.

Lallinger Mostfest Ende Mai/Anf. Juni; **Apfelmarkt** Hunding, 1. Sa im Okt.; **Lallinger Obst- und Bauernmarkt**, am 3. So im Okt. Alle Veranstaltungen rund um's Obst: www.apfelmarkt.de.

Feng-Shui-Kurpark, Lalling, Am Kurpark 1. www.lallingerwinkel.de. Der 6 ha große Park ist ganzjährig geöffnet, Ein-Euro-Münzen für Eintritt nötig. Führungen donnerstags, genaue Infos beim Tourismusbüro.

Streuobst und Produkte aus Streuobstanbau: einen Einkaufsführer hierzu gibt es im Tourismusbüro oder zum Download unter www.lallingerwinkel.de, Stichwort: Genussort

Niederaltaich

Zwei alte Eichen sollen es gewesen sein, die dem Kloster Niederaltaich seinen Namen gaben. So hält es zumindest der Historiker Johannes Aventinus fest. Andere dagegen sind der Ansicht, dass sich der Name von Altwasser ableite, steht die Bendiktinerabtei doch im verzweigten Mündungsgebiet der Isar in die Donau. Für die Interpretation von Aventinus jedoch spricht, dass die kleinere der beiden Eichen einst der ägyptischen Göttin Isis geweiht war, die durch die Römer auch im germanischen Gebiet bekannt war, und dass an ehemals heidnischen Orten sehr oft christliche Kirchen gebaut wurden. Sicher ist, dass Niederaltaich zu den Urklöstern Bayerns

Decke in der Klosterkirche Niederaltaich

▲ Karte vordere Umschlagklappe

gehört, bereits in der ersten Hälfte des 8. Jahrhunderts entstand und die Mönche von hier aus mit der Christianisierung des Bayerischen Waldes begannen. Die heutige Klosterkirche aus dem frühen 18. Jahrhunderts ist ein Werk von Johann Michael Fischer. Ihm gelang es, einen hochbarocken Raum zu schaffen, dem man seine gotischen Ursprünge nicht mehr ansieht. Besonders beeindruckend sind dabei die Emporen, die sich zu den Seitenschiffen hin öffnen und den Eindruck einer ›Oberkirche‹ entstehen lassen. Geweiht ist die Klosterkirche dem heiligen Mauritius, einem Soldaten aus Ägypten, dessen Verherrlichung im Chorfresko von Andreas Haindl dargestellt wurde. Aber auch auf dem Schalldeckel der Kanzel und auf dem Gemälde des Hochaltars ist der Soldat, der sich gegen den römischen Kaiser erhob, zu sehen. Die Bilder des Langhauses widmen sich dagegen der Geschichte des Klosters, wieder taucht hier die sagenumwobene Eiche auf.

Die Sakristei, die man nur mit einer Führung besichtigen kann, gilt mit ihrer barocken Ausstattung als ein der schönsten der katholischen Welt. Außerdem gibt es einen Klosterladen, eine Likörkellerei und natürlich auch einen Klostergasthof (www.abtei-niederaltaich.de).

Osterhofen

Die ehemalige Klosterkirche der Prämonstratenser in Osterhofen-Altenmarkt gilt als die glanzvollste unter den Asam-Kirchen in Niederbayern. Dabei ist das Äußere auffallend unauffällig, um so überwältigender dann jedoch der 1740 vollendete, hochbarocke Innenraum. Stundenlang könnte man sich hier aufhalten und immer wieder neue Details entdecken. In einer Beschreibung der Kunsthistorikerin und Schriftstellerin Ingrid Jakob heißt es: »Erlebt man den

Raum während eines Barockkonzerts, dann wird man gänzlich der Wirklichkeit entrückt und fühlt sich beinahe wie jener kleine Engel am Hochaltar, der mit ausgebreiteten Armen auf einem Blumengebinde schwebt und mit herabhängenden Blüten spielt.« (www.geschichtsverein-deggendorf.de)

Vielen Besuchern ist dieser Barockbau freilich zu überladen und mit seinem kräftigen Rot, Grün und Gold auch zu bunt. Osterhofen ist die letzte große gemeinsame Arbeit der Asam-Brüder, ihr Architekt war der kaum weniger berühmte Johann Michael Fischer. Vorbild für den Hochaltar war Berninis Papstaltar im Petersdom: Über vier gewaltigen Säulen, an ihrer Vorderseite die Allegorien von Glaube und Hoffnung, wölbt sich ein Baldachin, den die Symbole der vier Evangelisten krönen. Das Chorfresko von Cosmas Damian Asam zeigt die Gründung des Prämonstratenserordens durch den heiligen Norbert: Maria reicht ihm das Skapulier, das Schulterkleid, der heilige Augustinus die Klosterregel, nach der die Chorherren leben. Und auch das Fresko über dem Hauptschiff erzählt vom Leben des Ordensgründers, der im 12. Jahrhundert Bischof von Magdeburg war: seine Bekehrung zum Glauben während eines Gewitters, die Bestätigung der Ordensregel durch den Papst, sein Wirken als Volksprediger, der Einzug in Magdeburg und Rom.

Vilshofen

Das bedeutsamste an Vilshofen ist seine Lage: Nahe der Mündung der Vils führt die einzige Brücke zwischen Deggendorf und Passau über die Donau. Ansonsten ist die Stadt trotz ihrer knapp 17 000 Einwohner eine etwas verschlafene niederbayerische Gemeinde, die überregional dank des Politischen Aschermittwochs der CSU bekannt wurde (→ S. 44). Den **Wolferstetter Keller,** in dem Franz Josef Strauß seine berühmten Reden hielt, gibt es auch heute noch. Er liegt in der Bürg, einer langgezogenen Straße mit mächtigem Stadtturm aus dem Jahr 1647 und Häusern im Inn-Salzachstil, in der einstmals die Burg des schon 776 erstmals erwähnten Vilusa stand. Über der Stadt erhebt sich die **Benediktinerabtei Schweiklberg** mit ihren markanten Zwiebeltürmen, die im Jugendstil 1904–1911 gebaut wurde. Von Vilshofen aus bieten sich Abstecher zu Kloster und Brauerei **Aldersbach**, dem **Renaissanceschloss Ortenburg** und dem **Archäologiemuseum in Künzing** mit Funden aus Kelten- und Römerzeit an (www.museum-quintana.de).

Barock ohne Ende: Klosterkirche Osterhofen

Passau

»Passau ist ein einziges Ufer, die ganze Stadt schwimmt wie ein Schiff im Wasser«, stellte der Triester Schriftsteller Claudio Magris in seinem berühmten Buch über die Donau fest. Und tatsächlich: Von Süden und Norden und Westen nähern sich drei Flüsse der Altstadt. Der grüne Inn, die schwarze Ilz und die nur manchmal blaue Donau treffen sich an der östlichen Spitze der Stadt, am Dreiflüsseeck.

An der höchsten Stelle der Altstadt erhebt sich der Dom mit seinen weiß leuchtenden Türmen. Von hier laufen schmale, mittelalterliche Gässchen, begleitet von Arkaden und Schwippbögen, hinab zu den Flussufern. Die Donaupromenade mit dem Rathaus und dem Hafen für Ausflugs- und Kreuzfahrtschiffe ist die lebhaftere, die geschäftigere Seite der Stadt. Am sonnigen Innufer mit den italienisch anmutenden Türmen der Jesuitenkirche erholen sich Touristen und die Studenten der nahen Universität von ihren jeweiligen Anstrengungen. In Passau, so Magris, ahnt man das Meer. Manche Autoren gehen sogar soweit, den Rathausplatz mit dem Markusplatz von Venedig zu vergleichen.

Stadtgeschichte

Passau ist eine der ältesten Städte Deutschlands. Bereits vor 7000 Jahren zogen Jäger die Donau entlang, seit der Bronzezeit, also rund 1800 v. Chr., gilt das heutige Stadtgebiet als besiedelt. Um 700 v. Chr. entstand eine Keltensiedlung, die den Namen Boiodurum trug, damals wurde die Landzunge zwischen Donau und Inn erstmals befestigt. In der Mitte des 1. Jahrhunderts nach Chr. kamen die Römer, die insgesamt vier Kastelle bauten und mit Batavern, einem niederländischen Stamm, besetzten – von diesen Holländern leitet sich vermutlich der Name Passau ab. Reste der römischen Besiedlung entdeckte man in den 1980er Jahren beim Bau eines Kindergartens in der Innstadt, heute befindet sich hier das Römermuseum Boiotro. Castra Batavia war die Grenzstadt zwischen den römischen Provinzen Raetien im Westen und Noricum im Osten und entwickelte sich schnell zu einem lebhaften Handelsplatz. Über den Inn kamen Salz und Wein, über die Donau Geschirr aus dem Rheinland und Glas aus Ungarn.

Die nächste wichtige Entwicklungsstufe begann im 5. Jahrhundert, als der römische Beamte Severin nach Batavia kam und 460 in der heutigen Innstadt das erste Kloster Passaus gründete. In einer Zeit, in der das Christentum in der Region zwar bereits bekannt war, man aber noch wenig darüber wusste, hatten Wort und Tat des als furchtlos beschriebenen Mannes eine ganz besondere Bedeutung. Die vorromanische Kirche des heiligen Severin wurde zwar durch einen spätgotischen Bau ersetzt,

An der Innpromenade in Passau

▲ Karte S. 237

Das Passauer Rathaus

sein Friedhof gilt jedoch als einer der ältesten Deutschlands.

Erster Bischof von Passau wird 739 Vivilo. Die große Zeit des Bistums begann freilich erst mit dem Jahre 955, als die ungarischen Eroberer bei der Schlacht auf dem Lechfeld geschlagen und aus Bayern vertrieben wurden. Unter Bischof Pilgrim widmete man sich nun der Missionierung Pannoniens. Als der ungarische Großfürst Geza überredet werden konnte, seinen Sohn von Pilgrim taufen zu lassen, war damit die konkurrierende orthodoxe Kirche Konstantinopels ausgeschaltet. Der Getaufte erhielt den Namen des Passauer Patrons Stephan, heiratete die bayerische Herzogstochter Gisela und ließ sich im Jahr 1000 von einem Abgesandten des Papstes zum ersten ungarischen König krönen.

Dieser Erfolg Pilgrims festigte seine Herrschaft und ließ ihn von einer gewaltigen Donau-Provinz von der Isar bis an die Savemündung bei Belgrad träumen. Obwohl er dieses Reich nicht realisieren konnte, reichte Passaus Einflussbereich nun bis nach Wien – ein größeres Bistum gab es im ganzen Heiligen Römischen Reich nicht.

Passau und das Nibelungenlied

Ab 999 verfügten die Bischöfe über Markt- und Münzrecht, bestimmten über Zoll und Gewerbe. Der vom ihnen eingesetzte Stadtrichter war zugleich Bürgermeister der Stadt. Unter Wolfger von Erla (1191–1204) entwickelte sich der bischöfliche Hof zu einem Zentrum hochmittelalterlicher Dichtkunst, Walter von der Vogelweide wurde in Passau fürstlich bewirtet. Ziemlich sicher ist, dass in dieser Zeit auch das Nibelungenlied entstand. Das Nationalepos der Deutschen beschreibt Städte und Landschaften des Passauer Bistums bis hinab ins ungarische Estergom; Bischof Pilgrim taucht in der Figur des Onkels von Kriemhild auf, Kriemhild selbst hat ihr Vorbild in der bayerisch-ungarischen Königin Gisela. Passau – Pazzouwe – wird in dem Heldenlied vier Mal erwähnt, wobei der Verfasser besonders die Kaufleute der Stadt lobt und dieses als eines der großen höfischen Zentren des Reiches beschreibt. Genau das entsprach dem Interesse des Bischofs, und so war er wohl der Auftraggeber.

Tatsächlich wurde in den Jahren, in denen der Machtkampf nicht nur zwischen Bayern und Österreich, sondern auch Papst und Stauferkaisern eskaliert, die Grundlage für das territoriale Fürstentum der Passauer Bischöfe gelegt. Vom Kaiser erhielten sie die bisherige Reichsabtei Niedernburg und das dazu gehörende Gebiet nordöstlich Passaus, das Abteiland. Der erste Bischof, der auch den Titel eines Fürsten trug, war ab 1217 Ulrich II. Die wachsende Macht der Kirche konnte den aufstrebenden Kaufleuten der Stadt alles andere als Recht sein. Um aufkommenden Unmut zu besänftigen, wurde 1225 das erste Stadtrecht erlassen. Dennoch kam es immer wieder zu gewaltsamen Auseinandersetzungen zwischen Bürgern und Fürstbischof, 1298

Straßencafé in der Innenstadt

ließ der Bischof von seiner Veste Oberhaus aus die Stadt sogar mit Wurfkugeln beschießen. Erst ab 1400 hatte Passau einen eigenen Stadtrat, doch auch jetzt bedeutete dies keine Selbstverwaltung wie in anderen Städten Deutschlands. Passau und das Abteiland wurden von den Herren der Kirche regiert, die ihr Leben mit Wein und Weib und - wie es heißt - auch viel Schokolade genossen. Andererseits war Passau in dieser Zeit eine Hauptstadt von europäischer Bedeutung, das benachbarte Bayern blieb Ausland, mit dem die Stadt eine gepflegte Abneigung verband.

■ Moderne Provinz

1662 verwüstete ein großer Brand Passau: Von gut 600 Häusern brannten 400 ab, ebenso wie ein Dutzend Kirchen und Klöster und zehn Stadttore. Schon 1680 brannte es zum zweiten Mal, der Dom war nur mehr eine Ruine und die mittelalterliche Stadt endgültig zerstört. Der Wiederaufbau erfolgte im Stil der nun herrschenden Zeit, doch eignete sich das auf Repräsentation gedachte Barock eigentlich nur wenig für die engen Gassen. So entstanden Häuser mit farbenfrohen, doch eher bescheiden geschmückten Fassaden im südlichen Inn-Salzach-Stil.

Das Ende des Reiches und die Säkularisation zu Beginn des 19. Jahrhunderts bedeutete auch das Ende der Herrschaft der Fürstbischöfe. Passau wurde Hauptstadt von Niederbayern, verlor diese Position jedoch schon 1839 an das zentraler liegende Landshut. Auch ansonsten demonstrierte Bayern nun seine Macht: Kirchen wurden zu Warenlagern, die Veste der Bischöfe zum Gefängnis, und mitten auf dem Domplatz errichtete man ein Denkmal für König Maximilian I. Joseph. Den Regenprüfer nennen ihn die Passauer dank des weit vorgestreckten Arms. Das wichtigste Ereignis in dieser Zeit war wohl der Besuch der künftigen österreichischen Kaiserin Elisabeth, die auf ihrem Weg zur Hochzeit in Wien 1854 in Passau Station machte.

Am geruhsamen Leben einer Provinzstadt direkt an der österreichischen Grenze änderte auch die Industrialisierung wenig - im Gegenteil. Durch den Bau des Stauwerkes Kachlet in der Mitte der 1920er Jahre wurde die Donau für Frachtschiffe bis Regensburg schiffbar, Passau war jetzt nur noch Durchgangsstation. Und da gab es noch ein anderes Problem. Für Autos waren die mittelalterlichen Gassen viel zu eng und so musste zu Beginn der 1960er Jahre Schriftsteller Carl Amery konstatieren: »Die Motorisierung der Stadt hat einen Grad fröhlicher Verzweiflung erreicht.« Für den in Passau groß gewordenen Amery hatte sich seine Heimatstadt nach dem Zweiten Weltkrieg in eine Stadt der Touristen verwandelt: »Alle sechs bis acht Minuten erfahren wir, dass Napoleon im Feldzug gegen Österreich sein Hauptquartier in der alten Veste Niederhaus aufgeschlagen hat.« Doch mit den ausländischen Gästen und später auch durch die Studenten der 1978

▶ Karte S. 237

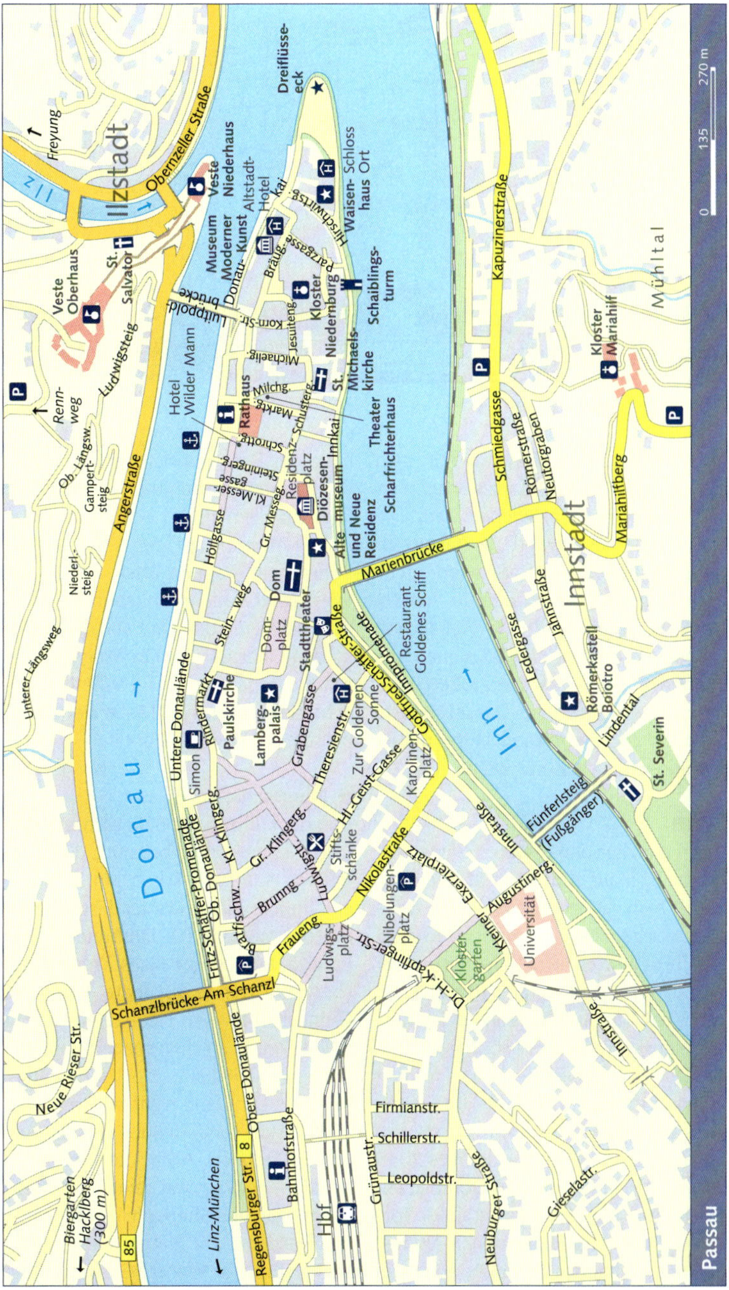
Passau
0
135
270 m
Donau
Inn
Ilz
Ilzstadt
Innstadt
Freyung
Obernzeller Straße
Veste Oberhaus
St. Salvator
Veste Niederhaus
Dreiflüsse-eck
Museum Moderner Kunst
Donau-Kai
Altstadt-Hotel
Hirschwirtsg.
Waisen-haus
Schloss Ort
Bräug.
Parzgasse
Luitpold-brücke
Korn-Str.
Kloster Niedernburg
Schaiblings-turm
Jesuiteng.
Michaelig.
St. Michaels-kirche
Theater
Scharfrichterhaus
Innkai
Milchg.
Marktg.
Schusterg.
Rathaus
Schrottg.
Hotel Wilder Mann
Residenz-platz
Steiningerg.
Kl.Messer-gasse
Gr. Messerg.
Diözesan-museum
Alte und Neue Residenz
Höllgasse
Dom
Domplatz
Stein-weg
Stadttheater
Marienbrücke
Untere Donaulände
Rindermarkt
Paulskirche
Lamberg-palais
Simon
Grabengasse
Theresienstr.
Zur Goldenen Sonne
Restaurant Goldenes Schiff
Innpromenade
Gottfried-Schäffer-Straße
Karolinen-platz
Hl.-Geist-Gasse
Fritz-Schäffer-Promenade
Ob. Donaulände
Kl. Klingerg.
Gr. Klingerg.
Ludwigstr.
Stifts-schänke
Nikolastraße
Brunng.
Bratfischw.
Fraueng.
Ludwigs-platz
Nibelungen-platz
Exerzierplatz
Dr.-H.-Kapfinger-Str.
Kloster-garten
Kleiner
Augustinerg.
Universität
Innstraße
Fünferlsteig (Fußgänger)
Schanzlbrücke
Am Schanzl
Obere Donaulände
Regensburger Str.
8
85
Linz-München
Biergarten Hacklberg (300 m)
Neue Rieser Str.
Unterer Längsweg
Niederl.-steig
Gampert-steig
Ob. Längsw.
Angerstraße
Ludwigsteig
Renn-weg
Bahnhofstraße
Hbf
Grünaustr.
Firmianstr.
Schillerstr.
Leopoldstr.
Neuburger Straße
Gieselastr.
Kapuzinerstraße
Schmiedgasse
Römerstraße
Neutorgraben
Mariahilfberg
Kloster Mariahilf
Mühltal
Jahnstraße
Ledergasse
Römerkastell Boiotro
Lindental
St. Severin

Am Residenzplatz

gegründeten Universität wandelte sich die Atmosphäre in der inzwischen fast 53 000 Einwohner zählenden Stadt. Die Häuser wurden renoviert, die Innenstadt rund um die Ludwigsstraße wurde zu einer großen Fußgängerzone, in den engen Gassen entstand eine Vielfalt von kleinen Geschäften und Boutiquen, die unabhängig sind von den großen internationalen Konzernen. Daran änderte auch der Bau der ›Neuen Mitte‹ mit ihren Shopping-Malls nur wenig.

Dom

Steigt man aus den belebten Gassen der Altstadt hinauf zum Dom St. Stephan, betritt man eine andere Welt. Der weite Platz vor dem Dom ist meist menschenleer, hier gibt es keine Geschäfte oder Restaurants, sondern nur Parkplätze. Bis heute hat sich fast nichts an der jahrhundertelangen Teilung der Stadt geändert: Der Dom war der ›Pfaffenhof‹, eine Stadt in der Stadt und Sperrbezirk für Bürger. Dass sich hier etwas ändern musste, sah auch der Stadtrat. Und so kam es 2013 zu einer Umgestaltung des Domplatzes. Doch noch immer finden – außer Touristen – nur wenige Menschen hierher. So unscheinbar der Domplatz auch sein mag, der Dom selbst ist das Bauwerk, das Passau seine Konturen verleiht. Dies liegt vor allem an den beiden 68 Meter hohen Türmen mit den sogenannten Böhmischen Kappen. Diese sind in die Westfassade nicht eingebunden, sondern flankieren diese nur und vermitteln so den Eindruck von Großzügigkeit. In Mitteleuropa einmalig ist außerdem die achteckige, knapp 50 Meter hohe Kuppel, die die Vierung krönt.

Baugeschichte

Von der Frühzeit der Baugeschichte des Doms ist nur wenig bekannt, doch vermutlich stand hier schon um 700 eine einschiffige Kirche. Unter Bischof Pilgrim entstand im 10. Jahrhundert eine Basilika. Der Böhme Hans Krumenauer (→ Architektur S. 58) legte 1407 den Grundstein für den Neubau eines gotischen Doms, an dem man knapp 200 Jahre, bis 1598 baute. Doch schon 1662 zerstörte ein Brand nicht nur weite Teile der Stadt, sondern auch den Großteil von St. Stephan. Allein der Chor blieb erhalten, er prägt mit seinen gotischen Spitzbogen und Strebepfeilern bis heute den Residenzplatz. Ziel des Neubaus unter Fürstbischof Wenzel Graf von Thun

▶ Karte S. 237

war es, die erhalten gebliebenen gotischen Teile in ein barockes Bauwerk einzugliedern – dies macht heute den besonderen Reiz des Passauer Doms aus. Wichtigster Architekt war der Lombarde Carlo Lurago, der zuvor viel in Böhmen gearbeitet hatte und 1684 in Passau starb. Gemeinsam mit einer Vielzahl weiterer Baumeister aus Italien schuf er den größten barocken Kirchenbau nördlich der Alpen, 101 Meter lang und 33 Meter breit.

Innenansichten

Je nach persönlichem Geschmack beeindruckt oder erschlägt einen der allgegenwärtige grauweiße Stuck im Inneren des Doms. Wohin das Auge auch blickt, überall ließ Giovanni Battista Carlone aus Wänden, Decken und Säulen Blumen und Blätter, Engel und Heilige wachsen. Für bildliche Darstellungen blieb da fast kein Platz. Im Unterschied zu klassischen gotischen Domen ist in St. Stephan nicht die Vertikale, sondern die Horizontale betont, die Basilika wirkt wie ein breites schweres Schiff und hat nichts von der Leichtigkeit hoch- oder spätbarocker Kirchen. Es fehlt ein das ganze Langhaus überspannendes Deckenfresko, stattdessen entwarf Carpoforo Tencalla für jedes Joch ein eigenes

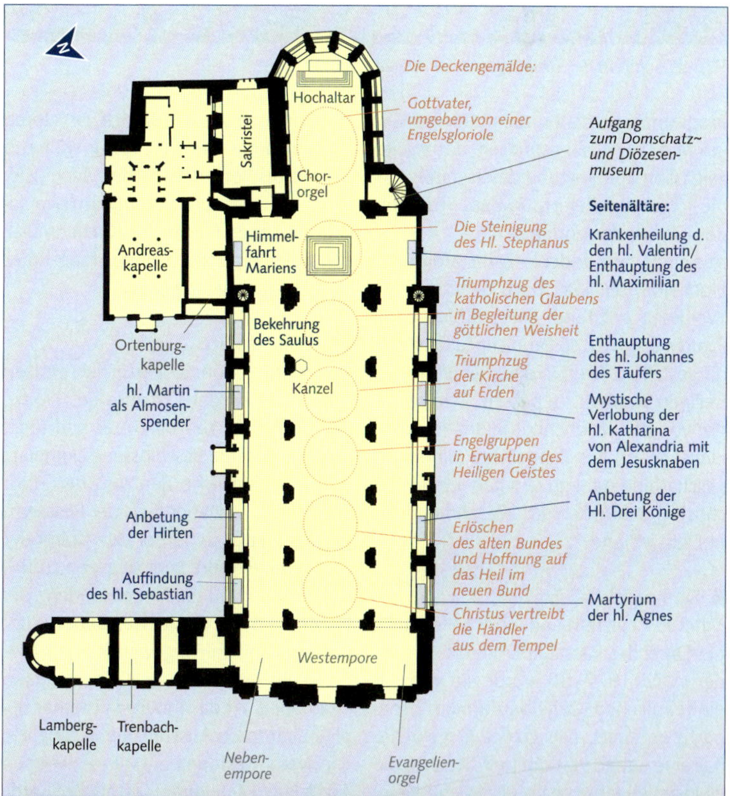

Der Dom St. Stefan in Passau

Wie ein Schiff in der Brandung: der Passauer Dom

Programm. Im ersten Joch über der Orgel wird die Musik gepriesen, das zweite zeigt Christi Reinigung des Tempels, für die folgenden lieferte Rubens ›Triumph der Kirche‹ die Vorlage.

Aus einer ganz anderen Zeit stammt der Hochaltar, der kurz nach dem Zweiten Weltkrieg entstand. Seine athletischen Figuren scheinen so gar nicht zu dem hier dargestellten Thema, der Steinigung des heiligen Stephan, zu passen. Doch zählt der von dem Münchner Bildhauer Josef Henselmann aus Pappel und Silberfolie geschaffene Altar zu den bedeutendsten christlichen Werken des 20. Jahrhunderts in Deutschland.

Domorgel

Mit 233 Registern und 17974 Pfeifen ist die Orgel des Passauer Doms die größte der Welt. 1977–80 wurde sie von der einheimischen Orgelbaufamilie Eisenbarth erneuert. Die größte Orgelpfeife hat eine Länge von über elf Metern, die kleinste ist ganze sechs Millimeter klein. Das geschnitzte Gehäuse der Hauptorgel stammt noch aus der Barockzeit. Hören kann man die Orgel nicht nur während der Gottesdienste, es finden auch zahlreiche Mittags- und Abendkonzerte sowie die Lange Nacht der Kirchenmusik statt (das Programm findet man unter www.bistum-passau.de).

Residenzplatz

Der wohl schönste Platz der ganzen Stadt liegt an der Ostseite des Doms. Seit der Römerzeit dürfte er und nicht der für Kaufleute geschlossene Domplatz das wirtschaftliche Zentrum der Stadt gewesen sein. Daher hieß der Residenzplatz früher auch ›Unter den Krämern‹. Der heutige Name geht dagegen zurück auf die Alte und die Neue Residenz der Fürstbischöfe. Die **Alte Residenz** besitzt noch romanische Türgewände von 1180. Da in ihr jetzt mehrere Gerichte ihren Sitz haben, ist das Innere mit seiner üppigen barocken Ausstattung zugänglich. Die **Neue Residenz** entstand zwischen 1712 und 1730 unter Fürstbischof Kardinal Lamberg, der 1699 Stellvertreter des

▸ Karte S. 237

Kaisers beim Reichstag geworden war und zur Unterstreichung seiner neuen Macht eine moderne Residenz besitzen wollte. Die Fassade der Neuen Residenz stammt aus der Zeit des Frühklassizismus und fällt durch ihre von halbrunden Balkonen abgeschlossenen Portale auf. 2010 war das Gebäude wegen zu weicher Fundamente vom Einsturz bedroht, nach einer Sanierung kann man nun hier den **Domschatz** besichtigen. Der von Straßencafés eingerahmte **Wittelsbacherbrunnen** zeigt die ›patrona Bavariae‹ mit drei Putti, welche die drei Flüsse der Stadt symbolisieren.

Weitere Sehenswürdigkeiten in der Altstadt

Der weite **Rathausplatz** öffnet sich zur Donau und zur Veste Oberhaus hin – ein grandioser Ausblick, den man am besten auf der **Terrasse des Ratskellers** genießen kann. Früher befanden sich hier der Fischmarkt und die Hauptanlegestelle der Handelsschiffe, daran erinnert noch das **ehemalige Zollamt** an der Ostseite des Platzes. Ebenfalls auf der Ostseite steht

Altstadtgasse

Die Wallfahrtskirche Maria Hilf

das **Scharfrichterhaus**, das im Mittelalter als Gefängnis und Wohnhaus des Henkers diente und heute das berühmteste Kabarett Niederbayerns beherbergt (→ S. 244).

Dem mächtigen **Rathaus** mit seinem 68 Meter hohen, reich verzierten Turm ist nicht anzusehen, dass die Bürger Passaus lange keine Selbstverwaltung hatten. Die Nordseite zur Donau hin beherrscht ein spätgotischer Saalbau aus dem Jahre 1405, dessen fünf Maßwerkfenster mit Freskomalereien manchen Besucher an Venedig erinnert. Nicht mehr aus der Gotik, sondern aus der Zeit von Barock und Historismus stammen der Große und der Kleine Rathaussaal, die man über das Portal in der Schrottgasse erreicht. Die zweischiffige Halle des Großen Saals wurde von dem Historienmaler Ferdinand Wagner Ende des 19. Jahrhunderts gestaltet. Besonders gewaltig fielen dabei die beiden Ölgemälde ›Einzug der Kriemhild in Passau‹ und ›Die Passauer Hochzeit Kaiser Leopolds mit Elenore von Pfalz-Neuburg 1676‹ aus.

Der Stuck stammt von Carlone, doch begnügte der Italiener sich hier im Unterschied zum Dom mit den Gurtbögen. Neben dem Rathaus steht das **Hotel Wilder Mann**, das bereits 1303 erwähnt wird und im 19. Jahrhundert zu einem Nobelhotel umgebaut wurde. Berühmtester Gast war Kaiserin Sisi, die sich hier 1862 mit ihren Eltern traf. Doch auch Adalbert Stifter, Alfred Krupp, Justus von Liebig oder Neil A. Armstrong und mehrere Bundespräsidenten übernachteten am Donauufer. 1985 wurde das Glasmuseum eröffnet, das Friedrich Dürrenmatt oder Karl Fürst von Schwarzenberg als das weltweit beste bezeichneten. 30 000 Exponate aus 150 Jahren gibt es zu sehen, außergewöhnlich ist zudem die größte deutsche Kochbuchsammlung mit knapp 12 000 Bänden, das älteste von 1450.

Beim Wilden Mann beginnt die schmale **Höllgasse** mit ihren noch aus dem Mittelalter stammenden Häusern, in die nur wenig Licht dringt. Tatsächlich leitet sich der Name vom althochdeutschen ›hell‹ ab, was soviel wie enger Raum oder auch ›laut schallen‹ bedeutet. Dank ihrer Bars, Schmuckdesigner und Galerien galt die Höllgasse einige Jahre lang als ziemlich trendig. Doch inzwischen hat nicht nur die immer wiederkehrende Hochwassergefahr, sondern auch die Verlagerung des städtischen Lebens in die ›Neue Mitte‹ zur Schließung vieler Geschäfte geführt. Ein paar Galerien freilich haben überlebt, die **Künstlervereinigung AGON e.V.** veranstaltet regelmässig Ausstellungen oder Kunstaktionen wie eine Plasterbemalung (www.agon-passau.de, Höllgasse 12). Einige neue Galerien, Kunst- und Krempelgeschäfte, aber auch ein Hut- und ein Gewürzladen sowie kleine Cafés sind inzwischen in den parallel verlaufenden **Stein- und Messergasse** entstanden.

Weithin sichtbar: die Veste Oberhaus

Karte S. 237

Am Inn zur Universität

Gäbe es die Kreuzfahrtschiffe nicht, so könnte man den östlichsten Teil der Altstadt als ruhig und beschaulich beschreiben. Am **Dreiflüsseeck** findet sich ein etwas heruntergekommener Park mit Kinderspielplatz, gegenüber auf der Anhöhe über dem Inn, liegt inmitten von Wiesen die **Wallfahrtskirche Mariahilf**. Österreichs Kaiser Leopold I., genannt der Türkenpoldl, suchte hier 1683 auf der Flucht vor den Wien belagernden Truppen des Sultans, Schutz und Zuspruch. Die Ortsspitze Passaus war anders als Bischofs- und Bürgerviertel ein Stadtteil, der dem Kaiser unterstand. Schon vor dem 10. Jahrhundert gab es hier das **Reichskloster Niedernburg**, das beträchtliche Einkommen aus dem Salzhandel mit Böhmen hatte. Zur wichtigsten Äbtissin wurde 1042 Gisela, die Witwe des ungarischen Königs Stephan. Ihr Hochgrab in der romanischen **Klosterkirche** ist stets mit Blumen in den ungarischen Fahnen geschmückt.

Im Stadtteil Hals

Zum Schutz des Salzhafens war 1250 der **Schaiblingsturm** direkt am Inn errichtet worden, knapp 700 Jahre später hatte hier die Hitlerjugend Passaus ihren Sitz. Nachdem man die Idee, den Turm als Obdachlosenheim zu verwenden, verworfen hatte, wird er nun für Lesungen und Vorlesungen genutzt.

Hinter dem ehemals fürstbischöflichen Theater führt die belebte **Grabengasse** mit ihren Boutiquen, Feinkost- und Bioläden zurück zur Fußgängerzone in der Ludwigstraße. Bleibt man auf der Innpromenade kommt man zum **Fünferlsteg**, einer schmalen Brücke über den Inn mit einer viel besuchten Kneipe. Hier beginnt beim ehemaligen Kloster St. Nikola das ständig weiter wachsende Viertel der Universität, an der heute über 12 000 Studierende eingeschrieben sind.

Veste Oberhaus

Zur Burg der Passauer Fürstbischöfe gibt es einen Pendelbus vom Rathausplatz, der Fußweg über die Hängebrücke dauert etwa 15 Minuten.

1217 hatte der Passauer Bischof die Reichsfürstenwürde erhalten, zwei Jahre später begann er mit dem Bau seiner Burg auf dem steil ansteigenden Georgsberg zwischen Donau und Ilz. Mit Vorburg, fünfstöckigem Torturm, dem 1499 errichteten Schachnerbau samt Rittersaal und einer Wehrmauer war es eine der größten Festungen Europas und uneinnehmbar. Fünfmal wurde das Oberhaus zwischen 1250 und 1482 belagert, fünfmal wurden die Belagerer – darunter zweimal die um ihre Rechte kämpfenden Bürger Passaus – zurück geschlagen. Doch so beeindruckend der Bau sich von der Stadtseite auch zeigt, vom ehemaligen Glanz der Fürstbischöfe ist nur wenig geblieben. In den Innenräumen sind – durchaus sehenswerte – Ausstellungen zur Geschichte Passaus, zu Handwerk und Religion im Mittelalter sowie das Böhmerwaldmuseum untergebracht. Außerdem gibt es ein Wirtshaus, ein Burgcafé, eine Jugendherberge und natürlich den Ausblick über die ganze Dreiflüssestadt..

Wanderungen an der Ilz

Hals, ein dörflich wirkender Stadtteil Passaus, liegt inmitten einer Schleife der Ilz. Fast scheint es, als wolle der Fluss mit seinem dunklen, klaren Wasser zurück in den Bayerischen Wald und nicht in die Donau fließen. Am **Marktplatz** beginnt ein zwar 20 Kilometer langer, doch wenig anstrengender Wanderweg um den Ilz-Stausee. Nördlichster Punkt ist **Fischhaus**, wo es einen netten Gasthof (ilzstuben.de), einen Klettergarten und auch eine Brücke über den Fluss gibt. Der insgesamt 65 Kilometer lange Ilztalwanderweg führt dagegen weiter Richtung Norden. Ein beliebtes Ausflugsziel ist nach 13 Kilometern die **Schrottenbaummühle**, wo fangfrische Forellen angeboten werden und man auch übernachten kann. In **Kalteneck**, sechs Kilometer nach Fischhaus, hält der Linienbus nach Passau (www.ilztal.de; www.schrottenbaummuehle.de).

Passau

PLZ: 94032

Touristinformation, Rathausplatz 2, Tel. 0851/955980, www.passau.de; Ostern-Sept. Mo–Fr 8.30–18 Uhr, Sa, So und feiertags 9–16 Uhr; Okt. bis Ostern Mo–Do 8.30–17 Uhr, Fr. 8.30–16 Uhr, Sa, So und feiertags 10–15 Uhr.

Hotel Schloss Ort, Ort 11, Tel. 0851/34072, www.schlosshotel-passau.de; DZ ab 90 €. Appartements ab 121 €. 800 Jahre altes Haus an der Innpromenade.

Pension ›Zur goldenen Sonne‹, Unterer Sand 18, Tel. 0851/2730, www.pension-goldene-sonne.de; DZ ab 70 €. Einfache, traditionsreiche Pension im Zentrum.

Wilder Mann, Am Rathausplatz, Tel. 0851/35071, www.wilder-mann.com, DZ ab 100 €, in den ehemaligen Schlafzimmern der gekrönten Häupter ab 100 € p. P. Das **Glasmuseum** hat täglich von 9–17 Uhr geöffnet.

Altstadt-Hotel, Bräugasse 23–29, Tel. 0851/3370, www.altstadt-hotel.de; DZ ab 110 € (Winter) 135 € (Sommer). Renoviertes Haus an der Donau. Im Restaurant mit Donauterrasse gibt es u.a. vegetarische Gerichte und regionale Käse.

Heilig-Geist-Stiftsschänke, Heiliggeistgasse 4, Tel. 0851/2607, www.stiftskeller-passau.de. Eines der besten Restaurants der Stadt mit romantischem Keller und Garten. Bayerisches und Österreichisches sowie eigene Weine aus der Wachau.

Goldenes Schiff, Unterer Sand 8, Tel. 0851/34407, www.goldenesschiff.de. Schon im 13. Jh. ein Wirtshaus. Heute wird es von Slow Food empfohlen. Jeden Tag ein anderes vegetarisches Gericht wie ›Hausgemachte Nudeltaschen‹.

Biergarten Hacklberg, Bräuhausplatz 7, 94034 Passau-Hacklberg, Tel. 0851/58382, www.hacklberger-braeustueberl.de. Der schönste Biergarten Passaus, auch das Bräustüberl ist einen Besuch wert.

Confiserie und Café Simon, Rindermarkt 10, Tel. 0851/4909569, www.simon-passau.de. Handgeschöpfte Schokoladen, Pralinen, Fruchtgeleewürfel und Seminare zu Themen wie ›Whiskey und Schokolade‹.

Scharfrichterhaus, Milchgasse 2, Tel. 0851/35900, www.scharfrichterhaus.de. Mit Kabarett, Programmkino und Restaurant seit 1977 eine nicht immer geliebte Institution im konservativen Passau.

Stadttheater Passau, Gottfried-Schäffer-Str. 2+4, Tel. 0851/9291913, www.landestheater-niederbayern.de. Das Theater gastiert im früheren fürstbischöflichen Opernhaus, einem frühklassizistischen Schmuckstück. Öffentliche Führungen siehe homepage. Seit Okt. 2019 droht dem Landestheater jedoch das Aus.

Europäische Wochen, Juni und Juli, mit Konzerten, Theater, Lesungen, Ausstellungen in Ostbayern, Böhmen und Oberösterreich, www.ew-passau.de.

Mai- und Herbstdult, zehntägige Volksfeste auf dem Messeplatz in Kohlbruck.

Genussmesse Kul(t)inaria, im November.

Römermuseum Boiotro, Lederergasse 43, Tel. 0851/396416, www.stadtarchaeologie.de; 1.3.–15.11.Di–So 10–16 Uhr.

Museum Moderner Kunst, Bräugasse 17, Tel. 0851/3838790, www.mmk-passau.de; Di–So 10–18 Uhr, 1. 6.–30. 9. auch Mo 9–16 Uhr. Wechselausstellungen zur Kunst des 20. Jh., Führungen, Workshops.

Oberhausmuseum, Veste Oberhaus 125, 94034 Passau, Tel. 0851/396800, www.oberhausmuseum.de; 15. März–23. Dez. Mo–Fr 9–17 Uhr, Sa, So und feiertags 10–18 Uhr, 25. Dez.–6. Jan. täglich außer Silvester 10–16 Uhr.

Domschatzmuseum, Residenzplatz 8, Tel. 0851/3930, www.bistum-passau.de; 2. Mai–Ende Okt. an Werktagen 10–16 Uhr.

▸ Karte S. 237

Das schreckliche Mädchen

1988 dreht der deutsche Regisseur Michael Verhoeven eine politische Komödie, die in der erfundenen niederbayerischen Gemeinde Pfilzing spielt und auf einem authentischen Ereignis aus Passau basiert. Dort hatte die 20jährige Anna Elisabeth Rosmus sich zu Beginn der 1980er Jahre bei einem Aufsatzwettbewerb mit der Geschichte ihrer Heimatstadt im Nationalsozialismus und dem Schicksal der Passauer Juden beschäftigt. Nachforschungen, die die führenden Bürger der Stadt nicht gerade begeisterten. Dabei war Anna, Tochter aus einer angesehenen Passauer Familie, für einen anderen Aufsatz gerade noch gefeiert worden.

Doch nun verwehrt man dem ›schrecklichen Mädchen‹ die Einsicht in die Personalakte des früheren Oberbürgermeisters Max Moosbauer. Ein Recht, das sie sich nach jahrenlangen Auseinandersetzungen schließlich vor Gericht erstreitet. Tatsächlich hatte der 1968 in Passau gestorbene OB Moosbauer in der SS als Obersturmbannführer Karriere gemacht und war deshalb nach dem Krieg zu zehn Jahren Arbeitslager verurteilt worden.

Obwohl all dies in Passau natürlich bekannt war und die Arbeit von Anna Rosmus daher eigentlich keine besondere Sensation darstellte, verurteilten viele Bürger sie als Nestbeschmutzerin. Was um so mehr bedrückt, da dies zu einer Zeit geschah, in der die nationalsozialistische Herrschaft bereits über 35 Jahre zurücklag. Und Passau in dem 560 Seiten starken Buch der Rosmus nicht schlechter, aber eben auch nicht besser als andere deutsche Städte in der NS-Zeit wegkommt. Doch der Hass gegen Anna wuchs immer weiter, es kam zu Morddrohungen, die schließlich dazu führten, dass sie 1994 Passau verließ und in die USA emigrierte.

Die heute als Journalistin und Schriftstellerin arbeitende Rosmus erhielt zahlreiche Auszeichnungen wie den Geschwister-Scholl-Preis oder den Holocaust Memorial Award. Und auch Verhoevens Film ›Das schreckliche Mädchen‹ wurde prämiert – unter anderen mit dem Silbernen Bären auf der Berlinale 1990.

Einen langjährigen Streit gab es in Passau um die auch von Rosmus geforderte Aufstellung eines Denkmals für die Opfer des Nationalsozialismus. Den Platz vor der inzwischen abgerissenen Nibelungenhalle, in der die Nazis viele ihrer Versammlungen abhielten, lehnte der Stadtrat als ›unpassend ab, seit 1993 steht das Denkmal nun an der Innpromenade. Inzwischen freilich hat sich auch hier das politische Klima geändert: Es gibt zahlreiche Gedenktafeln, die an jüdische Mitbürger erinnern.

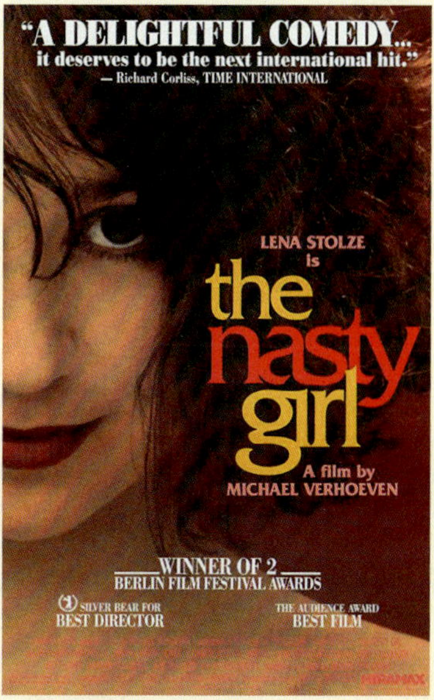

Auch international ein Erfolg: Das schreckliche Mädchen von Michael Verhoeven

Pilze gibt es hier, das ist beinahe unheimlich:
veilchenfarbige, kirschrote, durchsichtige;
und was das Moos anbelangt, das lebt in allen
Schattierungen.

›Bilder aus der Heimat‹,
Karel Čapek (1890–1938)

Kajaktour im Böhmerwald

AUSFLUG IN DEN BÖHMERWALD

Von Urwäldern und verlassenen Dörfern

Bayerischer Wald und Böhmerwald, das war jahrhundertelang eine Einheit. So gehört ein Blick über die Grenze nach Tschechien eigentlich zu einem Urlaub in Bayern dazu. Vor allem auch, weil es in Südböhmen mit Český Krumlov, Prachatice und Klatovy einige der schönsten Städte des Landes gibt. Dank eines mehr als 20-jährigen wirtschaftlichen Aufschwungs und Geld aus den Fördertöpfen der EU konnten dort die bedeutendsten Bauwerke inzwischen renoviert werden sowie neue Gasthäuser und Hotels entstehen. Eine der beliebtesten Urlaubsregionen der Einheimischen ist der Lipno-Stausee bei Horní Plana, dem Geburtsort Adalbert Stifters.

Weniger gut sieht es in den Dörfern direkt an der Grenze aus, wo nach der Vertreibung der deutschen Bevölkerung nach dem Zweiten Weltkrieg Slowaken und Roma aus den östlichsten Gebieten der ehemaligen Tschechoslowakei angesiedelt wurden, Menschen, die bis heute dort nicht heimisch wurden. Zudem sind viele Orte an den Grenzübergängen fest in den Händen von Bordellbetreibern und Straßenhändlern aus Asien, die Gartenzwerge und garantiert echte Gucci-Taschen an die Tanktouristen aus Bayern loswerden wollen.

Nach dem Zweiten Weltkrieg sind viele Regionen des Böhmerwaldes zu fast menschenleeren Regionen geworden. Die Bauernhöfe der Deutschen verfielen, Wälder an der Grenze wurden zu militärischem Sperrbezirk. Im Nationalpark Šumava, wie der Böhmerwald auf tschechisch heißt, gibt es mehr Urwälder, eine größere Zahl ansonsten bedrohter Tiere und Pflanzen und größere Moorgebiete als auf der bayerischen Seite des Bergkammes. Selbst der seltene Böhmische Enzian soll wieder hier wachsen.

Der Nationalpark Šumava

Der Nationalpark Šumava (Národní park Šumava, www.npsumava.cz) ist mit 68 000 Hektar der größte Nationalpark Tschechiens. Er erstreckt sich auf einer Länge von 70 Kilometern und einer Breite zwischen 2 und 15 Kilome-

Blick auf den Böhmerwald von Dobrá Voda (Gutwasser) aus

▲ Karte vordere Umschlagklappe

tern zwischen Klatovy im Westen und Český Krumlov im Osten. 80 Prozent der Fläche entfallen auf Wälder, nur ein Prozent auf Ackerböden. Im Nationalpark gibt es nur sieben Gemeinden mit zusammen etwa 1000 Einwohnern, 1991 waren es noch mehr als doppelt so viele gewesen. Höchster Berg ist mit 1378 Metern der Plechý (Plöckenstein) nahe des Dreisesselbergs an der Grenze zu Bayern und Österreich.

Wie im Bayerischen Wald gibt es auch im Böhmerwald Streit darüber, wie sehr die Menschen in die natürliche Entwicklung der Wälder eingreifen sollten. Angesichts des rasant steigenden Borkenkäferbefalls setzt man seit 2019 gemeinsam mit deutschen Wissenschaftlern zur Früherkennung High-Tech-Drohnen ein. Doch noch 2012 war der NP-Leiter Jiří Mánek in die Schlagzeilen geraten, da er die Schutzkategorie des Parks von Stufe 2 auf 4 herabsetzen wollte. Dass sei, so ein Naturschützer, wie wenn die Prager Burg den Status des UNESCO-Weltkulturerbes verlieren würde. Wenig später musste Mánek den Posten räumen. Thema des Nationalparks ist nun jedoch auch die Vertreibung der Böhmerwalddeutschen. So erinnern seit 2014 Fotoalben an 30 Standorten an untergegangene deutsche Dörfer.

Klatovy

Klatovy (Klattau) ist eine lebhafte Bezirksstadt mit gut 22000 Einwohnern, deren Zentrum ein großer quadratischer Marktplatz bildet. Hier stehen auch die sehenswertesten Bauwerke: der 82 Meter hohe Schwarze Turm (Černá věž), der mit seinen vier Ecktürmen sehr an den Stadtturm von Straubing erinnert und von dem man von Norden auf die Waldwellen des Böhmerwaldes blicken kann. Neben dem Turm steht das Rathaus der Stadt, ein Renaissancebau aus der Mitte des 16. Jahrhunderts mit neogotischen Sgraffiti. Ein typischer Barockbau der Jesuiten ist mit ihren beiden schlanken Türmen die 1656 errichtete Ignazkirche. Der Orden war von den Habsburgern im Zuge der Gegenreformation nach Böhmen gerufen worden, das im 13. Jahrhundert zur königlichen Stadt erhobene Klattau galt als wichtiges Zentrum der Hussiten. Nachdem diese 1419 das Dominikanerkloster zerstört hatten, verließen die deutschen Bewohner für immer die Stadt. In den Katakomben der Kirche sind die mumifizierten Leichen von Mitgliedern des Jesuitenordens sowie Bürgern der Stadt ein Hauptanziehungspunkt für die Touristen. Viel besucht wird aber auch die ehemalige Apotheke ›Zum weißen Einhorn‹ (Nr. 149), mit ihrer historischen Einrichtung von 1773.

Dreißig Kilometer westlich von Klatovy liegt die Chodenstadt Domažlice (Taus, → S. 98) mit einem sehenswerten Marktplatz, um den sich kleine Bürgerhäuser mit Arkadengängen und Stufengiebeln reihen. In der Burg der Choden aus dem 13. Jahrhundert gibt es ein Museum zur Kultur dieses tschechischen Volksstammes.

Klatovy

PLZ: 33901

Infocentrum, Vídeňská 66, Tel. 0042/0376/347240, www.klatovy.cz, Mo–Fr 9–17 Uhr, von Apr.–Sept. auch am Wochenende.

Wellness Hotel Central, Masarykova 300, Tel. 0042/0376/314571, www.centralkt.cz; DZ ab 57 €. Innen- und Außenpool, 5 Min. vom Zentrum.

U Katakomb, Denisova 90, Tel. 0042/0774/519842, über facebook. Günstige böhmische und internationale Küche in einem Renaissance-Keller.

Das Rathaus von Kašperské Hory (Bergreichenstein)

Von Klatovy nach Kašperské Hory

An den Ufern der Otava schürfte man schon im Mittelalter nach Gold, was sich noch heute an Ortsnamen wie Bergreichenstein (Kašperské Hory) oder Schüttenhofen (Sušice) ablesen lässt. Von der Bedeutung der damaligen Goldwäsche zeugen die bis zu sechs Meter dicken Mauern der größten Burgruine Tschechiens in **Rabí** zwischen Sušice und Horažďovice. Gegründet wurde die Festung im 13. Jahrhundert vermutlich von den bayerischen Grafen von Bogen. Während der Hussitenkriege im 15. Jahrhundert verlor hier der hussitische Heerführer Jan Žižka sein zweites Auge. Die **Otava**, in die der klare Bergbach Vydra mündet, zieht viele Besucher an. Zum einen wegen der Hochmoore, die der Fluss mit seinem kalten, braunen Wasser durchfließt, zum anderen wegen der Stromschnellen, die Kanu- und Kajakfahrer locken. **Sušice** war Station auf einem der aus Bayern über den Grenzkamm kommenden Salzhandelswege, heute wird das geruhsame Städtchen mit seinen 11 000 Einwohnern vor allem wegen des Böhmerwaldmuseums mit einer einzigartigen Abteilung für Streichhölzer besucht. Ab Mitte des 19. Jahrhunderts belieferte die Firma Solo nicht nur die Habsburger, sondern auch Asien und die USA mit den brennbaren Stäbchen aus Böhmerwaldholz. Die Produktion wurde 2008 eingestellt, an den ehemaligen Reichtum der königlichen Stadt erinnern Renaissancefassaden mit Sgraffiti.

Eine königliche Stadt war auch **Bergreichenstein**, das dank seiner Eisenerzvorkommen sogar die benachbarte Burg Kašperské Hory, eine Gründung Kaiser Karls IV., kaufen konnte. Seit der Vertreibung der Deutschen zählt Kašperské Hory noch 1500 Einwohner, doch hat es sich zu einem beliebten Wintersportort mit mehreren guten Hotels entwickelt. Am weitläufigen, doch meist menschenleeren Marktplatz mit der gotischen Pfarrkirche erinnern gut gemachte Infotafeln in zwei Sprachen an den grenzüberschreitenden Salzhandel. Am Rande von Bergreichenstein blieben bei der Nikolauskirche (Kostel Sv. Mikuláš) viele deutsche Grabsteine erhalten, wer auch die Fresken der frühgotische Kirche sehen möchte, sollte sich vorher im Tourismusbüro erkundigen.

i Kašperské Hory

Vorwahl: 0042/0376
PLZ: 34192
Infocentrum, Náměstí 1, Tel. 0042/0376/503413, www.kasphory.cz; Mo–Fr 9–12 und 12.30–16 Uhr, Juli, Aug. 8.30–12/12.30–17, Sa u. So 9-12,12.30–17 Uhr.

Park Hotel, Náměstí 4, Tel. 0042/0376/582592,www.parkhotel-sumava.cz, DZ ab 80 €. Appartements ab 120 €. Schöner Garten und Hallenbad. Wildgerichte.
Hotel Kašperk, Náměstí 3, Tel. 0042/0376/324113, www.hotelkasperk.cz; DZ ab 100 €. Vier-Sterne-Haus mit großem Innenpool. Moderne böhmische Küche, Steaks. Mehrere vegetarische Gerichte.

▲ Karte vordere Umschlagklappe

Hartmanice und Dobrá Voda

Nach dem Anschluss des Sudetenlandes an das Deutsche Reich 1938 wurden über 100 jüdische Gemeinden vernichtet. Eine davon befand sich in **Hartmanice** (Hartmanitz), acht Kilometer westlich von Bergreichenstein. Jüdische Siedler aus Bayern hatte sich hier nach dem Dreißigjährigen Krieg niedergelassen, im 19. Jahrhundert bildeten sie gut zehn Prozent der 1000 Einwohner zählenden Gemeinde. Aus der gleichen Zeit stammt auch die kleine Synagoge, die in der Pogromnacht im November 1938 nicht zerstört wurde. Die hier im militärischen Sperrbezirk stationierte tschechoslowakische Armee nutzte sie später als Reifenlager. Seit 2002 kümmert sich eine Bürgerinitiative um das lange vom Abriss bedrohte Gebäude, heute gibt es eine Ausstellung über das Zusammenleben von Juden, Deutschen und Tschechen im Böhmerwald (www.hartmanice.cz).

Ein jüdisches Museum wurde 1997 von Matityahu Adler, dem Sohn des in Auschwitz ermordeten Rabbiners Simon Adler, im wiederaufgebauten Wohnhaus der Familie eröffnet (www.dialog-muzeum.net). Dieses befindet sich in **Dobrá Voda** (Gutwasser) oberhalb von Hartmanice und damit ausgerechnet in einem der wichtigsten Wallfahrtsorte des Böhmerwaldes. Nahe einer Bergquelle starb hier im Jahr 1045 im Alter von 90 Jahren der Einsiedler Gunther (→ Geschichte S. 33), daher endet in Gutwasser der von Kloster Niederaltaich kommende Gunthersteig. Die Guntherkirche wurde zu Beginn des 18. Jahrhunderts errichtet. Die Prager Glaskünstlerin Vladěna Tesařová schuf für sie vor wenigen Jahren einen dreiteiligen Altaraufsatz, der Heilige darstellt, die von vielen Nationen Mitteleuropas verehrt werden, so Johannes von Nepomuk oder die bayerisch-

Die Synagoge von Hartmanice

ungarische Königin Gisela. Von der Terrasse des Gunther-Hauses, in dem man auch übernachten kann, bietet sich einer der großartigsten Blicke über den Böhmerwald und den nur noch zehn Kilometer entfernten Bayerischen Wald (www.gunther-haus.eu).

Moore bei Kvilda

Da Železná Ruda (Markt Eisenstein) seit der Öffnung der Grenze ziemlich heruntergekommen ist (→ Bayerisch Eisenstein S. 136), haben sich die Gemeinden zwischen Srní und Kvilda zum attraktivsten Urlaubsgebiet auf der Nordseite von Rachel und Lusen entwickelt. Es gibt unzählige Hotels und Pensionen, außerdem befinden sich hier mit Seefilz und Dreiseenfilz zwei der schönsten Hochmoore des Waldes. Das Durchstreifen dieser Gebiete war für Schmuggler und Wilderer des Grenzgebietes wegen zahlreicher Moortümpel ziemlich gefährlich, ihr Leben hat der tschechische Schriftsteller Karel Klostermann in seinen ›Böhmerwaldskizzen‹ festgehalten. Der Zugang zum **Jezerní slat'** (Seefilz) mit Krummholzkiefern, Moor- und Zwergbirken, einem Lehrpfad und einem Aussichtsturm befindet sich am Parkplatz zwischen Kvilda und Hoská Kvilda. Durch den **Tříjezerní slat'** (Dreiseenfilz) führt ein Lehrpfad von Antýgl aus vorbei an drei kleinen Seen mit Hochmoorpflanzen. Antýgl ist der Name eines im Mittelalter gegründeten Meierhofes königlicher Freibauern. Im romantischen Tal der Vydra zwischen Srní und Modrava gelegen, gibt es dort heute ein Hotel, ein viel besuchtes Restaurant und einen Campingplatz (www.sumava.net/antygl und www.antygl.cz).

Urwaldgebiet Boubin

Das 7500 Einwohner zählende **Vimperk** (Winterberg) ist ein Beispiel für eine Böhmerwaldstadt, die lange Zeit unter ihrer Grenzlage gelitten hat und erst langsam zu neuem Leben erwacht. Am Ortsende, an der Straße nach Passau, gibt es ein vor allem von Roma bewohntes Viertel, das man wohl nur als Slum bezeichnen kann. Heruntergekommen ist aber auch das hoch über der Stadt thronende Schloss, das im 13. Jahrhundert zum Schutz der Handelsstraße nach Bayern entstand und in dem heute Ausstellungen zu Glasherstellung und Buchdruck zu sehen sind (z. Zt. wg. Renovierung geschlossen). Schön ist dagegen der langgezogene, steil abfallende Marktplatz mit schmalen Turm der Pfarrkirche und dem breiten Stadtturm. Jeden Tag findet zur Mittagszeit ein Glockenspiel statt.

Schloss Vimperk

▲ Karte vordere Umschlagklappe

Wichtigstes Ausflugsziel ist das Urwaldgebiet um den 1362 Meter hohen Berg **Boubín** (Kubany), nahe der alten Glashüttensiedlung Lenora (Eleonorenhain). Bereits 1858 hatte Fürst Schwarzenberg in dem typischen Bergmischwald ein Naturschutzgebiet ausweisen lassen, dass die Adeligen Südböhmens zur Jagd nutzten. Manche Bäume sind zwischen 300 und 400 Jahre alt, ein vier Kilometer langer Lehrpfad beginnt am kleinen Boubiner See unweit von Parkplatz und Bahnhof Zátoň. Im nahen Volary (Wallern), das wie Vimperk schon bessere Zeiten gesehen hat, blieben einige alpenländische Holzhäuser von Zuwanderern aus dem Walsertal erhalten.

Prachatice

In Prachatice (Prachatitz) endete der Goldene Steig, der Salzhandelsweg aus Bayern (→ S. 35). Den damaligen Reichtum sieht man der Stadt mit ihren knapp 11 000 Einwohnern immer noch an. Dies gilt besonders für den Großen Platz (Velké náměstí) mit seinen reich mit Sgraffiti verzierten Renaissancehäusern.

Als Handelsplatz war Prachatice bereits im 11. Jahrhundert entstanden, Ende des 14. Jahrhunderts erhielt es dann von König Wenzel IV. das alleinige Stapelrecht für das nach Böhmen eingeführte Salz. Zur damaligen Zeit besuchte der spätere Kirchenreformator Jan Hus die Lateinschule von Prachatice und wohnte – vermutlich – in einem ehemals goti-

Renaissancehaus mit Sgrafitto-Fassade in Prachatice

schen Haus in der Husova Nr. 71. Im 16. Jahrhundert gehörte die Stadt der damals reichsten südböhmischen Adelsfamilie, den Rosenbergern. Ein Wandgemälde Wilhelm von Rosenbergs (Rožmberk) ist am Stadttor nach Písek zu sehen.

1930 lebten in der damals 4500 Einwohner zählenden Stadt etwa gleich viele Deutsche wie Tschechen, 1938 wurde sie im Münchner Abkommen dem Deutschen Reich zugeschlagen und von der Wehrmacht besetzt. Seit 1996 hat Prachatice gleich mit zwei Gemeinden aus dem Bayerischen Wald eine Partnerschaft, mit Waldkirchen und Grainet.

Schönstes Bauwerk am Marktplatz ist das Alte **Rathaus** mit einem Totentanz nach Motiven von Hans Holbein. Gegenüber liegt das **Rumpel-Haus** (Nr. 41), mit dem Peter von Rosenberg 1539 den ursprünglich noch viel größeren Platz teilte. Die Sgraffiti-Technik unterscheidet sich hier von den anderen Häusern und gilt als besonders anspruchsvoll: Zwischen den rotbraunen Hauptfarben leuchten graublaue Töne hervor. Besonders schön gelungen sind die fünf Landsknechte. Keine Soldaten, sondern ihre Befehlshaber - zehn böhmische Könige - sind am Äußeren des **Städtischen Museum** (Nr. 13) zu sehen, im Inneren gibt es unter anderem eine Ausstellung zur Geschichte des Salzhandels. Auf dem benachbarten Kirchplatz erhebt sich die spätgotische **Jakobskirche** mit ihren zwei ungleichen Türmen, einem steil ansteigenden, gewaltigen Dach und reichem Netzgewölbe im Inneren.

Prachatice

PLZ: 38301

Infocentrum, Velké nám. 1, Tel. 0042/0388/607574, www.visitprachatice.cz. Mo–Fr 8–17 Uhr, Sa, So 9–16 Uhr. Okt.–Mai nur Mo–Fr.

Albatros Sport-Relax, Vodňanská 1321, Tel. 0042/0388/311400, hotelalbatros.cz, DZ ohne Frühstück ab 65 €. Neues Wellnesshotel nahe des Zentrums. Die Kette hat auch noch ein etwas günstigeres ›Active‹-Hotel beim Sportstadion (U Stadionu 397) und ein teureres ›Vita‹ im 30 km entfernten Česke Budějovice.

Restaurace Černý Medvěd, Velké nám. 42, Tel. 0042/0388/300412, www.cernymedved.cz. Böhmisches und Italienisches direkt am Hauptplatz. Gute Weinkarte mit mährischen Weinen.

Im Juni erinnert man in Prachatice an die Salzsäumer. Es gibt ein **Blasmusikfestival** und ein Wochenende wird der Marktplatz zu einem mittelalterlichen Handelsplatz. Im Juli Säumerzug nach Grainet.

Bayrisch im Böhmerwald

»Auf dem Feld arbeiten Menschen und sie wälzen ein schweres Gebirgsdeutsch breitmäulig hin und her«, hielt der Schriftsteller Karel Čapek bei seinem Besuch im Böhmerwald Mitte der 1920er Jahre fest. Čapek war ein Deutsch sprechender Tscheche und meinte, kein Wort verstanden zu haben. Doch dies geht selbst einem Süddeutschen, der heute im Bayerischen Wald auf einen echten Waldler trifft, nicht anders – obwohl sie ›oile daidsch reend‹. Das Bayerische des Waldes, und zwar auf beiden Seiten der Grenze, ist eine Sprache voll von breiten Doppellauten wie ou, oa oder oi: Brot wird zu ›Broad‹, das Schaf zu ›Schouf‹.

Die ersten Siedler aus Bayern waren im 12. Jahrhundert nach Böhmen eingewandert, zwei Jahrhunderte später sprach ein Viertel der Bevölkerung Deutsch. Die Sprachgrenze im Böhmerwald verlief etwa auf der Linie von Nyrsko im Norden über Kašperské Hory bis Český Krumlov im Süden – was jedoch nicht heißt, dass Tschechen nicht auch in Vimperk, Deutsche nicht auch in Budweis lebten. Dass die deutschen Siedler bei der Überquerung des Gebirgskammes auch eine Landesgrenze überschritten, war sicher den wenigsten bewusst. Böhmen war damals eines der angesehensten Teile des Deutschen Reiches. Adelsfamilien wie die Witigonen oder die Grafen von Bogen waren Grundherrn dies- und jenseits einer Grenze, die an vielen Stellen noch gar nicht genau markiert war.

Wie auf der südlichen Seite des Waldes, lebten auch die Deutschen in Böhmen zunächst von Ackerbau und Viehzucht, nur dass der Boden im Norden noch karger, das Klima noch rauher war. Die erste Glashütte ist für Vimperk für 1359 belegt und so entstanden viele Dörfer als Ansiedlungen von Holzhauern und Köhlern. Je stärker die Grenze befestigt wurde, um so wichtiger wurde der Schmuggel: Schuhe nach Bayern, Sacharin nach Böhmen, Hüte und Tabak brachte man über die grüne Grenze. Ja, selbst Ochsen wurden ›gepascht‹.

Nach 1918 konnten sich die Menschen in den entlegenen Gehöften den Tschechisierungsversuchen Prags weitgehend entziehen. Doch Bayern wurde nun endgültig zum ›draußen‹, während man selbst ›drinnen‹ lebte. Nur die gemeinsame Sprache blieb. Das Böhmerwald-Bayrisch hat sich bis heute bei jenen Deutschen erhalten, die 1945 nicht vertreiben wurden. Auch das ›oa‹ gibt es noch.

Deutsche Gräber neben der Nikolauskapelle in Kašperské Hory

Camping am Lipno-Stausee

Am Lipno-Stausee

Das ›Südböhmische Meer‹, der Moldaustausee bei Lipno an der österreichischen Grenze, ist eine der beliebtesten Ferienregionen Böhmens. Die Tschechen mögen alles, was mit Zelten und Wandern zu tun hat, auch Mountainbikes werden immer beliebter. Dementsprechend gut ausgebaut sind die Freizeitmöglichkeiten am Fuße des Plöckensteins. Besonders beliebt ist eine Radtour entlang des Schwarzenbergkanals, der auf gut 40 Kilometern die Moldau von Nová Pec aus mit der Mühl in Österreich verbindet und an dem man viel über die Holzdrift im Wald erfahren kann (→ S. 52). Die Übernachtungsmöglichkeiten sind einfach, aber preiswert und liegen im Durchschnitt bei 25 Euro pro Person. Motorbootfahren ist verboten, sollte Prag jedoch jemals den Zuschlag für Olympische Sommerspiele bekommen, werden die Segelwettbewerbe hier stattfinden. Deutsche Besucher zieht es vor allem nach **Horní Plana** (Oberplan) mit dem Geburtshaus Adalbert Stifters, wo es auch einen Stifter-Weg gibt, der natürlich zu einem Stifter-Denkmal führt. Von Horní Plana fährt eine Autofähre über den See, weitere Fähren gibt es bei Dolní Vltavice und Frymburk.

Der Lipno-Stausee ist 42 Kilometer lang und bis zu fünf Kilometer breit. Mit dem 1959 fertiggestellten Bau versuchte man ziemlich erfolgreich, den Hochwassern der Moldau Einhalt zu gebieten. Die Zuleitung von Phosphor in den See war vor allem in den 1980er und 90er Jahren sehr hoch, inzwischen hat sich der Blaualgenbefall aber gebessert. Angler fischen Karpfen, Hechte, Zander und Forellen. Da diese zum größten Teil ausgesetzt werden, soll die Fangmenge jedes Jahr bei eigentlich unglaublichen 60 000 bis 100 000 Kilo liegen.

Informationen über Unterkünfte, Sport- und Angelmöglichkeiten auf deutsch unter www.lipno.in.

Český Krumlov

In einer Schleife der Moldau, einer krummen Au, liegt **Český Krumlov** (Krumau). Bei seinem Besuch hielt Karel Čapek fest: »Eigentlich ist die ganze Stadt ein einziges historisches Denkmal. Wo hin du dich wendest, siehst du nur Malerisches und Altertümliches.«

Dass die im 13. Jahrhundert gegründete Stadt heute eine der schönsten ganz Tschechiens ist, verdankt sie jedoch nicht nur ihrer Lage, sondern auch vier der wichtigsten Adelsfamilien Böhmens, die sie nach und nach in Besitz nahmen. Da waren zuerst die Witigonen, deren Geschichte Stifter in seinem Roman ›Witiko‹ festhielt. Ihnen folgten 1302 die Rosenberger, deren fünfblättrige rote Waldrose nicht nur auf dem Wappen der Stadt, sondern auch an vielen Burgen und Schlössern der Region zu finden ist. Genau 300 Jahre lang regierten sie Krumlov und förderten sowohl Silberbergbau wie auch die Ansiedlung der Deutschen. Nur ein kurzes Zwischenspiel gaben für

100 Jahre die streng katholischen Eggenberger, die die Stadt zum Dank für ihre Verdienste im Dreißigjährigen Krieg vom Kaiser erhielten. Ab 1719 waren es schließlich die aus Franken stammenden Schwarzenbergs, die in Böhmen damals über ein Herrschaftsgebiet von 2500 Quadratkilometern verfügten. ›Königreich Schwarzenberg‹ nannten es die Einheimischen.

Am Vorabend des Ersten Weltkriegs lebten in Krumau gut 7000 Deutsche und nur 1300 Tschechen, und so wollte die österreichische Regierung es 1918 in die von ihr geplante Provinz ›Deutschböhmen‹ eingliedern. Stattdessen jedoch besetzte die tschechoslowakische Armee die Stadt, die schließlich im Friedensvertrag von Versailles der neuen Republik zugesprochen wurde.

Nach der Vertreibung der Deutschen verfiel die historische Altstadt, 1963 wurde sie dann jedoch unter Denkmalschutz gestellt. Schon damals begann man mit der – langsamen – Renovierung der Gebäude, so dass Česky Krumlov 1992 in die Liste des UNESCO-Weltkulturerbes aufgenommen werden konnte. Heute finden sich in den mittelalterlichen Gassen der gut 13000 Einwohner zählenden Stadt eine bunte Vielfalt von Restaurants, Antiquitätengeschäften und Galerien. Wichtigster kultureller Treffpunkt ist das **Egon Schiele Art Centrum**: Der Wiener Jugendstilmaler, dessen Mutter in Krumau geboren worden war, liebte die schiefen Dächer und krummen Gassen der Moldaustadt, sein Bild ›Krumauer Landschaft‹ wurde 2003 für 18 Millionen Euro in London ersteigert (www.esac.cz).

Burg Krumlov

Burg Krumlov

Mit 40 Gebäuden, fünf Schlosshöfen und einem weitläufigen Barockgarten ist die bereits 1240 gegründete Burg Krumlov nach der Prager Burg die zweitgrößte im ganzen Land. Der Umbau zu einem Schloss erfolgte in der Renaissancezeit zwischen 1550 und 1558. Damals erhielt der Turm, einstiges Verlies und das Wahrzeichen der Stadt, seinen italienisch anmutenden Säulenumgang. In der Barockzeit Mitte des 18. Jahrhunderts wurden die Innenräume neu gestaltet, Fürst Schwarzenberg erweiterte die Gemäldegalerie, und es entstand die ungewöhnliche Mantelbrücke, die in einer Höhe von 40 Metern zu Schlosstheater und Garten führt. Angeboten werden mehrere Führungen, man kann die Säle des Schlosses aber auch für private Veranstaltungen mieten (www.castle.ckrumlov.cz).

Schönster Raum ist der farbenfrohe Maskensaal: Eine höfische Gesellschaft – illusionistische Wandmalereien von Josef Lederer aus dem Jahr 1748 – feiert ein rauschendes Fest. Barockfestspiele finden in Krumlov auch heute noch statt. Wer Glück hat, kann Karten für eine Aufführung im barocken Schlosstheater

▲ Karte vordere Umschlagklappe

Ein sogenanntes Waffenkreuz

ergattern. Bereits 1682 wurde dieses errichtet, sein hölzerner Bühnenmechanismus funktioniert immer noch (www.festival.krumlov.cz).

Östlich des Schlosses liegen im ältesten **Stadtviertel Latrán** der gotische Gebäudekomplex von Klarissinnen- und Minoritenkloster. Im Kloster der Heiligen Klara blieb ein spätgotischer Kreuzgang aus dem Jahre 1491 zum Teil erhalten. Lohnenswert ist auch ein Besuch des Klostergartens. In der zu beiden Klöstern gehörenden, barockisierten Fronleichnamskirche steht eine Pietà aus dem 14. Jahrhundert.

Das **Budweiser Tor** ist Teil der ehemaligen Stadtbefestigung, Egon Schiele hat es 1906 gezeichnet. Einen Besuch wert ist die Gaststätte der **Brauerei Eggenberg**, die fast so alt ist wie die Stadt selbst und wo aus Böhmerwald-Quellwasser auch das hier seltene Weizen sowie ungefiltertes Bier gebraut wird (www.eggenberg.cz).

Altstadt

Von gleich drei Seiten wird die Altstadt von der Moldau umflossen. Rund um den Marktplatz, den **Náměstí Svornosti**, winden sich die Gassen Dlouhá und Široká mit ihren Renaissancehäusern aus dem 16. Jahrhundert. In der Dlouhá 29 gibt es ein **Puppenmuseum**, das mit seinen über 200 Puppen an die große Marionettentradition Böhmens erinnert. Aus der Renaissance stammt auch die heutige Fassade des **Rathauses**, das eigentlich aus vier ehemals gotischen Bürgerhäusern besteht, die durch eine Attika miteinander verbunden wurden. Wichtigste Kirche ist **St. Veit**, die 1309 gegründet und ein Jahrhundert später völlig umgebaut wurde. Aus dieser Zeit blieben Fresken und die spätgotische Krypta erhalten. Den östlichen Teil der Altstadt bilden die Gebäude des **Jesuitenklosters** aus dem 16. und 17. Jahrhundert, in denen sich heute das Fünf-Sterne-Hotel ›Růže‹ und das Stadtmuseum befinden.

i Český Krumlov

PLZ: 38101

Infocentrum, Nám. Svorností 2, Tel. 0042/0380/704622, www.ckrumlov.info; Mo–Fr 9–17 Uhr, Sa und So 9–12 und 13–17 Uhr, Apr.–Okt. verlängerte Öffnungszeiten.

Zlatý Anděl, Nám. Svorností 11, Tel. 0042/0380/712310315, www.hotelzlatyandel.cz; DZ ab 75 €. Vier Sterne, am Markt, Zimmer in Neobarock und Jugendstil. Zwei sehr gute Restaurants.

Švamberský dům, Soukenická 35, Tel. 0042/0380/711342, www.svamberskydum.cz, DZ ab 50 €. In einem gotischen Altstadthaus, klassische, preisgünstige böhmische Küche.

Pension U Náměstí, Kostelní 166, Tel. 0042/0721/129175, www.u-namesti.hotel.cz; DZ ab 50 €. Einfache Pension bei der Veitskirche.

Reisetipps von A bis Z

Erste Informationen, viele Prospekte sowie Videos über den Bayerischen Wald und Ziele in Böhmen sind erhältlich beim **Tourismusverband Ostbayern e.V.**, Im Gewerbepark D02/D04, 93059 Regensburg, Tel. 0941/585390, www.ostbayern-tourismus.de. Eine eigene Homepage hat inzwischen jede Gemeinde und auch jeder Tourismusverband.

Camping

Es gibt in der gesamten Region zahlreiche schön gelegene und gut ausgestattete Campingplätze, allerdings sollte man bedenken, dass es auch im Sommer in den Nächten ziemlich kühl werden kann. Als **beste Plätze** gelten: Regental Aktiv Camping, Regen; Adventure Camp Schnitzmühle, Viechtach; Campingland Bernrieder Winkel; Bavaria Kur- und Sport-Camping-Park Eging am See; Ferienpark Arber, Zwiesel; Camping Green Village Frauenau; Knaus Campingpark Lackenhäuser.

Feste und Feiern

Dezember/Januar: Rauhnächte in vielen Orten
Februar: Hundeschlittenrennen in Haidmühle
Ostern: Pferdewallfahrt Regen
Pfingsten: Kerzenwallfahrt Bogenberg, Pferdewallfahrt Kötzting, Englmari-Suchen St.Englmar
Juni/Juli: Säumerfeste in Prachatice und Grainet
Juni/Juli: Europäische Wochen Passau
Juli: Grenzlandfest Zwiesel, Schlossfestspiele Regensburg, Pichelsteinerfest Regen, Marktrichtertage Waldkirchen, Jazzfestival Straubing
August: Salzsäumerfest Grafenau, Arberkirchweih, Further Drachenstich, Gäubodenfest Straubing
August–Oktober: Volks- und Kirchweihfeste in vielen Gemeinden
September: Kulturwald - Konzerte, Theater und Ausstellungen zwischen Bad Kötzting und Passau
Oktober: NaturVision-Filmtage Neuschönau
November: Volksmusiktage Zwiesel, Wolfauslassen in zahlreichen Orten

Gesundheit

Geht es um Zecken, so gilt der Bayerische Wald als Risikogebiet, vor allem nach warmen Wintern und in den Monaten Mai und Juni. Wanderern wird daher eine Zeckenschutzimpfung empfohlen. Einem Biss vorbeugen kann man mit entsprechenden Mitteln zum Einreiben, langer Kleidung und regelmäßigem Absuchen des Körpers.

Grenze zu Tschechien

Seit dem Beitritt der Tschechischen Republik zum Schengener Abkommen finden keine Grenzkontrollen mehr statt. Es existieren zahlreiche Grenzübergänge zwischen Bayerischem Wald und Böh-

Biergarten in St. Englmar

Am Arbersee

merwald, beachten sollte man jedoch, dass einige kleinere Übergänge - wie bei Finsterau und Bischofsreuth - nur für Fußgänger und Radfahrer, nicht aber für Autos erlaubt sind. Bei Wanderungen über den Grenzkamm wechselt man immer wieder - fast ohne es zu merken - ins andere Land. In der Grenzregion kann man in Gasthäusern in der Regel mit Euro zahlen, erhält aber meist Tschechische Kronen als Wechselgeld. In allen Städten, auch kleinen, gibt es Bankautomaten. Acht geben sollte man bei Wechselstuben, der dort angebotene Kurs gilt meist nur, wenn man mehrere hundert Euro tauscht.
Die Urlaubsgemeinden im Böhmerwald und auch ihre Hotels bieten informative Internetseiten - auch auf Deutsch.

Haustiere

Über zahlreiche Hotels, Pensionen und auch Bauernhöfe, in die der Reisende seinen Hund - oder sonstige Haustiere - mitbringen darf, informieren die Internetseiten www.hundeurlaub.de, www.bayerischer-wald.de/Urlaubbuchen/Urlaub-mit-Hund

Kinder

Der Bayerische Wald ist bei Familien mit Kindern besonders beliebt, nicht zuletzt wegen der günstigen Unterkünfte und vielfältigen Sportmöglichkeiten. Gemeinden, Museen und der Nationalpark bieten Kinderprogramme an. Mehr Infos unter www.bayerischer-wald.de/Urlaubsthemen/Familienurlaub (→ S. 16).

Radfahren

Wer gern Rad fährt, hat im Bayerischen Wald grundsätzlich drei Möglichkeiten. Es gibt die gut ausgebauten, eher einfachen Strecken entlang der Flüsse, wie den Donau- oder den Regentalwanderweg. Etwas anspruchsvoller sind die Radwege, die entlang früherer Bahntrassen verlaufen, so etwa der Donau-Ilztal-, der Adalbert-Stifter- oder der Donau-Regen-Radweg. Schließlich existieren unzählige Möglichkeiten für Mountainbiker (→ S. 56). Die besten Angebote findet man unter www.gps-tour.info und www.bayerwald-bike.de. Besonders abwechslungs-

Zweisprachige Wegweiser

reich sind die Radwege ›Grünes Dach‹, 90 Kilometer von Cham bis Bayerisch Eisenstein, und der ziemlich anspruchsvolle Nationalpark-Weg, 108 Kilometer zwischen Bayerisch Eisenstein und Haidmühle. Radlerfreundliche Unterkünfte werben mit dem ADAC-Siegel ›Bett & Bike‹.

Reisen mit Handicap

Immer mehr der größeren Hotels haben sich inzwischen auf behinderte Reisende eingestellt, schwieriger ist es bei Pensionen und Gasthäusern. Ein Verzeichnis von barrierefreien Wellnesshotels und weitere Informationen gibt es unter www.bayerischer-wald-barrierefrei.de und bayern.by, Stichwort barrierefrei. Der bayerische Verein Erholungshilfe (www.erholungshilfe.de) organisiert seit 1963 Reisen für Menschen mit Handicap. Dabei bilden etwa 30 Menschen mit geistiger oder körperlicher Behinderung eine Reisegruppe, der Verein kümmert sich auch um Zuschüsse vom Sozialamt.

Reisen in der Region

Es gibt zwei wichtige regionale Eisenbahnlinien. Die eine ist die **Oberpfalzbahn**, die von Cham über Bad Kötzting nach Lam oder Waldmünchen sowie

Im Dorfmuseum Tittling

von Schwandorf über Cham nach Furth im Wald fährt (www.laenderbahn.com/oberpfalzbahn). Die Züge verkehren alle ein bis zwei Stunden, nach und von Schwandorf bestehen Anschlüsse nach Regensburg und Nürnberg.

Die zweite wichtige Bahnlinie ist die **Waldbahn**, mit der man von der ICE-Station Plattling über Deggendorf die Orte Regen, Zwiesel und Bayerisch Eisenstein erreicht. Im Internet findet man unter www.bayerwald-ticket.com ein Faltblatt mit den aktuellen Winter- und Sommerfahrplänen, von Mai bis November verkehren die Züge stündlich. Auf der Strecke gibt es viele Tunnel und Brücken, so zum Beispiel die Ohebrücke, mit 50 Meter Höhe die zweithöchste Eisenbahnbrücke Bayerns. Nebenstrecken der Waldbahn führen bis Grafenau und Bodenmais. Zwischen Passau, Waldkirchen und Freyung verkehrt an den Wochenenden von Mai bis Oktober die **Ilztalbahn**: www.ilztalbahn.eu.

Für Touristen wurde das Bayerwald-Ticket eingeführt, eine Tageskarte für 9 €, die auch auf den Buslinien der Landkreise Regen, Freyung-Grafenau und Cham gilt. Ergänzt wurde es inzwischen durch das Gästeservice-Umwelt-Ticket GUTi. Dabei handelt es sich um ein kostenloses Bayerwald-Ticket, das ein Dutzend Gemeinden rund um den Nationalpark ausgibt und die gebührenfreie Nutzung von Bussen und Bahnen ermöglicht. Die GUTi-Gästekarte erhält man bei der Anmeldung in Hotels und Pensionen, es ist eine – sinnvolle – Werbemaßnahme der Stadtverwaltungen.

Mit der Waldbahn kann man inzwischen bis zum tschechischen Berg Špičák bei Železná Ruda (Markt Eisenstein) fahren, es gelten Bayerwald-Ticket und GUTi. In Waldkirchen und Bayerisch Eisenstein existieren Anschlüsse an das tschechische Bahnnetz (www.cd.cz/de/default.htm).

Radler und Wanderer am Fähranleger des Lipno-Stausees

Neben der Bahn gibt es zahlreiche **Linienbusse** zwischen den Gemeinden. Für Wanderer besonders wichtig sind die im Sommer verkehrenden **Igel-Busse** zum und im Nationalpark: Mit erdgasbetriebenen Fahrzeugen werden ungefähr zwischen 8 und 18 Uhr fünf unterschiedliche Linien bedient, die Taktintervalle betragen ein bis zwei Stunden; Informationen unter www.ostbayernbus.de.
Im Winter verkehren **Skibusse**, die die Ortszentren mit den jeweiligen Skigebieten verbinden.
Im Nationalpark Šumava fahren ›Grüne Busse‹ und am Wochenende in den Sommermonaten zusätzlich ›Sumava-Busse‹. Es gibt Tagestickets für 180 Kronen. Infos unter www.npsumava.cz und unter bayerwaldticket.com.

Schifffahrt

Auf der Donau verkehren neben Kreuzfahrtschiffen, deren Ziele Wien, Budapest oder sogar das Schwarze Meer sind, zahlreiche Ausflugsschiffe. Das größte Unternehmen ist Wurm & Noé in Passau: www.donauschiffahrt.de. Auch von Regensburg aus werden Verbindungen angeboten (→ S. 217).

Ski

Der Bayerische Wald ist ein Paradies für Langläufer mit hunderten Kilometern gespurter Loipen, die in der Regel von Mitte Dezember bis Mitte April befahren werden können. Begrenzter sind die Abfahrtsmöglichkeiten, die besten gibt es am Großen Arber und bei St. Englmar. Die Gemeinden informieren auf ihrer Homepage über die aktuelle Schneelage. Weitere Infos unter www.bayerischer-wald-skifahren.de.

Unterkunft

Das Angebot an Übernachtungsmöglichkeiten im Bayerischen Wald ist sehr groß. Von Berghütten und Bauernhöfen, kleinen Pensionen und alteingesessenen Gasthöfen bis hin zum luxuriösen Wellnesshotels – es gibt eigentlich nichts, was es nicht gibt. So kann man 50 € für ein Doppelzimmer zahlen, aber auch 200 €. In Hotels und Pensionen werden die Übernachtungspreise meist pro Person und nicht pro Zimmer angegeben, was nicht für diesen Führer gilt, hier gelten die angegeben Preise immer für ein Doppelzimmer inklusive Frühstück. Achten sollte man auf die zahlreichen, sehr günstigen Pauschalangebote, hier kann man vor allem bei größeren Hotels viel

Trubel bei der Arber-Wallfahrt

Geld sparen. Einige Hotels bieten auch Drei- und Vierbettzimmer an.
Auch die einfachen Zimmer haben - von ganz wenigen Ausnahmen abgesehen - ein Bad mit WC sowie einen Fernseher und immer häufiger auch Internet. Oft gibt es einen Gemeinschaftsraum, manchmal sogar mit Kühlschrank und Kochmöglichkeit. Kinderfreundlichkeit wird groß geschrieben, schließlich gilt der Bayerische Wald als bevorzugtes Ziel für Familien. Ferienhäusersiedlungen sind selten, doch bieten Privatleute ihre Einliegerwohnungen gern als Ferienwohnung an. Jede Gemeinde hat ihre eigene Zimmervermittlung - im Netz oder im Tourismusbüro.

Wandern

Sowohl der Bayerische wie der Böhmische Wald haben ein großes, vielfältiges und vor allem auch gut ausgeschildertes Netz an Wanderwegen. Die besten (Berg)Wanderungen beschreibt dieser Reiseführer in seinen regionalen Kapiteln (→ S. 107, 132, 172, 177, 184, 187) und im Essay Fernwanderwege (→ S. 94). Gute - auch grenzüberschreitende - Wanderkarten bietet der Kompass-Verlag an. Wer ohne Gepäck wandern möchte, findet Angebote dazu auf vielen Internetseiten der Gemeinden sowie unter www.wanderwege-bayerischer-wald.de und www.goldsteig-wandern.de. Adressen von Wanderführern und Berghäusern zum Übernachten gibt es unter www-bayerischer-wald-verein.de.

Es gibt Quartiere für jeden Geschmack

Zeitungen und Zeitschriften

Passauer Neue Presse: Wichtigste, auch überregional beachtete Tageszeitung mit vielen Lokalteilen.
WALDgeist: Zweimonatszeitschrift der Nationalparkregion mit ausführlichen Veranstaltungshinweisen.
lichtung: Vierteljahreszeitschrift mit Hintergrundberichten und Kommentaren.
Schöner Bayerischer Wald: Zweimonatszeitschrift mit Ausflugstipps und Geschichten über die Menschen im Wald.

Literaturtipps

Böckl, Manfred: Die Säumerfehde am Goldenen Steig, Bayerland 2000. Roman über den Zug der Salzhändler im 16. Jahrhundert.

Eisch, Katharina: Grenze. Eine Ethnographie des bayerisch-böhmischen Grenzraums, München 1996. Sudetendeutsche erzählen ihre Geschichte vor und während des Kalten Krieges.

Ettl, Hubert: Bayerischer Wald. ReiseLeseBuch, Viechtach 2011. Im Lichtung Verlag sind einige gut geschriebene und schön präsentierte Anthologien erschienen, die sich dem Alltag im Wald und auch in Böhmen widmen.

Hahn, Stephan: Wohnzimmer Wirtshaus, Freyung 2011. Beschreibt das Leben in einer Institution, die immer seltener wird, dem Dorfgasthaus.

Huber, Gerald: Kleine Geschichte Niederbayerns, Regensburg 2007. Kurzweilige Darstellung der ›Ups and downs‹ der Region.

Klostermann, Karel: Böhmerwaldskizzen, Passau 1996. Das tschechische Pendant zu Stifter. Stimmungsvolle Geschichten rund um Eisenstein Ende des 19. Jahrhunderts.

Emerenz Meier – Out of Heimat: Musikalische und literarische Lebensbilder zwischen Bayern und Amerika. 2005. Erzählungen, Briefe und Gedichte der Dichterin des Waldes auf einer CD.

Probst, Josef: Mystischer Bayerischer Wald. Sagenumwobene Orte, Sagen und Geistergeschichten über Druden, weiße Frauen und vieles mehr ... Grafenau 2015.

Schmid, Claudia: 66 Lieblingsplätze und 11 Brauereien im Passauer Land, Meßkirch 2011. Ein Tipp für alle, die sich für die Biertradition an Donau, Inn und Ilz interessieren.

Stifter, Adalbert: Der Hochwald, Vitalis 2002. Die wichtigste Erzählung des unglücklichen Dichters.

Waldwildnis grenzenlos: Nationalpark Bayerischer Wald, Buch- und Kunstverlag Oberpfalz 2007. Sehr schöner Bildband mit vielen Hintergrundinformationen.

Zeitler, Andreas: Die Prophezeiungen des Mühlhiasl, Passau 1995. Geschichte und Interpretation der Zukunftsvisionen des Waldpropheten.

Zeitler, Walther: Bayerwald-Portraits: Von Sängern, Sauschneidern, Schindelmachern, Schlangenfängern und anderen Menschen, Buch- und Kunstdruckerei 2006.

Internet

Alle Links auch unter: www.trescher-verlag.de

www.bayerischer-wald.de
www.unser-bayerischer-wald.de
www.bayerischer-wald-verein.de
www.nationalpark-bayerischer-wald.bayern.de
www.naturpark-bayer-wald.de
www.arberland-bayerischer-wald.de
www.outdooravtive.com
www.waidler.com
www.wanderwege-bayerischer-wald.de
www.bayerischer-wald-skifahren.de
www.ostbayern-climb.de

Die Autorin

Sabine Herre, geboren 1962 in Stuttgart, studierte Osteuropäische Geschichte in Tübingen, Wien und Prag. Nach einigen Jahren als Auslandskorrespondentin in der damaligen Tschechoslowakei wechselte sie 1992 als Osteuroparedakteurin zur ›taz‹ nach Berlin. Bereits damals reiste sie regelmäßig in den Bayerischen Wald, seit 2019 lebt die inzwischen freie Autorin bei Passau. Im Trescher Verlag erschien von Sabine Herre außerdem der Reiseführer ›Saarland‹.

Aussichtsreich und erlebnisreich wandern und die Natur genießen

An Donau und dem mächtigen Inn finden Naturliebhaber ein sehr gut ausgebautes Wegenetz. Eine übersichtliche Beschilderung weist zielführend den Weg und bietet vielfältige Möglichkeiten, um die landschaftlichen Schönheiten in der Region Passau kennen zu lernen. Manche kulturelle Stätte mit überraschenden Momenten bringt Sie zum Staunen. Genießen Sie Speisen, die schon fast in Vergessenheit geraten sind. Natur, Wald und Wasser – das war im Passauer Land schon immer wichtig an den großen Lebensadern Donau und Inn. Die größte Thermenlandschaft Europas fördert Ihre Gesundheit und bietet unzählige Wellnessangebote. Lassen Sie sich begeistern von einer einzigartigen Naturidylle und einer riesigen Auswahl an Freizeit- und Erholungsmöglichkeiten. Ein Paradies, mitten in Europa! Das Passauer Land ist vielfältig, erholsam und voller Abenteuer!

Register

Bildnachweis

alle Bilder Sabine Herre, außer:
Titel: mauritius images/imageBROKER/Stefan Huwiler; Klappe hinten, S. 10, 18/19, 25, 116/117, 118, 142, 220: Bergfee (fotolia.com); S. 7, 181: Rainer Schmidt (fotolia.com); S. 29: Xaver Klaußner (fotolia.com); S. 60, 132, 175: Jumo (fotolia.com).; S. 79: kab-vision (fotolia.com); S. 82/83, 110, 130: travelpeter (fotolia.com); S. 129o.: bietau (fotolia.com); S. 154: axeldrosta (fotolia.com); S. 177: Karin Jähne (fotolia.com); S. 184: Freilichtmuseum Finsterau; S. 200/201: cpauschert (fotolia.com); Klappe vorne, S. 202, 204o., 205u., 207o., 208u., 209: Sabine Fach; S. 242: Sebastian Krüger (fotolia.com); S. 246, 247: lavizzara (fotolia.com.); S. 256: Oksi (fotolia.com).